詹万生作学术报告

2011年第十四届全国和谐德育年会在西安举行，图为大会主席台

詹万生在西安德育年会上作主题报告

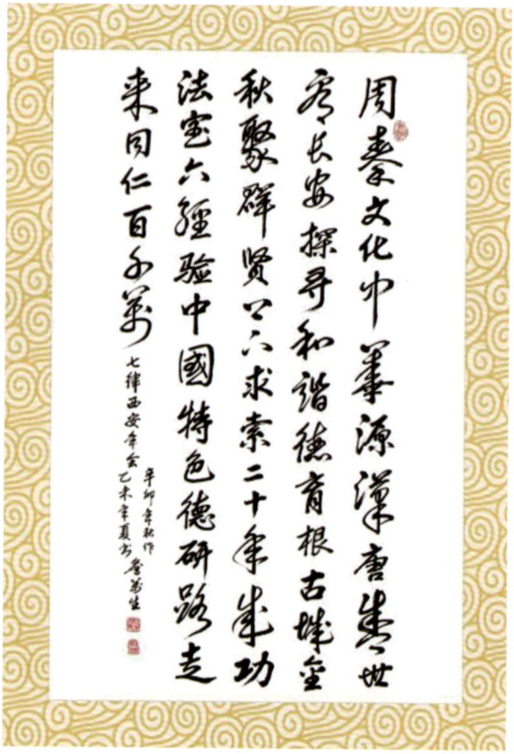

詹万生诗词书法作品《七律·西安年会》

七律·西安年会

（2011年9月23—25日）

周秦文化中华源，汉唐盛世看长安。
探寻和谐德育根，古城金秋聚群贤。
上下求索二十年，成功法宝六经验。
中国特色德研路，走来同仁百千万。

——七律·西安年会
辛卯年秋作
乙未年夏书

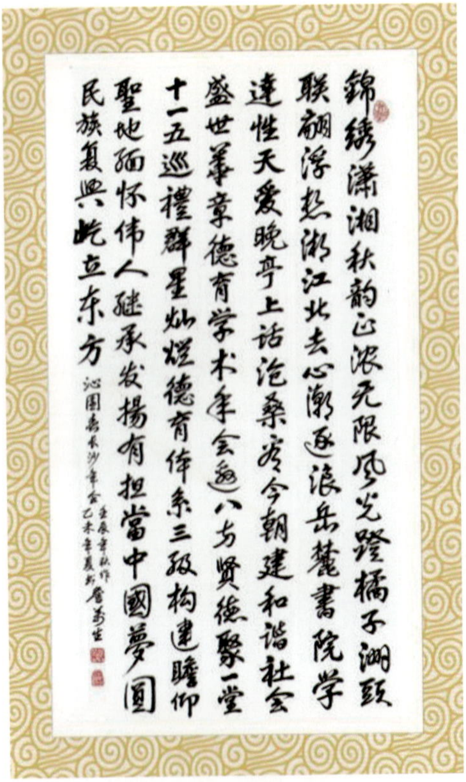

詹万生作主题报告

詹万生诗词书法作品
《沁园春·长沙年会》

沁园春·长沙年会
（2012年10月24—26日）

锦绣潇湘，
秋韵正浓，
无限风光。
蹬橘子洲头，
联翩浮想；
湘江北去，
心潮逐浪；
岳麓书院，
学达性天；
爱晚亭上话沧桑。
看今朝，建和谐社会，
盛世华章。
德育学术年会，
邀八方贤德聚一堂。
十一五巡礼，
群星灿烂；
德育体系，
三级构建；
瞻仰圣地，
缅怀伟人；
继承发扬有担当。
中国梦，圆民族复兴，
屹立东方！

——沁园春·长沙年会
壬辰年秋作
乙未年夏书

2012年第十五届全国和谐德育年会在长沙举行，图为大会开幕式，中宣部原常务副部长徐惟诚、教育部原副部长柳斌和湖南省委宣传部、长沙市党政领导和来自全国各地1200名代表出席

2013年第十六届全国和谐德育年会在天津举行，图为主办承办双方领导在主席台前合影

詹万生在天津年会作主题报告

七律·天津年会

（2013年9月22—25日）

天眼诚邀观大海，
天塔舒臂迎客来。
海河扬波颂和谐，
德研盛会天津开。
三级体系已构建，
四大亮点放光彩。
人生自古千条路，
以德育人传万代。

——七律·天津年会
癸巳年秋作
乙未年夏书

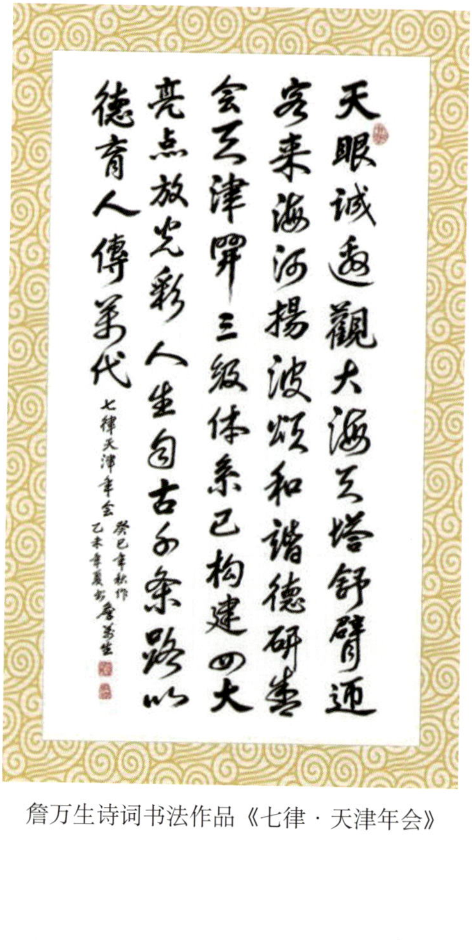

詹万生诗词书法作品《七律·天津年会》

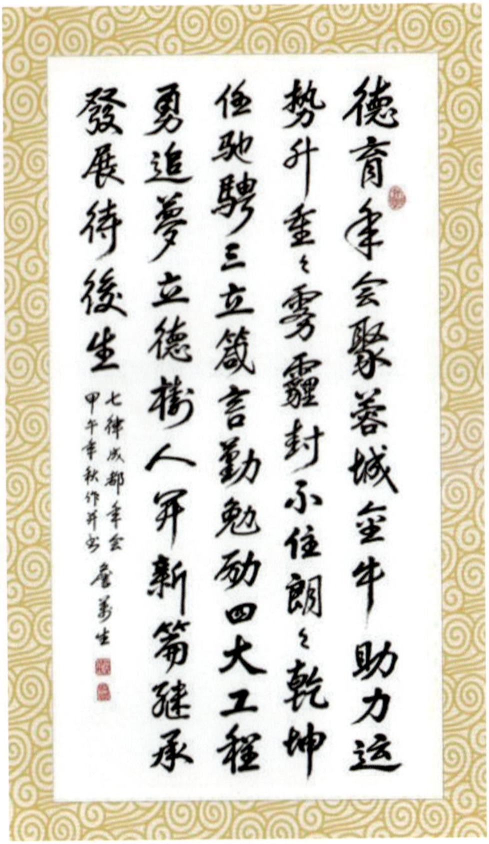

詹万生诗词书法作品《七律 · 成都年会》

詹万生在成都年会作主题报告

七律 · 成都年会

（2014年10月14—16日）

德育年会聚蓉城，
金牛助力运势升，
重重雾霾封不住，
郎郎乾坤任驰骋。
三立箴言勤勉励，
四大工程勇追梦，
立德树人开新篇，
继承发展待后生。

——七律 · 成都年会
甲午年秋作并书

2014年第十七届全国和谐德育年会在成都举行，图为大会主席台

2015年第十八届全国和谐德育年会在深圳举行，图为主办方领导与部分代表在主席台合影

詹万生在深圳年会作主题报告

2016年第十九届全国德育年会在杭州举行，图为大会主席台

詹万生在杭州德育年会作主题报告

2017年第二十届全国和谐德育年会在南宁举行，图为大会主席台

詹万生在南宁年会作主题报告

詹万生发起全国班主任专业能力大赛，图为首届班主任大赛的主席台，教育部老领导柳斌出席

2017年11月5日，全国首座中国德育馆在天津武清落成开馆，图为詹万生（中）、中国教科院党办主任于发友（左二）、武清区委宣传部副部长阎金瑛（左一）、武清区石各庄镇党委书记赵希云（右二）、先天智慧董事长刘波（右一）宣布开馆

2017年在首座中国德育馆落成开馆仪式上，詹万生接受多家媒体采访

中宣部原常务副部长徐惟诚、全国工商联第九届副主席程璐、中国德育馆编纂委员会主要成员詹万生、魏续臻、任振焦、刘波等参观中国德育馆

詹万生在首座中国德育馆至圣先师孔子塑像前留影

詹万生于2010年10月提出创建中国德育馆的构想，2011—2013年研究中国德育文化，2014年组建编纂委员会，2015年完成《中国德育馆创意策划书》

詹万生为中国德育馆题写的十德长联、为中国德育馆题写的立德树人匾牌

教育部原副部长柳斌为中国德育馆题写馆名，图为柳斌和詹万生为首座中国德育馆揭牌

2018年4月20日，詹万生德育思想传承人授予仪式在首座中国德育馆举行，图为詹万生向传承人刘波授予“不忘初心　牢记使命”匾牌和“立德树人”金笔

詹万生（前排中）与出席授予仪式的弟子合影留念，前排左起郁树廷、季铁军、刘波、江汉，后排左起张宇、李培东、冯铁山、符运杰、张宏伟、花冬梅

詹万生德育文选

ZHANWANSHENG DEYU WENXUAN

第
五
卷

（2011—2017）

詹万生 著

德

首都师范大学出版社
CAPITAL NORMAL UNIVERSITY PRESS

图书在版编目(CIP)数据

詹万生德育文选：全5册/詹万生著．—北京：首都师范大学出版社，2018.9

ISBN 978-7-5656-4797-0

Ⅰ.①詹… Ⅱ.①詹… Ⅲ.①德育—文集 Ⅳ.①G41—53

中国版本图书馆CIP数据核字(2018)第192122号

ZHANWANSHENG DEYU WENXUAN

詹万生德育文选 第五卷(2011—2017)

詹万生 著

项目统筹：杨林玉　　责任编辑：王慕飞　韩乔治
责任设计：王征发　　责任印制：李春雷
责任校对：李佳艺

首都师范大学出版社出版发行

地　址　北京西三环北路105号
邮　编　100048
电　话　68418523(总编室)　68982468(发行部)
网　址　http://cnupn.cnu.edu.cn
印　刷　北京科彩印业有限公司
经　销　全国新华书店
版　次　2018年9月第1版
印　次　2018年9月第1次印刷
开　本　710mm×1000mm　1/16
印　张　39　插　页　8
字　数　465千
定　价　498.00元(全5册)

目录

第一编　学校和谐德育实践研究

和谐学校文化建设*

学校文化是学校师生在长期的工作、学习历程中创造的学校物质财富和精神财富的总和。它是学校办学特色、文化底蕴和精神状态的集中体现；是与地域环境、时代空间、社会背景密切相关，并具有独特风格的环境氛围、总体风貌和生存条件；是全校广大师生员工共同倡导、共同拥有、共同遵循的价值观念、思维模式和行为规范。学校文化从其存在样态来看主要有精神文化、物质文化和制度文化三种。精神文化包括办学目标、办学理念、办学特色、学校精神、校风、学校道德、学校活动等；物质文化包括学校建筑、学校环境以及各种教学设施等；制度文化包括各种规章制度，师生道德规范，行为准则，工作、学习、生活模式，传统习惯，时尚风俗，人际交往方式等。

和谐学校文化是学校文化的最佳存在样态，是学校物质发挥最大效能、学校精神高度文明、学校制度高度人性

---

* 本文与以下两篇文章是与李培东、张宏伟、张翠萍、梁周清合作撰写。詹万生等著《和谐德育论》，教育科学出版社 2008 年 6 月出版。

化，且各因素间相互照应、相互协调、相互融合、相互补充并实现最优化配置的理想状态。构建和谐社会，离不开和谐文化；构建和谐学校，同样离不开和谐学校文化。和谐学校文化是和谐德育的构成要素和重要条件。

从文化的育人功能来看，建设和谐学校文化，有利于提高师生的思想道德素养，并为构建和谐的学校设施、和谐的学校管理、和谐的人际关系、和谐的教育成果打下坚实的基础。从文化的导向功能来看，建设和谐文化，有利于形成学校的主流价值，为和谐学校构建提供全体师生共同认同的价值体系。从文化的凝聚功能来看，建设和谐学校文化，有利于凝聚师生，形成人人向往和谐学校、人人服务和谐学校建设的向心力。

根据学校文化的内部结构和存在形式，建设和谐学校文化主要涉及以下三个方面的工作。

一、学校精神文化建设

(一)学校精神文化建设的内涵

学校精神是学校在长期发展历程中逐渐形成的价值取向，是一所学校的灵魂和精髓。学校精神对师生的行为起着潜移默化的统领作用，并体现在师生的思维方式、行为方式和生活方式之中。从历史发展来看，不同的时期，学校精神会表现出不同的时代精神和时代风貌。从地域环境来看，不同的区域和环境，学校精神会体现出不同的地域风格和环境特色。学校精神是学校领导、教师、学生共同培育的产物，同时也影响和约束着学校师生的思想和行为。学校精神以思想、观念、意识为内涵，以学校标语、口号、设施及师生活动为表现形式。

学校精神文化是学校精神的高度概括，是学校精神成果的总和，是师生经过长期创造的特定的精神环境和文化氛围。它反映着全校师生员工的价值取向、理想追求和探索精神，反映并规范着全校师生员工的行为和作风。学校精神文化的存在形式有内隐和外显两种形态。内隐形态体现在师生的思想、观念、意识及态度等方面，主要表现为教职工的办学理念、价值观、教育观、工作态度、责任意识、心理体验，以及学生的人生观、世界观、道德观、学习态度、进取意识、竞争意识、组织纪律意识等。外显形态体现在制度、设施、环境、活动等方面，具体表现有代表学校精神的文字表述，如：校训、校风、教风、学风、班风、校歌和持久性的学校口号等；学校物化精神产品，如：师生作品或论著、学校歌曲、学校刊物、学校标识、校史资料、学校专题报告、总结及有关学校和师生的报道等；学校人文景观，如：雕塑、刻石、标语、墙画、标志性建筑等。

学校精神文化建设就是通过创建和谐、高雅、文明、向上的学校精神，促进学校整体办学水平不断提高的工作过程。学校精神文化建设是构建和谐学校文化建设的核心，和谐学校文化首先应表现在办学思想、办学理念的和谐，师生心理的和谐，教风、学风、领导作风及表述性文化的和谐等。学校精神文化建设是学校制度文化建设和物质文化建设的终结和归宿，是加强学校师生理想信念、情感态度及世界观、人生观、价值观、荣辱观教育的基本保证。

(二)学校精神文化建设的作用

学校精神文化建设工作的优劣，是衡量一所学校的工作是否和谐、学校文化是否和谐、学校能否实现可持续发展的重要标志和标准。和谐的学校精神文化建设具有以下几方面的功能。

1. 正面导向功能

学校精神文化的核心是师生的价值取向，正面导向功能主要表现为目标导向和价值导向。目标导向，就是通过制定科学合理的奋斗目标，激发师生的工作激情。价值导向，就是通过学校精神文化建设，实现学校师生价值取向上的趋同性，并树立起正确的价值标准，引导师生向同一目标奋斗。

2. 凝聚激励功能

凝聚功能是由学校精神文化产生的一种向心的内聚力，它可以促进全体成员之间的团结与合作，增强整体合力；它主要通过学校精神文化对师生心理和情感的刺激，产生积极向上、和谐发展的推动力，这种推动力也可以把它叫作“魂”，这是任何一所学校和任何一个组织所不可缺少的内在动力。

3. 规范约束功能

学校精神文化是一种教育情景和精神氛围，各种教育引导、约束因素相互作用，暗示、感染、强调性的内容、方式相互交织。这些都会对每个师生产生影响，尤其是会对其言行起到规范、约束作用。虽然学校在精神文化建设的同时还需要制度文化来约束师生的行为、言语等，但精神文化的约束作用是无形的、潜在的、持久的，在一定程度上精神文化的约束作用往往超越制度文化对师生的影响。

4. 同化辐射功能

同化，是指一个人自愿接受他人的思想、观念、信念、行为，使自己的思想行为与他人相接近。学校的同化功能分内、外两方面。对内主要是指对师生员工的潜移默化功能；对外，由于学校文化是社会文化的一部分，因而在与社会文化的紧密联系与交流中，也有向社会文化靠近、融合、同化的功能。同时，在学校文化与社会文化交流的过程中，会发生学校精神文化的对外传播和扩散现象，使学校精神文化对社会或区域文化产生示范、影响和辐射功能。

(三)学校精神文化建设的内容

学校精神文化包括体现学校特色和精神的优良传统、校风校训、人文精神和科学精神等。作为学校文化中的观念文化，学校精神文化建设主要包括以下几方面的内容。

1. 办学目标

办学目标是学校集体价值观的集中体现，一个学校的办学目标决定了学校的工作方向、工作策略和工作标准，是学校教育教学行为的发展方向、预期成果和评价标准，也是学校文化建设的出发点和归宿点。

2. 办学理念

学校的办学理念是学校为实现办学目标而在教学、科研、管理等方面持有的基本信念，是学校领导及全校职工对教育方针、教育策略、人才培养等方面的理性思考。它是在学校长期的办学实践中总结、积淀、提升、概括形成的，是学校全体师生员工认可和接受的教育思想，具有相对合理性、先进性和稳定性。

3. 办学特色

办学特色是学校在长期工作中形成的、本校特有的、优质而独特的风貌。特色蕴藏着优势，优势体现着良好的办学水平。学校办学目标、办学理念、工作模式、工作环境的复杂性和教育与受教育者之间的巨大差异，为学校形成不同的办学特色提供了可能。学校间追求卓越、谋求最优化发展的竞争态势，为学校形成鲜明的办学特色创造了必然条件。只有大力培育特色并发展自身优势，才能更好地提高学校整体实力和核心竞争力。

4. 学校精神

学校精神是学校教育观念、传统习惯、工作态度、行为方式的高度概括和总结，体现了一个学校师生的群体特征和集体风貌，是支撑师生勤奋工作、发奋进取的心理召唤，也是学校师生有意识地培养和倡导的精神依托。学校精神不是凭空产生的，也不是人为编造的，它需要一个长期的积累、总结和提炼过程，它与学校环境、学校历史、工作传统和师生结构有着不可分割的联系，是在学校长期工作中形成的集体智慧的结晶。学校精神主要以校训、校歌、校徽、校旗等为表现形式。

校训是对一所学校历史形成的办学精神和办学理念的高度概括，是学校精神的集中体现。典型的校训一般具有文字简练、内涵丰富、影响深远的特点。从内容上看，校训是学校对师生员工提出的关于品德及业务方面的基本要求；从目的上看，校训用于教育师生员工并指导师生员工的实践；从表现形式上看，校训一般以简明扼要、高度概括的警句出现，可以制成匾额悬挂，也可书写在教学楼、办公楼、礼堂、会议室等醒目的地方，提醒师生员工以此规范自己的言行。校训指导着师生的价值观念和行为方式，对学校精神的其他形式具有一定的统领和规定性作用。

校歌、校徽、校旗等是学校的标志性作品，不仅要在创作过程中体现学校的精神内涵，同时，还要追求艺术性色彩，达到思想内涵与艺术形式的高度统一。

5. 校风

校风是一个学校的工作风气和传统习惯，是学校文化的外在表现。校风一般有两层含义：第一层是指一般的良好风气，只有形成了带有普遍性的、重复出现且相对稳定的行为心理状态，并成为影响学校生活的重要因素时，才能称为风气；第二层是指一所学校区别于其他学校的独特作风，反映了学校的个性特色。

校风主要由学风、教风、领导作风及校园文化氛围等构成，也包括科研作风、体育风尚、美育特色等。

学风是学生集体在学习过程中表现出来的治学态度和方法，是学生学习过程中形成的学习习惯、生活习惯、卫生习惯、行为习惯等方面的集中表现。良好的学风包括：认真学习，勤于实践；大胆质疑，虚心求教；行为规范、善于创新；积极进取，勇争一流等。

教风是教师在长期教育实践活动中形成的教育教学特点、作风和风格，是教师教育理念、师德风范、文化知识水平、教学技能等素质的综合表现。良好教风包括：敬业爱生，甘为人梯；严谨治学，诲人不倦；言传身教，为人师表；活泼开朗，仪表庄重；开拓进取，勇于创新等。

领导作风主要指领导班子的思想觉悟、精神状态和工作方式。领导作风对良好校风的形成发挥着核心、导向和铺垫性作用。优良的领导作风包括：办学思想端正，办学理念先进；具有服务意识，关心爱护师生；有开拓创新精神，有较强的组织、协调和执行力；团结协作，发扬民主；热爱集体，甘于奉献等。

6. 学校道德

学校道德是指学校在长期发展中积淀形成的调整人与人、部门与部门、个人与集体、个人与社会、个人与自然、学校和社会之间关系的准则和规范。道德与制度虽同属行为准则和规范，但制度带有强制性，道德具有自律性。道德的内涵包括道德意识、道德关系、道德行为三部分，学校道德就其内容结构上看，主要强调调节教职工之间、师生之间、学生之间、师生与学校之间、学校与社会几方面的关系。

7. 学校活动

学校活动指学校为完成教育教学目标、加强过程性体验、丰富学校生活而组织实施的师生群体行动。学校活动是学校精神文化的重要组成部分，是师生精神面貌和学校办学活力的重要体现形式。学校文化活动是否活跃，决定着学校是否充满生机和活力。一般来讲，学校活动的多少、活动效果的优劣，与学校办学水平和学校实力成正比。学校以培养、教育人全面发展为目的，丰富的学校活动为学生实现全面发展提供了可能。从学生德、智、体、美、劳等知识、技能、道德的发展和形成规律而言，学校活动是学生学习知识、参与实践、提高技能和落实知、情、意、行道德形成和发展规律的必要环节，是学校全面落实教育方针，全面提高教育教学质量，构建和谐学校不可或缺的内容和载体。学校要提高办学水平，就要大力加强学校活动建设，精心设计并组织开展内容丰富、形式多样、新颖活泼、符合学生特点的学校文化活动，提升学生的综合素质，促进学生全面、和谐发展，实现活动育人的目的。

学校活动在内容上可涉及学科教学、社团活动、文娱活动、体育活动、艺术活动、节日纪念日活动等。根据内容和形式的不同，学校活动主要包括综合性学校活动，如：文化艺术节、体育节、科技节、读书节等；学科性学校活动，如：数学节、物理节、学科竞赛等；艺术性学校活动，如：歌咏比赛、集体舞比赛、书画展、影视评论等；节日性学校活动，如：迎新年活动、植树节植绿护绿活动、青年节纪念活动、劳动节勤劳教育活动、儿童节庆祝活动、教师节尊师教育活动、国庆节爱国教育活动、一二·九传统教育活动等；主题教育日活动，如：安全教育日、学雷锋纪念日、世界卫生日、世界地球日、世界无烟日、世界环境保护日、抗日战争纪念日、世界勤俭日、全国消防安全宣传教育日、世界艾滋病日等；周期性主题活动，如：文明礼貌月活动、弘扬和培育民族精神月活动等。

(四)学校精神文化建设的方法

学校精神文化建设集中体现为创建学校精神。学校精神是在学校师生长期工作、学习和生活基础上，经过高度总结、提炼、概括形成的，其凝结和形成有一个去粗取精、去伪存真、由表及里的酝酿过程。学校精神形成后，其宣传、推广也是一个长期的不断反复的过程。学校精神的培育，一般有以下几种基本途径。

1. 舆论宣传

学校精神形成、倡导、创新、实践、深化、完善的各个阶段都离不开舆论宣传。学校精神作为一种群体意识的精神力量，要在师生员工心底深深扎根，很重要的途径就是舆论宣传。学校要通过学校电视台、学校网、广播、校报、校刊、宣传栏、黑板报、标语、宣传品等舆论工具和媒介，通过报告、座谈、讨论、主题活动日、主题班会等形式，传播学校精神，营造良好的舆论氛围，让每位师生员工每天都能看到或听到学校精神的目标要求，了解学校精神的内涵，使学校精神深入人心，振奋人心，使师生处处感到学校精神的存在，耳濡目染，潜移默化，真正成为师生员工的价值追求。

2. 领导垂范

学校领导不仅是学校精神的积极倡导者，还应该是率先垂范者，这是培育学校精神的有效途径之一。如果学校领导的言谈举止、道德境界与学校精神格格不入，将直接影响广大师生员工的思想和行为，学校精神也不可能在学校生根开花。“其身正，不令而行，其身不正，虽令不从”，学校领导必须时时处处以身作则，为人师表，成为宣传、实践学校精神的楷模。

3. 榜样示范

“榜样的力量是无穷的”。树立榜样，能引导和激励师生员工认识自我、明确差距、效仿先进、积极进步。这是培育学校精神的重要方法。有意识、有目的地培养典型，树立身边的榜样，可以使学校精神形象化、具体化，使师生员工有学习和效仿的目标，进而增强学校精神的可信度和感召力。同时，可以利用人的“从众心理”，扩大学校精神的影响力，造成人人学先进、赶先进的心理倾向，使学校精神在相互学习中深化，在相互竞赛中升华。榜样示范要求学校深入开展创先争优活动，通过评选先进教师、优秀党员、先进班主任、三好学生、优秀团员、优秀学生干部等，树立榜样，发挥先进人物在学校精神培育、宣传和工作实践中的带头、示范作用。

4. 实践锤炼

马克思主义认识论认为：实践是认识的来源，是认识发展的动力，是检验认识是否正确的标准，也是认识的目的和归宿。学校精神属于认识范畴，它的产生离不开实践，发展离不开实践，目的也是为实践服务的。实践是培育学校精神的沃土，离开实践就不可能产生学校精神。学校精神的形成是在长期的教育教学实践中逐步形成的，它的形成反过来对教育教学实践具有巨大的指导作用，是学校教育教学的精神动力，是推动学校发展的一面旗帜。在学校，从教育教学到后勤服务，从校纪校规到每个师生员工的言谈举止，都应成为培育学校精神的实践环节，并在工作中反复锤炼，逐步形成、发展和升华，使学校精神成为在学校教育教学实践基础上的集体智慧的结晶。

5. 主题活动

以学校精神为主题，经常开展多种多样的主题活动，如演讲会、联谊会、歌咏比赛、文艺会演、书画展、摄影展、征文比赛、知识竞赛、运动会、文化沙龙等，在活动中潜移默化地熏陶，促进师生对学校精神的理解和传承。

6. 制度规范

制定反映学校精神的规章制度是培育学校精神的常规途径。学校精神是一种导向，在规范师生行为和思想意识方面，本身不具有强制性，是春风化雨、润物无声的“软管理”。培育学校精神还需要一定的规章制度来保障，只有把强制性规范（如校纪班规）与柔性规范（如理想道德）有效结合，才能培育出优良的学校精神。

7. 优化环境

良好的育人环境有利于陶冶师生情操，有利于提高师生的思想道德素质，有利于塑造学校良好的形象，优化学校环境是培育学校精神的有效途径。学校通过加强文化设施建设，绿化、美化、净化校园环境建设，人际环境和心理环境建设，做到自然景观与人文景观的和谐统一，激发师生员工爱校如家的意识，促进学校精神的培育和发展。

8. 目标激励

明确能代表人们愿景的目标，会对人们的思想和行为带来巨大的激励和导向功能。学校要制定长期目标、中期目标和近期目标，将学校各阶段的奋斗目标与学校精神建设结合起来，一方面使学校精神更具生命力，另一方面通过学校目标的设定激励师生员工，为实现学校的美好前景勤奋工作，建功立业，在劳动和创造中实现自身的价值。

9. 教育培训

适时举办有关学校文化及学校精神的培训班、研讨班，从理论上强化师生员工对学校精神的理解和认识。同时，引导师生通过自我教育、相互帮助、相互影响，自觉确立与学校精神相一致的奋斗目标，在教育教学中践行学校精神。

10. 典礼仪式

典礼仪式是促进师生员工对学校精神的认同、强化学校精神的有效途径，学校可以通过经常性的典礼仪式，如升国旗、校旗、朗诵校训、校风、教风、学风、唱校歌，开展校庆活动等弘扬学校精神。

(五)学校精神文化建设的原则

1. 和谐性原则

学校精神文化建设要以党的十七大提出的“落实科学发展观”和“构建社会主义和谐社会”为指导，体现办学理念与人的健康发展的和谐，师生人际关系的和谐，学校环境与师生工作、学习的和谐，学校与家庭、社会的和谐等，让师生在宽松、和谐、融洽、优美的环境和氛围中工作、学习和生活。

2. 创新性原则

学校精神文化是一个学校区别于其他学校的重要标志，学校精神文化建设要有特色、有创新。要利用优势因素和“专利”策略，选取学校办学优势和教育教学工作的最佳结合点，选择与其他学校不同的思路或方案，拓展思路，深入挖潜，总结提炼，形成自己的学校精神文化。坚持创新性原则要做到准确定位，以点带面，出奇制胜，填补空白。

3. 继承性原则

学校精神文化建设是在原有学校精神文化基础上的延续与发展，原有文化资源不仅是学校精神文化建设的基础，也是学校创新、发展的本源。割裂学校历史的学校文化建设，本身就是对学校自我传统的怀疑和毁损，也不可能达到弘扬和繁荣学校文化的目的。因此，加强学校精神文化建设不能单纯地追新、求异，要总结、分析学校历史，挖掘学校多年积淀下来的精神内涵和优良传统，在继承中求发展，在发展中最大限度的借用学校原有的内动力和惯性资源。

4. 系统性原则

学校精神文化建设是一个庞大的工作系统，不仅内容丰富，涉及面广，而且需要各个结构性元素之间相互联系、互为补充。因此，学校精神文化建设要坚持系统性原则，统一规划，整体实施，不能以点代全，以偏概全，要追求学校文化各要素的均衡发展、协调发展。

5. 前瞻性原则

学校精神文化建设是意识、观念性的工作，思想认识的正确与否，对学校文化的建设与发展起着决定性的作用。建设学校精神文化要以科学的教育理论为指导，以先进的学校文化为方向，以动态的、发展的眼光对待学校各种精神动向和文化思潮，科学规划学校文化发展体系，正确预见学校文化前景，并在规划和建设中体现出正确的教育思想、科学的办学理念及强大的发展潜能。

二、学校物质文化建设

(一)学校物质文化建设的含义

学校物质文化是学校师生在教学、生活、活动中所依赖的一切物质对象，是人们通过感官可以感受的一切物质性对象的总和，主要指学校所处的外部自然环境、学校内部的规划布局以及学校建筑、绿化、雕塑和文化传播的设施等。学校物质文化既是学校物质文明建设的成果，又是学校精神文明建设的反映。作为学校文化中的有形部分，是学校中看得见、摸得着的物化的文化形态。是其他文化形态存在和发展的基础，是学校文化的外在标志。

学校物质文化建设就是通过改善学校物质环境和学校文化设施，实现办学条件最优化、办学环境优良化的工作过程。学校物质文化建设是构建和谐学校文化建设的基础，和谐学校文化要有充裕的办学设施、先进的教学器材、优雅的工作环境、良好的工作条件作保证。学校物质文化建设是形成学校制度文化和精神文化的物质支撑，是提高办学水平、办学实力，增强师生爱校意识和凝聚力，实现学校可持续发展的必要手段。

(二)学校物质文化建设的作用

学校物质文化是实现学校和谐文化的物质基础，良好的学校物质文化能发挥以下作用。

1. 物质保障作用

学校开展教育、教学活动，组织师生参与教育科研、社会实践等，必须借助一定的物质基础才能完成。良好的学校物质文化是学校师生工作、学习与实践的必要的物质保障。

2. 环境熏陶作用

学校的物质基础是师生工作、学习的必备条件，学校物质文化的形成是学校师生员工长期劳动和创造的结果。一方面，师生员工作为学校物质文化的生产者和创造者，使学校的建筑、设施、环境打上自身思想的烙印，从而透射出办学思想、办学理念、价值观、人才观、道德风尚及校风等；另一方面，师生员工又是学校物质文化的消费者和享用者，从自己所创造的物质文化中汲取营养、受到陶冶。整洁优美的校容校貌、实用美观的物质设施、充满生机的花草树木、统一大方的师生校服等，对激励师生员工的爱校、敬业、爱生活的情感，具有潜移默化的感染和启发作用。

3. 效能提高作用

优越的办学条件、先进的教学设施、现代化的教学手段不仅为师生工作和学习提供了物质保障，也为师生工作、学习效率的提高创造了条件。随着科技知识的推广和更新，先进的学校规划方案、丰富的科学技术成果、现代化的网络信息技术逐步应用到各级各类学校的建设之中，大大提高了教育教学和师生各种活动的质量和效率。

4. 文化传承作用

学校物质文化建设是一个循序发展和改善提升的过程，当前和将来的物质文化总是会反映一定的历史原貌，保留历史的遗迹，并流露历史的信息。因此，学校文化建设对学校历史文化的传承和延续发挥着不可替代的作用。从某种意义上来说，一个学校的文化之所以区别于其他学校，就是学校文化传承的结果。历史轨迹的不同、历史环境的悬殊以及历史文化的差异，造就了各具特色、形态各异的学校文化。当然，学校物质文化的传承也总是一个由低到高、不断完善、不断提高的过程，学校文化总会传承学校师生在审美方面的特有情趣，传递各种设施中所营造的特殊的文化内涵，延续学校积极的、主流的信息和财富。

(三)学校物质文化建设的内容

根据学校物质文化的概念和特征，学校物质文化建设主要涉及以下内容：

1. 学校建筑

包括教室、办公室、图书馆、体育馆(场)、活动室、实验室、食堂、宿舍、厕所、功能性楼堂馆舍、道路、大门、操场、绿地、学校景观等建筑性设施。

2. 学校环境

包括橱窗、报栏、雕塑、凉亭、假山、喷泉、园林、花坛、标语、口号、文化长廊、墙壁设计、花草树木以及学校的地理位置、地形风貌等。地理位置、地形风貌属于自然环境，受建校地点、建校时间和社会环境的限制较多，其他方面大都是具有人文因素的物理环境，是经过人们的建设和改造能够形成的学校景观。

3. 教学设施

包括多种功能教室，如：普通教室、语音室、计算机室、实验室、多媒体室、图书室、电子阅览室、音乐室、舞蹈室、排练厅、体育厅、报告厅等；办公教学仪器设备，如：多媒体、桌椅橱柜、教学器材、图书资料等；专业活动场地，如：篮球场、足球场、跑道等。

(四)学校物质文化建设的方法

1. 充分论证，科学规划

学校建设规划和布局是学校物质文化建设的大事。学校规划要根据国家基本建设的方针和政策，在专家的指导或咨询下，经过深入实际的调查研究，结合学校实际情况和条件，提出远景和近期规划。要对学校功能区基本布局、校舍建筑、道路分布、树木花草种植等进行充分论证，并作出科学规划。

学校建筑是学校物质文化的基干和核心。学校建筑设置不仅要满足师生员工教学、科研、生活需要，同时还要满足学校价值追求和审美的需要，达到使用功能、审美功能、教育功能的和谐统一。学校建筑要从“以物育人”的角度进行规划和布局，使其体现以下八方面的要求：坚持高起点、高标准、高质量的原则；做到科学规划、合理设计，既要继承传统，又要开拓创新；规划设计要体现现代教育思想和理念；充分考虑学校的办学规模和长远发展；注意学校的整体布局，功能区划分合理；学校的建筑有利于教学活动的开展；充分考虑学校周围的自然环境，达到建筑与自然环境和谐统一；力求学校建筑适用功能的规范化、标准化。

2. 明确标准，重视细节

物质文化建设是学校工作中的大事，一个决策、一个项目将影响师生几年、十几年，甚至几十年。因此，要明确学校物质文化建设的目标要求，高起点、高标准制定工作方案，在落实过程中充分做好每个细节的实施工作。

学校环境是学校师生赖以生活的空间，是学校物质文化建设的重要组成部分。在实施学校环境建设时要重视做好绿化、净化、美化工作。学校绿化能净化空气、降低噪音、调节气温、减少尘埃、协调光线，给师生员工以美的享受，有利于师生员工的身心健康。要努力提高学校的绿化覆盖率，根据学校所处的地理、气候、土质、环境、房屋建筑等具体情况，选择树木花草，修建图案、形态、层次，使平面绿化与垂直绿化、多层次绿化相结合，努力营造刮风无灰沙，下雨无泥水，春有花、夏有荫、秋有果、冬有青的园林环境。学校净化：指教学环境和教学设备要符合卫生要求；教室的采光、通风、照明、取暖、隔音等功能要达到标准，教室布置要美观优雅，清洁卫生；学校整齐、清洁、安静；及时做好环境卫生维护工作，清除垃圾杂物，减轻噪声，以洁净的面貌促进师生的学习和工作。学校美化：是通过精心设计和装饰，在学校内创设美的环境，达到布局合理、整体和谐、格调高雅、装饰美观的目的。首先，要求学校规划合理，校址要选在环境幽静、交通方便的地方。其次，学校各功能区的划分要流向合理、方便使用、避免干扰、协调一致。另外，学校美化离不开假山、花坛、长廊、凉亭，更离不开学校的人文景观。学校人文景点要体现学校精神，要饱含文化意蕴，要使每一个人文景点都具有丰富的内涵和魅力，陶冶师生的精神世界。整体和谐是学校美化的根本，绿树花草、人文景观与各建筑要错落有致、相互衬托、协调一致。

3. 开源节流，加大投入

加强学校物质文化建设，需要大量的资金和物质投入，在学校教育教学活动中，也要消耗大量的经费和资产。因此，在制定学校建筑计划、购置教学设备及平时开展正常工作过程中，要充分论证，多方研究，既要考虑节约成本，又要保证品位质量，在争得较多的经费来源的同时，要厉行节约，使现有的资源发挥最大的效能。

4. 突出特色，承载思想

加强学校物质文化建设，要和学校办学特色、办学理念结合起来。学校的每个建筑、每一堵墙、每一件设施，都不是单纯的物质存在，在某种意义上是一个学校、一个信息、一种思想、一种含义的象征。在学校物质文化建设过程中，要把学校的育人观、价值观、学校特色、教育理念、传统文化、学校精神等融入到各个项目、各项设施之中。

(五)学校物质文化建设的原则

1. 和谐性原则

在学校物质文化建设过程中，要重视学校各项设施、设施与建筑、设施与环境、建筑与环境等学校物质因素之间的协调统一、和谐融洽，使其在功能上产生互补，发挥最大效能；形式上顺应自然，创造出和谐美、自然美；内涵上突出风格，体现学校精神。

2. 思想性原则

学校物质文化建设，既要满足师生的物质需要，又要体现文化的内涵，学校物质建设的思想性是学校物质文化建设的核心内涵。坚持思想性原则就是要在实施学校物质建设时，充分体现学校环境、设施在承担学校精神文化载体方面的作用，使每一件“物化”的设施都享有一定生命，蕴含一种思想，传递一种理念，达到“人化”境界。

3. 艺术性原则

学校物质文化建设要体现审美情趣，要用艺术眼光对待每一件设施，让师生通过学校的设施、氛围等，感受到艺术的感染，得到美的享受，产生健康向上的道德情感。

4. 长期性原则

学校物质文化建设需要一个长期的创建过程，特别是学校规划、校舍建筑其本身就是一个长周期的建设过程，由此展现出的物质文化，更需要一个相对持久、长期稳定的积累才能形成。

5. 节约性原则

物质文化建设是一项投入相对集中的事业，坚持节约性原则是实现学校和谐发展，使学校资产发挥最大效能的必然需要。

三、学校制度文化建设

(一)学校制度文化建设的内涵

学校制度是指学校师生在长期的教育实践过程中逐渐形成和发展起来的各项规章制度，它包括校规校纪、行为规范、道德准则、群体意识和风俗习惯等。制度文化是由外在形式(制度)和内部体验(态度、方式)有机结合形成的一种文化。包括各种成文的条理化的和不成文的约定俗成的规约、制度，还包括人们形成的对待制度的方式与态度。学校制度文化建设是通过规范、完善、建立健全学校各项规章制度，实现学校管理科学化、师生行为规范化、学校工作有序化、学校风气和师生意识健康化的工作过程。良好的学校制度文化建设能规范工作秩序，促使学校形成融洽、和谐的人际关系，提高工作、学习效率；而没有制度保障的学校，往往人心涣散，工作混乱，既不利于学校的发展，也不利于教师和学生的发展。

(二)学校制度文化建设的作用

1. 强制约束作用

制度是要求大家共同遵守的办事的规程或行为准则。“制”有强力约束、限定、管束的意思，“度”有标准、尺度的意思。两个字结合起来，就是节制人们行为的尺度。加强学校制度文化建设，就是要通过完善学校各项制度，加强对师生行为的限制和约束，防止不文明、不道德行为的发生。作为强力的、节制人们行为的尺度，对师生道德行为的判断要坚持人人平等，没有任何区别和偏差。正是制度在行为评判过程中的高度一致性，才突出了制度对人们行为的强制约束性。

2. 激励引导作用

制度标明了人们的可行行为与不可行行为，在限制人们回避某些不良行为的同时，也标明了制度所要倡导的道德行为。加强学校制度文化建设，在强化制度的限制、约束功能的同时，也明确并突出了制度特有的对人们行为的教育、引导、鼓励、推进作用。

3. 检测评价作用

制度是人们集体制定或约定俗成的标准和条款，对个体或部分成员行为的合理性、可行性具有检测和评判作用。

(三)学校制度文化建设的内容

学校制度文化建设是学校各项工作的依赖和保障，涉及学校教育教学工作的各个方面，除全面落实国家及上级教育管理部门所制定的各种法律、法规、条例、规章之外，学校制度文化建设主要涉及以下几方面的内容。

1. 学生管理制度

指管理学生工作的各项计划、条例、规章制度等。包括：中小学生守则、中(小)学生日常行为规范、学生一日常规、学生礼仪规范、学生就餐制度、学生宿舍制度、“三好生”评选制度、学生活动安全制度等。

2. 员工管理制度

指对教师、行政人员、工勤人员的管理制度。包括岗位职责、教师职业道德规范、考勤制度、评教制度、业务培训制度、优秀教职工评选制度等。

3. 教学管理制度

指在组织教学过程中涉及各项工作制度。包括：学籍管理制度，考试管理制度，听、评课制度，教学督导制度，课程管理与建设制度，实验实习管理制度，排课、调课管理制度，教研教改制度等。

4. 教育科研管理制度

指在教科研方面的管理制度。包括：学校教育科研规划、课题申报制度、课题经费审批制度、科研成果奖励制度、教育科研培训制度等。

5. 行政后勤管理制度

指对行政、后勤工作流程及工作原则方面的管理规定。包括人事制度、财务制度、工作纪律、后勤服务制度、资产管理制度等。

6. 学校常规和传统习惯

指学校长期形成的工作方式、习惯和风气等。包括：节日团拜会、职工家庭庆典常规等。

(四)学校制度文化建设的方法

1. 适当借鉴，灵活运用

国家法律、法规和各级教育行政部门制定的各项条例、规章、规范、规定等，都是学校制度文化建设的基础和依据。学校在认真遵守国家及上级教育行政部门的法律、法规的同时，要依据实际，针对学校工作中的薄弱环节，灵活选取并运用其相关内容，解决学校工作中的实际问题，突出重点，解决难点，强化执行力度，确保学校良好的教育教学秩序，确保学校各项工作健康发展。

2. 明确职责，分类完善

学校制度文化建设是一个庞大的系统工程，在规划各项制度时，首先要明确各部门、组织、团体和个人的职责和功能，以此为框架建立各自的工作职责、工作目标和工作方式方法。继而在学校总体工作目标的引导下，分步、分类制定完善学校规章制度。要依据学校实际工作的需要，划分学校制度的轻重缓急程度，对工作中突出的矛盾要尽快制定相应的标准和对策，以保证学校工作的稳定性和正确性。对工作中的不良倾向，要正确引导并通过细致的观察和审视，制定出更为科学、更具长远指导价值的条例、规章。对不同部门的制度建设要做到共同进步，协调发展，不能顾此失彼，出现遗漏。多数学校常使用学校制度汇编的形式全面反映学校的学校制度文化建设，在保留常规制度一致性的同时，不同时期往往有不同的制度结构和主题倾向。不同部门，不同类别的规章制度，则更能清楚、系统地体现出来。

3. 合理合法，顺应时政

学校制度建设要把合法性和合德性结合起来。学校制度要合法是指学校制度不能和国家法律相冲突。学校制度要合德是指学校制度必须是道德的，必须符合时代的伦理精神。合理合法的学校制度既突出了学校在管理上的自主需要，又强调了学校作为社会的一个组织机构所应履行的社会道德规范和法律义务。学校制度建设应在遵守国家及上级教育行政部门法律法规的基础上，进行符合本校实际的管理创新和制度构建。下位法规的制定要以服从上位法规为前提，是法律、制度建设中的基本原则。

4．集思广益，充分论证

学校制度文化建设以维护师生利益为目的，在制定各项规章制度时要充分代表并体现广大师生的切身利益，广泛征求师生的意见和建议，使各项规定更符合实际，更容易被师生接受。要发扬民主，充分论证，让师生参与到制度的制定与管理之中，参与到各种目标、计划、规则等的制定和落实之中，使制度更加符合师生的需要。师生民主参与制度的制定和学校管理，本身就是一种教育活动，是师生自主要求的反映，有利于形成正确的情感态度和持久的心理定势。学校常规制度、重大决定要依据一定的工作流程，逐步提炼形成，要组织师生讨论会，设定试用期，根据需要还要召开职工代表大会集体研究通过。

5．满足需要，灵活调控

学校制度是根据学校工作的需要而设置的，不同时期、不同问题，需要不同的制度来维护。所以，学校规章制度的内容和条款不能永久不变，一劳永逸，要随时间的推移和情况的变化，适时地对制度进行完善、更新，使制度结构更趋合理、制度操作更加有效。

6．正视传统，尊重习俗

学校制度是在特定的环境条件下形成的、对特定的对象具有导向和限制功能的行为集合，通常蕴含着学校环境、传统习俗、思维定势及学校特色等诸方面的信息。在加强学校制度文化建设过程中，要正确分析、研究特定学校特有的传统习惯，正视学校长期积累形成的约定俗成的常规、舆论或行为准则。通过发扬并倡导优秀的传统习惯，改革、抵制不良思维方式、不健康的文化陋习及业已形成的学校潜规则，提高学校制度的唯一性、严肃性、权威性。

(五)学校制度文化建设的原则

1. 和谐性原则

学校制度文化建设要整体规划学校的各项制度，使各项制度表述清楚、规定得当、范围明晰、标准统一、互为补充、互为依托，充分体现学校各项制度的高度一致，和谐融洽。

2. 人本性原则

学校制度文化建设要坚持以人为本的原则，以维护绝大多数师生利益为目的，制度提倡的应是师生所向往的，制度限制的也应是绝大多数师生所应回避的。在个别人的行为影响、干扰了大多数人的利益时，要以牺牲少数人的利益，维护大多数人的利益为原则。落实人本性原则，就要求学校在学校文化建设过程中，以保护广大师生的利益为目的，服务师生，教育为主，关怀师生个人和集体的健康发展，而不是人为地给人制造麻烦、阻碍进步。

3. 实用性原则

学校制度文化建设要遵从学校实际，适应学校特点，便于操作落实。制定各项制度要了解师生群体，并被师生所接受，做到具体可行、便于操作。坚持实用性原则要求学校在制定各项制度时，要充分考虑学校环境、办学特色，了解师生思想状况，代表绝大多数师生的切身利益，能被多数师生认可、接受并成为他们的自觉行动。

4. 一致性原则

学校制度文化建设涉及学校方方面面的规章制度，不同工作、不同场所、不同时段具有不同的制度规范。加强学校制度文化建设要求在制定各项制度时，坚持同一事务、同一对象在制度标准上的一致性、可比性，防止不同制度之间的矛盾和差异。落实一致性原则，就要求学校在制定学校制度时统筹考虑、全面规划、条理清楚、标准一致，避免不同部门、不同时期在制度标准上出现偏差，影响制度的落实。

5. 激励性原则

学校制度文化以限制师生不良行为、倡导规范行为为目的，在“抑恶扬善”的过程中必然地存在着谴责丑恶、褒奖美好的因素，也代表着学校的主观倾向，并对师生的道德行为起着鼓舞和激励作用。体现激励性原则，就要求学校在制定学校制度时，做到是非分明、观点正确、表达清楚、指向具体，让人明辨是非，易于执行。

建构和谐人际关系

构建学校和谐人际关系是学校和谐德育的必要条件和主要内容。学校和谐人际关系的构建主要包括：构建和谐的领导班子、打造和谐的教师队伍、建立和谐的师生关系。

一、构建和谐的领导班子

领导班子是教职员工的领导者，一个团结和谐、坚强有力的领导班子，不仅可以促进学校人际关系的和谐发展，还可以促进学校目标的顺利实现。

(一)和谐型校长是和谐领导班子的核心

“一个好校长就是一所好学校”，“校长是一校之魂”，校长的管理水平决定着整个学校的管理水平，校长的领导风格也影响着全体教职员工的精神风貌。构建和谐学校，首先要有和谐型校长。和谐社会大背景下，和谐型校长应做到以下三方面。

1. 正确处理五层关系

(1)处理好与党支部书记的关系

校长与支部书记的关系是党政分工关系，这种关系是平行的，双方各负其责，各尽其能。两者关系如果处理不当，经常会出现校长书记各占一个山头的现象，在此环境下的教职员工，往往也会分为“两半”，学校做出任何一项决策，无论正确与否都是一部分赞同，一部分反对，导致工作没力度、政令不畅通。为避免上述问题，书记校长要明确职责、加强团结、互相配合。校长在决策前要主动与支部书记商量，让书记当参谋；同时要解决好交叉点，如人事问题、教职工的调动问题、干部的选拔问题和师生的思想政治工作的侧重点问题。

(2)处理好与行政领导班子内部的关系

邓小平同志曾经说过：领导班子问题，是关系到党的路线能不能贯彻执行的问题，如果这个问题解决不好，不要说带领群众前进，就是开步走都困难。因此，我们首先强调把领导班子的问题解决好。在学校，作为校长，要具有协调班子成员的能力，按人尽其才的原则安排工作，做班子成员的后盾。同时在决策时多听听班子成员的意见，不大包大揽，不搞一言堂，也不无原则的搞一团和气，一个铁板一块的领导班子，未必是好班子。“君子和而不同，小人同而不和”，班子成员应该成为君子，要允许班子内有不同的声音。

(3)处理好与副校长的关系

从职权关系来看，校长负责制下的学校，校长与副校长之间不是平行关系，是领导和被领导的关系。副校长是校长的助手，是学校决策的参与者、执行者，是贯彻校长意图的坚定支持者。两者关系处理得当，能充分调动副职的积极性和创造性。和谐的正副关系要做到三点：一要平等相处。尽管正副之间是上下级关系，但在工作中应平等相处，校长不要高高在上，强压命令。二要充分信任。“疑人不用，用人不疑”，充分信任副职，才能让副职放开手脚做事情。三要竭力帮助。当副职在工作和生活中遇到难事时，要竭力帮助，让副职感觉到校长在做自己的后盾，这样心里更有底。

(4)处理好与中层干部的关系

中层干部的直接领导应该是分管部门工作的校级领导。中层干部是学校管理的中坚力量，与他们关系的优劣直接关系到学校的兴衰与校长办学思想贯彻的力度和程度。校长在处理这层关系时首先要明责授权，充分信任。因为权利与义务是对等的，只有赋予中层干部权力，他们才能完成相应的任务。其次一视同仁，不搞小动作。中层干部都是校长的“臂膀”，千万不要有亲有疏，区别对待，更不能私下搞一些小动作。再次不越级指挥，把主管校长甩在一边。“一竿子插到底”的做法往往是一部分校长经常犯的毛病，这样往往会挫伤副校长的工作积极性，影响班子团结。

(5)处理好与群众的关系

干群关系中最重要的一层关系就是校长与群众的关系。一方面，校长要做到权责一致，知人善任。不仅要行使权力，而且要敢于承担责任，避免以权压人、刚愎自用，一味要群众卖劲出力，一味地“抽鞭子”；另一方面，要豁达宽容，处事公正。胸襟开阔、豁达大度是新时期校长修养的重要方面，只有做到容言、容过、容异，才能够处事公正，让群众满意。

2. 讲实话，办实事，重绩效

办学靠校长，治学靠教师。一所好的学校，必须有一支过硬的教师队伍。能否充分调动群众的积极性，是一所学校办学质量提升的关键。积极性靠谁调动？校长最关键。那么作为一校之长如何才能让教师有积极性呢？那就是校长要敢向老师讲实话、多为老师办实事、评定教师要看绩效。讲实话、办实事是校长的“利民”之策。正如马克思曾经说的“驱使人们产生积极活动的精神动力，离不开人们一定的物质的精神的需要和追求”。校长的“利民”应该从两方面入手，一是帮助教师不断提高思想水平和业务能力，二是不断改善办学条件，解决教师的工作困难和生活困难，使教师安居乐业。评定教师要看绩效是指校长要以绩效看待每一位教师，不能任人唯亲，同时要少搞一些“面子工程”，踏踏实实的遵照科学的规律办教育。

3. 与时俱进，锐意进取

有专家认为，校长的成长一般需要经历适应期、称职期、高原期、成熟期四个阶段，其中高原期最为关键。大部分校长经过校长培训班的学习和梳理自己的经验，对教育教学管理都会有一个初步的认知，能够尽快地形成一套较为合理的学校管理模式，成为称职的校长。然而，当在校长岗位上工作一大段时间后，就会出现“高原反应”，这种反应主要表现在其本人囿于经验缺乏进取心、吃老本、满足现状、站位不高等；处于此情境之中的学校，人际关系复杂，干群关系紧张，经常无事生非，学校的教育教学往往也停滞不前；在此氛围之中的教师，不能够全身心地投入教育教学工作，工作浮躁，师生关系紧张。教育的对象是一个个不断发展中的人，人的需求始终随着社会的发展而不断变换。因此，作为一校之长，要解决“高原反应”，道路只有一条，那就是不断进取，与时俱进。只有这样才能向专家型校长迈进，才能使自己的管理水平上升到一个更高的层面。

（二）党委书记应成为和谐班子的表率

智慧学领域有一个新提法，那就是和谐也是一种智慧。从社会发展对人的要求来衡量，这种提法是有道理的。和谐社会背景下的党委书记，首先要做到的是和谐。

1. 认真学习贯彻党的路线方针政策，特别是和谐社会理论

党的路线方针政策，是我们行动的指南。党委书记是学校党组织的政治核心，其主要职责是带头贯彻执行党的路线、方针、政策和上级决定、指示，并检查其执行情况。譬如党的十六届四中全会提出了构建社会主义和谐社会的战略任务，党的十六届六中全会提出的关于社会主义核心价值体系的表述，党的十七大提出的深入贯彻落实科学发展观等，党支部书记不仅要认真领会，而且还要将这些理念贯彻到每一个教职员工那里。政治学习不要走过场，要讲清学透，自己讲不好，可以“请进来，走出去”，最终目的是让教职工听进去，学得会，更好地指导教育教学实践。

2. 支持校长的工作，带头做好自省

支持以校长为首的行政指挥系统行使职权，坚持民主集中制原则，搞好班子的建设和团结，协调好党务、行政、教学、后勤之间的关系，是书记的又一重要职责。作为书记要带头贯彻执行《关于党内政治生活的若干准则》，开好民主政治生活会，开展批评与自我批评，这样可以敦促每一个成员进行反思，在自省中提高思想觉悟。当校长的决策出现偏差，或校长的行为出现与身份不相符的问题时，要及时加以提醒，不能顾及面子，更不能明哲保身。当班子成员遇到困难时，要主动帮助解决。把班子成员的心拢在一块儿，是书记工作的主要目的和任务。

3. 深入群众，深入教学一线

学校的中心工作是教学。教学工作的成效，主要取决于对教学的管理水平。尽管支部书记的工作重点在思想政治工作上，但思想政治工作离开教学孤立的运行，就会成为无源之水，无本之木。一个远离教学的书记，也不会得到广大教职员工的认可。深入教学一线，应该

成为党委书记工作的习惯，在“前沿阵地”上书记可以获得第一手资料，及时了解群众最需要什么、教学当中存在的主要问题等，这样讲话才有分量、有底气。

（三）中层干部要正确处理三层关系

1. 处理好与上级领导的关系

上级尊重下级是班子和谐的前提之一，但作为中层也必须主动同上级搞好关系，只有关系融洽，学校的政令才能畅通无阻。要做到这些，中层干部首先要尊重上级、维护上级权威，多看长处、少看短处。同时要摆正自己的位置，不要越位越权，重大事情和重要决策要由领导说了算，中层干部要坚决服从、执行，维护领导权威，不要背后说三道四。其次要了解和适应上级领导的特点和习惯，扬其长、避其短；要善于领会上级意图，根据上级的意图创造性地开展工作。再次，要让上级多了解自己，在生活、工作中要和上级以朋友相待。那种对上级采取不远不近、不冷不热的态度，是要不得的。

2. 处理好与群众的关系

中层干部直接与群众打交道，和谐的群众关系能使工作达到意想不到的效果；可一旦脱离群众，工作将停滞不前。因此，中层干部必须在自身素质上驱除权术的阴影，不可将权术误当领导艺术，努力和群众团结一致。充分尊重和充分信任群众，是干群和谐的前提。注重自身人格的修养，以自身的素质和人格魅力为群众树立良好的榜样，可以弥补领导方法的不足，达到预期效果。注意与下属同苦同乐，真诚相待，是培养良好关系的必由之路。

3. 处理好与同级干部的关系

在学校，平级的干部比较多，不和谐的同级干部，势必会导致学校工作“撞车”、相互拆台等问题。因此，处理好这层关系，显得尤为重要。

一是要加强道德修养，严戒本位主义。在处理同级关系时，一定要按照“四要四不要”的原则办事，即在思想上要求大同、存小异，不要因个人意见不同而影响团结；在处理相互关系上，要谦虚谨慎，以人之长补己之短，不要骄傲自满，看不起别人；在工作上要真诚协作，互相支持，不要背后指责，互相拆台；同级之间有了疙瘩要善于开展批评与自我批评，经常进行思想沟通。

二是要互相支持，热情帮助，相互信任，诚以待人。同级之间，常常会发生一些工作上的交叉，有时会遇到需要共同处理的事务。对这些工作，同级之间要互相支持、互相帮助、互相信任、互相配合。当其他同级干部有了某些挫折或不顺心时，应该给其帮助和同情，当同级干部取得某些成绩时，应真诚表示祝贺。

三是要分清职责，掌握分寸，以事业为重，淡化自我。作为同级领导，既要同心协力积极开展工作，又要做到不越位擅权，插手别人工作。属于别人职权之内的事，决不干预；属于自己的责任决不推卸。要严格遵守不干涉对方事务的原则，其中包括不评论对方工作的优劣，不评论对方分管领导的优缺点，不挖对方墙脚，不向上级告对方的状，不做不利于双方团结的事。

四是沟通思想，相互理解支持，消除隔阂，注重团结合作。实践证明，善于交流、沟通的人，很容易被对方理解和信任，彼此之间的隔阂或心理防线也会迅速消除。同级干部之间经常沟通思想，有利于生成和谐的工作关系。相反，干部之间缺乏相互沟通，相互理解，彼此各揣心腹事，容易发生埋怨猜忌，产生隔阂。

（四）领导班子要与教师群体和谐

和谐的领导班子不仅是班子内部的和谐，更重要的要做到与教师群体的和谐，只有这样才能形成合力，推动学校健康发展。

1. 率先垂范，自律洁身

以校长为核心的领导班子，要想赢得广大教师的信任，首要的一点就是要做到率先垂范，自律洁身。领导班子是教师的领路人，领导班子的一言一行必须对广大教职员工负责。

一是要有为教育事业献身的精神。目前，尽管我们的教育教学条件有了很大的改观，但各个层面的学校都不同程度地存在着诸多困难，譬如：资金短缺，生源不足等。作为班子成员，不应当遇到困难就畏缩不前，必须有为教育事业献身的精神，有克服各种困难的信心和毅力，有不达目的决不罢休的决心才行。

二是领导班子成员要为人正直，廉洁奉公。为人正直，要求领导班子成员对全体教职员工一视同仁，公平相待。随着办学条件的改善，廉洁奉公更具时代意义，它不仅是一个道德问题，更是一个法律问题，只有这样才能保证自己不犯错误，才能使学校的利益不受损害。

2. 树立平等意识和服务意识

尽管学校领导班子和教师之间的关系是上级与下级、领导和被领导、管理与被管理的关系，但在学生面前都是教育者，都需要以自己的高尚形象来做学生的楷模。因此，作为班子成员要始终确立领导和教师是平等共事、互相尊重的意识，充分尊重每一位教师，赢得教师的尊重。班子成员必须树立领导就是服务的观念，自觉增强服务意识，把爱传递给教职员工，要把教师工作上、生活上的各种困难和疾苦，思想上的各种苦恼，精神生活上的正当需要等放在心上，并为其排忧解难，在干群之间架起和谐的桥梁。

3. 帮助群众走出逆境

教职工在工作和生活中不可能事事一帆风顺，在通向目标的过程中，经常会遇到各种各样的困难和障碍。当目标不能实现，需要不能满足时，就会产生不愉快的情绪，遭受心理挫折。这时班子成员要了解教职工在受挫时出现的攻击、退让、固执、妥协等行为表现，分析挫折产生的主观因素和客观因素，了解不同的人对挫折的承受力。要对受到挫折的教职工持正确的态度，对非理智行为要能忍让、宽容，耐心帮助，从实际出发努力改变受挫折的客观环境。要帮助受挫折的教职工正确认识产生挫折的原因，在理智上得到调整，在感情上受到安慰，使其自尊心获得补偿，树立百折不挠的精神，增强克服困难的毅力，变挫折为动力，在逆境中争取成功。

二、打造和谐的教师队伍

培养和谐发展的人，是学校教育的主要任务之一。要培养和谐发展的学生，前提条件就是要拥有一支自身和谐的教师队伍，换言之，只有当教师群体自身处于良好的状态，达到和谐的境界，他才能够生成良好的教师德性，完成教育教学任务。

(一)教师自我的和谐

1. 教师自我和谐的本质是心和

教师自身的和谐，其实质上是“心和”问题。相关资料显示：30%—40%的教师经常性处于情绪波动之中，15%有心理问题，7%有心理障碍。近年来，人们常常会听到一些教师体罚或变相体罚学生、教师与学生之间的关系越来越紧张的信息，这并不是简单的师德问题。正如北京师范大学心理咨询中心聂振伟教授所言：“这些现象首先表现出来的是师德问题。师德是最表象上的东西，但我们的社会只看到师德问题，实际上再往下深究，有时候的确是师德问题掩盖了教师的心理健康问题。”这个领域过去往往被忽视或被轻视了，教育行政部门在制定有关教师的法规文件时总是站在教师以外的视角，要求教师“应该做到什么”“什么不能做”，中国传统观念把老师称作“圣人”，要求教师应该成为除清贫之外的道德楷模等。总之，从教师自身考虑的不多，教师压力的增大，导致教师心理失衡。因此，要关注教师的心理健康问题，使教师保持心理和谐。

2. 塑造自我和谐的路径

(1)理解与关怀

相关资料表明，影响教师身心健康的主要因素有六大方面。①升学压力。数据显示，相当一部分教师认为学生考试成绩优秀是生活中最开心的事情，部分教师认为学生考试成绩不理想是生活中最大的挫折。②家长对老师工作的不理解。学生家长往往忙于工作，常常认为把孩子交给学校就要由老师负责，出现问题就把全部责任推给老师和学校，老师感到压力很大。③学校对教师评价的不公正。曾发生过这样一起事件，有一次一个年轻的教师和学生家长发生了争执，被家长打了一巴掌。他向校长反映，未引起校长重视，他想不通，就服毒自尽。④职称的评聘。职称评聘直接关系到教师的切身利益。职称评聘受挫，不单是经济损失，挫伤的还有老师的自尊心。⑤工作负荷大。教师除完成备课、上课、听课和批改作业等正常的教学工作外，还承担了许多繁杂的非教学任务。⑥过重的家庭负担、经济状况差等。

缓解教师的心理压力，应该从两方面入手。一是在物质上给予教师实在的支持。要充分调动社会力量，解决教职员工最为急迫的生活问题，譬如，工资的兑现、福利待遇、医疗卫生服务等，即使不能立竿见影，也应有一个近期规划和长远打算，让教师有盼头。二是精神上需要人文关怀。人文关怀是减轻和消解教师压力的有效途径，要为教师创造宽松和谐、心情舒畅的工作和生活空间，使他们能够保持良好的工作、生活状态；关注他们的身体健康；定期进行心理咨询等。

(2)自我调整

社会能否给予支持与帮助，教师自己不能左右；真正能够左右的是自己的心理状态。通过调整心态，达到自我和谐。有两点最为重要：一是要自强，二是创新。

第一，自强是教师自我和谐的根本。人最大的敌人莫过于自己。体育比赛中选手们失利时往往会说：我们不是被对手打败了，而是被自己打垮了！构筑自己的精神堡垒的关键就是自强。教育改革家魏书生多次强调："把教书放在第三位，把育人放在第二位，把自强放在第一位。"如果把它竖立起来，便成了一座"金字塔"，塔基是"自强"，塔身是"育人"，顶端是"教书"，每一层次之间有着相互依存的关系。建造塔基的过程也就是自强的过程，其底面积愈大，稳度就愈高。

作为教师，要做到自强必须处理好四个关系：人与社会的关系、与本职工作的关系、人际关系、自己与自己的关系。这里包含两层意思：一是适者生存原理。具体而言，每位教师要以理想主义的态度鼓励自己去学习、去奋斗、去钻研、去思考、去工作，但不能用理想主义的标准去要求社会，因为社会差异就目前来讲不会消灭，如果总与待遇高的人比，就会出现心理问题，正如俗话所说"人比人，气死人"。我们要同自己比，在自我反省之中找到自己的平衡点。二是要不断超越自我。超越自我，主要包括观念的超越、能力的超越、情感的超越、行为习惯的超越等。"国宝教师"霍懋征堪称教师中的典范。霍懋征的人生经历了几个重大超越：从数理系的高才生走上小学讲台，这是理念的一种超越；"文革"当中儿子被扎死之后，悲痛之余她暗下决心："如果有朝一日还能重返讲台，我一定改教语文，语文教学重在育人"，这是情感上的超越。1998年，年过八旬的她先后到新疆、甘肃、贵州、广西、内蒙古做教育考察，向西部教育工作者介绍先进的教育思想和教育手段，传递最新的教改信息、教改动态和国内外教育发展形势，这是自我能力的又一次超越。

第二，创新是教师和谐发展的不竭动力。和谐不是一成不变的，它具有动态性，这种动态性就好像化学当中谈到的动态平衡原理。一位自身和谐的教师，如果总是固守着原有的教育教学理念，久而久之就会不自觉的形成一种惰性，对新的事物处于怀疑、抵触的态度，工作中遇到一些新问题往往束手无策，产生厌恶情绪，原有的内心和谐被打破。这类人的外在表现是：消极、懒惰、抱怨、牢骚满腹、摆老资格、讽刺周边人的一些新做法等，这是教师群体最可怕的事情之一。解决的途径就是不断创新。创新可以使人换一个视角去思考问题，自我内心总会有新刺激，在工作中大脑总是处于兴奋状态，不易疲劳，学生也感到新鲜，乐于接受。譬如，语文教师在讲授李白的《望庐山瀑布》"日照香炉生紫烟，遥看瀑布挂前川……"时，可以从光学角度用光的漫射现象进行分析，为什么出现紫色烟雾，从而凸显诗人对客观事物观察的仔细和严密性。学到韦应物的"春潮带雨晚来急，野渡无人舟自横"时，也可以运用流体力学原理去分析为什么会出现"自横"，这样学生理解的会更深。当理科教师讲到牛顿定律 $F=ma$ 时会说，这个公式对客观事物的本质概括是多么的简洁、协调、整齐和有序，超过任何语言。总之，在自我挑战，不断创新之中，每位教师会找到另一片蓝天，享受到教书育人的快乐。

（二）教职工之间的和谐

教职工之间的和谐，是和谐校园建设的关键。教职工之间的和谐涉及各个层面，主要包括教师与学校领导、班主任与科任教师、班主任之间、教职工之间和新老教师之间等。只有这些层面的关系达到融洽的状态，学校工作才能够畅通无阻。

1. 教师与学校领导的和谐

前面我们谈到教师与学校领导的关系时，主要是从领导的角度来讲的。事实上，要做到二者的融通，单靠一方的努力是达不到的。

(1)换位思考

角色不同，教师和学校领导的各自站位是不一样的，在考虑和处理问题时也往往会出现意见分歧，甚至发生“冲突”。譬如在人事安排、任课安排、活动安排、办公场所等方面，往往出现局部的不合理。面对这种情况，作为教师应当胸怀全局，设身处地站到领导的立场考虑问题，换位思考往往使一些复杂的问题变得简单。

(2)切忌有心理成见

在工作中与领导发生矛盾，这是正常现象，不要害怕，更不能形成心理障碍。切忌把矛盾激化，更不能把矛盾带到家庭成员之中。作为教师应当学会客观地看问题，从自身找问题。在交往中，教师不要有心理成见，认为领导故意找自己的麻烦，积极地配合领导工作，任何“消极怠工”的做法都是不可取的。

(3)主动争得领导的理解

人际心理学的研究认为，人际沟通的效果受交往频率和距离的影响。形成亲密关系，在认识上情感上形成共同的感受，行动上保持较多的一致性，越容易缩短心理距离，有助沟通。实践表明，教师与领导发生矛盾，往往是由于双方理解障碍而造成。作为教师要多与领导接近，这样容易使领导更深入地了解自己的思想和工作，消除误解。

2. 班主任与科任教师的和谐

班主任是学校的中流砥柱，在学校，与班主任打交道最多的有两部分人：一是学生，二是科任老师。班主任与科任教师关系和谐，其工作便能达到事半功倍的效果。正如马卡连柯所言："如果有五个能力较弱的教师团结在一个集体里，受着一种思想、一种原则、一种作风的鼓舞，能齐心一致地工作的话，那就是比十个各随己愿地单独行动的优良教师要好得多。"

(1)目标一致，团结协作

目标的一致性是维持良好人际关系的首要条件。班主任在制定班级目标计划时，应该主动与科任教师商量，包括班级管理总体目标、学困生的转化等，群体的力量可以使目标计划的制订更趋于合理，同时也可充分调动科任教师参与班级管理的积极性，提高团队协作精神。

(2)支持科任老师的工作

班主任在学生中间有优势，这同班主任的角色有关。学生对班主任所教学科往往比较重视，而对科任教师所教学科容易懈怠，在教学中也容易引发学生与任课教师的冲突。班主任在教学活动中绝不能只强调自已所教课的重要性而有意贬低其他课程，同时要教育学生尊敬教师，主动向学生介绍每位科任教师的优点、特点和长处，使学生正确对待科任教师，帮助科任教师树立威信。一旦冲突发生，班主任要公平合理，想方设法化解矛盾，千万不要"护犊子"，也不能不分青红皂白，站在科任老师一边批评学生。

(3)加强交流，增进感情

班主任应不失时机地主动与科任教师交流信息，在交流中增进感情。交流的主要内容除了一些对学生的常规要求之外，还要将学生对科任教师的希望和建议，学生家长的反馈等及时转达给科任教师。班主任在组织班级活动时要主动邀请课任老师参加，譬如，联欢会、家长会、春游等。在活动中，教师与学生可以拉近距离，架起沟通的桥梁，进而使师生从另一个侧面相互了解，增进感情。班主任的角色也是一个“支部书记”，当任课教师之间发生矛盾时，要善于化解，大事化小，小事化了，不要让矛盾激化。

3. 班主任之间的和谐

德育实践证明，班主任之间最容易发生摩擦。其根本原因是班主任之间存在着一系列竞争。竞争的出发点是为了各自的班级获得良好的声誉，维护自己的尊严。譬如，学校运动会、各种评比、考试升学等。长期的不自觉竞争心理，会造成相互交往的复杂性，形成交往障碍。要改变这种状态，班主任应注意三点。

(1)积极交往

“文人相轻”往往是教师群体存在的一大陋习，一些班主任不愿主动与别的班主任交往，也有这方面的原因，认为主动与人交往是“低三下四”的表现。特别是一些老班主任，把自己牢牢地关在自己的“围城”里，对年轻班主任淡漠不理，年轻班主任在此情景下也只好敬而远之，双方不自觉地进入了自我封闭的误区。其实，班主任之间存在着很多共性的东西，彼此间有共同的目标，交往可以架起相互学习的桥梁，调整彼此的心态，用新的视角来看待学生，提高工作效率。

(2)敞开胸怀

竞争的角色，使得一些班主任养成“保密”的习惯。好的经验不愿介绍给别人，班里出了问题也不向外界透露，形成“闭关锁班”的局面，这是很可怕的事情。作为班主任，一定要从大局着眼，一花独秀不是春，只有百花齐放，学校的教育教学质量才能取得全面提高。现代科技一日千里，学校教育必须面向未来和世界，无论老班主任还是新班主任，都要虚心学习，静下心来研究教育教学中出现的新现象和新问题，不断实践，不断补充、修正、升华，紧跟时代步伐。

(3)协调好班级间的关系

班级之间的关系，是班主任之间关系的一面镜子，同时良好的班级关系也会促进班主任的和谐。班主任在工作中要客观公正的评论别的班集体，不能用贬低或蔑视别班的方法来激励本班学生，当自己班里的同学与外班发生冲突之后要协调班主任，不要自己单独解决。当自己的班级取得荣誉之后，要谦虚谨慎，戒骄戒躁，这样可以教育学生养成戒骄戒躁的良好品行。

4. 同事之间的和谐

在学校这个单元中，有教师也有后勤保障人员。无论是干什么的，目的只有一个：为学生服务，为教育教学服务。因此，教职员工之间的和谐是很关键的。

(1)同事之间要相互尊重

尊重是相互的，相互尊重是处理好任何一种人际关系的基础。同事关系不同于亲友关系，它不是以亲情为纽带的社会关系；亲友之间一时的失礼，可以用亲情来弥补，而同事之间的关系是以工作为纽带的，一旦失礼，创伤难以愈合。所以，处理好同事之间的关系，最重要的是尊重对方，这种尊重包括：尊重同事的工作，尊重对方的言行，尊重同事的亲友，等等。

(2)经济上的往来应一清二楚

同事之间的经济往来是不可避免的，但切忌马虎，每一项都应记得清楚明白，即使是小数额款项，也应记在备忘录上，以提醒自己及时归还，以免遗忘，引起误会。向同事借钱、借物，应主动给对方打张借条，以增进同事对自己的信任。有时，出借者也可主动要求借入者打借条，这也并不过分，借入者应予以理解，如果所借钱物不能及时归还，应每隔一段时间向对方说明一下情况。在物质利益方面无论是有意或者无意地占对方的便宜，都会在对方的心理上引起不快，从而降低自己在对方心目中的人格。

(3)要关心同事的困难

困难对于每一个人来讲都会遇到，同事也不例外。当自己的同事遇到难事时，要主动询问，帮助解决。帮助别人实质上也是在帮助自己，那种隔岸观火和墙倒众人推的做法是要不得的。只有这样才会增进双方感情，使关系更加融洽。

(4)不谈论同事的隐私

每个人都有“隐私”，隐私与个人的名誉密切相关，背后议论他人的隐私，会损害他人的名誉，引起双方关系的紧张甚至恶化，是一种不光彩的、有害的行为。事实证明，同事之间的关系恶化好多是由于说闲话造成的。因此同事间要以工作为重，多探讨一些与教育教学相关的事情，少讲甚至不讲那些与学校教学无关的话题。

(5)胸怀坦荡

在工作中，无论是自己还是同事，出现一些失误或犯一些错误是正常的。当出现问题后，彼此之间应主动向对方道歉，征得对方的谅解，对双方的误会应主动向对方说明，不可小肚鸡肠，耿耿于怀，要胸怀坦荡。

5. 新老教师的和谐

在同事之间的和谐中，新老教师的和谐更为重要。因为学校教育教学质量的提升依仗着教师群体，而新老教师的关系又是一个焦点问题。正确处理两者的关系要做到两点。

(1)年轻教师要尊重老教师

老教师是学校发展的见证人，年轻教师要把老教师当作长者给予充分尊重；对于教育教学的老专家们，年轻教师要主动请教，更加尊重。在实践当中，不少学校采用以老带新的“结对”模式，师徒之间互相听课，老教师为新教师的备课、讲授、教法、出谋划策，而新教师的年轻活力也让老教师受到感染，新老教师的互动作用会产生显著效果。

(2)老教师要虚心向年轻教师学习

尽管老教师积累了很多经验，但经验毕竟属于过去，要跟上时代的步伐，还必须不断充电。而年轻人接受新事物比较快，况且刚刚从学校毕业，接受的教育心理等知识也是比较超前的。所以，老教师向年轻教师学习，就是一条终生学习的有效路径。老教师千万不要依仗经验，凌驾于青年之上，把自己封闭起来。

三、建立和谐的师生关系

(一)教学过程中的师生和谐

1. 师爱，师生和谐的基础

“没有爱就没有教育”。就教师而言，只有把爱给学生，才能够得到学生的信赖。正如孟子所言：“爱人者，人恒爱之；敬人者，人恒敬之。”20世纪末，我国高等教育正处于培养精英的阶段，对于高中生而言，绝大多数考不上大学。那个时代的老师，往往把教育的重点放在班里几个尖子生身上，大部分学生是不会得到老师关爱的，得到更多的是冷眼。老师偶尔的一句鼓励的话，有时能让学生兴奋好几天。问及昔日的一些落榜者，他们对自己的老师意见很大，这说明这颗被伤害的心灵到现在仍然不能抚平。

(1)用发展的眼光看学生

几十年的高考改革证明，高考制度在人才的选拔上的确发挥了很大作用，但回过头来看那些名落孙山的学生，做出成绩的也大有人在。这充分说明，人是发展的，只要不懈努力，人人都能找到自己的落脚点，实现自我价值。因此，教师要用长远的眼光、发展的眼光看待每一个学生，一次中考、高考并不能考出一个学生的全部素质，考好的也只能说明过去，现在的差生将来不一定差。一个面向未来的好教师，应该像慈母一样关心学生、因材施教、正确引导，把学生看作一个个“需要被点燃的火把”。

(2)用赏识的目光看成绩

苏霍姆林斯基曾经说过，没有什么统一的先决条件，能使全体学生都能获得好的学习成绩。正确地判断每个学生智力才能的不同特征及其发展潜质，这是教育智慧中极为重要的部分。教师要善于发现每一个学生的闪光点，鼓励他们把能做的、简单易行的事情做好，让学生在老师身上源源不断地获得原动力。长此以往，严谨的态度、韧性和一丝不苟的习惯就会形成。日本马拉松选手山田本一曾经这么说：“每次比赛之前，我都要乘车把比赛的线路仔细地看一遍，并把沿途比较醒目的标志画下来，比如第一个标志是银行；第二个标志是一棵大树；第三个标志是一座红房子；这样一直画到赛程的终点。比赛开始后，我就以百米的速度奋力地向第一个目标冲去，等到达第一个目标，我又以同样的速度向第二个目标冲去。四十几公里的赛程，就被我分解成这么几个小目标轻松地跑完了。起初，我并不懂这样的道理，我把我的目标定在四十几公里外的终点线上，结果我跑到十几公里时就疲惫不堪了，我被前面那段遥远的路程给吓倒了。”人生就是在跑马拉松，我们教师的角色就是帮助学生划分前几个“标志”，赏识他们取得的成绩，并鼓励他们坚持跑下去。

(3)用一面镜子照自己

老子说："知人者智，自知者明。胜人者有力，自胜者强。"荀子说："自知者不怨人，知命者不怨天，怨人者穷，怨天者无志。"教师不是圣人，但就教师的职业而言他也不是一般的人。一个有智慧的教师应该善于观察了解他人，一个聪明的教师，时刻要用一面镜子照自己。在教师群体中经常有互相攀比现象，譬如，在同班同学中某某当时学习不好，可现在当了"老总"，年收入相当于自己一辈子的收入，心里感到不平衡了。如果用一面镜子看自己，看看自己是不是做生意的材料？有没有商场上的机敏？这时恐怕要平静下来。一个人，如果经常地反省，就可以知道自己以前哪些地方做错了，哪些地方该做而没有做好，然后做好后面的人生规划，少走弯路。

2. 教学艺术，课堂和谐的根本保证

近年来，中央电视台开辟的"百家讲坛"节目引起轰动，对促进群众性的文化普及发挥了巨大作用。以往令人们望而生畏、敬而远之的高雅艺术变得活泼有趣、通俗易懂。人们对"百家讲坛"中专家们的评论不一，但毕竟他们的演讲艺术还是精湛的、引人入胜的。如果我们的老师多重视一点讲课艺术，大学课堂就不会花费大好时光"点名"了。教学的确需要艺术。教学艺术的生成并非一日之功，"台上一分钟，台下十年功"。对于教师而言，应从以下三方面入手。

(1)以责任心对待课前准备

教师在教学工作上要具有高度的责任心，高度负责地对待每一节课。为了使学生在课堂上了解更多的知识，掌握更多的技能，每次备课时都应该通过报刊、书籍或互联网广泛查询与上课内容相关的资料信息。通过去粗取精、去伪存真的方式对各种资料和信息进行筛选和过滤，把对教学、对学生有益的材料纳入教案之中，使教学内容充实、信息量扩大，以拓展学生视野、增长学生见识。

(2)以洞悉力启迪学生思维

教师在授课时还应该注重培养学生洞察社会、透析现实的能力。包括政治、经济、文化、社会等方面的事实动态，并和他们一起进行分析。为了使学生的学习能力达到较高的水准，教师在授课过程中还有必要向学生介绍涉及本学科发展的理论前沿问题和知识，包括科学史方面的内容，使他们在这个过程中了解科学的历程，拓展视野。

(3)以亲和力融洽课堂气氛

教师在授课过程中应以富有激情的方式与同学进行交流，通过情绪的感染来吸引学生的注意力，使他们全身心地融入课堂教与学的氛围中，让学生跟随教师的授课节奏和谐高效地学习。融洽的课堂气氛实质上是一个情景场的创设，一旦创设成功，课堂教学就会达到事半功倍的效果。这里需要提醒的是情景场形成之后，不要轻易因为个别同学的小动作而打破，打破之后就不容易再创设起来。

3. 课后工作，师生和谐的必要环节

(1)课下要和学生经常沟通

课堂上的时间是有限的，教师要想真正走进学生心灵，功夫往往在课下。特别是科任老师，更应该注意这一点。课下与学生经常沟通要达到的目的有两个：一是解决课上没有解决的问题。譬如，有的学生课上注意力分散，或搞一些小动作，同学之间的摩擦等，课上解决往往要耽误大家的时间，效果也不会太好。二是通过与学生沟通向学生表达学校的做法与要求，拉近与学生的距离，沟通感情。

沟通是一门艺术，由于“代沟”等诸多因素的影响，走进学生内心深处并不容易。首先，教师要进入到学生的情绪和思想的系统中去，以学生的眼光去看他们的世界，以学生的心去体会学生的心情，以学生的思想去推理学生所做的一切，然后才能有效地将这些感受传递给学生，从而产生温暖感与舒畅的满足感。这种感受有利于和谐谈话氛围的构建。其次，要充分信任学生。尽管教师口头上总是说对每个学生都会一视同仁，相信同学，但事实上却往往难以做到。教师不信学生，学生自然不会把心里话告诉教师，心灵的沟通也就无从谈起。那么到底采取什么样的方式呢？就沟通方式而言，要根据时机和环境而定。可以通过谈话、写信等传统方式，也可以采用打电话、发短信、QQ 聊天等现代方式。

(2)苦练内功，深化自我

具有较高专业素养的教师是取得学生信赖的根本保证，也是教师职业的必然要求。苦练内功，深化自我，适应时代的要求是教师队伍永恒的主题。教师的专业素质主要包括：专业知识的储备、新的教育教学理念的获得、教师基本功等。这里需要特别提出的是，教师要不断提高语言艺术，因为语言是组织教学、传授基本知识、培养学生能力、提高学生素质的重要手段。除此之外，教师要有科研意识。科研兴校是时代的必然要求，要实现科研兴校，必须有一批懂科研、爱科研的教师队伍，只有通过教师全员参与教育科研活动，才能够解决教育教学中的实际问题，改善教育教学工作，提高教育教学质量，实现学校内涵性发展。

(二)班级管理的师生和谐

良好的班级管理，是师生和谐的基础。卡柏兰(Kaplan，1970)的研究表明：在一定意义上说，学生对学校、教师和学习内容的态度常常受教师班级管理方面的影响。就班级管理而言，不外乎两个方面，一是班级管理的民主化；二是班级管理的科学化。

1. 班级管理的民主化

社会主义民主，即是社会主义初级阶段党的基本路线的组成部分，又是当今政治体制改革的重要内容。班级实施民主管理既具有短期效应，又具有深远意义。一方面，民主管理可以团结全体同学，充分发挥他们的积极性和创造性，实现班集体的和谐统一；另一方面，民主观念的渗透，可以增强学生民主意识，提高沟通与协调能力，对社会主义民主建设起到推动作用。班集体民主管理主要体现在以下方面。

(1)班干部的产生要民主

班级也是一个小的社会。一个成功的班级，班干部的选拔是非常关键的。美国著名教育学家杜威曾说："学习就是经验的改组与改造。没有机会，就没有体验。"没有做班干部的机会，就不会有班干部的体验。社会生活对于社会中的人的团队精神和团体意识提出越来越高的要求，而这种能力往往在做班干部中会得到很好的锻炼。那么如何选拔班干部呢？那就是实施民主，任何包办代替，必定会使班干部失去群众基础，给日后的工作带来不必要的困难，是不可取的。

对于竞选制这种选举产生学生干部的形式，专家普遍表示赞同。北师大教育系的高洪源教授认为，传统的单一任命制，弊大于利，因为它主要从"控制"着眼，固然可能有好的成绩与纪律，但会压抑学生的个性。民主选拔班干部大致分为三个步骤：第一步是上一届班干部的述职演讲，并对下任干部提出希望和建议；第二步是自愿担任班干部的同学发表"竞选演说"，然后回答全班同学自由提出的问题；第三步是全班同学投票，选出新一届班委。

单纯的"民主"，让学生"自决"，也有一些弊端，特别是班风不是太好的班级，一些学生往往会倾向选举自己的"好朋友"，以便在以后的班级管理中得到“照顾”。遇到此类问题，比较好的办法应该是先民主后集中，即先让学生进行投票选举，再由教师权衡。

(2)班集体管理要依靠全班每一个成员

班级管理的全员参与，是民主的另一种表现形式。在传统的班级管理中，通常是由班主任统领全班，班干部协助班主任工作，班内事务或由班主任亲力亲为，或由班主任指令班干部完成。这种管理方式使得大多数学生处于被管理的位置，精神长期处于被动状态，消磨了大多数学生的主动性和积极性。“全员参与”就是要让所有的学生参与班级管理，让每个学生都成为班级的主人，增强集体荣誉感，提高学生“参政意识”和工作积极性，实现学生自主管理。

(3)教育教学要民主

在教育教学中如何实现创新，那就是追求教育教学的民主化。具体体现是：在班集体的建设中，实行平等对话，培养学生以服从真理为准绳的民主作风；提倡教学相长，活跃探索科学的治学精神。

2. 班级管理的科学化

班级管理的民主化，是班级管理人本性的根本体现。然而，单靠人性化的管理是远远不够的，还要有一套科学的运行机制。衡量科学性机制的重要指标就是效率。一套科学的机制势必体现班主任能以最少的投入获得最大的“产出”。根据现代管理学的一般原理，管理一般包括：计划、组织和控制三个基本环节。就班级管理机制而言，它的运行也应该包括上述三个环节，即班主任要确定目标计划，制定实施方案，选择管理方法进行引导干预，进行反思评价等。

(三)校外活动的师生和谐

校外活动是提高孩子兴趣、培养良好品质的路径。调查显示，大多数孩子认为，校外活动可以让自己交到好朋友，从中获得教益，享受乐趣。校外活动具有德育、智育等综合教育功能。2006年4月6日中共中央办公厅、国务院办公厅下发了《关于进一步加强和改进未成年人校外活动场所建设和管理工作的意见》(以下简称《意见》)。《意见》中明确指出：要把校外活动列入学校教育教学计划，逐步做到学生平均每周有半天时间参加校外活动，实现校外活动的经常化和制度化。

1. 贯彻安全第一的精神

没有安全就没有和谐，一件件触目惊心的校园恶性事件的发生，使得家庭、学校遭受了沉重的打击。因此，校外活动必须把安全放在首位。《关于进一步加强和改进未成年人校外活动场所建设和管理工作的意见》也指出：各地区各部门要高度重视中小学生参加校外活动的安全问题，明确责任，落实措施……活动和安全不是一对矛盾，学校为了安全不出事故，而放弃校外活动的做法是不可取的。如何才能做到既开展活动又保证安全呢？那就是做好活动预案。活动预案应包括：活动的准备、活动中的安全措施、紧急情况的处理、活动总结等部分。

2. 有的放矢，做好三个衔接

活动不是孤立的，要有的放矢，做好三个衔接。有的放矢是指每次活动要有明确的活动指向，目标任务明确。“三个衔接”是指，每项活动都要符合学生的身心特点和性格爱好；内容要有知识性，活动要有趣味性，能与教育教学紧密地联系在一起，即横向贯通；与此同时，每一项活动本身也不是单一的，每学期或一年的活动要统筹安排，协调一致，做到纵向衔接。整体构建学校、家庭、社会和谐德育体系实验教材《和谐成长》在这方面取得了突破性进展。它主要以活动为载体，来实现教育的目标。它的框架结构是时间坐标以一年12个月中的节日、纪念日和主题日为主线贯穿起来，内容涉及生命健康、孝敬父母、尊老爱幼、环境保护、文化传承、民主法制、科学探索、热爱祖国、世界和平等人类生活的各方面；空间坐标以学校、家庭、社区三个生活领域为德育场贯穿起来；通过“和谐校园”“和谐家庭”“和谐社区”三个栏目，设计了亲子互动、师生互动、校区共建等德育活动，做到了条块分明，指向明确，与新的课程改革相一致，可以借鉴。

建立和谐德育体系

建立学校和谐德育体系是落实和谐德育思想的具体体现，是实现学校和谐德育科学化、系统化、规范化的保障。建立学校和谐德育体系包括：全程德育、全员德育、全面德育三个方面。

一、和谐的全程德育

(一)和谐全程德育的内涵

全程是一个时间概念，指学生从入学到毕业的时间过程。所谓和谐的全程德育，是指德育工作贯穿于学生从入学到毕业的整个过程中，德育无时不在、贯彻始终、环环相扣、协调有序。和谐的全程德育要根据构建和谐社会的要求以及小学、中学、大学各个阶段学生身心发展的特点和品德发展规律，安排小学、中学、大学各个阶段以及各个年级的德育内容和目标，以利于从整体上对处在不同阶段的学生因势利导，扬长避短，实施具体、有针对性的指导，保证德育的序列性、完整性与全程性。

(二)和谐全程德育的机制

学校和谐的全程德育是一个渐进的过程，是从量变到质变的过程，是一项艰巨、复杂的工作，不能期望一蹴而就，必须按照学生品德形成和发展过程的规律，采取适合而有效的方法和途径。德育的内容要因年级不同而不同，因学段不同而不同，做到低起点切入，分层次育人；循序渐进地把学生的道德认知转化为道德意识，进而转化成道德行为。

1. 从上学到放学的德育

学生从迈进学校大门的一刻起，就要遵守学校的所有规章制度，这是学校德育最具体、最实在的内容。为此，学校要根据德育的需要和学生身心发展的特点制定一系列规章制度，如《学生一日常规》《礼仪常规》《课堂常规》《宿舍常规》《自行车停放规定》《文明用餐规范》《校门出入证制度》等。在操作中，通过值周班、各年级的学生“自主管理委员会”相应的检查评比，及时公布评比结果，将每天的检查情况反馈到班级进行核对，每月学生工作部门进行汇总表彰，颁布各类流动红旗及行为规范示范员。

2. 从课内到课外的德育

课堂教学是德育的重要渠道，课堂教学活动是老师创造性劳动的集中体现，它以知识传授为基础，学生在教师有计划、有步骤的积极引导下主动地掌握系统的科学文化知识和技能，发展智力、体力，陶冶品德、美感，形成和谐发展的个性。强化课堂教学活动，是学校德育工作的重要内容，必须克服那种在课堂教学中忽视渗透德育的思想和做法。课外活动是学生进行德育实践的舞台，它是在教师的指导下由学生课外自由选择参加的有组织有计划的学习活动。现代教育理论与实践证明，课外活动绝不是可有可无的，它是整个教育工作的有机组成部分。同课堂教学相比，课外活动具有自愿性和选择性、伸缩性和开放性、自主性和独立性、灵活性和多样性、综合性和广效性的特点。它能够适应学生的多种需要，丰富学生的精神生活，有利于因材施教，培养和发展学生的兴趣和特长，最终形成良好的个性。

3. 从双休日到节假日的德育

双休日、寒暑假既是学生接受德育实践锻炼的有利时机，也是学生校外违纪违法的多发期。对此，学校要根据学生实际，健全假期德育工作网络，制定《双休日家教联系卡》《双休日学生作息时间表》《寒暑假学生德育活动记录表》等。同时，学校要积极创造条件，挖掘社区内优质教育资源，为学生参加多种有益活动提供帮助，在双休日、寒暑假组织学生参加喜闻乐见的各种健康向上的文体活动，定期开放阅览室、电脑室，让学生有活动的去处、有活动的内容、有活动的记录，使学生过剩的精力能得以正常释放，并在活动中获得健康的成长。

4. 从"入学"到"毕业"的德育

对每一届新生入学时进行入学教育和军训是学校传统的德育举措。请部队官兵对学生进行严格训练，让他们接受组织性、纪律性和集体主义教育，使他们各自迈好小学、中学和大学的第一步。学生在学校期间，学校每个阶段都要根据学生的身心特点和品德形成发展规律，设计若干个德育主题。例如初中学段第一学年"迈好中学第一步、法律保护我成长、学会交往、创造和谐的成长环境、登上知识之船、扬起理想的风帆"等内容。目的在于帮助学生了解、熟悉进而热爱新学校、新集体、新老师，遵规守纪、知法守法、热爱学习。第二学年"花季困惑指南、塑造健全人格、不断完善自我、讴歌民族精神"等专题，帮助学生正确认识自己的身体与心理的变化，初步学会自我控制、自我调节、自我评价的技巧；形成自尊、自爱、自信、自强的心理品质，养成热爱家乡、热爱祖国的情怀，形成强烈的民族自尊心、自豪感。第三学年考虑到学生初中毕业在即，面临升学压力，可以构建“鼓起勇气，迎接挑战；调整自我，增强自信；脚踏实地，自强不息；找准定位，确定理想坐标”等内容，帮助他们鼓起勇气，树立理想，迎接挑战。

(三)和谐全程德育的实施策略

1. 抓好入学教育和军训

在入学教育中，通过介绍学校历史和发展概况以及学校规章制度，使新生对自己的学校有一定的感性认识，树立爱校思想。同时通过新老学生之间的联欢、座谈等，增强互相了解；组织新老班级传帮带活动，帮助新生尽快树立良好班风，为新生能够安心学习、遵守纪律、立志成才打下良好的基础。把对新生进行军训作为入学教育的重要环节去抓，以增强学生的纪律性、集体主义精神和团队精神，增强国防意识，培养顽强拼搏和吃苦耐劳的精神。

2. 开展德育实践活动

加强德育实践过程的组织管理是增强德育实效性的一项重要工作。学校要充分利用节假日组织学生参与社会调查、社会服务和勤工俭学活动，并进行征文、评比等，促进活动有效开展。对不利于学生身心健康，妨碍学习和校园生活秩序的活动，要正面引导，及时调控，确保学生的德育实践活动健康发展。

3. 抓好检查和评比表彰工作

学校要利用好每学期的阶段检查，总结学校德育工作及学生个人表现情况，肯定成绩，找出差距。学期末要进行全面回顾总结，通过自下而上的总结评比，严格按条件评选出先进班集体、三好学生、优秀学生干部和单项先进个人。在表彰中，要做到把精神奖励和物质奖励结合起来，把集体奖励和个人奖励结合起来，把集中奖励与平时奖励结合起来。

4. 抓好学生干部的培养培训工作

学校要在每学期开学前，对全校学生干部进行一次集中培训。通过报告、讲座和分流培训讲形势、总结和布置工作，既提高学生干部的思想觉悟和认识水平，又为开学做好必要的思想和工作准备，使班级工作一开学就很快步入正轨。每年新生干部配备后，要进行一次集中培训，学校要对学生干部进行述职考评。对学生干部的工作及发挥模范作用情况定期进行检查、考核，对表现好、工作成绩突出的干部及时给予表扬和奖励，对模范作用发挥得不够或工作不负责的学生干部，应当给予批评、鞭策或调整。

5. 抓好毕业教育

毕业教育是学生走向高一级学校或走向社会前学校进行的最后一次集中教育，抓好毕业教育将对学生一生的发展产生重要的影响。毕业教育在中小学主要进行感恩教育，立志成才教育，升学与就业教育，使学生树立“今天我以母校为荣，明天母校以我为荣”的豪迈情怀，充满信心地走向高一级学校。在中等职业学校、高等职业学校和普通高等学校主要进行择业创业教育、职业生涯教育、理想信念教育、改革开放形势教育，正确处理国家需要和个人志愿关系的教育，以及“三个面向”的教育，引导毕业生奉献社会，报效祖国，实现人生价值。毕业教育可根据学校条件采取全校大会、年级大会或主题班会的形式进行。要由校长、年级主任或班主任，在庄严、隆重、热烈的气氛中为学生颁发毕业证书并合影留念，还可以填写毕业纪念册，师生互动、生生互动、亲子互动，互赠临别赠言，这将对学生的一生留下美好的记忆，并产生深远的影响。

二、和谐的全员德育

（一）和谐全员德育的含义

全员是指学校的每一位教职员工。所谓和谐的全员德育，是在“人人都是德育工作者”的理念指导下，使学校的每一位教职员工都能根据各自的岗位职责实施教书育人、管理育人、服务育人，保证德育的全员性，把德育落实在教学、管理、后勤服务的各个环节。和谐的全员德育既是一种目的，又是一种手段；既是一种需要，又是一种必然。

（二）和谐全员德育的机制

和谐的全员德育的实施是构建和谐校园的有效途径，可通过教书育人、管理育人、服务育人等途径构建教师与学生、管理者与学生、服务者与学生、教师与教师、学生与学生之间的和谐。

1. 教书育人

教师是履行教育、教学职责的专业人员，是教书育人的主要承担者。教书育人是指教师在传播科学文化知识、授业解惑的同时，有意识、有目的地对学生进行正确的世界观、人生观、价值观教育，把传授科学文化知识与提高学生的综合素质有机结合，自觉引导学生德、智、体、美等全面发展。教师教书育人的基本要求：

(1)教师要忠诚党的教育事业，全面贯彻党的教育方针，全面推进素质教育，认真履行《中华人民共和国教师法》规定的各项义务。确立正确的世界观、人生观、价值观，重视品德修养，治学态度严谨，有强烈的事业心、责任感和奉献精神。

(2)教师要用心做好教学工作。在教学工作中，要不断探索，善于总结教学经验，积极改进教学方法，提高教学质量；帮助学生端正学习态度，掌握科学的学习方法，注重理论与实践的紧密结合，坚持教育创新。

(3)教师要模范的带头执行校规校纪和各项规章制度。在课堂教学、实验实习、考查考试等教学环节中，既要对学生严格要求，又要尊重爱护学生，对违反纪律的学生要及时、耐心地批评教育和帮助。

(4)教书育人要成为教师的自觉行动，并贯穿于整个教学过程。教师要认真研究学生的思想和心理发展规律。在课堂教学和实验实习中，要注意挖掘德育素材，不失时机地对学生进行爱国主义、集体主义和社会主义教育，进行科学思想和科学精神教育，自觉地用唯物辩证法阐述自然科学和社会科学规律，将德育渗透于教学的全过程。

2. 管理育人

管理工作者是指学校各党政机关工作人员及有关的党务、行政、政工人员等，是管理育人的主要承担者。管理育人是指管理工作者在立足本职，以良好的职业道德和敬业精神做好管理工作的同时，树立育人意识，围绕学校育人的总目标，发挥管理工作的育人功能，引导学生树立正确的世界观、人生观和价值观，促进学生全面成才。管理育人的基本要求是：

(1)管理工作者要重视自身的道德修养和业务素质的提高，树立严谨、务实的工作作风，具有强烈的工作责任心和奉献精神，刻苦钻研本职业务，不断提高管理水平。

(2)管理工作者要做到既懂得管理规律，又懂得教育规律，工作中要服务和服从于育人这一根本目标，创造性地做好管理工作，营造良好的育人环境。

(3)处处严于律己，模范地遵守校规校纪，以正确的思想引导学生，以高尚的情操感染学生，以模范的行动带动学生，以出色的工作影响学生，将育人工作贯穿于教育的全过程。

(4)关心爱护学生，做到严格管理与耐心教育相结合。对违反校规校纪的学生，要及时进行严肃的批评教育，并严格按有关规定处理。

(5)广泛接触，深入了解学生，及时掌握学生的学习和思想动态，使管理工作更有针对性，增强育人效果。

3. 服务育人

教育即服务，树立为学生服务的观点，是对学校教职员工的根本要求。服务育人是指教育者以出色的工作、良好的形象，通过为学生的学习、生活提供优质服务，来帮助学生解决思想、学习和生活中遇到的各种问题和困难，引导学生健康成长。服务育人的基本要求是：

(1)忠于职守，热爱本职，吃苦耐劳，不断提高自身的职业道德水平，认真履行岗位职责，严格遵守各项规章制度和操作规程，减少工作失误，避免责任事故。

(2)树立全心全意为学生服务的思想，服务热情、周到，积极为师生员工提供优质服务，努力做好排忧解难工作，通过严谨的工作作风和良好的言谈举止，把服务育人落实到全部的工作中去。

(3)不断改善教学、生活设施和工作条件，提高服务质量，加强学生学习、生活活动场所管理，为学生创造安全舒适优雅的生活学习环境。

(4)加强与学生的沟通与交流，及时了解和满足学生的要求，并将学生中存在的各方面问题及时反映给有关部门，协同做好育人工作。

(三)和谐全员德育的实施策略

要想切实提高德育工作的实效，必须倡导和实行和谐的全员德育，要努力做到强化全员意识、建立全员机制、优化全员环境。

1. 强化全员意识

学生的德育是全体教职员工的事，这是由德育的内涵和性质所决定的。德育具有明显的方向性、原则性、整体性和相关性。它是贯穿于教育的全过程和全方位的。革命战争年代，人人做思想政治工作，思想政治工作做到每个人身上，收到了很好的效果。社会主义建设时期，我们保持了这个传统，同样获得了明显的成效。今天，在改革开放的时代，我们更应该提倡人人都做德育工作，积极强化党、政、工、团齐抓共管，班主任、科任教师和职工通力合作的德育意识。

2. 建立全员机制

和谐的全员德育格局的形成，需要建立全员德育的机制。这样的机制：一是激励的机制。学校制定政策、建立制度要有利于全员德育，有利于全员育人，有利于调动每个教职员工做好思想政治工作的积极性。学校的政策和制度要鼓励和支持广大教职员工做好德育工作，对德育工作做得好的人要给予精神的和物质的奖励，特别是在人们最关注的晋职、晋升等热点问题上要敢于从优，这种激励是全员德育必不可少的条件。二是鞭策的机制。为了促使每个教职员工都积极主动地做学生的德育工作，开展品德教育，需要用硬性的规定，带强制性的措施去鞭策。例如相关的考核、检查和评估就是鞭策的具体手段。

3. 优化全员环境

和谐的全员德育需要一个良好的环境。首先是舆论环境，舆论宣传要强调德育的重要性，要阐明德育工作的意义，要充分肯定学校重视德育工作的单位和个人，要严肃批评对德育工作歧视、不重视的单位和个人。其次是工作环境，比如，教师讲课，要提倡德育的自然渗透科研实践，要提倡唯物辩证的思维方式管理服务，要提倡以身作则、为人师表。有了良好的舆论环境和工作环境就容易形成学校和谐的全员德育的整体环境。

总之，在构建学校和谐德育的过程中，要大力提倡和实施和谐的全员德育，实行德育工作的高频共振，营造一个良好的德育氛围和育人环境，努力开创学校德育工作的新局面，把学校的德育工作提高到一个新的水平。

三、和谐的全面德育

(一)和谐全面德育的含义

全面是一个空间概念，是指学生生活、学习的全部环境。和谐的全面德育，一方面是指学校德育工作无处不在，全方位地深入到学生学习、生活的全部领域。在学校里教师的德育信息、学生的德育信息、管理者的德育信息以及学校物质形态所包含的信息相互作用，构成立体的德育空间。和谐的全面德育就是要使师生双主体与德育环境、德育信息融为一体。学校可把德育原理、原则、规范分解为使人容易接受的、较为具体的要求或条例，分布到教学楼、餐厅、宿舍、文化广场，使学生触目可见；可通过场景设置、示范引导、行为训练等手段，使学生在德育实践中，亲身体验或感受，了解自己的行为对他人、对团体的影响，从而把德育原理、原则、规范深入到心里，落实到具体行为中去。另一方面是指整合学校、家庭和社会三方的力量，充分利用三方的德育资源，对学生进行全面德育。

(二)和谐全面德育的机制

1. 把弘扬和培育民族精神作为德育教学的主线

首先要把以爱国主义为核心的民族精神教育作为德育教学的重要内容。在思想道德和民族精神教育中，把爱国主义、集体主义、社会主义的教育和世界观、人生观、价值观的教育融入到德育教学中。第一，用科学理论塑造学生的精神支柱。第二，凸显民族精神教育的时代特点。学生思想道德修养课要把弘扬和培育民族精神作为学生思想道德教育的重点内容，在内容上注重三方面：其一，民族精神的传统品格；其二，结合时代的发展要求，共产党领导的人民革命和建设的实践丰富了民族精神；其三，保持健康向上的民族心态是弘扬民族精神的时代要求。在教学目标上，学生思想道德修养课要着重培养学生的责任意识、团结统一意识、自强意识。第三，用辩证思维方式促进学生民族精神的培育。强调辩证思维方法在正确处理个人与集体、社会关系中的重要作用。

其次要强化知行统一，将民族精神教育落到实处。理论教育不仅要使学生达到认知，还要使学生把这种认知通过社会实践内化为一种信念，并落实到行动中去。因此，在思想道德和民族精神教育中，学校要注重用多种教学方式来达到参与式教学，形成教学互动，并通过开展社会实践，促进学生的道德内化过程，指导学生在实践中切实地树立起民族精神。

2. 积极开展德育实践基地建设

学校要鼓励学生开展与校外各种社会公益团体和企事业单位的共建活动，加强军民共建联系。创造条件让学生参观爱国主义教育基地，精神文明共建基地，到社会德育实践基地进行体验和锻炼等，可以对学生开展以“四情(爱国情、民族情、改革情、世纪情)”“三义(爱国主义、社会主义、集体主义)”“党在我心中”和培养艰苦奋斗精神为主题的理想信念教育活动等。

3. 充分发挥课外活动的德育功能

一是思想与人文教育活动。在这一活动中，学校要抓好“三导”：导向、导读、导讲。“导向”是引导学生的政治方向，要紧随形势、关注焦点、联系实际、有的放矢地选择主题教育活动，抓好学生的理想信念教育。“导读”是引导学生多读书、读好书，增强学生的文化底蕴。“导讲”是每学期都有重点、有选择地邀请校内外专家、学者开办讲座，传授治学之道，指点成才之路。二是课外科技学术活动。举办科技活动月，成立科技实践中心，努力营造崇尚科学、追求真知、勇于创新的学术氛围。三是社会实践活动。在德育实践中体验、感悟人生的真谛。四是学生志愿者活动。加强对学生志愿者的指导，树立学校的良好形象。五是强化制度育人功能。完善学校、家庭、社会共同参与的育人体系，努力探索学生工作的教育、管理、服务职能。通过规章制度约束、引导学生的行为，促进学生的行为向社会规范认可的方向发展，主要包括学籍管理、行为管理、奖学金以及各种评价制度等。

4. 凝聚学校、家庭、社会“三位一体”的德育合力

(1)学校—家庭：提升家长素质，优化学生成长的家庭环境

苏霍姆林斯基说：“教育的效果取决于学校和家庭教育影响的一致性。如果没有这种一致性，那么学校的教学和教育的过程就会像纸做的房子一样倒塌下来。”要改变孩子，首先应该改变家长。所有的父母都希望给孩子优质的家庭教育，但他们大都缺少正确的教育方式和指导方法，所以要发挥各个方面的力量给予家长实质性的指导和帮助。就外部因素而言，比如开办家长学校，定期或不定期地邀请有关

专家开展家庭教育讲座——引导家长提高自身素质，讲究教育孩子的方法，转变重智轻德的观念，注意要求孩子参与家庭活动，培养孩子的责任感。开展家庭教育研讨会，由家长们共同讨论教育孩子的经验和方法。举办亲子活动，让家长与孩子一起学习，一起做事，让孩子在这种和谐的氛围中增进与父母的感情，陶冶情操，培育优良的品格。就其内部因素而言，家长和孩子应该共同努力营造良好的教育环境和学习氛围，把家庭建设成为一个学习型的家庭。

通过家长委员会，沟通家校双方。任何学校—社区联系活动的基本目的都是帮助儿童更好地学习。如果家长参与到联系中来的话，孩子们会学习得更好。家长和教师间的合作必须是有自由的、经常性的信息交流，允许家长参与学校事务。成功的协作关系不仅包括家长的信息交流和让家长熟悉学校，还应包括对影响儿童和教育事业发展的问题的协作处理。学校通过成立家长学校，设立家长委员会，对家庭教育提供指导建议，加强联系。学校通过家长的配合与支持对学生进行教育，学校从学生那里得到家庭教育的信息，通过家长学校的课程来交流成功的体验，调整家长的教育行为误区，家长向学校反馈学生的意见或在家庭教育中的困惑以寻求帮助。

(2)学校—社区：充分利用社区资源，引导学生在体验、参与中实现“育德”

重视挖掘社区的德育资源，拓展学校德育工作的途径。学校通过对社区德育资源的挖掘，拓展德育工作的途径，努力与社区单位共建，开展一系列德育活动。充分利用社区资源，全面提高学生的思想道德素质和科学人文素质。沟通社区，利用寒暑假组织学生在社区的健身苑健身、在科普中心学习等，开展丰富多彩的育德活动。

共建学习化社区，提升社区居民素质，为学生的健康成长营造温馨家园。要真正净化学生的成长环境，为学生的健康成长营造温馨家园，就必须使学校所处的社区居民整体素质进一步提高。学校要把市民学校活动与学校节日活动进行有机结合，让学校师生与社区居民充分互动，实现学校教育资源服务于社区，使学校更好地融入社区，促进社区和学校的共同成长。

(三)和谐全面德育的实施策略

1. 各学科齐抓共管，使德育工作形成合力

教师要依据各学科课程的培养目标，积极挖掘教材中的德育因素。首先，要强化德育的思想，树立一种渗透意识，即寓思想道德素质培养于多学科的教学中，以教学内容为载体，以教学过程为渠道，将认知能力、道德情感、行为规范等多种教育有机结合起来；其次，优化德育方法，讲求艺术性、真实性。良好的教学方法是提高德育效果的关键，各学科要根据各自学科的特点，采取优化的教学方法，诸如问题教学法、研究法、引导发现法等。课堂教学渗透德育不能脱离教材，要找到二者的最佳结合点，方法上力求新颖、灵活，避免一般化、模式化。还要分析学生的年龄特征、个性差异及思想意识，选择恰当的教育形式，晓之以理，动之以情，从而达到“润物细无声”的效果。

还要看到各学科的德育目标既有统一，又相互补充，相互配合，相互渗透，构成了一个统一的整体。因此学科既要有自己明确的目标和方向，要适时、适度地把握本学科与德育的最佳结合点和影响力。还要兼顾渗透的广度和深度，使德育工作形成强大的合力，增强学校德育效能。

2. 创新德育教学，适应社会发展需要

在多元、多变、多彩的信息化时代，我们的教育更具有丰富的内

容，给学校德育工作提出了新的要求，根据社会发展和时代要求，以“培养学生创新精神和实践能力”为出发点来研究德育工作，遵循教育规律，勇于探索德育教学的新路子，敢于创新，开创德育工作的新局面。

第一，更新观念，牢固确立学生的主体地位。传统的德育突出表现在教育思想的主观性上，忽视了学生是社会生活的主体，学生完全处于一种被动、消极接受状态，这对培养创新精神是极为不利的。德育创新就是要转变旧的教育观念，着力研究学生主体意识、主体人格、主体能力的培养，充分发挥学生的主观能动性，激发学生内在的热情。教师要善于因势利导，适时启发，放手让学生自己动手、自己反思、自己总结，让学生学会判断与选择。这种素质的培养，正是时代所需要的。

第二，联系时代，更新德育内容。在时代跨入21世纪的今天，面临着全球经济一体化、思想观念、价值观念的多变化，丰富了德育工作的内容。当前，对学生要特别加强民族精神的培养，增强民族的凝聚力和向心力，增强民族的自信心和自豪感，使中华民族永远立于不败之地。还要培养教育学生掌握科学的思维方法，具有较强的鉴别能力。要放手让学生接近社会，善于分析纷繁的世界、多元的文化、多彩的人生，学会鉴别真假、美丑、是非，使自己的人生之路不会迷失方向。

3. 从校内走向校外，构建开放型的德育环境

封闭使人落后。学校的德育工作要紧密联系家庭和社会，拓展德育时空，沟通各条育人渠道，变平面型为立体型德育网络，沟通学校、家庭和社会多条育人渠道。

(1) 充分发挥家教的德育功能

坚持定期谈话和家长会制度。让家长更好地了解孩子，了解学校，配合学校。使家庭、学校“心往一处想，劲往一处用”，形成有效的教育合力。充分发挥家长学校的优势，提高家长科学育人的水平，使家长参与学校的教育管理，为学校的德育工作提供新点子、新路子，搞好协调，为学生健康成长创造有利条件。

(2) 建立社会活动基地，争取社会力量的支持

敞开德育的大门，带领学生走向社会，组织学生走出校门，到社会大课堂去学习、去感知、去思考，同时帮助学生明辨是非、择善弃恶、伸正抑邪，不断提高学生的适应能力。还要积极争取社会力量的支持与参与，聘请有一定影响力的道德模范、名家、学者等作报告，带领学生实地考察，请他们讲解成功之路，学习他们怎样正确对待荣誉，怎样勇敢面对失败，等等，从这些活生生的事例中引起心灵上的共鸣，思想上的沟通，从而更有效地提高德育的效能，形成处处是课堂，事事是教材，时时教育人的德育氛围。

第二编　家庭和谐德育实践研究

建设和谐家庭文化*

家庭文化主要分为家庭精神文化、家庭物质文化和家庭制度文化。建设和谐家庭文化是家庭和谐德育的构成要素和重要条件。

一、家庭精神文化建设

精神文化主要包括哲学、科学、技术、宗教、文学、艺术、伦理道德和价值观念等，并可归为人文文化与科学文化。这两种文化是最有活力的要素，它可以“外化”为制度，“内化”为价值规范。在文化系统中，精神文化，特别是价值规范，即价值观念和行为规范，起着核心的作用。价值观念是存在于人们内心中评价行为和事物所作出的判断，而行为规范则是价值观念的具体化。

家庭精神文化是整个社会精神文化的一部分。它主要指家庭成员个人的思想道德风貌、科学文化修养和家庭成

---

* 本文与以下两篇文章是与张宇、张国建、詹栋合作撰写。詹万生等著《和谐德育论》，教育科学出版社 2008 年 6 月出版。

员之间的相互关系。和谐家庭精神文化建设就是依靠家庭的力量，不断提高家庭成员的思想道德水平、科学文化素质，形成积极向上的家庭文化氛围，形成良好的家风，家庭成员之间能够和睦相处、相互理解、相互帮助，使家庭不但成为家庭成员身体的栖息之地，同时也能成为精神的栖息之地。

(一)家庭人文文化建设

家庭人文文化建设就是在家庭创造出一种文化氛围，利用这种氛围陶冶每一个家庭成员，使他们形成高尚的道德观念、道德感情和道德习惯，最后使遵守这些道德规范和行为准则成为每一个家庭成员自觉的道德需要。

家庭是社会的“细胞”，要弘扬和建设先进的社会文化，提高社会的文明程度，必须从优化每一个“细胞”做起。家庭文化与中高层次的先进社会文化是既互相联系又互相渗透的。高层次的共产主义道德要求，往往要通过低层次的道德要求来实现；低层次道德要求的认真实践，有助于高层次道德在更广的范围内实现。由于家庭生活较远地离开社会监督，较多地表现为私人生活的性质，由此认为家庭道德可有可无、微不足道的观点是错误的。

家庭文化建设对于社会文化建设的其他要素具有极大的影响作用。主要表现以下几个方面：第一，家庭文化对社会风气产生极大的影响。社会风气是社会经济、政治、文化、道德等方面的综合反映，是广大社会成员精神面貌的总体表现。在现实社会中，封建主义的家庭伦理道德和资本主义的“金钱第一”观念还在严重侵蚀着一些人的头脑，干扰和破坏着社会主义的家庭生活，败坏社会风气，它的消极影响是不可忽视的。反之，良好的家风是社会风尚的一面旗帜。每一个家庭都能树新风、破旧俗、守法度、除陋习，有利于提高社会道德水平；每一个家庭在夫妻关系上能互敬互爱，有助于促进平等、和睦、团结的新型家庭关系的形成和发展，每一个家庭成员对待长辈能做到赡养、敬重、关怀备至、体贴入微，有利于继承和发扬中华民族尊老敬老的优良传统。第二，家庭文化建设对家庭成员工作态度的影响。家庭问题影响着人心、人的意志，每个家庭能够正确处理好家庭问题，家庭和睦相处，心往一处想，劲往一处使，就会极大地激励家庭的成员以饱满的热情去工作、去学习。这种作用通过家庭成员的个人道德行为而转化为群体行为，从而形成一种社会成员向上的合力。第三，家庭文化是培养高尚的道德品质和情操的起点。一个人在家庭里遵守道德规范，就表明他对有益于集体或他人的"小事"都有很高的道德自觉性，都有很强的自我约束力，就能养成优良的道德习惯，关键时刻就能按照个人利益服从社会整体的原则进行行为选择，表现出舍己为人的高尚的道德品质。相反，一个人在"小事"上不检点，日积月累，就会导致整个道德堕落、人格卑下，甚至走上犯罪道路。更为重要的是，成年人的道德状况如何，直接影响着下一代，家庭道德教育具有启蒙性、配合性、终身性的特点。

家庭人文文化建设主要是指家庭道德文化建设。包括家庭成员的政治观念、法制意识、思想观念、伦理道德、心理健康等多方面的建设。人的思想道德的形成，受家庭、社会、学校等多方面的影响。但是，家庭对个人品德的形成起着重要的作用。从时间上看，人的一生在家的时间最长。从出生到上幼儿园之前以及退休之后，全天生活在家里；上学和工作期间，大部分时间要在家里吃饭、休息，要与其他家庭成员在一起生活。从效果来看，家庭成员之间的影响效果最大。"最有效的教育是教育痕迹最少的教育"。人一出生，首先得到的是父母的爱、爷爷奶奶的爱、姐姐哥哥的爱……这些爱是无私的，他们的言语也是最值得信赖的。由于长时间耳濡目染的影响，家庭成员尤其是父母的价值观念、行为习惯就会不自觉地传递给孩子，就会使孩子逐步确立自己的价值观念，形成自己的道德习惯。

1. 营造爱党、爱国、爱人民的家庭氛围

一些人认为关心政治，进行政治教育是社会活动的内容，在家就可以远离政治、远离社会。这是一种错误的观念。爱党、爱国、爱人民、爱社会主义，不是说给别人听的，也不是做给别人看的，只有从内心做到坚信，才能使自己不论在什么地方、什么时间，都能够表现出对党、对国家的热爱，都能落实到自己的行动之中。家庭成员一起听广播、看报纸、看新闻、议论国家大事、讨论时事政策等，是在家庭营造积极向上的政治空气的重要途径。家庭购买书籍、影碟时，可购置一些伟人传记、著名战役、英雄人物故事等。通过读这些书籍，观看这些电影，让家庭成员感受革命历史、感受革命英雄、进一步增强爱党、爱国、爱社会主义的情感。在家庭营造浓厚的积极向上的政治空气会使家庭成员，特别是少年儿童感到有一种推动力，鼓舞他们积极上进，朝气蓬勃地生活。坚定对党的信仰，对祖国的忠诚，为形成高度的政治责任感和正确的人生态度打下坚实的基础。

2. 开展科学世界观、人生观、价值观教育

家庭成员的世界观、人生观、价值观、荣辱观的形成与父母、长辈以及其他家庭成员的影响有很大关系。在一个家庭中，如果父母对待问题、看待世界能够持一种正确的态度，能够学会用马克思主义的观点一分为二地看待问题，看待世界，能够用正确的方法看待问题、分析问题、剖析问题，那么他们这种思想和观念就会影响和传递给孩子。这样的家庭就会远离迷信、远离愚昧，遇到问题，就会有自己的主见和观点。

3. 重视家庭美德建设

道德是维持社会秩序，促进社会发展的重要力量。它依靠社会舆论和人的内心持守，促使人遵从社会交往规则。讲道德不但是社会发展的需求，而且也是个人幸福生活的需求。人的生存依赖于社会，人只有遵从社会交往规则，才能有更好的生活空间。一个诚实守信的人，别人就愿意与他交往，他就容易得到别人的关心和帮助；一个行为文明的人，就容易被社会接受。家庭生活对培养人的良好品德有着十分重要的作用。

(1)家庭成员之间要诚实守信

父母对孩子要言而有信。对孩子做出许诺时，一定要考虑这个承诺是否能够兑现，若不能兑现，就不要随便许诺。曾子杀猪明不欺的故事就是一个很好的例子。“曾子之妻之市，其子随之而泣。其母曰：‘汝还，顾返为汝杀彘。’妻适市来，曾子欲捕彘杀之。妻止之曰：‘特与婴儿戏耳。’曾子曰：‘婴儿非与戏也，婴儿非有智也，待父母而学者也，听父母之教。今子欺之，是教子欺也。母欺子，子而不信其母，非所以成教也。’遂烹彘也。”[①]父母是孩子的第一任老师。曾子的妻子为了甩开儿子的纠缠，随便说了句回来杀猪的话。而曾子便真的杀猪，理由是不能欺骗孩子；如果欺骗了孩子，他长大后也会欺骗别人，甚至欺骗父母。做父母的要为孩子树立榜样：言行一致，诚实做人。

夫妻之间也要彼此忠诚。随着生活水平的提高和交往范围的扩大，一些人就开始追逐新的异性，通过上网聊天、会见网友等，做出了有悖于夫妻忠诚的行为。轻则可能导致夫妻不和，重则就会导致家

① 《韩非子》。

庭破裂。夫妻间的这种行为，不论你掩盖多深，总会被对方和家庭其他成员发觉，给家庭带来严重的伤害。在这样的家庭，就很难培养诚实守信的品德。

(2)要孝敬自己的父母

孝敬父母是人的基本道德。中华传统文化十分重视“孝德”，孔子在弟子曾参著有《孝经》，指出：孝，德之始也；悌，德之序也；信，德之厚也；忠，德之正也。父母不但给了自己生命，而且为了抚养自己成人，付出了太多的艰辛和努力。世界上最无私的人是父母，最可信的人是父母。如果连自己的父母都不能孝敬，他就不可能为别人做出牺牲和奉献。这样的人就不可能很好地与别人交往。孝敬父母，不但是为了父母，同时也是为了自己。无数事实表明，不孝敬父母的人，其子女绝大多数也不孝敬自己。

(3)在家也要讲文明

一些人认为，家庭是自己的私有空间，可以自由、可以随意。这是一种错误的观念。如果一个人在家随意乱扔、乱放，那么他在社会就不可能遵守秩序；如果一个人在家行为粗鲁，那么他在社会就不可能行为文明。文明行为习惯的养成，需要一个人在各个地方都要努力、都要践行。

(二)家庭科学文化建设

家庭科学文化建设就是通过家庭这个场所和氛围，弘扬科学精神、宣传科学思想、传播科学方法，使家庭成员的科学文化水平不断提高。

科学精神主要是指科学主体在长期的科学活动中所陶冶和积淀的价值观念、思维方式和行为准则等的总和。概括地说就是实事求是，勇于探索真理和捍卫真理。具体说来科学精神包括求实精神、创新精神、怀疑精神、宽容精神等几个方面。其中最主要的是求实与创新。不求实就不是科学，不创新科学就不会发展。

科学思想就是如何从事科学探索活动、取得创新和突破的思想，如何正确认识自己和别人获得的科学研究成果的思想，也就是如何去粗取精、去伪存真的思想。科学思想是人正确认识世界和改造世界的科学思想。辩证唯物主义和唯物辩证法是每个家庭成员都要学习和具备的基本思想。

科学方法是人们探索求知、获取知识的途径和程序。科学方法导引着、规范着科学研究的进展，其自身也是生产和科学实践的产物。科学实验是人们为实现预期目的，主动地通过控制实验条件而对客体加以测量和研究的方法，是人们获取信息和检验理论的基本手段，是近代科学的本质特征之一。数学方法是近代科学中数学理性的体现，是描述对象、建立模型、构造理论，进行运算解释和推演预测的基本工具。逻辑方法是科学理性和思维规律的体现，是求知过程中整理经验材料，提出科学假说，构造理论系统的工具和方法。科学进化模式就是：科学问题—提出猜测性假说—排除错误—新的问题，科学研究就是面对问题，不断提出假说的过程。

家庭是孩子成长的摇篮，父母是孩子的第一任老师。家庭中进行科学教育有着得天独厚的条件，因为孩子接触最多的是父母，受影响最深的也是父母，如果家长树立科学的世界观，并且重视利用家庭的优势对孩子进行科学启蒙教育，那么对孩子科学素质的培养和发展将起到十分重要的作用，孩子会受益终生。

那么，怎样建设家庭科学文化，培养孩子的科学素养呢？

1. 家长要重视自身科学素质的提高

家长要对孩子进行科学启蒙教育，首先自己必须具备一定的科学素质。它包括：科学知识与经验、科学过程与方法、科学情感与态度。掌握广博的科学知识，是家长对孩子进行科学教育的前提，要给孩子讲清一个科学现象与道理，自己必须要明白这个现象或道理的来龙去脉，才能深入浅出地用孩子能理解的方式和语言去引导、启发他们。家长必须具备对科学的热爱和积极的态度。注意观察、了解、搜集和整理身边贴近生活的、孩子感兴趣的科学现象和知识，引导孩子去体验和领会科学就在身边的奇妙，保持孩子永久的好奇心和探索欲望。

2. 利用一切机会和条件满足孩子对科学的探索欲望

家长必须注意对孩子进行随机性的科学教育。因为孩子生活在科学中，他们随时随地碰到感兴趣的科学现象，都需要家长给予解释和帮助。家长要抓住机会，善于利用时机，促进孩子科学素养的发展。同时，要积极创造条件，有计划、有目的地对孩子进行科学教育。积极引导孩子去感知、去发现。通过探索的过程，发现科学的奥秘，获得成功的体验，珍惜探索成果，增强探索兴趣。

3. 重视孩子在认识和探索科学过程中的情感体验

家长要重视培养孩子勇于探索的精神，有时孩子在探索过程中遇到困难会转移自己的注意力，或者放弃探索。这时家长要善于引导孩子，用生动的语言、形象的比喻、正面的教育使孩子重新产生积极探索的愿望。

4. 父母参与孩子的探索活动

在亲子互动的科学探索活动过程中，给孩子热情支持与鼓励，把自己的科学知识和经验、情感和态度传递给孩子，并通过平等的交流，帮助、引导孩子，这是家庭中培养孩子学科学、爱科学的重要形式。通常情况下，孩子会非常欢迎成人加入其探索活动，但成人不能把自己的意愿强加于孩子，应让他成为探索活动的主角，有充分的自主权，这对于培养其自主性、自信心和对科学的积极情感都有重要作用。

5. 形成民主、平等、相互尊重的亲子关系

这种关系既利于孩子良好性格的养成，又可最大限度地培养孩子的创造性、发挥其智能潜力，为其全面发展创造良好的空间氛围。目前，多数父母往往很难用平等的态度对待孩子，要么溺爱过度，处处包办代替，造成孩子依赖性强，自理、自立能力差；要么期望值过高，给予孩子过多的压力，强迫他不停地学这学那，成为实现父母理想的“工具”和“机器”。这些都剥夺了孩子自由生存和发展的空间，给孩子造成了不必要的紧张和压力。父母应把儿童看成是具有独立人格的平等的个体，尊重和理解其兴趣和需要，切合实际地引导其发展。

6. 努力建设学习型家庭

家庭要充满学习的氛围，每个家庭成员都有自己的专业爱好和特长，都有学习和研究的专业方向，都能够以学习为乐趣，远离封建迷信。在这样的环境中，孩子的科学素养一定会得到健康的发展。

二、家庭物质文化建设

物质文化是指人类创造的种种物质文明，包括交通工具、服饰、日常用品等，是一种可见的显性文化。家庭物质文化建设就是要通过家庭各种物品的购置、摆设、使用，促进家庭成员思想道德素质的提高和科学文化素质的提高。家庭各种物品的购置和使用要以实用、节俭、美观和具有教育性为基本原则。

(一)坚持勤俭节约原则

居家过日子一定要艰苦奋斗、勤俭节约。虽然现在的生活水平提

高了，物质生活有了很大的改善，但是勤俭节约的传统不能丢。我国还只是个发展中国家，还有许多人处在贫困线以下，就目前我国的资源状况而言，也不允许有浪费的行为。同时，艰苦奋斗、勤俭节约也是一种精神状态，能够起到砥砺意志、陶冶情操的重要作用，形成凝聚人心、战胜困难的强大力量。讲艰苦奋斗、勤俭节约，不是要去过清教徒式、苦行僧式的生活，也不是要否定合理的物质利益，而是要大力发扬艰苦奋斗、勤俭节约的精神，始终保持昂扬向上、奋发进取的精神状态，不畏艰难，不懈奋斗。艰苦奋斗、勤俭节约是社会主义荣辱观的一个重要内容，是经济社会生活的一个基本价值观念和行为准则。发扬艰苦奋斗、勤俭节约的精神，树立社会主义荣辱观，不但是对全社会和党的各级干部的要求，同样也是对每个家庭的要求。现在，不少家庭都是独生子女，他们之间的攀比之风比较盛行，今天比谁家的小汽车排气量高，明天又比谁家的洋房漂亮，后天再比谁家更有钱。家长对此要高度重视，从思想上一定要绷紧勤俭节约这根弦，千万不能在满足孩子物质需要的同时，养成孩子奢侈浪费的坏习惯。家庭支出要分清轻重缓急，统筹安排、勤俭持家、开源节流、计划开支、量入为出。在各项支出安排中都要贯彻勤俭节约原则，精打细算，严格把关，真正把有限的资金用在刀刃上。

(二)坚持教育性原则

家庭物品的购置，环境的布置要考虑到教育性。人们生活在干净、整洁的环境中就会感到心情舒畅，而在杂乱的环境中生活就会心烦意乱。家庭不但是生活的场所，更是教育孩子的场所，应该让家庭的每一样物品、每一片墙壁都会说话，都起到教育作用。家庭中应该使孩子得到美的享受。应该让孩子看到干净、明亮、整洁、有条理的生活环境，使他们感到舒适愉快。这样的环境才能培养孩子爱整洁的习惯。这是家庭物质文化建设的一项重要内容。

（三）坚持审美性原则

美化家庭环境对孩子的情操陶冶作用很大，家长要和孩子一起搞家庭环境卫生，并按照美的要求搞好室内布置，让它色调和谐、风格优雅、美观大方，以创造一个清洁、舒适、雅静的家庭学习、生活环境。家庭里摆上几盆花，绿叶青翠，花吐芬芳；墙壁上贴几张具有教育意义的名画和几条有关学习、理想、人生的名人格言；为孩子添置一些必备的科学实践的材料和工具，如放大镜、望远镜、磁铁、小锤子、小铲子等；为孩子提供种植、饲养的条件和设施，如辟一个自然角，养几盆花草、几条金鱼或蝌蚪等，这不仅能给人以清新舒适之感，产生奋发向上的心理状态，而且会使孩子产生对生活的热爱之情。尤其是为教育孩子而特别创造的环境，更具有教育价值。环境中的教育因素不会自发起作用的，家长必须重视对孩子的引导和教育，给孩子讲字画的含义、物品摆设的用意、种植养殖的意义等，使孩子能够主动地感受这些富有教育意义的环境，使他们逐步懂得环境因素与人的关系，受到环境知识和环境道德的熏陶，培养出爱护环境，保护环境的好习惯。

营造良好的家庭阅读环境可以正面影响到儿童的学习兴趣和学习能力。家长既要为孩子买书，又要和孩子一起读书，营造爱书、读书的良好氛围。读后还要和孩子一起讨论书中的问题，或把书中的问题带到户外活动中去，在观察中验证问题或重新发现问题，让读书成为孩子的习惯和爱好。

三、家庭制度文化建设

家庭制度文化建设是家庭文化建设的主要内容之一，是一个家庭在长期的生活中逐步形成的、体现家庭风格的规章制度和行为规范。

“国有国法，家有家规”，要建设和谐家庭，一定离不开相关制度。与社会法律和单位的规章制度相比，家规有随意性和零乱性等特点。大多数家庭的家规都没有文本形式的条款，往往是出了某方面问题才口头制定某项规定，规定的内容具有很大的随意性，与家长的生活阅历、知识水平有很大关系。大多数家庭的家规都是社会习俗约定。严格而又合理的家规对少年儿童形成良好的行为习惯有着重要的作用。青少年自觉性不高，需要一定的制度制约。要形成良好的行为习惯，既需要内部意志力，也需要外部强制力，完全靠自觉是不行的。孩子犯了错误，给一定的批评教育以至惩罚都是必要的，当然这只能是辅助手段，但没有是不行的。

(一)家庭制度文化建设的重要性

良好的家庭制度文化有利于孩子成才，可以有效防止孩子犯错误。制度规范的约束对孩子成长是十分必要的。“没有规矩，不成方圆”，家庭应制定严格的家规约束孩子的行为。有了家规，孩子就会明确什么是该做的，什么是不该做的，什么是提倡的，什么是禁止的，就会明确努力方向。人都有惰性，无论孩子还是家长都需要纪律约束。没有家规，孩子便会随心所欲、为所欲为，很难成才。有了家规孩子才知道该怎样做，家长也知道该照什么标准要求和教育孩子，家庭教育才能顺利进行。

(二)家庭制度建设的关键

1. 制定家规

家规的制定一定要体现时代性、人本性。过去，大多数家规由家长说了算，不征求孩子的意见，有些不切合孩子的实际。这样的家规很难调动孩子执行的积极性。由于家长与孩子的年龄和生活阅历有很大的差异，家长往往是根据自己的感受去制定家规，难免有些条文不合时宜，这就需要家长制定家规时充分考虑时代性，考虑孩子的实际。制定家规时，要参考一些古代优秀家训，要结合《中小学生日常行为规范》和《预防未成年人犯罪法》等文件和法规的要求，要有孩子参与，要有阶段性和梯度性，要让孩子循序渐进逐步达到要求，不要把最高要求一下子拿出来，致使孩子畏难而退。

我国古代有很多著名的家训。如明末清初朱柏庐的《朱子治家格言》，南北朝时期颜之推的《颜氏家训》等，《朱子治家格言》中的“黎明即起，洒扫庭除，要内外整洁；一粥一饭，当思来处不易；半丝半缕，恒念物力维艰。宜未雨而绸缪，毋临渴而掘井”等内容至今仍然为不少家庭所推崇。大多数家训都以注重家法、国法，和睦宗族、乡里，孝顺父母、敬长辈，合乎礼教、正名分，祖宗祭祀、墓祭程序为主要内容，这些内容和儒家的要求是相一致的，因此，也得到了社会的肯定，对维护社会秩序，提高人的道德水平起到了重要作用。

2. 贯彻家规

有了家规就要贯彻执行，家规定得再好，不执行也是无用的。执行家规是家庭制度文化建设的关键。家规执行得好坏关键在于是否用家规严格要求孩子“一以贯之”。要执行好就要经常提醒孩子按家规去做，建立孩子执行家规的意识，事事处处用家规提醒孩子，事后用家规进行总结对照，使家规真正成为约束孩子的“法律”。要想贯彻好家规，家长首先要带头遵守家规，否则孩子不执行家规就有了借口。如果要求孩子不吸烟，家长就要做到不吸烟；要求孩子不赌博，家长就要做到不赌博；要求孩子讲文明，家长就要讲文明。家长要给孩子做出榜样。家长的行动可以使家规形象化和具体化，有利于孩子模仿、执行。在家规的贯彻执行中，一定要坚持原则，不能搞“规范变通”。

如果在执行过程中走了样，就会失去规范的严肃性，使规范失去威慑力量，因此在贯彻规范时必须有严格的检查制度、奖惩制度。

3. 正确使用惩罚

孩子违犯家规，就要进行惩罚。但是，惩罚要从关心、爱护青少年的角度出发，在尊重人格的前提下，通过说服教育和恰当的处罚，启发孩子认识到错误的性质，认识到家规的严肃性，从而达到严格要求的目的，使孩子自觉地改正缺点错误。

有些家长迷信体罚，认为“不打不成才”“棍棒出孝子”，这是错误的观念。从根本上说，只有“兴趣成才”“立志成才”而没有“打骂成才”。在封建社会中“打骂”可能成才，也可能出孝子。因为，在封建社会中，人们习惯于逆来顺受的思想，习惯于孝悌观念。但是，在当今社会中，“打骂”只可能打出逆反心理。会逼得孩子说谎、破罐子破摔，容易损害孩子身心，迫使孩子失去教育原动力，容易使孩子形成双重人格。

惩罚虽然是贯彻家规必需的手段，可以起到深刻的教育作用，但是不可常用，更不能滥用。

促进亲子关系和谐

亲子关系，是我们每个人来到人世间的第一种人际关系，因其血缘关系的不可替代，而构成家庭关系中最为稳固、重要的关系之一。亲子关系包含着人生中最华美、最丰富的内容。和谐的亲子关系，攸关家庭的美满、社会的和谐、国家的兴盛以及人类的幸福。和谐的亲子关系是家庭和谐德育的关键。

亲子关系，应该是婚姻关系的延伸，其基础是夫妇关系，关键是追求家庭的和谐幸福。在家庭中，父母角色不仅具有生理意义，表明父母与子女的血缘关系，更具有其社会意义，即要对子女尽抚养教育的义务。父母的角色认知、角色扮演的方式和技巧，不仅反映了自身素质，更体现在与子女的角色互动中对子女的社会化产生影响。日本学者诧摩武俊曾指出："不管你立足什么理论，在从婴儿期到儿童期、青春期的孩子人格形成(其中特别是社会化)过程中，父母子女的关系是一个极其重要的构成因素。"孩子的社会化在很大程度上是在亲子相互作用之中进行的。亲子关系的质量决定着社会化过程是否顺利、是否发生障碍或缺陷，也决定着社会化所可能达到的水平。

和谐亲子关系的外化，表现于子女在温馨的家庭里充满爱的阳光。现代亲子关系，大多以爱为重点。但是，爱并不等于教育，亲子关系决定于教育的观念。和谐德育认为，家庭教育是不可替代的教育，以身立教是家庭教育的生命，正确认识孩子是家庭教育的前提，正确处理亲子关系是家庭关系的基础，培养合格人才是家庭教育的目的。但是，在家庭教育中，我们过于重视教育的正确性，而忽视了有效性，忽略了亲子关系的温暖与激励作用。好的亲子关系，胜过好的教育。令人困惑的是，亲子关系及青少年问题并未因教育的普及和发展而减少，相反，亲子关系冲突及青少年行为偏差反而有增无减。形成这种矛盾现象的原因是什么？是家庭教育不当？是学校教育失败？还是社会教育不良因素影响？这种种错综复杂因素中，比较认同又让大家能接受的理由是家庭教育对个人的影响既早且深，如何让父母能积极培育下一代，建立一个温馨和谐与民主悦纳的家庭环境和气氛，使父母与孩子共同快乐成长，形成和谐的亲子关系，是我们必须正视的重要课题。

当前，我国社会正处于经济多元、思想开放、文化包容的阶段，30年来的改革开放，我国经济生活发生了巨大的变化，社会阶层的形成、分化和发展给几千年来平静、稳定的中国家庭带来了冲击和裂变，独生子女家庭、单亲家庭(以及准单亲家庭)、重组家庭、破损家庭、溺爱家庭、暴力家庭、冷漠家庭、富有家庭、贫困家庭、知识家庭、工农家庭、下岗工人家庭等不断出现和分化，使中国的家庭结构、家庭形式、家庭生活、家庭环境更趋多样，社会生活也发生了不可同日而语的改变。青少年家庭亲子关系的现状如何？影响亲子关系的因素有哪些？怎样改善不良的亲子关系？如何促进亲子关系的和谐？将是本节所要研究的内容。

一、独生子女家庭的亲子和谐

(一)独生子女家庭亲子关系的现状和影响因素

1979年，我国政府出台了独生子女政策，迄今已经30个春秋，也就是说已经产生了整整一代“独生子女”，并且第二代独生子女群体也正在逐步产生。“独生子女”，是当代中国的一个普遍而特殊的群体。“独生子女现象”，是当代中国一个独特的社会文化现象。“独生子女教育”，是当代中国社会、学校、家庭、个人面临的一个重要课题。

1.“421”家庭结构的形成

30年来，我国社会的细胞从多子女的大家庭模式演变为以独生子女为中心的“421”结构的典型小家庭模式。“4”是指爷爷、奶奶、姥爷、姥姥四个老人，“2”是指爸爸、妈妈，“1”是指独生子女。这种家庭结构的变化，必然带来“421”溺爱症，对中国社会的社会结构、价值结构、社会运行机制、文化、消费模式、教育模式等方面产生了重要的影响，也对亲子关系的和谐提出了新的问题，而且这种影响必将随着独生子女政策的延续，对未来中国社会产生不可估量的深远影响。因此，对独生子女的成长研究和教育研究便成为一个新的课题，并对促进独生子女家庭亲子关系带来启迪。

2. 父母角色不能调适

在独生子女家庭中，父母往往会把较多的时间、精力投在孩子身上，这无疑将增加父母与子女直接接触的机会，容易使亲子关系表现出更为亲密的倾向。但是，有的家长不能充分利用这种优势，改变自己的角色，不能够很好地从照料者、培养者、教育者，转变为孩子的伙伴、朋友和引导者，形成民主、平等、和谐的家庭氛围。英国教育家斯宾塞说得好：“事实证明，如果对自己的孩子多一些拥抱、抚摸，有时甚至是亲昵地拍打几下，孩子在对外交往以及智力、情感上都会更健康。”但是，现在的父母不能够理解孩子的真正需要。孩子希望别人考虑自己的感受，渴望自己的一方天空，不仅仅是在物质生活上，而且更重要的是在精神生活上。父母不能够和孩子做伙伴，交朋友，并且不能够很有效地善于引导孩子学习、努力上进和树立良好的品格。

3. 亲子间过分相互依赖

父母自己应明确、并让孩子也明白：家庭成员之间是既相互依存又各自独立的关系，每个成员都应具有自己独特的个性和生活内容。父母不能总是和孩子在一起，也不应干预孩子的一切活动；孩子不能总是依靠父母，儿童的天地不应总是笼罩在父母羽翼的阴影下。如果父母希望赢得子女终身的尊敬和钦佩，就不应把自己拴在孩子身上，也不应把孩子拴在自己身上，而应很有分寸地把握亲子关系中的亲近和距离。亲子间过分的相互依赖，会为日后不可避免的亲子分离埋下痛苦的隐患。孩子进入青春期，心理上的独立意向剧增，而生活上的依赖习性难改，使他们陷入困境。子女争取自由的言行、反成人权威的表现，使陶醉于子女对自己的依恋中的父母大感意外、伤心和失落，产生最痛苦、愤懑的分裂性的心理冲突。而他们对子女的“背弃”和冷落的哀怨、指责又导致亲子关系恶化。

4. 父母对子女期望过高

父母对子女的期望更多地转向他们自身的未来，只求他们有出息，有个好前途，不少家长在一心盼望孩子出国之时，并未忧及自己老来孤单。不要求孩子在家中做任何事情，尽任何义务，而只是竭尽全力地一味给予。家长对子女教育的误区还表现在“三个片面”：片面追求考试分数、片面注重艺体技能、片面强调物质供养。“五过”：过高期望、过大压力、过重负担、过分关心、过多帮助。他们对独一无二的孩子的成败之重视程度，远远超过对自身、对自己父母的关切，他们舍得巨资投入子女的教育，几乎带有“孤注一掷”的心态。这种不能说是正常的心态必然在孩子身上引起不正常的反映，必然会导致出现“四无”现象：无情、无能、无责任感、无自控力。总之，当今中国一切亲子关系问题几乎都可以从当代家长的心态观念、行为方式中寻找到答案。

5. 家庭教育缺乏系统性、连续性、稳定性

独生子女的家庭教育，具有初始、直接、反复、经常、不规范、不稳定等特点，其优势是可以将亲情融入家庭教育过程的始终，即使独生子女长大成人，也不会摆脱家庭对其实施教育的种种影响。另外，由于这种教育是面对一个孩子的教育，在时间、精力和资金投入上相对而言，优势都比较大，这是多子女家庭所不能比拟的。其劣势是往往带着溺爱色彩，父母包括其他长辈们表现出来的主观性比较强，特别是具有见着面就说，见不着面就没有耳提面命的机会，容易间隔或者间断。表现在亲子关系上，独生子女的家庭教育缺乏系统性、没有连续性、具有不稳定性是影响独生子女家庭亲子关系和谐的因素。

6. 夫妻关系不和谐

夫妇和睦相处，教养出来的子女才会身心健康；家庭生活温暖幸福，亲子关系才会良好。夫妻关系和谐，是教养子女最有效的方法。因此，夫妻关系不和谐是造成亲子关系不和谐的重要因素之一。如果夫妻关系不和谐，孩子在与父母相处过程中得到的总是反面的经验，

父母之间敌视、对抗的态度也会影响到孩子，由对父母的冷漠而疏远了亲子关系，并过早地对人与人之间的一切关系感到失望，进而表现出对他人的不信任或不与别人合作，对家庭、学校、社会的适应能力降低。社会控制理论认为，青少年行为失范的主要原因是同家庭关系的弱化，父母不妥当的教育方式，以及子女与其他家庭成员关系的疏远。青少年对家庭的依赖程度直接影响社会对青少年的控制能力。美国学者麦科德和佐拉在论述家庭结构与犯罪之间的关系时认为：一个以感情纠纷频繁、婚姻不和谐和情感冷淡疏忽为特征的家庭远比那些单亲结构的家庭更有可能产生犯罪。

(二)促进独生子女家庭亲子关系和谐的措施和方法

独生子女的家庭教育是一门学问，更是一种历史性的责任，而这种责任始终要落实到家庭。负担起独生子女家庭教育的责任，将会成为发挥家庭教育功能极其重要的一个方面，并更加促进独生子女家庭亲子关系和谐。

独生子女家庭教育，是指独生子女所在的家庭根据独生子女具体生长、发育变化的不同时期、不同阶段及其表现特点，考虑社会的影响因素和独生子女未来生存、发展的需要等实际情况所实施的教育。而这种教育，是对小学教育、中学教育、高等教育和成人教育的奠基。独生子女家庭教育是家长们自觉自愿地承担起独生子女教育的责任和义务，为独根独苗全面而又健康的成长创造良好的家庭环境和条件。

实施独生子女的家庭教育，就是实施民族教育的开始。其教育的性质，是亲情范畴和成就独生子女一生的教育，是受政治、经济、文化、道德、法制、纪律等社会因素约束和影响的教育，是与社会各阶段、各层面的教育相补充、相配合、相制约、相照应和相得益彰的教育。

1. 言传与身教并重

父母在孩子成长过程中的作用是巨大而无可替代的。父母不仅是影响儿童发展的外在环境因素，更是儿童发展的实际参与者。在我国独生子女的独特环境下，父母的认知、情感、态度等对家庭环境与儿童成长的作用尤为重要，是和谐家庭、和谐亲子关系的主导因素。它可以分解为两个维度：一个维度是针对孩子的，如对孩子的期望与教养模式。传统意义上的亲子关系似乎仅体现了这一维度，即是由父母单一指向孩子的，例如父母常命令孩子做这做那，或者给予孩子实物及情感上的满足。另一个维度则是面向父母自己的。不管父母是否意识到，有了孩子之后，成人对自身、对配偶的认识和期望总会发生或多或少的变化。这些变化尽管不是直接面对孩子的，但所起的作用绝对不容低估。而过去，我们对这个维度的关注明显不够。

调查发现，母亲在有了孩子后，最普遍的表现是过度关注孩子，将孩子作为自己的全部和人生的希望，却忽略了自身的情感体验、评价、发展、兴趣爱好等，不再关心自身的发展。因此，父母对孩子、对自己的两个维度不平衡、不和谐。常常要求孩子求知上进，自己则往往成为人生一切积极行动的旁观者；孩子应该遵守规则，自己可以为所欲为；孩子不可以撒谎、骂人，而自己则可以不受约束、出口成“脏”。

心理学家通过对父母“言传”与“身教”二者影响力的比较，发现影响孩子的不仅仅是父母的言传——直接对孩子的谆谆教导，更重要的是父母的身教——一言一行和自然流露的人生观和价值取向。所以，在家庭教育过程中，父母刻意地、有意识地要求、培养孩子的努力，会被自己不经意间的自我放纵而轻易抹去。因而，父母注重自我发展对孩子所产生的间接影响，是和谐亲子关系构建中的重要方面。

2. 生理与心理需求并重

父母既要当孩子的生理父母，又要当孩子的心理父母，关注孩子的心理需求。通常在家庭中，父母对孩子的生理需求较为敏感与关注，殊不知，不论年龄多大，每个孩子还有各种各样的情感、独立、自尊、平等和成就等各种心理需要。亲子关系的和谐，父母需要走进孩子的内心世界，需要良好的有效的亲子沟通。沟通是一种艺术，有关的时间、地点、环境和方式都要考虑到。父母只有从孩子的角度去思考问题，用孩子喜欢的方式去交流思想，才能真正走进孩子的心理世界。

在孩子的成长过程中，不同的年龄有不同的生理发展任务，其心理需求也各不相同。例如，1 岁左右的婴儿需要建立一种对他人、对社会的信任感及良好的亲子依恋关系；5—6 岁的儿童则迫切需要参与各种各样的玩耍和同伴交往；开始迈入青春期的孩子，则开始渴望独立，以及自我关注与自我体验。毫无疑问，要拓展孩子的心理空间，需要父母更新观念。父母可以借用心理咨询的专业术语“共感”，去设身处地地去体会孩子在不同年龄、不同情境下的内心感受，真正把握住孩子的心理需求，为孩子提供良好的成长与发展空间。父母要承认孩子是一个独立的人，他需要受到尊重，需要依据自己的意愿行事，需要独立思考。父母要给孩子一块属于自己的“领地”，这块“领地”可以是属于孩子自己的一间小卧室，也可以是一张属于他的写字桌；而更为重要的，是给予孩子足够的心理空间。毫不夸张地说，父母出自“一切为孩子好”的目的，太过于关注孩子的一举一动，太尽心尽力地替孩子出谋划策，一味地“包”、一个劲儿地“围”、一厢情愿地“堵”，自以为是地替孩子安排兴趣与爱好，实际是造成孩子心理空间狭隘、家庭缺失、不利于亲子关系和谐的主要方面。

3. 父爱与母爱和谐统一

“在完全的家庭里，母亲起着家庭感情背景作用，它建立和谐的家庭气氛，使家庭成员亲近、信任、理解。而父亲在很大程度上，起着监督作用，建立评价系统，实现行为的调节。”①人们常说“严父慈母”，父亲对孩子的影响，既是对母爱进行的一种强化、配合与补充，也是减少母爱中负效应的一种巨大力量。亲子关系的和谐缺少不了父亲在养育孩子的过程中所起的独特作用。男性是力量的象征，这种力量不应仅仅狭义地体现在为家庭提供物质保障上，更应体现在家庭的精神支柱上。父亲可以通过对母亲的爱与关心来间接地影响孩子，也可以从与孩子的直接交往中发展与孩子的密切关系，指导孩子成长。

心理学家发现，母亲对子女的态度、交往方式差异不如父亲那么明显，父亲通常倾向于鼓励男孩玩一些探索性的、竞争性的、活动量大的游戏，而鼓励女孩玩一些平和的、家庭式的游戏。可见，父亲较为丰富的知识面、较强的动手操作能力、较深刻的理解与判断能力以及敢于探索的精神，对开阔孩子的视野、发展其认知能力与创造能力、协调母亲与孩子之间的关系，都会起到积极而又独特的作用。

4. 物质需要和精神激励的统一

人的需求有很多种，概括起来就是物质需要和精神需要两个方面。父母不但要关注孩子的物质需要，管好孩子的吃、穿、住，更要满足孩子的精神需求，做到物质需要和精神激励的统一。孩子随着年龄的增长，年级的升高，知识面的扩大，求知欲的增强，对精神需求

① [苏]阿·斯·斯皮娃夫斯卡娅：《怎样做父母》，吉林：吉林教育出版社，1988年版。

和思想激励的要求也随着增高。有的父母不理解这一点。自己对孩子在物资供应上应有尽有，生活上照顾得体贴入微，为什么孩子还是不满足呢？因为，家庭中需要高雅的精神生活，父母需要给孩子多一些赞赏、鼓励。苏联教育家苏霍姆林斯基曾说过：“人的内心最本质的愿望是希望得到赞赏。”父母虽然整天和孩子生活在一起，但是不能够理解孩子的精神需求，是不利于孩子健康成长的。

幼儿教育家陈鹤琴说：“无论什么人，受激励而改过，是很容易的，受责骂而改过，是不太容易的；而小孩尤其喜欢听好话，而不喜欢听恶言。”联合国教科文组织国际教育委员会在其《教育——财富蕴藏其中》的报告里，提出了未来教育的四大支柱，即学会认知、学会做事、学会共同生活、学会生存。父母要全方位地关心孩子的精神生活，要鼓励支持孩子们的业余爱好，培养孩子有正当的兴趣。孩子在家庭中得到精神上的激励和满足，就会减少外界不健康思想的影响。

二、单亲家庭的亲子和谐

随着社会的进步，物质生活的满足，人们越来越重视精神生活，追求快乐、幸福，同时对婚姻认识和观念也发生了深刻的变化，性观念的开放以及个人自我主权抬头等价值观念的改变，致使离婚率呈上升的社会趋势，再加上因分居、遗弃、丧偶、非婚生子女，意外事件的频繁出现，或配偶离家等因素所交相运作下的结果，因而在传统的家庭形态中便衍变成了所谓单亲家庭的新形态。

一般来说，单亲家庭有以下三种类型：一是孩子的父母中一方死亡；二是父母离异、分居或非婚生子女，孩子只随其父亲或母亲生活；三是孩子的父母均已死亡，孩子随其祖父或祖母(外祖父或外祖母)生活。然而，我们所指的单亲家庭，还有另外一种情况，即子女父母双方健在，也没有离异，却因父亲或母亲长期外出打工或经商，只留下母亲或父亲一方在家照管孩子，也把它归属于单亲家庭之列。这是因为从教育孩子的角度而言，仍属“单亲”范畴。所以，我们所指的“单亲家庭”称之为“广义单亲家庭”。

单亲子女的数量增大已成为一个不容忽视的社会问题。单亲家庭是社会的一个特殊群体，这些家庭的问题不只是物质生活的问题，相当层面的是精神方面的问题。要变革社会对单亲家庭的歧视和单亲家庭的自我负面意象，变革传统的单亲家庭不是成功家庭的价值观念，在全社会逐步确立单亲家庭也是一种家庭形态，是一种家庭生活的选择方式的先进文化取向。随着社会的演变，这种观念应进一步得到认同。只有这样，才能有利于单亲家庭的社会适应与发展，有利于单亲家庭子女关系的和谐。

(一)单亲家庭亲子关系的现状和影响因素

由于夫妻间的离异、分居、丧偶等变故，使得单亲家庭经济文化生活的范围和空间受到了很大限制，亲子关系也会发生很大变化，分化出亲子关系互动减少、趋向同侪、强烈依附、世代联盟、代罪羔羊、过度保护等家庭类型，并衍生出对亲子关系影响不同的多样性家庭文化。单亲家庭与完整的核心家庭相比，家庭文化建设无论在量上还是在质上都呈现出较大的缺损状态。

1. 单亲家庭的亲子关系现状

(1)互动减少。在 Hetherington & Cox(1980)的研究中发现，离婚的双亲较少对孩子做合理的要求、良好的沟通和表示喜爱，也无法有效训练或控制孩子。而造成此种结果的原因则是离婚双亲在意识或潜意识中，将孩子视为可能是将来在经济、社会或心理上的负担所致。①

(2)趋向同侪。Weiss(1979);Glenwick(1986)等人认为，单亲家长因感到无法胜任父母角色，而使得亲子间的界限瓦解，而亲子之间也逐渐转变为密友、朋友或同侪的关系。

(3)强烈依附。以家庭系统理论中情绪依附的观点，认为所有家庭成员的关系是一种情绪平衡的状态。家庭成员间的关系越紧密，其情绪也就越强烈。而当单亲事件加诸儿童身上时，儿童会与单亲父母感受相同的情绪焦虑与恐惧，使得儿童与父母间形成强烈的依附关系。

(4)世代联盟。Margolin认为，当夫妻婚姻不和谐时，父亲或母亲会透过与子女联盟的方式来对抗配偶，以寻求在婚姻冲突上的情绪支持，因此亲子间容易形成过分权威或关怀的关系。

(5)代罪羔羊。有些单亲父母将自己对于婚姻的不满转嫁到子女的身上，使子女代为受过。父母一方带着对离去者的怨恨，或拒绝配偶探望子女，或强迫性的阻遏子女与父亲或母亲的情感联结，因而子女便成为父母发泄情绪的代罪羔羊。

(6)过度保护。有些单亲家长在历经了单亲事件之后，对于失去亲人的痛苦经验难以忘怀，因而对目前所存者特别珍惜，对子女的行动常以安全顾虑为由，而给予许多限制，过分地将注意力集中于子女身上，形成过度保护的亲子关系。

2. 影响单亲家庭亲子关系的因素

(1)经济文化生活相对不足影响亲子关系的发展空间

一方面，由经济生活的贫困造成了文化消费量的缩减和文化需求

---

① 林于清:《单亲家庭中亲子关系之探讨》，台湾：嘉义大学家庭教育所。

的降低；另一方面，单亲家庭的现实以及由此产生的心理问题限制了家庭的交往活动和交往视野。从前者来看，经济贫困导致的文化消费不足是单亲家庭的普遍现象。文化消费是现代家庭消费活动的组成部分，通常包括订阅报刊、娱乐健身、旅游度假、收藏鉴赏等活动，它是衡量家庭生活质量的一个重要指标，但却受着家庭经济条件的制约。一般说来，经济条件好，文化消费量则大，家庭生活质量则高。在单亲家庭中，经济贫困现象较为普遍。因离异产生的单亲家庭普遍感觉生活水平下降。尤其是单亲母亲由于收入低、下岗、无耕地、无住房、子女养育和教育支出费用高等原因经济十分拮据。因丧偶导致的单亲家庭因其收入来源由夫妻双方变为单方，经济状况急转直下，如果丧生一方原是家庭收入主要来源者，则家庭经济则处于无着落状态。单亲家庭的经济贫困使得他们在进行消费活动时首先选择与衣食住行密切相关的物质消费，尚有余力才能选择十分有限的文化消费。这样，文化消费量明显不足。从后者来看，单亲家庭由于其家庭变故使得他们与离去一方的长辈、亲友的关系自然疏远，家庭交往活动较之以前明显减少。加之由离异、丧偶等带来的心理上的痛苦、失落使得单亲家庭的户主不敢也不愿意更多地涉猎社交活动。这样，他们交往的空间更加狭小，由此带来的文化视野也十分有限。

(2)家庭文化水准相对偏低影响亲子关系的质量

家庭文化除了表现为有形的文化消费、人际交往等层面外，还表现为价值观、情感等无形的心理层面。这一层面的文化水准的高低往往比前者更为内在、更为深刻。单亲家庭在文化深层方面存在的问题是令人忧虑的。

其一，就单亲家长的心理状态而言，沮丧、自卑、焦虑、紧张、孤独等是他们共同的情绪待征。著名社会学家李银河认为，离婚对当事人的影响主要是精神、心理方面的，对经济与健康等方面的影响则在其次。婚姻的失败、生活的挫折，使得许多单亲父母心理失衡，尤其是被动离异的单亲母亲除了忍受被遗弃的痛苦、失落和孤独外，还要不同程度地遭受旁人的非议和猜疑，因而她们沮丧、自卑、怨天尤人，对生活缺乏信心，陷入深重的精神困境。因丧偶导致的单亲家庭，失去亲人的心灵创伤短时间内难以愈合，他们往往陷入对昔日美好生活的回忆而对新生活难以适应。单亲家长的这种心态的存在及其调适与他们自身的文化素质有关。素质较高者能用理智战胜情感，尽快摆脱不良情绪影响，自立自强；素质较低者则自暴自弃，把家庭变故的原因归结为命运，听之任之。

其二，就单亲家庭的子女教育而言，目前主要存在两个误区。一是情感教育的误区。孩子是在家庭中学习情感的，家庭的情感体验对于一个人的情感风格的奠定具有重要意义。在单亲家庭中，能提供情感的父母少了一人，孩子因缺乏情感关怀容易产生疏离自卑等问题。更有甚者，有的离异的单亲家庭带给孩子过多的怨恨，他们把家庭破裂的原因、责任统统归咎于对方，教唆孩子要恨对方，把对对方的不满和愤怒在孩子面前尽情发泄，站在偏激的立场上丑化前配偶。这样做的后果是完全破坏了孩子心中保留的父母的良好印象，使孩子陷入信任的危机中，甚至养成怀疑一切，恐惧社会的不良性格。二是极端性教育的误区。单亲家庭的父母在发生家庭变故后，往往把孩子看作是自己的财产和命根子，他们把自己的全部希望都寄托在孩子身上，特别是一些经济困难、社会地位低下的单亲母亲，家庭变故后没有了属于自己的生活，希望靠子女改变自己的境遇。这样，在对孩子的教育上往往容易走向溺爱和严酷两个极端。从前者来说，有些单亲家长觉得对孩子有歉疚感，补偿意识十分强烈。他们毫无节制地满足孩子的所有要求，盲目迁就孩子的过失，缺乏必要的管教和约束。从后者来说，有些单亲家长望子成龙心切，对孩子要求过于严格，孩子稍有过失，动辄打骂，造成孩子自尊心的受损和逆反心理的增强。极端性教育的结果导致单亲家庭中的“问题青少年”增多，给社会带来不良影响。

(3)单亲子女的心理变化催生亲子间的消极情绪

离异家庭的子女由于在家庭中得不到父母离异之前那种完整的温馨亲情，在学校里又常常受到同学的轻视，甚至讥笑和嘲弄，社会的传统偏见和舆论又往往使得他们抬不起头，他们为父母的离异感到羞耻，觉得低人一等，往往会产生强烈的自卑感、被遗弃感、怨恨感等消极情感。

父母离婚前的反目，已经破坏了和谐的家庭气氛，而婚姻解体，则更使家庭分崩离析。这样，孩子必将忍受失去父爱或母爱的痛苦，必将失去已有的安全感和幸福感，进而产生被遗弃感和恐惧感。据河北省调查，有89.5％的孩子在父母离婚的头6个月都有恐惧感。从北京地区的调查结果看，在父母离异的头6个月里，也同样有25.55％的离异家庭子女，表现出强烈的恐惧感。他们更怕被唯一的亲人遗弃。而强烈的自卑心理和被遗弃感势必会严重影响他们对待父亲和母亲的态度和感情，使他们产生强烈的怨恨感。据北京市调查，在对待双亲的态度上，他们与完整家庭子女有着明显的区别，完整家庭子女90.27％都喜欢自己的父母，而离异家庭子女中，喜欢父母的仅占59.84％，有40.16％的孩子都怨恨父母或其中的一方。

(4)单亲子女的性格缺陷造成亲子关系障碍

儿童的个性是在生活过程中形成的。成人的态度和行为直接影响着儿童性格的形成。离婚的家庭，从父母情感破裂开始，家庭人际关系失和，父母整日无休止地打闹，直至离婚的整个过程，既是对孩子施加各种不良影响、造成严重心理创伤的过程，也是使孩子形成不良性格特征的过程。有的孩子因长期抑郁而逐渐形成孤僻、怯懦的性格，成为对他人、对社会都极端冷漠、缺乏信任感的人；有的孩子由于长期生活在争吵打骂的环境中，变得情绪暴躁而形成蛮横、粗野和冷酷的性格；还有的则可能由于父母常迁怒于孩子，经常无故殴打孩子，使孩子经常在恐惧中度日而变得神经质，有的孩子由于对家庭、父母感到失望而逐渐产生厌恶、敌视以致形成双重人格。这些消极的性格特征，必将作用于孩子与同伴的交往活动，最终影响到他们的人际交往、同伴关系，造成与人交往相处能力下降，个性的形成和发展受到严重影响。研究发现，随着时间的流逝，这种不良影响不仅不会减弱消失，反而会逐步积累，愈演愈烈，将会出现较严重的性格缺陷，引起更加严重的交往困难，甚至造成交往障碍。

(5)单亲子女缺乏良好的生活教养造成亲子关系异常

由于家庭的破裂，导致家庭教育残缺不全，生活在单亲家庭中的子女往往缺乏较好的生活教养和学习上的指导。同时由于破裂家庭给他们的心灵蒙上一层阴影，致使他们丧失生活与学习的信心，在行为上具有与社会和周围的发展不相适应的异常现象，问题行为的发生率较高。研究表明，在品德方面，离异家庭子女的问题行为发生率为24.94％，而完整家庭子女仅为6.38％。在性格方面的问题行为，离异家庭子女的平均比例为21.22％，完整家庭子女为5.81％。情绪方面的问题行为，离异家庭子女为19.32％，完整家庭子女为5.58％。可以看出，由于父母离异，子女身心受到严重伤害，很难较快地适应新的生活。

父母离异给孩子造成的心灵创伤往往要持续很长时间。据有关资料表明：离异家庭子女中有37%的孩子，在父母离异5年后，心灵创伤依然未愈；另有29%的孩子是处在勉强对付，努力熬过艰难的时期。这说明离婚给孩子造成的心灵创伤在短期内是难以恢复和抚平的。

(二)促进单亲家庭亲子关系和谐的措施和方法

单亲家庭亲子关系，在经济变动及文化、社会情境的不利因素影响之下，常会产生质变，导致亲子间的亲密程度降低，甚至产生另一种危机。研究认为，单亲并非造成儿童低认知的主要原因，而是低度的亲子互动关系使然。另外，从认同理论与家庭压力理论的观点，亲子关系对单亲子女的不良影响很大。

优化单亲家庭环境和亲子关系是塑造未成年人健康心理和行为的首要因素。对于生活在单亲家庭环境中的孩子，运用正确的教育和亲切的关怀弥补孩子心灵的创伤，使孩子能够健康成长、全面发展极为重要。

1. 引导孩子正确认识家庭环境

父亲或母亲应坦诚地告诉孩子：你的爸爸(妈妈)是谁？要如实地填写学校需要的各种表格，无须隐瞒。因为，孩子永远是父母俩人的，这种亲子关系永远不可改变。要定期让对方看望孩子，使孩子心目中树立起父亲或母亲的活生生的形象，这样孩子会堂堂正正地站在人前，充满自信地和他人相处，因为他(她)拥有父母亲的爱。家长千万不能把本应限制在夫妻之间的怨恨和愤怒扩散到孩子头上，要善于调节和控制自己的情绪，最好要告诉孩子，爸爸妈妈虽然分开了，但依然爱着你，今后无论是谁和你生活在一起，都不意味着另一方不要你了。父母应当多挤时间和孩子在一起，交流思想，沟通感情，随时关注孩子的心理变化，尽最大努力减少离婚、丧偶等对孩子的伤害。

2. 提升单亲家庭的文化修养

社会的文化引导和扶助是解决问题的外因，但外因必须通过内因起作用，解铃还须系铃人。单亲家庭自觉的文化提升是拥有家庭幸福的关键。单亲家长应树立正确的人生价值观和积极的生活态度，让自己的生活超越家庭的狭隘视野，而在职业和社会中获得更大的空间，明白人生的价值实现不仅仅在于家庭，还在于社会生活的其他方面。只有这样，单亲家长才能摆脱家庭变故造成的精神困境，树立生活的信心，使整个家庭处于积极、乐观的进取状态。加强学习修养，提高自身素质和文化品位，掌握单亲家庭生活技巧，掌握科学的教养方法，促进整个家庭成员的身心健康。

3. 加强亲子之间的情感沟通

单亲家庭子女最缺乏的便是父母之爱，他们成为父母感情上的弃儿。所以，加强亲子沟通，重视家庭中的情感教育特别重要。在没有爱、没有温暖的残破家庭，孩子的智力提高、情感发展及人格完善都会出现障碍。因此，要保证单亲家庭子女的心理健康，必须给他们健康的父母之爱。父母对孩子的爱、对孩子的情感投入是孩子身心健康、学业进步的必要条件。父亲或母亲除了履行经济补贴义务外，要经常看望孩子，加强情感沟通。不要怨恨自己的婚姻、怨恨家庭。不要迁怒孩子，把孩子作为出气筒。单亲家庭的子女往往比较敏感，有些事情会使他们产生微妙的心理变化。家长要多注意观察分析孩子的言行，发现有异常的苗头，及时跟孩子谈心，了解情况，及时疏导。出现问题不能及时解决，要进行更多的调查分析，考虑妥善的解决措施。

4. 帮助孩子处理好伙伴和同学关系

孩子的心理压力，很大程度上来自伙伴和同学。家长要鼓励孩子在班上有几个要好的小朋友，经常一起学习，一起度周末等。孩子的群体生活一旦正常，许多问题就迎刃而解了。如果有个别同学说了刺激性的话，家长不妨找那个同学聊一聊或者写一封信。诚恳的态度和有理的分析，会使孩子懂事的。也可以找孩子的班主任反映一下情况，请班主任以适当的方式给其他同学讲清道理。

5. 让孩子多接触其他长辈

父母离异、丧偶后，子女与父母感情或多或少会被削弱，而与其他亲属，特别是抚养者一方亲属的关系反而会因被同情、怜爱而得到加强。如果我们充分发挥这一情感作用，就可以弥补离异家庭子女残缺的父母之爱。如果是离异家庭，不管哪一方带孩子，都应该让孩子与另一方有接触与交流的时间，感觉父母之爱。离异双方都要有理智，切忌在孩子面前“争宠”。如果有可能，应该让孩子与父母同时团聚，这在现代社会不仅应该，而且可能。不是夫妻，也可以是朋友，何况还有共同的下一代。还要让孩子与其他亲友中的长辈接触，扩大孩子的交往面，家长的同事也是交往对象。这对孩子的成长也有好处。此外，单亲家庭的家长，要多给孩子当家做主的机会，让他们多为家长分忧解难，同时也有利于他们尽快地成熟起来。为了孩子健康成长，应努力营造一个温馨、祥和、文明的家庭气氛。

单亲家庭形态既然已成为时代与社会变迁下不可避免的产物，那么，为了和谐亲子关系，推进单亲家长的亲子教育将是非常重要的，社会教育与学校教育必须齐抓共管。

三、重组家庭的亲子和谐

随着离婚率的上升，重组家庭也相应地增多。重组家庭是父母双方中至少一方曾经结过婚，或带来前次婚姻所生子女，而所组成的家庭。由于家庭结构不同，重组家庭又分为重建家庭、混合家庭、双核心家庭。

(一)重组家庭亲子关系的现状及影响因素

重组家庭面临许多挑战。重组家庭在重建家庭、混合家庭、双核心家庭三种类型中，建立良好的继父母与子女的关系需要付出很大的努力。家庭成员大多经历失落的感受与痛苦情绪反射的经验，适应新的家庭环境需要面对复杂的调整。在新的家庭组成时，家庭成员没有共同的家庭历史或为人处世的共同方式，还可能有非常不同的信仰。已有分歧的家庭经验，致使继父母难以担当管教之责。亲子关系先于新的夫妻关系，亲生父亲或母亲如影随形，孩子处在双亲之间倍受折磨。一方是将与他们生活很长时间的继父母(有的继父母还会产生偏心)，另一方则是定期看望他们的亲生父母。子女分属两个家庭，且须承受两种不同的家规与期待。再次结婚的夫妇也可能没有时间调整、划分家庭空间，以适应他们之间新的亲子关系。继子女的敌意与分歧思想，关系不易明确。

加强夫妻、亲子和手足关系需经历幻想、实现、进入、行动等一段调适期。父母幻想，此次婚姻会比上次好，孩子会幻想亲生父母的破镜重圆，将重组家庭视为暂时性的；继父(母)发现继子女亲生父(母)或多或少干扰自己的新家庭，或发现自己是一个“外人”而引起忌妒、愤怒、困惑的情绪反应；“沟通”是重新建立与发展亲密关系的关键过程；加强夫妻、亲子和手足关系，亲生父(母)对继亲子女影响力逐渐退去，继父(母)与继子女间关系强化。家庭关系的调适力高低，并努力增进家庭的凝聚力与向心力是影响重组家庭亲子关系和谐的重要因素。

(二)促进重组家庭亲子关系和谐的措施和方法

1. 对彼此的失落感到惋惜和理解

真正尊重和接受前任，尊重家庭其他成员。无论孩子对自己的亲生母亲、父亲什么态度，父母都不能在孩子面前否定他们，而是尊重和接受，不跟随孩子的态度评判，因为孩子心灵深处总是最接受、最钟爱自己的亲生父母。

2. 找出新家庭的美好和愉快

不要试图和孩子争夺丈夫(或妻子)的爱。不要在孩子的面前与丈夫(或妻子)亲热，也不要暗示你和他的爸爸(或妈妈)在一起是多么的美好和愉快，因为孩子离开亲生爸爸或妈妈，已经感觉到了冷落和难过，已经“嫉恨”你了，不能再在孩子的伤口上撒盐。避免说，“我和你爸爸妈妈总是如何的好，如何的快乐和幸福”。

3. 培养继父母与继子女之间的感情

可以建议孩子有时间多看望自己的亲生爸爸妈妈。要学会给孩子相对独立的空间，也给自己空间，跟孩子保持一定的距离，避免过度的溺爱。继父母对孩子不能言听计从，应当客观理智。从孩子的角度出发，尽可能地给孩子更多的关爱，与孩子多沟通。如果孩子做错了事，应该去宽容他们，毕竟他们还是孩子。应该多留意孩子的优点，并不吝表扬和鼓励，还应鼓励和容忍孩子的情感宣泄。

4. 相互支持，摆正各自位置

在孩子面前，永远不要以父亲、母亲自居——即使孩子非常爱你，愿意称呼你爸爸或妈妈。如果可能，告诉孩子，你愿意照顾他，爱护他，使孩子逐渐相信同你的关系不会代替他们同亲生父母的关系。这样做既能减少孩子的抵触情绪，也有利于重组家庭的稳定和谐。

5. 保持先前的父母与孩子的关系

重组家庭面临的这些问题，无疑很困难，然而他们中的大多数还是可以走出困境的。一般情况下，他们可以求助于孩子的祖父母(或其他家庭)、社会团体以及社区组织来帮助调整。生活是复杂的，重组家庭更是复杂的。也许，再婚的夫妻之间并没有别的感情问题干扰，但是，与你没有血缘关系的和带着自己思想和性格的子女，他们一天天在长大，注定了你无法将他忽视，尽管，在家庭之外，你可以运筹帷幄，指挥千军万马，可是，在同一个屋檐下，你唯有用满腔的爱与关怀，伴他健康快乐地成长，才能唤起他对你同样的爱。

良好的亲子关系是具有安全感、充满爱心和关怀，以及开放式的口语刺激，特征是充满亲情的爱的交流。父母要把子女视为不断成长且独立的主体，并考虑真正的合理需要，还要对子女的行为进行适当的约束、赏罚分明，对子女的教育采取适度的关心与鼓励，并能激发子女的成就动机，子女也就能感受到父母对他(她)的关怀与照顾。形成良好的亲子关系可促使子女在学习成就、学校生活、社会适应、期望水平以及能力创新等方面都有良好的发展。

提升和谐家教水平

家庭、学校、社会在教育主体、内容、方式、方法上各有优势，只有在学校、家庭、社会三方面教育力量和谐一致的时候，学生的品德发展才是健康的积极的。家庭是孩子人生旅途的第一站，是人的世界观、人生观、价值观最初形成的“第一课堂”。如果说学校教育对孩子的智力发展有着不可替代的作用的话，那么家庭教育在孩子的思想道德方面则有着得天独厚的条件。家庭是孩子人生的港湾，而决定孩子人生航程方向的就是孩子的品德。因此，提升家庭和谐德育水平是家庭教育的核心。

一、树立和谐家庭德育理念

家庭和谐德育就是通过家长的言传身教，培养孩子和谐处理德智、人际、身心等诸方面关系的能力，使孩子在文化素质、道德品质、社会交往、身心健康等各方面都得到全面和谐发展。要提升和谐家教水平，必须首先树立和谐家教理念。

(一)身心和谐，健康成长

现在的家长对孩子的身体健康状况都很重视，然而对孩子的心理健康却重视不够、关心不够、切实努力去解决的不够。健康的心理对于孩子的成长同样十分重要，只有身心和谐、身心同步发展才真正是体魄和人格(乐观进取、奋发向上、充满自信等)都健康的孩子。我们抛去影响孩子身心的社会因素(社会竞争、社会暴力、色情、恐怖、网络等)，从家庭的角度讲，家庭的不健全和不和谐，以及家长的过分溺爱、过高期望、过于严厉或者放任自流等都不利于培养孩子良好而健康的心理素质。孩子的心理素质的培养，最为重要的是树立孩子的自信心和应对困难挫折的能力。现在社会竞争日益增强，孩子的学习竞争也日趋激烈。有竞争，就会有失败。失败就会通过消极的心理反应而成为学习的障碍。因此，家长加强对孩子的学习心理指导非常必要。要正确对待孩子的分数成绩，要综合考评孩子的进步，不要超越孩子成长阶段和孩子自身的接受和消化能力而盲目拉高孩子学习的标杆，确立不切实际的目标。过高的要求容易导致失败和挫折，挫折会动摇孩子的自信心，引起孩子的消极行为，如退缩、敏感、攻击、自卑、自闭、悲观厌世等情绪，并可能诱发厌学、抄袭、作弊，甚至逃学、弃学、走向极端等行为，如果多次重复，就会形成稳固的行为习惯，严重危及他们的身心健康，导致人格的畸形发展，甚至产生不可挽回的后果。因此，要使孩子对挫折有正确的态度，培养正确的挫折观，学会处理挫折的技巧和方法，并创设一定的情境和条件，让孩子在克服困难的过程中锻炼意志，增强毅力，使其学会理智地控制自己的激情，培养良好的自我心理修养能力和勇于进取的精神，以适应变化迅疾的社会生活。

(二)德智和谐，全面成长

智力固然重要，而品德更为重要。智力超常、学识渊博、能力非凡的人，如果没有良好的道德修养和高尚道德品质，可能会自私自利、唯利是图、目光短浅、倒行逆施、凶残暴戾，因而不仅不能成就一番伟业，甚至会危害国家、社会和人民。只有具备良好道德修养和品格的人，才可能心系社会、胸怀祖国，才能对别人对国家对社会充满深厚的情感，才能甘愿为国家为社会为人民贡献自己的一切聪明才智。家庭教育虽然可以在文化知识、思想品德、生理心理、生活技能等诸方面都能有所作为，但家长应该而且必须重视培养孩子的良好品德，不宜也不应把学校和社会教育的内容和任务完全转移到家庭里来。家庭教育的核心是要培养孩子“学会做人”，要从思想和行动上彻底扭转重智轻德的唯智化倾向，摈弃“分数决定论”。家长要在关注孩子文化知识进步的同时，着力培养孩子对待自己、他人、集体的良好态度，培养良好的性格、情绪、意志和理智品质，矫正性格上的某些不良品质。家长要努力培养孩子的正义感、责任感、义务感、道德感、审美感和理智感，以及仁爱、友善和宽容的人文精神，学会尊重人、理解人、关心人、体贴人、帮助人、团结人、信任人、宽容人，学会勤俭节约、孝敬父母、诚实守信、遵纪守法等，使孩子在德智两方面和谐发展。

(三)人际和谐，快乐成长

学龄期孩子的社会人际关系主要是亲友关系(家庭的亲子关系、与亲戚朋友的关系)、学校人际关系。良好的人际关系有助于孩子的健康成长。有些孩子因为学校老师教育方式不当，不能公正处理问题，造成孩子的消极抵触情绪，使孩子对学习丧失信心，造成孩子自卑、孤僻等不良心理反应。有些孩子由于自身心理较封闭，比较害差，不能和同学友好相处，他们感到孤独，容易产生偏激行为。要教育孩子与老师、同学们建立和谐的学习关系。家长要告诉孩子老师是天底下最崇高的职业，老师是人类灵魂的工程师，他们就像春蚕一样奉献自己的青春，像蜡烛一样燃烧自己照亮学生的前程。一日为师，终身为师。无论你身处江湖之远，还是身居庙堂之高，都永远不能忘记老师的恩德。要尊重老师的智慧和劳动，配合老师的教学，积极地按质按量地完成自己的学习任务。而同学是自己人生之中最难得的朋友，如同自己的手足弟兄，应该相互学习，相互帮助，相互支持，取长补短，共同进步。还要相互团结，互谅互让，相互关心，相互照顾。

亲子和谐、人际和谐就是要培养孩子融洽的人际关系，这是孩子将来步入社会的基础和条件。德智和谐是要培养孩子优良的素质，是孩子步入社会走向成功的根本。身心和谐是孩子培养健康的自我，步入社会走向成功的保障。只有这三方面的和谐，才是祖国和未来所需要的和谐人才。

二、营造和谐的家庭德育环境

家庭作为社会的基本单位，在社会生活制度中具有特殊的地位，它在某些方面的教育作用是其他教育机构永远不能替代的。营造和谐的家庭德育环境对于提升和谐家教水平具有举足轻重的作用。

(一)以身立教，树立榜样

家长是孩子成长中最重要的教育影响源，家长的修养状况以及自身的情感、态度、言行表现，为孩子提供了鲜活的学习榜样。孩子在与家长朝朝暮暮的接触中，耳濡目染，心领神会，接受家长多方面的影响。不管家长是不是承认“孩子是家长的影子”这句话，但它却真实反映了客观的现实。家长内心深处的善与恶，美与丑，都通过情感、态度、言行表现出来。孩子从表面现象看到、学到的东西，最终会内化为心灵的品性，又会以自己的情感、态度、言行外化出来。中国的一副对联：“忠厚传家久，诗书继世长。”“忠厚”与“诗书”讲的就是家庭主人的道德修养和文化修养。这副对联虽然产生在封建社会，所说的道德、文化都有封建的内涵，但它所表达的思想对我们来说，是有借鉴意义的。

家长的道德素质与子女的家庭教育关系极大。而家长的道德状况不仅是家庭幸福美满、温馨、和谐的重要因素，也是子女健康成长的重要保证。

家庭美德的行为准则主要包括孝敬父母，尊重、关爱家人，为家人分忧解难，善待亲友，和睦邻里，勤俭持家等。家长如果能以身立教，就必然使孩子学有榜样，身体力行。如果家长对自己的父母以及其他长辈十分孝敬，并且带着孩子一起孝敬，孩子耳濡目染，自然会养成孝敬父母和长辈的美德。北京有一个家庭被评为“教子有方”十佳家庭，他们的主要经验就是以自身孝敬父母的美德影响孩子。他们每次给远方的母亲寄钱，都带着儿子去，告诉儿子做什么事，为什么做这件事。儿子会写字时，就让孩子写汇款单。孩子能够自己去给奶奶寄钱了，就让他去做这件事。因而以自己的孝敬行为对孩子产生了积极影响。又如家长善待亲友，和睦邻里，孩子就会学着家长的样子，去处理与伙伴、同学之间的关系，学习建立良好的人际关系。

家庭美德只是人的道德修养的一部分，与社会公德修养、职业道德修养、个人品德修养是一个整体。因此，一个成年人，特别是为人父母者，应全面提升自身的道德修养。在社会上，要遵守法纪，遵守公共道德，爱国爱民，诚实守信，乐于助人，见义勇为，惩恶扬善，积极参与社会公益活动，凡能带动家人和孩子一起参与的社会活动，尽量一起参与，给孩子做出好榜样。在自己的职业岗位上，要爱岗敬业，勤勉负责，努力提高业务水平，精益求精。由于社会竞争，会产生岗位变动，甚至暂时失业。面对人生的逆境，应保持积极的人生态度，千方百计谋求新的发展。家长面临种种挫折与困难时的精神面貌，对孩子的影响是巨大的。

对于孩子来说，家长不是作为劳动力出现在机器面前，而是作为人品、人格出现在会思考的孩子面前。家长高尚的人格对于孩子来说是任何东西也不能代替的阳光、雨露。用人品来塑造孩子比用说教来教育孩子力量大得多。

孩子的道德多是从成人那儿模仿来的，因此家长的行为是最好的教育，家长必须提高自己的榜样作用。因此，以身立教，树立榜样，是家长素质中至关重要的一条。

(二)民主平等，和谐和睦

民主是个时髦的词，现在人们对民主的呼声很高。可是现在最不民主的地方在哪里呢？细想起来，就在家庭。由于长期以来中国的旧家庭实行封建家长制，“父为子纲”的影响根深蒂固。有的家庭里，家长有至高无上的权力，家长的话就是法律，家长的命令就得绝对服从，无论正确与否。家长把孩子看成是自己的“附属品”，没有把孩子看成是具有独立人格的人，故而把自己的意志强加到孩子身上，不允许孩子有不同意见。在家长眼里，孩子是我的，我想怎样就怎样，我让你干什么就干什么。孩子随着年龄的增长，独立意向逐步增强，他们有自己的想法，自己的性格，自己的兴趣爱好；如果家长以自己的好恶要求孩子，不尊重孩子个性，孩子就会与家长产生隔阂、形成对立，导致教育失败。

家庭民主是现代青少年的强烈要求。我们曾就你最不满意的是什么为题征询学生的意见，多数孩子都回答，“在家中无民主”。有的说：“家长根本不把我们放在眼里，什么都由他们做主。”有的说：“家长从小把我们当奴隶，长大我们怎能做主人呢?”有的说：“我们家从来不征求我的意见，家长对我们不是训斥就是打骂。”鲁迅先生很早就批评过这种封建教育，“终日给以冷遇或呵斥，甚而至于打扑，使他畏葸退缩，仿佛一个奴才，一个傀儡，然而父母却美其名曰‘听话’，自以为教育的成功，待到放他到外面来，则如暂出樊笼的小禽，他决不会飞鸣，也不会跳跃。”(鲁迅《南腔北调集·上海的儿童》)“所以中国一向就少有失败的英雄，少有韧性的反抗，少有敢单人鏖战的武人，少有敢抚哭叛徒的吊客；见胜兆则纷纷聚集，见败兆则纷纷逃亡。”(鲁迅《华盖集·最先和最后》)可见封建专制的教育只能导致人的能力十分委顿，人口质量低下。这是与时代的要求相违背的。我们的时代需要有独立精神、民主精神、创造精神、开拓精神的一代新人，这只能由民主型家庭教育产生出来。从这一角度看，父母的民主作风是时代的需要，是提高民族素质的需要。

专制教育的另一个表现就是“棍棒教育”。有些家长头脑中有“棒下出孝子”“不打不成才”的陈旧观念，对孩子举手就打，抬脚就踢，只能造成孩子的怨恨、仇视。有的孩子说：“每次打我的时候，我都感到特别委屈，这对我简直是一场灾难。就单说挨打所受到的侮辱，使我几年之后想起来都浑身发抖。”有的说：“我挨打的时候，总想报复一下。有时候我好像觉得我不是他的亲生儿子，是从保育院抱来的。”有的说：“我过去憎恨，现在憎恨，将来也憎恨所有动手打我的人。就是我长大成人也不会忘记。”打骂孩子还会造成孩子心灵的创伤，使孩子产生变态心理，或者吓得孩子说谎话。常遭打骂的孩子被打“皮”了，就破罐破摔。有的孩子在家受到打骂，形成了“强权思想”，认为谁有权谁就厉害，走到学校也“以大欺小”“以强欺弱”。打骂往往是把孩子推向犯罪道路的重要原因。

有些家长打孩子是因为孩子的学习，以为打就可以打出好成绩、就可以使孩子成才，其结果不但孩子没成才，反而更加厌学。

家庭教育一定要民主，家里可以定期召开“家庭民主生活会”，父母与孩子轮流当主席，会上既允许大人给孩子提意见，也允许孩子给大人提意见，这对确立孩子小主人的地位是很有利的。曾有这样一位孩子，本来孩子对母亲意见很大，憋了一肚子火，可是在家庭民主生活会上，母亲先做了自我检查，并表扬了孩子。孩子听了母亲的发言，一肚子的委屈全没了，主动检查了自己。会议开得热烈诚恳，加深了母子关系，也使孩子体会到了家庭小主人的权利和义务。

父母要培养孩子的参与意识，家里的事凡属能让孩子知道的，都要主动和孩子说，征求孩子的意见。例如家庭的经济管理、节假日的安排，房间的布置，都允许孩子参与意见，凡属正确的意见都应采纳，给以鼓励，这样孩子的参与意识才会增强。孩子关心家庭建设就会克服心中只有自己的毛病，就会关心别人，关心家庭。

一般来说，家长平时对孩子还较民主，但一旦孩子犯了错误便会大为光火，马上就会露出了专制者的面目，剥夺孩子的民主权利。这是很不好的。孩子犯了错误要教育，但不能剥夺他们的民主权利；要严厉批评他们的错误，但不能伤害他们的人格。教育中应让孩子体会到是正确在与错误在斗争，而不是老子压儿子。这样孩子才会心悦诚服，才会感到真正的民主。

要造就具有民主意识、会过民主生活的一代新人，就必须建立民主的家庭关系。我们提倡家庭民主，但反对绝对民主。把孩子捧上天，让孩子为所欲为，不听家长的话，甚至长幼颠倒也是不正确的。这不是民主，是放任。

要造就一代追求真理、勇于开拓、善于创造的新人，就必须由“专制型”教育转到“民主型”教育。“专制型”教育只能使孩子成为唯唯诺诺、胆小怕事的庸人。我们要建设一个具有高度民主的社会主义强国，就要从小使孩子学会过民主生活。为了孩子的健康成长，为了提高全民族的素质，为了建设一个高度民主的社会，家长必须树立民主意识。民主意识是现代人的基本素质，民主生活是现代家庭的基本准则。当然，家庭民主并不是放任自流，既要有民主空气，也要有必要的权威。这种权威不是靠打骂，而是靠家长的人格，靠家长的民主作风。在民主的基础上建立的权威，才是真正的权威。

（三）文化修养，陶冶情操

人的文化修养通过人的生活方式、言谈举止表现出来。我们常用“人的文化品位”来形容人的修养是重要的家庭教育资源，对孩子的成长有非常重要的影响。

1. 文化知识修养

既包括人文知识，也包括自然科学知识。这两方面的知识都是学习所得，是通过学校学习和自己学习获得的。从家庭教育的角度看，孩子的成长要求家长具有比较全面的知识修养。提高知识修养的主要途径是阅读，阅读书籍报刊，阅读网络资源。据传媒报道，世界各国人的阅读量有很大差别：以色列人均每年阅读50多本书，俄罗斯人均每年阅读20多本书，中国人均每年阅读不到3本书。这个统计应引起我们深思。

在一定意义上说，才能只有靠才能去建树。无能的人不能培养出有才华的人。名师出高徒，要给孩子一杯水，家长必须有一桶水。这并非说家长必须都是大学毕业，都是专家、学者，而是说家长要不断丰富自己，充实自己。只有学而不厌，才能诲人不倦。即使是大学毕业的，才华较高的家长，也要不断提高自己。家长不断丰富、补充、更新自己的知识，才能适应孩子对知识的需要。

家长的学习不但是为了工作，也是为了影响孩子。家长强烈的求知欲，勤奋好学的精神，尊重知识、崇尚真理的好作风，对孩子来说，是成才的阳光和雨露，是孩子智力生活的明灯。家长的学习兴趣直接影响孩子的学习兴趣，家长学习兴趣浓，孩子的学习成绩就好。反之，家长胸无点墨，不学无术，整天浑浑噩噩，孩子是很难在家中安心学习的。苏霍姆林斯基说，不学无术的人，不管他们受过哪一级教育，对于社会都是危险的。不学无术的人，其本人不可能是幸福的人，还会给别人带来危害。首先是给自己的子女带来危害。苏霍姆林斯基曾号召教师："读书、读书、再读书。"他说："教师的教育素养的这个方面正是取决于此。要把读书当作第一精神需要。当作饥饿者的食物。要有读书的兴趣，要喜欢博览群书，要能在书本面前坐下来，深入地思考。"其实，每个家长也应该把读书学习、提高文化素养作为自我修养的重要内容。

2. 审美修养

人都是追求美的，但每个人的审美需求、层次、水平不同。美，既有物质的，又有精神的；既有自然的，又有社会的；既有内在的，又有外显的。审美修养包括审美观念、审美标准、审美能力、创造美的能力等多方面的修养。在家庭生活中，言谈举止、服饰仪表、家居风格、兴趣爱好、饮食休闲无不反映人的审美修养。外出旅游、走亲访友、工作学习过程中同样反映出人的审美修养。而这一切，都会对朝夕相处的子女起着潜移默化的作用。

审美修养与道德修养、知识修养是一致的，互相渗透，而且可以同步发展，互相促进。当前，有的家长为了辅导孩子学习，提高学习成绩，比较重视知识的学习，但却忽视道德修养和审美修养，从而使自身的发展和孩子的发展出现偏差。提高审美修养并不要求家长去读很多的审美书籍，主要是在日常生活中注意接受审美影响，并在生活实践中去体现、发展自身的审美能力。比如，参观各种艺术展览，欣赏自然风光，画画写字，养花插花，注意家庭装潢、家居布置，注意个人服装、个人修饰，注意孩子的环境建设，注意文明言行等。

3. 文化修养能力

文化修养能力是指人的文化修养的表现能力和不断提高文化修养的能力。

要自觉提高文化修养能力，首先是学习能力——文化修养的自我评价，书籍、报刊、网络内容的选择，影视作品、文学艺术作品的选择与鉴赏，阅读能力、观察能力、记忆与思维能力。然后是文化知识与实践相结合的能力——科学知识在家庭生活、社会生活中的运用；审美知识在生活中的运用。也就是我们常说的“学以致用”，学用结合。现在，我国大力提倡“创建学习型家庭”，这是适应社会发展对家庭建设提出的新的更高的要求，是每个家庭提高文化修养、提高生活质量和品位的重要途径。学习型家庭有几个基本的特点：其一，家庭生活条件达到小康以后，有计划地从经济收入中拿出一部分购置书籍报刊及文化用品，满足家庭成员日益增长的对文化科学知识的需要。其二，有计划地开展家庭学习活动，共同学习与个人学习结合起来，有交流讨论的时间，互相促进。其三，开展家庭文体活动，使家庭生活丰富多彩，在文体活动中学习，以文体活动促进学习。其四，发展家庭成员的兴趣爱好，如书法、绘画、摄影、集邮、收藏、种植花卉、科技制作等，因人而异，既可丰富知识，又可以陶冶情操，培养创造力。创建学习型家庭的重担，首先落在家长的身上。我们希望为人父母者跟上时代发展的步伐，在“创建学习型家庭”方面有所作为。

三、掌握和谐家教方法

教育有法而无定法。和谐家教也是如此。“教育有法”是指教育确实有许多方法，“教无定法”是指教育孩子没有固定的方法。别人的一种方法再好，用到自己孩子身上也不一定灵。方法再好，不能恰当地选择和创造性地运用也难取得良好的教育效果。选择和运用方法要讲究科学、讲究实际，注意运用方法的艺术，不断提高家教水平。因此，要根据教育目的、内容，根据孩子的实际情况，根据家长自己的特点来恰当地选择和运用教育方法。

(一)寓教于喻，深入浅出

要使孩子理解较为深奥的道理，最好是运用通俗恰当的比喻，用某些有类似特点的事物来比拟想要说的某一事物或某一道理，以便表达得更加生动鲜明，通俗易懂。简单的说服教育往往生硬枯燥，起不到教育作用，如果根据当时情况选择恰当的比喻可能会起到意想不到的作用。比喻生动形象，往往比抽象地讲出一些道理更富于启发性。这种教育方法由于借用孩子所熟悉的自然与社会现象启迪认识，容易使孩子产生种种联想，从而解决思想认识问题。选用什么事物来比喻，这需要根据当时的情形来决定，这就需要有一定的教育机智。

(二)寓教于导，开源引流

疏导即疏通引导，像大禹治水一样开沟挖渠，把水引入轨道，而不是采取堵的办法。对孩子的不良倾向不堵不行，但是更为需要的是善于疏导。如果一味采取“管、卡、压”，“打、骂、罚”等简单的方法，就往往会造成事与愿违，适得其反。

在对孩子进行疏导时，要注意以下几点：

1. 讲究针对性

“针对性”首先是针对不同孩子采取不同方法。孩子的年龄不同、性格气质不同、心理水平不同、所处的社会环境不同、在集体中所处的位置就不同，因而不能采取千篇一律的方法。要研究孩子的内心世界，决不能只凭主观愿望进行教育。“针对性”还要讲究内容的针对性。有些孩子已养成一些良好习惯，有些则已形成一些不良习惯，每个孩子的问题不同、需要不同，因此选取的教育内容和方法也不同。也就是说，家庭教育必须针对不同孩子选取不同的内容和方法。一个孩子学习总是马虎，家长提醒多少次也不见效，后来家长针对孩子的特点进行疏导。这个孩子最爱下棋，过去家长总是卡他，不让他下。这次家长主动和他下棋，下棋中给孩子设了一个小圈套，孩子没看出来，结果输了。家长说，就这步你没看出来，你要是仔细点，一下子就能识破，这盘棋你就赢了。干什么事也马虎不得。家长针对孩子的马虎问题用下棋疏导，孩子受到很深的教育。

2. 抓住兴奋点

要疏导就必须找到可疏导的地方，顺势引流。最好疏导的地方就是孩子的热点、兴奋点，根据孩子的兴奋点去疏导，孩子往往感兴趣，教育效果就显著。

以制订学习计划为例：有些家长比较武断，不跟孩子商量就硬性把计划塞给孩子。家长自己把计划订好了，把孩子叫过来，第一句话就说：“告诉你，甭打算玩去，这学期必须抓紧一切时间学习，不准看电视，不准玩游戏机，不准……看着！这是我给你订的学习计划。”孩子听完心里在想：“不准我看电视，我就偷着看；不准玩游戏机，我上同学家玩去……”孩子跟家长拧着劲，订多少计划都没用。

有经验的家长先研究孩子的心理特点，发现孩子的兴奋点及时疏导。孩子都爱玩，家长抓住这一特点，跟孩子谈话，第一句话是说：“咱们一块订个计划，不过你放心，我一定让你玩好。”孩子心里一块石头落了地，还让我玩，那就订吧。家长又说：“咱们订个玩的计划怎么样?”孩子高兴极了，“订玩的计划，行!”于是订出第一个双休日上哪儿去玩，第二个双休日上哪儿去玩，每天几点钟看电视，几点钟自由活动……订完后家长又说：“咱们光订玩的计划了，还有别的事吧?”孩子说：“还得写作业呢?”家长说：“那咱们把学习计划也加上吧!”“好!”孩子高兴地回答，于是每天什么时候学语文，什么时候学数学，什么时候学外语，什么时候预习等全都订在里面了。名义是玩的计划，实际上是学习计划，但孩子接受起来就比较容易。一旦不执行计划家长再做思想工作也比较容易，“这计划是你自己订的，怎么不好好执行啊?”孩子自己订的，又是以玩的名义订的，一般来说执行起来就比较自觉。

这个案例说明，家长要了解孩子的心理特点，抓住孩子的兴奋点去疏导，不了解孩子的心理特点，很难达到教育目的。

3. 讲究灵活性

家庭教育既有计划性又有无计划性，有的时候需要有计划，按一定目的，循序渐进，科学地进行教育；但有的时候又是随机的教育，遇事而诲，遇物而诲，灵活机动，家庭教育机智的特点就表现在这一点上。家长能根据变化了的情况及时采取对策，灵活机智，创造出各种各样的巧妙方法及时解决问题，这是教育机智的表现。

对孩子的教育可以采取多种方式，不要事事直来直去，有时可迂回一下，有时可以发散一下。在孩子生气发牢骚时不应简单地批评，而应采取灵活的手法。

(三)寓教于乐，生动形象

教育的艺术应体现在吸引力上，要采取孩子感兴趣的活动，让孩子不知不觉就受到教育。因此要多采取活动的方式，用形象的、直观的方法教育孩子。

采取活动的方式要注意以下几点：

1. 要有知识性

在和谐家教中要特别讲究知识性。有了知识性，孩子才易于被吸引住。有一个孩子上课听讲不专心，家长进行了不少说教，可是见效甚微。于是家长改用心理学知识引导孩子，使他切身体验懂得专心听讲的重要性。

有一天，家长突然提问："你能说出咱家有多少块玻璃吗?"孩子摇头。

又问："你知道咱们楼梯上一共有多少级台阶?"孩子哑巴了。

家长接着问："咱们院里一共有多少棵树?"孩子依然是摇头。

这时家长说，每天生活在家里天天看见玻璃、树木，天天上楼梯，为什么不知其数目呢？因为你没有有意地注意它，这叫熟视无睹。然后家长给孩子讲什么叫有意注意，什么叫无意注意，讲有意注意对学习的重要作用。孩子听得津津有味。家长让孩子去数楼梯，数院里的树。孩子说，有意注意了几分钟，就能回答出您提的问题，可没有注意，虽然天天看也答不上来，有意注意太重要了。从此以后，孩子上课专心听讲了，思想不开小差了。

2. 要有趣味性

进行和谐家教，还要抓住孩子的兴趣开展活动，在兴趣之中受到的教育，比较自然。

有一家长发现孩子总偷偷抽烟，给他讲抽烟的害处，孩子不信，家长拿出《行为规范》让他读，也没起什么作用。后来家长采取活动的办法起了作用。原来这孩子特别爱玩昆虫，家长就利用昆虫去引导孩子。

一个双休日，家长对孩子说："今天做个实验!"孩子听了，兴致勃勃地跟着家长到农田里捉来一只青蛙。这只青蛙全身翠绿，瞪着两只圆眼睛，一蹦一蹦，还不时鼓着腮帮，"呱！呱!"地叫几声。家长取出一大一小两只玻璃缸，在大玻璃缸底部放了半块砖，加水稍稍没过砖面，然后把青蛙放在砖上，罩上小玻璃缸。在小缸的开口处接上一段橡皮管，点上烟，把烟雾通过胶管吹进玻璃缸。缸内的烟越聚越浓，青蛙开始东蹿西蹦，拼命挣扎，5分钟后，它就伏在砖面上不动了。

孩子瞪着眼睛看着垂死的青蛙，又激动地望着家长，坚定地说："烟真的有毒，以后我可不抽烟了!"

孩子往往最信实际，让孩子亲自动手，亲自试验最有说服力。

家庭教育艺术不是生来就有的，也不是简单模仿来的，它是家长综合素质的体现。家庭教育艺术是家长高超的教育能力的反应，是家长知识、智力、经验、修养等方面的综合。家庭教育艺术不能采取简单的教育方法，它要像高超的文学家一样，"嬉笑怒骂皆成文章"，达到技艺娴熟、炉火纯青的程度。

要提高家庭教育水平，就要全面提高家长的素质，除了提高道德修养、文化水平等基本素质以外，更重要的是在教育实践中积累经验。要不断地总结自己的教育经验和教训，同时也要学习别人的经验，从别人的教训中吸取方法。特别要注意研究孩子，琢磨教育方法，提高教育意识，做教育的有心人。只要认真学习教育理论，不断总结经验，在教育实践的磨砺中教育水平就会不断提高。

第三编　“十二五”“十三五”德育年会主题报告

2011年第十四届西安德育年会主题报告

同志们：

我代表中国伦理学会德育专业委员会、和谐德育深化研究与推广实验总课题组，向本届年会作主题报告，请大家研究讨论。本次会议主题是：以胡锦涛同志在庆祝中国共产党成立九十周年大会上的讲话为指导，贯彻《国家中长期教育改革和发展规划纲要（2010—2020年）》精神，深刻总结和谐德育研究与实验二十年的基本经验，认真规划未来十年和谐德育深化研究与推广实验的可行性方案。

报告分为两部分：

一、和谐德育研究与实验二十年回顾

二、和谐德育研究与实验后十年展望

一、和谐德育研究与实验二十年回顾

同志们，我们经过“八五”“九五”“十五”“十一五”四个五年规划历时二十年的研究与实验，形成了和谐德育思想，创立了和谐德育的理论体系和实践模式。回望二十年来所走过的不平凡的道路，我认为和谐德育研究的基本经验有以下四点。

(一)选准方向，锁定目标，矢志不移，执着追求

1991 年，教育部要选一个大中小学都教过的、从事德育研究的、有副教授以上职称的人做中央教育科学研究所德育研究中心主任。也许是命运之神的安排吧，在我对中央教科所不甚了解的情况下便走马上任了。

自从我选择了这个岗位，锁定了这个目标，就从来没有动摇过。我认定，人只有把自己的生命融入适合自己发展的某项事业之中，才能真正实现他的人生价值。做官，也许要三跳两跳，才能步步高升；经商，就要追求利润，什么赚钱就经营什么；而搞科研、做学问，就必须目标专一，执着追求，咬定青山不放松。

为了选准德育科研的切入点，我主持了“八五”规划国家教委重点课题“我国各级各类学校德育现状调查研究”。这是首次全国性、系统性、全方位的大型德育现状调查研究。我在调查报告中系统分析了学校德育工作存在的主要问题，提出了“整体构建大、中、小学德育体系，建立科学化、系统化、规范化的，相对稳定的，整体和谐的，中国特色的社会主义德育体系”的建议。

这个建议刊登在中央教科所的内部刊物《科研与决策》1994 年第 4 期上。时任中共中央政治局常委、国务院副总理的李岚清同志看到这个报告之后做了明确批示，“教委：调查中的有些建议，可以纳入‘加强和改善德育工作’讨论稿”。这里所说的讨论稿就是 1994 年 8 月 31 日颁布的《中共中央关于进一步加强和改进学校德育工作的若干意见》，这个文件采纳了我们的建议，第 5 条明确规定要“整体规划学校的德育体系”。

至此，我选定了德育科研的方向：以整体和谐理念，构建大中小学德育体系。从此便一发不可收拾，连续三个五年规划执着追求，前后相继，一脉相承。“九五”期间，主持了全国教育科学国家重点课题“整体构建学校德育体系的研究与实验”；“十五”期间，相继主持了全国教育科学国家重点课题“整体构建学校德育体系的深化研究与推广实验”；“十一五”期间，再次主持了全国教育科学规划课题“和谐德育的研究与实验”。和谐德育研究与实验是一项课题，更是一种事业。它是正义的事业，是行善的事业，是积德的事业，是惠及广大教师、学生和家长的事业，是利国利民的事业，是与党中央构建和谐社会保持高度一致的事业。二十年来，不管遇到何等风浪，从来没有动摇过；不管遇到什么困难，从来没有低头过；不管遇到多大阻力，从来没有退缩过。中国青年报曾以《十年磨一剑——追问和谐德育及其生命价值》为题对我们进行专题采访，我很乐意接受这个命题。

(二)上下求索，贯通古今，融会中西，发展创新

屈原在《离骚》中说：“路漫漫其修远兮，吾将上下而求索。”司马迁在《报任安书》中说出了著《史记》的心愿：“亦欲以究天人之际，通古今之变，成一家之言。”古代圣贤的精神气质和人格风范，不仅给我们以力量、信心与勇气，而且给我们以启迪、智慧和思路。

中国德育向何处去？一直是我们苦苦思索探求的问题。新中国成立六十年来，中国德育走过了不平凡的道路。作为新中国的同龄人，我们经历了、见证了这段历史，更有责任反思历史、开创未来。新中国成立初期的德育是以政治思想教育和道德品质教育为主要内容。“文化大革命”时期实行极“左”路线，“突出政治”取代了一切，道德教育、人生观教育被取消，完全变成了“运动式”“政治化”德育。“文革”结束后进行拨乱反正，出现了矫枉过正、“淡化政治”的倾向，又因“应试教育”的不断升温，德育变成了“知识性”或“应试性”德育。为了探索中国德育改革之路，20 世纪 90 年代德育学界空前活跃，出现了许多不同的学术观点，如生活德育、传统德育、情感德育、审美德育、实践德育、活动德育等。这些观点都是从某个视角看到了德育存在的某些问题，进而从某个侧面、某个环节提出改进德育的意见，都有一定的真理性和积极意义。然而，德育存在的问题绝不是某个侧面、某个环节的问题，而是综合性、整体性的问题。如：德育的本质、地位、功能、价值到底是什么？德育目标如何从“高、大、空、远”变为“近、小、实、亲”？德育内容如何从政治教育单一内容拓展到道德教育、法制教育、心理教育、思想教育、政治教育“五要素”，这“五要素”具体的教育内容如何分布到各学段各年级？德育途径如何形成教育合力？全员育人、全程育人、全面育人如何实现？学校、家庭、社会如何协调配合？大、中、小学德育如何有效衔接？德育方法如何做到贴近生活、贴近实际、贴近学生，并实现现代化？德育管理如何做到人性化、制度化、规范化？德育评价指标体系如何制定、如何在实践中应用？

为了整体回答和解决这些问题，我们一直在上下求索。

第一，理论基础的求索。最初我曾经设想运用哲学上的“新三论”即信息论、系统论、控制论来分析和解决德育问题。当我在研究中国传统人生哲学时，发现中国哲学中的“整体和谐”思想，并断然认为这是中国传统哲学的“合理内核”。《周礼》提出“以和邦国，以统百官，以谐万民”的思想。孔子提出：“礼之用，和为贵。”《中庸》提出：“喜怒哀乐之未发，谓之中；发而皆中节，谓之和。……致中和，天地位焉，万物育焉。”由个体道德推及社会责任，由家庭和谐扩展到社会和谐，是儒家和谐思想的主要特点。我认为：中国哲学体现的是一种整体和谐思想，它对于国家统一、社会和谐和民族团结是有进步意义的。中国哲学家大都把建立和谐统一的社会作为自己的责任，儒家人生哲学的宗旨是“兼善天下”，是“济世利他”。“仁者爱人”的人生理想与“天下为公”的社会理想是一致的。中国哲学蕴含着一定的辩证法思想，它对于调和阶级矛盾，维护社会和谐，调节人际关系，促进人际和谐，是有进步意义的。儒家追求“仁爱”，崇尚道德，但并不否定刑罚；主张“德政”，但不否定法治。孔子说：“道之以政，齐之以刑，民免而无耻；道之以德，齐之以礼，有耻且格。”《大戴礼记》中也指出，“礼者，禁于将然之前；而法者，禁于已然之后”。从历史上看，什么时候仁爱思想比较昌明，什么时候社会风气就相对好转；什么时候实行“仁政”，什么时候社会就比较和谐。这说明中国传统哲学思想对促进社会和谐是有积极意义的。当我把“整体和谐”思想与系统论加以比较时，发现二者在把握事物存在的整体性、和谐性、有序性、层次性、动态性特征上有共性，也有不同之处。“整体和谐”是一种整体把握、辩证统一的思想理念，系统论则是认识和构建系统的方法论，二者互相补充、相得益彰。于是，我决定把“整体和谐”思想和系统科学原理作为整体构建德育体系的理论基础。

第二，基本原则的求索。我国德育学原理的著作中关于德育原则的表述有许多大同小异的观点，但整体构建德育体系的原则却未曾论及。我在研究中国思想史时发现近代思想文化战略有可借鉴之处。康有为在《大同书》中提出：“合经子之奥言，操儒佛之微旨，参中西之新理。”梁启超起草的《京师大学堂章程》明确规定：“中学为体，西学为用，中西并用，观其会通。”张之洞发表《劝学篇》主张：“新旧兼学，旧学为体，新学为用。”虽然这一思想文化战略未能付诸实现，但它毕竟引起了国人的思考，并引出了此后一系列有关中西文化比较的论战。最近一次中西文化比较论战发生在 20 世纪 80 年代，那时我作为初出茅庐的青年学者十分关注并积极参加了这场论战，认真地读了几本中国哲学和西方哲学的论著。在主持德育研究中心工作之后，我一方面积极参与组织中华民族传统美德教育研究课题，另一方面与同事合作翻译加拿大学者克利夫·贝克的著作《学会过美好的生活——人的价值世界》。1996 年，我出席在美国举办的价值观与道德教育国际学术研讨会，并以《贯通古今，融会中西，继承借鉴，发展创新——21 世纪中国德育发展的大趋势》为题发表演讲。此后我就把这“十六个字”确立为整体构建德育体系的基本原则。

第三，整体构建和谐德育体系的求索。自从“八五”时期确立了整体构建德育体系的研究方向，我就开始了持续不断的求索。先是撰写了《论德育的十大关系》，确立了解放思想、实事求是的思想路线；接着主编了大型德育工具书《中国德育全书》，对新中国成立以来各种德育理论观点进行大盘点、大梳理；随后撰写了《中国特色社会主义德育体系的初步构想》，标志着整体构建德育体系开始起步。“九五”时期，我主编了《整体构建德育体系总论》等四部理论著作，根据整体和谐理念和系统论的原理，按照“子系统”和“分系统”来划分学校德育系统的层级结构。以德育的目标、内容、途径、方法、管理、评价六个分系统为纬，以大、中、小学德育工作三个子系统为经，横向贯通、纵向衔接、分层递进、螺旋上升，构建成一个整体和谐的学校德育体系。“十五”时期，把学校德育体系与家庭教育相结合，研究编写了小学、初中、高中、中职四个学段的《当代家长》教材 34 册，最终成果是《整体构建德育体系导论》和小学、初中、高中、中职、高职、师范、大学《整体构建德育体系实践导引》(简称“分论”)8 部著作。“十一五”时期，编写出版了综合性理论成果《和谐德育论》，在画好大、中、小学纵向衔接这“一竖”的基础上，又画好了学校、家庭、社会横向沟通的“一横”，创立了和谐德育的理论体系。目前正在进入区域和谐德育、校本和谐德育、班级和谐德育三个层次的深化研究阶段。

第四，整体构建和谐德育实践模式的求索。教育模式是教育理论与教育实践的中间环节。要把和谐德育体系转化为现实的教育生产力，必须在理论体系和教育实践之间架起一座桥梁——和谐德育实践模式。一方面实践模式应具有和谐德育的基本理念，即师生“双主体”和谐，学校、家庭、社会“三教”和谐，知、情、意、行“四环节”和谐，道德教育、法制教育、心理教育、思想教育、政治教育“五要素”和谐。另一方面还应有教育实践载体，这个载体就是我们提出并在实验学校实验的以主题班会为基本形式的德育活动课及其实验用书。“九五”时期，我们运用整体和谐理念，研究编写了纵向衔接的小学、初中、高中、中职、中师五个学段的《德育》系列实验读本18册，学生综合素质评价手册《成长册》18册，并在实验区实验校进行了较长时间、较大规模的实验，取得了第一手资料，证明了这一实践模式的信度和效度。“十五”时期，我们又研究编写了《好孩子好习惯》8册幼儿园教材和4册高等职业院校教材，实现了从幼儿园到大学的和谐德育实践模式的有效衔接。“十一五”时期，继续深化研究编写了小学、初中、高中、中职四个学段的《和谐成长》实验教材15册。这套教材以和谐学校、和谐家庭、和谐社区为横坐标，以不同年龄阶段学生的和谐成长为纵坐标整体构建而成，至此和谐德育实践模式基本建成。

（三）自强不息，厚德载物，以人为本，立德树人

《周易》曰：“天行健，君子以自强不息”；“地势坤，君子以厚德载物。”我认为，自强不息就是自力更生、艰苦奋斗、勤劳勇敢、奋发进取的精神；厚德载物就是敦厚宽容、承载万物、团结友善、海纳百川的品格。一个人想干事，能干事，且能干成事，必须具备这种精神和这种品格。否则，一个自以为是、唯我独尊、心胸狭窄、嫉贤妒能的人是不可能成功的。孔子曰："己欲立而立人，己欲达而达人"；"己所不欲，勿施于人。"我深信儒家伦理的恕道，是构建和谐人际关系之正道；以人为本，立德树人，是建设和谐团队之正道；自强不息，厚德载物，是事业成功之正道。

和谐德育学术团队是一批崇尚和谐理念、热爱德育事业的志同道合者自愿组合而成的。这里没有权力的威势，也没有利益的吸引，有的只是事业的感召、情感的交流和心灵的融通。我深信这样四句古训："以利相交，利尽则散；以势相交，势去则倾；以权相交，权失则弃；以心相交，成其久远。"在我们学术团队中流行这样几句话："以结缘的心对待同事，以感恩的心对待社会，以敬畏的心对待事业。""每一个人都有优点，我们要互相欣赏；每一个人都有缺点，我们要互相包容；每一个人都有困难，我们要互相帮助；每一个人都有追求，我们要互相支持。"坚持以人为本，就要关注团队成员的工作事业和生活发展需求，鼓励大家走职业化、专业化、专家化道路，营造既有民主，又有集中，既有统一意志，又有个人心情舒畅的工作氛围，建设和谐学术团队。这些理念不仅是我的倡导，也是大家的共识，形成了"和谐、求真、务实、创新"的团队精神。

和谐德育学术团队的核心成员由老中青三个年龄段构成，他们志同道合，各有所长，优势互补，和谐共生。正所谓"同则不继""和实生物"。当年德育研究中心办公室里挂着一幅画，上面的题词是："同在一盆水，各开各的花；同生一棵树，各结各的果。"这是对和谐学术团队的生动写照。团队中的几位老同志是当年退休后加盟整体构建德育体系课题组的，如今已经七十多岁了，我们习惯尊称他们为"五老"。他们品德高尚、经验丰富，又善于理论联系实际、有广泛的群众基础，为和谐德育研究做出了重要贡献，同时也延长了自己的学术生命，使德育人生更加精彩。团队中的一批中年同志当年正是年富力强的好年华，如今已是接近或逾过花甲之年了，他们是和谐德育研究的中坚和骨干力量，担当着各学段的研究重任，作出了重要贡献，同时他们已经成为全国知名的德育专家，使德育人生放出光华。团队中的青年同志大都是中央教科所的访问学者，他们精力充沛、热情高涨、勤奋好学、活动能力较强，经过十几年的磨炼已经成长为德育专家，有的拿到博士学位，有的晋升为教授，有的担任了校长、处长、局长等领导职务，未来和谐德育研究的重任将历史地落到他们的肩上。

和谐德育学术团队的成员还包括实验区、实验校的负责同志和广大实验教师。和谐德育研究与实验经过二十年的滚动发展，在全国 30 个省、直辖市、自治区建立了百个实验区、千所实验校。和谐德育的理念、内容、原则和方法已经不同程度地被广大实验教师所掌握，他们的德育科研意识普遍增强，德育工作正在从原来的盲目性向科学性转变，从随意性向规范性转变，从零散性向系统性转变，取得了一批又一批德育实验研究成果。实验区和实验校的德育工作得到了加强和改进，师生关系、家校合作、校区共建更加和谐，参与实验学生的思想品德和综合素质正在和谐成长。为了更好地组织、支持和鼓励广大教师积极参与德育科研，早在“九五”伊始我们就制定了课题研究“出成果、出经验、出人才”的任务和目标。科研成果是检验课题成功与否的标志，实践经验是科研成果转化为现实教育生产力的标准，优秀人才是课题研究出成果、出经验的关键。基于这样的科研理念，我们在表彰课题研究先进实验区、先进实验校、先进工作者的基础上，从 2004 年开始启动“六个一百”工程，即评审百所德育科研名校、百位德育科研名师、百位德育科研专家、百项德育科研优秀成果、百名德育科研优秀家长、百名德育科研优秀学生，并且于2006年在北京人民大会堂召开的第九届和谐德育年会上进行隆重地表彰。这个重要举措为实验区和实验校大力推出原创性、继创性、精品性成果，大力推出时代性、规律性、实效性经验，大力推出管理型、理论型、实践型人才，搭建了立交桥，受到了实验区和实验校以及广大实验教师的热烈欢迎、积极参与、大力支持和高度赞扬。

俗话说："金杯银杯，不如老百姓的口碑；金奖银奖，不如老百姓的夸奖。"看到广大实验教师的成长进步以及他们的职业成就感和幸福感，使我感到无比的欣慰。

(四)顶天立地，路线正确，服务决策，服务实践

顶天立地，就是头顶云天，脚踏大地。我理解的"天"，就是马列主义、毛泽东思想和中国特色社会主义理论，以及党中央一系列关于进一步加强和改进学校德育工作的文件精神；我理解的"地"，就是各级各类学校德育工作的实际情况。搞德育科研就是要"吃透上下两头"，关键是要把天与地、上与下、理论与实践、中央精神与基层实际紧密地联系起来，做到天地融合，上下贯通，理论与实践相结合。

一方面要头顶云天，学习理论，掌握精神，融会贯通，以中央精神为指导。我在前二十年系统学习了马列主义和毛泽东思想，这一时期的论文和著作真实地反映了那时的思想水平和时代烙印，收入本书时思想观点未作修改。后二十年，我在德育研究中认真地学习和实践邓小平理论、"三个代表"重要思想和科学发展观，认识水平和学习效果都反映在这一时期的论文、著作和历届年会主题报告中。二十年来，和谐德育研究与实验课题组始终坚持为决策服务的科研宗旨。我们先后承担了多项调查研究项目，撰写过多次研究报告和对策建议，参与起草多个中央和教育部有关德育工作的文件，整体构建学校德育体系与和谐德育研究的成果曾被有关文件所采纳。

另一方面，要脚踏大地，深入基层，了解实际，实事求是，一切从实际出发。二十年来，和谐德育研究与实验课题组始终坚持为实践服务的科研宗旨。我们走遍了祖国的东南西北，到达一千多个基层单位。我们经常深入基层、深入学校、深入班级，通过学术报告、教师培训、点评主题班会、指导课题研究等方式传达贯彻中央精神，宣传和谐德育理念，指导构建区域和谐德育体系、校本和谐德育体系、班级和谐德育体系。同时通过座谈对话、交流研讨等方式进行调查研究，向教育部和党中央反映基层德育工作的实际情况。在这个过程中，我们与实验区实验校的领导和老师们建立了深厚的友谊。

总结二十年的德育科研经历，我们走出了一条中国特色的德育科研之路。

——始终坚持以邓小平理论、“三个代表”重要思想和科学发展观为指导，把理论研究、实践研究与方针政策研究紧密结合。

——始终坚持为德育决策服务、为德育实践服务、为广大师生服务的科研宗旨，把德育专家、行政领导与一线教师紧密结合。

——始终坚持深入基层、深入学校，依靠基层组织、依靠广大教师，把课题研究与实验区实验校德育工作实际紧密结合。

——始终坚持弘扬中华文化与民族精神，把贯通古今、融会中西、继承借鉴、发展创新作为基本原则。

——始终坚持出成果、出经验、出人才的工作目标，为课题组成员和广大实验教师搭建高层科研平台。

——始终坚持和谐德育思想，目标专一，执着追求，咬定青山不放松，不断推动德育科研可持续发展。

上述这些基本经验，是我们学术团队兴旺发达、事业成功的法宝。在今后的学会工作和课题研究中，我们将长期坚持并发扬光大。

二、和谐德育研究与实验后十年展望

(一)今后十年的总体思路

今后十年，中国教育是全面贯彻《国家中长期教育改革和发展规划纲要(2010—2020年)》(以下简称《纲要》)的十年。在《纲要》制定的过程中，我曾提建议：要把立德树人写入《纲要》。《纲要》颁布后果然采纳了我的建议。《纲要》指出：中国教育的战略主题是“坚持以人为本，推进素质教育”。其中的重点内容是“坚持德育为先，立德树人，把社会主义核心价值体系融入国民教育全过程”。中国德育的战略任务是“构建大中小学有效衔接的德育体系，创新德育形式，丰富德育内容，不断提高德育工作的吸引力和感染力，增强德育工作的针对性和实效性”。中国德育的主要内容是“加强马克思主义中国化最新成果教育，引导学生形成正确的世界观、人生观、价值观；加强理想信念教育和道德教育，坚定学生对中国共产党领导、社会主义制度的信念和信心；加强以爱国主义为核心的民族精神和以改革创新为核心的时代精神教育；加强社会主义荣辱观教育，培养学生团结互助、诚实守信、遵纪守法、艰苦奋斗的良好品质。加强公民意识教育，树立社会主义民主法治、自由平等、公平正义理念，培养社会主义合格公民。加强中华民族优秀文化传统教育和革命传统教育”。中国德育的战略措施是“把德育渗透于教育教学的各个环节，贯穿于学校教育、家庭教育和社会教育的各个方面。加强辅导员、班主任队伍建设”。《纲要》的这些基本精神正是我们和谐德育学术团队孜孜以求的奋斗目标。

今后十年，和谐德育研究实验的根本任务就是坚定不移地贯彻落实《纲要》提出的上述战略主题、战略任务和战略措施。从“十二五”开始，和谐德育进入深化研究与推广实验阶段。深化研究与推广实验的总体思路是：以班级和谐德育体系构建为基础，构建班级、校本、区域“三级”和谐德育体系。简言之就是“三级构建，班为基础”。第一级是即班级和谐德育体系，是微观层次和谐德育体系，是学校和区域和谐德育体系构建的基础，这是实验教师(班主任)的任务。第二级是中观层次和谐德育体系的构建，即校本和谐德育体系的构建，这是实验学校的任务；第三级是宏观层次和谐德育体系的构建，即区域和谐德育体系的构建，这是实验区的任务。我们的目标是：实验区有品牌，实验校有特色，实验班有亮点。

今后十年，和谐德育深化研究与推广实验的关键是认真抓好辅导员、班主任队伍建设和班级和谐德育体系的构建。班级和谐德育体系构建需要有实验载体，这个载体就是《和谐德育》实验教材。《和谐德育——实验教材》是“十二五”课题“和谐德育深化研究与推广实验”总课题组为实验学校研究编写的实验教材。编写这套书的指导思想是：以科学发展观为指导，贯彻《国家中长期教育改革和发展规划纲要(2010—2020)》精神，落实上海年会关于构建班级和谐德育体系的任务，运用节日文化所蕴含的宝贵德育资源，推进班主任队伍专业化建设，促进家校和谐配合，培养学生和谐成长。

(二)深化研究的主要任务

和谐德育深化研究主要在基本理论、体系构建、操作模式三个方面进行深化研究。

1. 和谐德育基本理论的深化研究

(1)和谐德育思想渊源的深化研究。其中包括：中国文化中的和谐思想研究，西方文化中的和谐思想研究，马克思主义中国化最新成果中的和谐思想研究，社会主义核心价值体系中的和谐思想研究等。

(2)和谐德育理论基础的深化研究。其中包括：和谐德育的哲学基础、文化学基础、伦理学基础、心理学基础、教育学基础、社会学基础研究等。

(3)和谐德育基本内涵的深化研究。其中包括：和谐师生关系的研究，学生身心和谐发展研究，学校、家庭、社会和谐教育研究，德育过程知、情、意、行四环节和谐研究，德、智、体、美、劳五育和谐研究，德育目标、内容、途径、方法、管理、评价六要素和谐研究等。

(4)和谐德育社会价值的深化研究。和谐德育对构建和谐社会、建设和谐文化的价值研究，和谐德育对构建和谐学校、建设和谐家庭的价值研究，和谐德育对构建社会主义思想道德体系的价值研究，和谐德育对推进素质教育的价值研究等。

2. 和谐德育体系构建的深化研究

(1)班级和谐德育体系构建研究。其中包括：小学、中学(中职)、大学(高职)各年级德育目标、内容、途径、方法、管理、评价体系构建研究。

(2)校本和谐德育体系构建研究。其中包括：小学、中学(中职)、大学(高职)德育目标、内容、途径、方法、管理、评价体系构建研究。

(3)区域和谐德育体系构建研究。其中包括：省、市、县三级地方特色的德育目标、内容、途径、方法、管理、评价体系构建研究。

(4)大中小学德育体系和谐衔接研究。其中包括：小学与初中、初中与高中(中职)、高中(中职)与大学(高职)相邻学段的德育目标、内容、途径、方法、管理、评价体系的和谐衔接研究。

3. 和谐德育实践模式的深化研究

(1)主题班会实践模式研究。其中包括我们归纳总结的16种类型的深化研究：讨论探究式、辩论明理式、情感体验式、情景模拟式、角色扮演式、演讲报告式、审美鉴赏式、文艺演出式、知识竞赛式、网上互动式、展示交流式、评价激励式、调查访谈式、参观考察式、社会实践式、综合活动式。

(2)依托学校德育特色研究。构建和谐德育实践模式要依托本校的德育特色。德育特色就是根据本地或本校的文化传统、办学优势、师生特点、学校环境以及教育者的办学追求和情趣，努力形成独特的德育风格，突出与众不同的个性，做到“人无我有，人有我优，人优我精”。富有特色的德育能够满足学校发展的需要，能够提高学校的教育质量，为培养个性鲜明、特长突出的优秀学生搭建成长平台。

(3)充分利用地方资源研究。构建和谐德育实践模式要立足地方经济、政治、文化和社会建设的需要，努力挖掘地方德育资源，建设富有各地风土民情的、具有地域独特性的班级和谐德育体系。地方的与资源研究包括：红色文化资源、历史文化资源、文化名人资源、英模事迹资源、建设成就资源、节日文化资源。

(4)辅导员、班主任队伍专业化成长研究。其中包括：大中小学辅导员、班主任专业素质、专业能力研究。和谐德育实践模式的研究与创立，关键在一线的教师。要利用《和谐德育》实验教材的实验，借助全国“北辰杯”班主任专业能力大赛这一平台，研究总结优秀辅导员、班主任专业成长的先进经验，为辅导员、班主任队伍专业化成长搭建出成果、出经验、出人才的科研平台。

(三)推广实验的主要任务

《和谐德育》实验教材作为和谐德育实践模式的载体，是推广实验的重要内容。下面把《和谐德育》实验教材推广实验的目的意义、基本原则、具体要求和评审表彰作以说明。

1. 推广实验的目的意义

(1)推动班主任队伍职业化、专业化、专家化建设

《国家中长期教育改革发展规划纲要(2010—2020)》明确提出要“加强辅导员、班主任队伍建设”。《教育部关于整体规划大中小学德育体系的意见》要求:“切实加强德育工作队伍建设。要像重视和关心业务学术骨干的选拔培养那样重视德育队伍人员的选拔培养。各地教育部门要组织实施德育人才培养工程,实现德育队伍的职业化、专业化和专家化。”推广实验《和谐德育——实验教材》是贯彻落实上述文件精神的重要举措,对于加强班主任专业化建设,提高班主任专业素质和专业能力具有重要意义。

(2)促进班级德育科学化、系统化、人文化发展

班主任工作是光荣而神圣的。国运兴衰,系于教育,教育成败,系于教师。教师尤其是班主任的素质决定着学生的素质,学生的素质关系到祖国的前途和命运。班主任工作又是科学而有规律的。在新的形势下,班主任面临着许多新情况和新问题,那种随意性、零散性、简单化的德育工作远远不能适应形势发展的需要。推广实验《和谐德育——实验教材》是提高班级德育水平的重要抓手,对于构建班级和谐德育体系,促进班级德育科学化、系统化、人文化发展具有重要意义。

(3)提高家庭教育科学化、规范化、社会化水平

2010 年,全国妇联发布了《全国家庭教育指导大纲》,提出了家庭教育科学化、规范化、社会化的目标。然而,现实生活中家庭教育还存在着不少问题。如:独生子女家庭的“四二一综合溺爱症”、稳定

型家庭的重智轻德、单亲家庭的家教缺失、留守儿童的家教薄弱等。推广实验《和谐德育——校本教材》是班主任与家长合作的重要平台，对于家校结合、合而不同、相互配合、相互补充、形成合力，从而提高家庭教育科学化、规范化、社会化水平具有重要意义。

(4)培养未成年人全面地、和谐地、健康地成长

中共中国务院《关于加强和改进未成年人思想道德建设的若干意见》提出德育工作的主要任务是：从增强爱国情感做起，弘扬和培育以爱国主义为核心的伟大民族精神；从确立远大志向做起，树立和培育正确的理想信念；从规范行为习惯做起，培养良好道德品质和文明行为；从提高基本素质做起，促进未成年人的全面发展。和谐德育坚持大德育观，主张德育应包括政治教育、思想教育、道德教育、法治教育和心理教育“五要素”。推广实验《和谐德育——实验教材》是贯彻落实中央文件精神与和谐德育理念的重要载体，对于培养学生全面地、和谐地、健康地成长具有重要意义。

2. 推广实验的基本原则

(1)和谐性原则

和谐是本课题研究的核心概念。《和谐德育——实验教材》推广实验的和谐性原则，主要是在坚持和谐德育“六大和谐理念”的基础上，更加突出三方面的和谐关系。一是师生和谐、生生和谐，建设和谐班级；二是亲子和谐，建设和谐家庭；三是家校和谐，德育理念融通、德育目标趋同、德育内容互补、德育过程互动、德育评价一致。最终目的是实施和谐德育，创造和谐氛围，共建和谐生活，促进学生和谐成长。

(2)人文性原则

人文性是21世纪德育发展的大趋势。《和谐德育——实验教材》

推广实验的人文性原则，主要体现在节日纪念日的文化内涵和人文价值上。中国的节日纪念日，历史积淀久远，文化内涵深厚，蕴含着中华民族的价值观念、伦理道德、民族情感和审美情趣，是民族精神和民族文化的独特凝聚点。国际的和西方的节日纪念日，伴随着改革开放的不断深入，也逐渐融入国人的生活之中。节日纪念日作为一种文化现象和文化活动具有社会性，学校、家庭可以共同参与。运用节日纪念日这一独特文化资源构建班级德育和家庭教育实施体系，使和谐德育体系更加富于文化特色。

(3)创新性原则

创新是科学研究的本质特征。《和谐德育——实验教材》推广实验的创新性原则，就是在《德育》读本、《成长册》《和谐成长》等以往研究成果的基础上进一步创新。其一，根据一年 12 个月中的节日、纪念日、主题日所蕴含的德育资源，提炼适合学生的年龄特点、成长规律的德育主题，从而突出了德育的文化特色；其二，通过“节日文化”“和谐班级”“和谐家庭”“和谐成长”四个栏目，设计师生互动、亲子互动、生生互动等德育活动，使德育内容和形式更加突出生活化特色。

(4)实践性原则

实践性是德育的根本属性。《和谐德育——实验教材》推广实验的实践性原则，就是在内容上贴近实际、贴近生活、贴近学生，体现“近、小、实、亲”；在形式上要生动活泼，根据学生不同年龄阶段的特点和班级德育、家庭教育的规律设计不同风格的案例和实践活动，给班主任、家长和学生提供和谐德育的实践模式。

3. 推广实验的具体要求

(1)了解德育实验的定义

德育实验是运用科学实验的原理和具体方法来研究德育现象和问

题，并试图揭示德育活动规律或某些德育内容、方法的有效性，是一种综合性研究活动。

德育实验是教育实验的一个组成部分，而教育实验则是从自然科学实验中引申和移植过来的。因此，德育实验与科学实验有共同性，但也有特殊性。德育实验既要遵循科学实验的一般规律，但又不能照搬科学实验的具体操作方法。有人把科学实验称之为“人与自然的对话”，而德育实验则是“人与人的对话”，其复杂性远远超过了探索自然的活动，尤其是德育行为与德育结果之间的因果联系错综复杂，且德育外部环境对德育活动的干扰也极难控制，因而很难达到经典科学实验所要求的“封闭度”(如无法将实验环境与外部环境完全隔离)，故人们一般认为德育实验是一种自然状态下的实验，而不是像自然科学实验那样在实验室里进行的“封闭式”实验。

德育实验的过程，大体包括以下四个环节：设计实验方案、操作实验变量、评价实验效度、撰写实验报告。

(2)学会设计实验方案

实验方案即通称的实验工作计划。其基本内容有：指导思想、预期目标、工作步骤、基本方法、组织管理等。实验方案由实现学校组织实验教师集体讨论，由实验教师自行设计。

(3)认真操作实验变量

变量，是实验设计理论的一个专用术语。实验中需要考虑的变量可分为三类，即自变量、因变量和无关变量。自变量指的是呈现给被试的刺激变量，也叫原因变量，是由实验者主动操作的变量。因变量是指被试对接受刺激的反应，是一种结果变量，是在自变量作用下可能产生的结果。无关变量泛指除自变量以外一切可能影响因变量而对实验有可能起干扰作用的因素。说它“无关”，是指它与实验目的无关。

操作自变量是实验的关键。我们这项实验的自变量有两个，一是《和谐德育》教材，二是主题班会课。下面从这两个方面谈谈自变量的操作。

其一，《和谐德育》教材的使用。《和谐德育》教材是按照每学年全一册编写的。一年 12 个月，每月一课，共 12 课。每课选取本月一个主题节日，提炼一个德育主题。实验教师可根据本地、本校、本班的实际情况，有选择地使用。

其二，主题班队会的设计。《和谐德育》教材主要是利用班、团、队活动课进行实验。因此活动方案的设计就尤其重要。教材中已经提供了 144 个主题班会活动方案，每个年级 12 个。实验教师可根据本地、本校、本班的实际情况自行设计。德育过程是由知、情、意(信)、行诸环节构成的，必须授之以知、晓之以理、动之以情、导之以行。实验必须坚持在活动课中进行，切不可变成单纯的传授知识，让学生死记硬背概念和理论；必须让学生主体参与，调动学生的主观能动性，切不可走老师讲学生听，让学生被动接受的老路。这是能否提高德育实效的关键，也是本次实验成败的关键。

(4)客观评价实验效度

要评价一项实验的效度，主要看它的内在效度和外在效度。

内在效度是指自变量在多大程度上影响了因变量的变化。内在效度实质上揭示了实验变量之间的因果关系，它是一项实验成功与否的标志。

评价内在效度的方法主要有：①设置对照班。即在实验学校中随机抽样选取一定数量的班为实验班，未被抽取的班为对照班。待实验结束后比较实验班与对照班学生思想道德水平发展的差异，以此来证明实验的效度。②前测与后测。这是一种自身纵向比较的方法，可以判断被试在参与实验前后思想道德素质的发展变化，是一种有效的评价方法。③定性测量与定量测量相结合。我们主张把定性和定量测量相结合，以定性测量为主，采用等级加评语的办法进行。④观察法。观察法是搜集实际资料，获取经验材料，进行实验研究的最基本的一种方法。它的主要优点是简单易行，获得资料可靠性高。实验教师应当建立实验笔记，把学生在活动课中的表现、实验的效果、教师自身的印象和体会如实记录下来，以获得实验效度的第一手资料。

外在效度是指实验结果的可推广程度。实质上也就是实验研究结论对所研究领域的涵盖程度。德育实验研究不仅要关心变量间因果关系的探索，更要估计实验结果在较大范围内的推广应用。如果说，内效度反映的是实验的认识意义，那么外效度则标志其价值论意义。

评价外在效度的主要方法有：①采用合理的抽样方式。德育实验中经常使用的抽样方式有：简单随机抽样；分层随机抽样；聚类抽样。②在不同条件下进行重复性实验。这种方式有助于完善实验方案、增进实验效益，提高实验外在效度。我们这项实验参加人数多，分布地区广，且又连续反复实验，因此，可以验证实验的外在效度高，具有大力推广的价值。

(5)认真撰写实验报告

撰写实验报告是实验研究的最后一个程序，也是科研工作的总结。它概括实验研究的进程，反映科研成果，体系科研的水平和价值，反映研究者的治学态度，同时也便于科研成果的推广和交流。因此，实验研究人员应当实事求是地、认真负责地写好实验报告。

实验报告主要包括下列内容：

——题目。题目实际上是实验报告的主题思想。它必须准确地概括报告所阐述的内容，一般应体出自变量与因变量的因果关系。实验报告的题目可根据实验范围的大小分为宏观、中观、微观三个层次。宏观层次的题目适合实验学校的负责人撰写，如：《和谐德育》实验效果显著、运用节日、纪念日对学生进行思想道德教育大见成效、主题班会是德育的重要途径等。中观层次的题目适合年级组负责人撰写，如：《和谐德育》(小学二年级试用)对学生文明礼貌教育的作用、《和谐德育》(初中一年级)对学生学会交往大有裨益等。微观层次的题目适合实验教师撰写，如《我教“孝敬父母”一课的体会》《“成功的等式”主题班会的总结》等。

——基本情况。概要叙述实验的过程、内容、方法等。

——变量分析。分析自变量即《和谐德育》教材是如何使用的；分析自变量即主题班会课是如何进行的。分析因变量即学生思想品德和行为习惯的进步和变化，最好有具体事例。

——理论探讨。《和谐德育》实验的理论、原则、方法进行探讨，并提出自己的观点、意见、建议。

——结论。对自变量和因变量之间因果关系的事实判断和价值判断。

4. 推广实验的评审表彰

总课题组每年年会召开之前都要征集评审实验教师的优秀研究成果，并且在年会上进行表彰和奖励，会后结集出版。优秀研究成果包括以下几种类型。

——优秀实验报告，出版《优秀实验报告汇编》

——优秀教育故事，出版《优秀教育故事集锦》

——主题班会设计，出版《优秀主题班会集萃》

——教材修订样章，每个实验教师都可以参与《和谐德育》教材的修订，可以把自己的修改意见如增删课题、重新编排逻辑结构和修订样章寄到总课题组。经总编委会审定，如决定采纳，修改者可列入修订再版的编者。

同志们，和谐德育学术团队为广大实验教师搭建了出成果、出经验、出人才的广阔平台，鼓励、支持和帮助广大实验教师成长为研究型、学者型、专家型的教师，希望并祝愿广大实验教师在繁忙的工作中体验搞科研的乐趣，感受出成果的喜悦，成就德育人生的幸福！

2012年第十五届长沙德育年会主题报告

各位代表、同志们、朋友们：

大家好！

我代表中国伦理学会德育专业委员会、和谐德育研究与实验总课题组向大会作主题报告，请大家研究讨论。

刚才我们共同观看了《立德树人——和谐德育研究与实验"十一五"巡礼》专题片，它是"十一五"研究过程的真实记录，是和谐德育学术团队的心路历程，是我们集体智慧和心血的结晶。回顾是为了前瞻，总结经验是为了继续前进。

本届年会的主题是：以党的十七届六中全会精神为指导，贯彻落实《国家中长期教育改革和发展规划纲要》，增强文化自觉和文化自信，坚持和谐理念，深化课题研究，推广研究成果，构建三级和谐德育体系，为"整体构建大、中、小学有效衔接的德育体系"做出贡献，向党的十八大献礼。

报告分为三部分：

一、增强文化自觉，加强学校和谐文化建设

二、深化课题研究，构建三级和谐德育体系

三、推广研究成果，用好和谐德育实验教材

一、增强文化自觉，加强学校和谐文化建设

（一）加强学校和谐文化建设的指导思想

党的十七届六中全会审议通过了《中共中央关于深化文化体制改革、推动社会主义文化大发展大繁荣若干重大问题的决定》。全会强调，坚持中国特色社会主义文化发展道路，深化文化体制改革，推动社会主义文化大发展大繁荣，坚持社会主义先进文化前进方向，以科学发展为主题，以建设社会主义核心价值体系为根本任务，以满足人民精神文化需求为出发点和落脚点，以改革创新为动力，发展面向现代化、面向世界、面向未来的，民族的科学的大众的社会主义文化，培养高度的文化自觉和文化自信，提高全民族文明素质，增强国家文化软实力，弘扬中华文化，努力建设社会主义文化强国。学校文化建设和德育工作是社会主义文化建设的重要组成部分，搞好学校文化建设和德育工作是推动社会主义文化大发展大繁荣的一支重要力量。

《中共中央关于构建社会主义和谐社会若干重大问题的决定》指出：建设和谐文化，是构建社会主义和谐社会的重要任务。社会主义核心价值体系是建设和谐文化的根本。必须坚持马克思主义在意识形态领域的指导地位，牢牢把握社会主义先进文化的前进方向，弘扬民族优秀文化传统，借鉴人类有益文明成果，倡导和谐理念，培育和谐精神，进一步形成全社会共同的理想信念和道德规范，打牢全党全国各族人民团结奋斗的思想道德基础。构建和谐社会，离不开和谐文化；构建和谐学校，同样离不开和谐文化。和谐学校文化是学校文化的最佳存在样态，是学校精神高度文明、学校物质发挥最大效能、学校制度高度人性化，且各因素间相互照应、相互协调、相互融合、相

互补充并实现最优化配置的理想状态。

我们要认真学习胡锦涛总书记“7·23”讲话精神，以党的十七届六中全会精神和构建和谐社会、建设和谐文化精神为指导，增强文化自觉和文化自信，加强学校和谐文化建设的研究与实施。

(二)加强学校和谐文化建设的基本原则

1. 以人为本原则

以人为本是教育的真谛，也是学校文化建设的真谛。要树立用先进的、和谐的文化引导人、陶冶人、塑造人的理念，实施“以文化人”，即用优秀文化培育和提升人的文化修养和整体素质。以人为本，在学校体现为以学生为本和以教师为本两个方面。一方面，学校文化建设其中包括精神文化、物质文化、制度文化和行为文化建设，都要有助于学生的品德、智力、审美及身心素质全面、和谐、健康地发展，要遵循青少年思想品德和身心发展规律，研究和关注学生的成长需要，指导学生热爱生命，健康成长；追求真知，刻苦学习；崇尚道德，砥砺品性。另一方面，要尊师重教，尊重教师的个性和自我实现的需要，为教师创造学习和生活的优良环境和工作条件，丰富教师的精神文化生活，提高教师的身心健康水平，增强教师的职业光荣感、成就感和幸福感。

2. 整体和谐原则

整体和谐是中国传统文化的精髓，也是学校文化建设的精髓。整体来自和谐，和谐构成整体。要运用和谐文化中的天人和谐、人我和谐、群己和谐、和而不同、和而不流的思想方法，认识和构建学校精神文化、物质文化、制度文化和行为文化之间的整体和谐关系；认识和构建学校文化与教育教学活动过程的整体和谐关系；认识和构建教育者与受教育者之间的整体和谐联系；认识和构建知、情、意、行品德要素的整体和谐联系；认识和构建德、智、体、美、劳“五育”的整体和谐联系；认识和构建学校教育、家庭教育、社会教育的整体和谐关系。运用整体和谐原则，形成学校文化建设的设计理念和实践模式。

3. 继承创新原则

继承创新是世界文化发展的规律，也是学校文化建设的规律。坚持继承创新原则，主要表现为学校文化建设内容与建设方法的继承创新。学校文化建设内容的继承创新，主要是继承中国优秀传统文化和吸收国外有益文化，如清华校训“自强不息，厚德载物”就是对传统文化及民族精神的凝结和继承，北大校训“爱国、进步、民主、科学”则包含对西方优秀文化的吸收和应用。许多学校开展的诵读经典，打造书香文化、孝敬文化、感恩文化、君子淑女文化等，都体现出学校文化建设内容对中外优秀文化的继承借鉴和发展创新。学校文化建设方法的继承创新主要是借鉴中外学校文化建设的新理念、新经验、新技术、新工艺、新材料等方面的继承借鉴与发展创新。学校文化建设坚持继承创新是学校文化发展的根基和富于生命力的保证。

4. 突出特色原则

突出特色是文化存在的价值，也是学校文化建设的价值。特色就是与众不同的独特风格，人无我有，人有我优，人优我精。学校文化的特色可以重点从地方特色、层次特色、办学特色三个方面来认识。学校文化的地方特色，就是要充分挖掘地方历史事件、文化名人、建设成就资源，经过挖掘和整理，使之渗透或彰显于学校精神文化、物质文化、制度文化和行为文化之中，具有不可替代的地方特色。学校文化的层次特色，就是根据学校的办学层次，结合大、中、小学校的特点和教育规律，适应不同年龄阶段学生的身心特点、知识水平、审美情趣和品德形成发展规律，在学校文化建设中体现出来的鲜明特色。学校文化的办学特色，主要是根据学校的培养目标、办学理念、工作模式和学校环境来建构的具有鲜明个性的学校文化。

二、深化课题研究，构建三级和谐德育体系

“十二五”时期，我们申请立项了中国教育学会和中国伦理学会重点课题“和谐德育深化研究与推广实验”，标志着和谐德育进入深化研究与推广实验阶段。

(一)和谐德育深化研究的依据

《国家中长期教育改革和发展规划纲要(2010—2020年)》指出：中国教育的战略主题是“坚持以人为本，推进素质教育”。其中的重点内容是“坚持德育为先，立德树人，把社会主义核心价值体系融入国民教育全过程”。中国德育的战略任务是“构建大中小学有效衔接的德育体系，创新德育形式，丰富德育内容，不断提高德育工作的吸引力和感染力，增强德育工作的针对性和实效性”。中国德育的战略措施是“把德育渗透于教育教学的各个环节，贯穿于学校教育、家庭教育和社会教育的各个方面。加强辅导员、班主任队伍建设”。《纲要》的这些基本精神正是我们和谐德育学术团队孜孜以求的奋斗目标。“十二五”时期，我们要全面贯彻《纲要》精神，继续深化和谐德育研究，构建三级和谐德育体系，为“构建大中小学有效衔接的德育体系”做出贡献。

(二)和谐德育深化研究的基础

“十一五”期间，总课题组研究编写出版了《和谐德育论》，这部书是和谐德育基本理论与实践方略的综合性理论专著，是和谐德育学术团队的代表著作。

《和谐德育论》的框架结构包括绪论、上篇——和谐德育理论建构、中篇——和谐德育体系构建、下篇——和谐德育实践探索。在绪论的导引下，形成了理论建构、体系构建和实践探索的鼎足框架，体现了全书结构上的稳定和谐。全书共十章，上篇三章讲和谐德育的思想渊源、基本理论和时代价值；中篇三章讲和谐德育的目标内容、途径方法、管理评价的体系构建；下篇四章讲学校和谐德育、家庭和谐德育、城市社区和谐德育和农村社区和谐德育的实践探索。从理论与实践，小学、中学与大学，学校、家庭与社会几方面全面论述了和谐德育的主要内容，体现了全书内容上的整体和谐。

和谐德育的深化研究，就是要以《和谐德育论》为理论基础，紧密结合实验区、实验校、实验班的特点和德育工作实际情况，深入挖掘地方德育资源，构建区域和谐德育体系、校本和谐德育体系、班级和谐德育体系，做到全程可操作、全员可操作、全面可操作，使学校德育工作从盲目性转为科学性，从零散性转为系统性，从随意性转为规范性，不断提高德育工作的吸引力和感染力，增强德育工作的针对性和实效性。

(三)和谐德育深化研究的任务

和谐德育深化研究的基本任务是：指导实验班、实验校、实验区构建班级、校本、区域“三级”和谐德育体系。简言之就是“三级构建，班为基础，校为重点，区为拓展”。

第一级，班级和谐德育体系，即微观层次和谐德育体系，是学校和区域和谐德育体系构建的基础，这是实验教师(班主任)的任务。

第二级，校本和谐德育体系，即中观层次和谐德育体系，是和谐德育体系构建的重点，这是实验学校的任务。

第三级，区域和谐德育体系，即宏观层次和谐德育体系，是和谐德育体系构建的拓展，这是实验区的任务。

深化研究的目标是：实验班有亮点，实验校有特色，实验区有品牌。

(四)和谐德育深化研究的要求

课题是学术团队和科研工作者的生命，是学术团队和科研工作者服务基层的载体，同时也是各级各类学校实现科研兴校的抓手，也是普通教师职业成就感和幸福感的源泉。为此我们要求做到：

1. 总课题组核心成员要认真指导和帮助实验区、实验校和实验教师(即本会地方研究中心、单位会员和个人会员)搞好课题研究与实验，进行科研服务和科研引领。

2. 实验区、实验校和实验教师要认真研究《“十二五”规划课题实施指南》，积极申报“十二五”课题。

3. 实验区要认真学习宁乡县《整体构建宁乡县养成教育体系》的先进经验；实验校要认真学习山东省广饶县英才学校的《整体构建养正教育校本德育体系》的成功经验；实验校要支持和鼓励实验教师积极构建班级和谐德育体系，我们将在下届年会推出构建班级和谐德育体系的典型经验。

三、推广研究成果，用好和谐德育实验教材

总课题组在“十二五”期间研究编写了一系列实验教材。其中包括《和谐德育》12册，小学、初中、高中每学年一册，高等职业院校德育教材《文明礼仪》《心理健康》《就业与创业》3册。这一系列实验教材作为和谐德育实践模式的载体，是推广实验的重要内容。

(一)推广实验的目的意义

1. 推动班主任队伍职业化、专业化、专家化建设。

2. 促进班级德育科学化、系统化、人文化发展。

3. 提高家庭教育科学化、规范化、社会化水平。

4. 培养学生全面地、和谐地、健康地成长。

(二)德育实验的内容要求(略，参见2011年西安年会主题报告)

(三)推广实验的工作要求(略，参见2011年西安年会主题报告)

同志们，和谐德育研究与实验是一项课题，更是一种事业。它是正义的事业，是行善的事业，是积德的事业，是惠及广大教师、学生和家长的事业，是与党中央构建和谐社会保持高度一致的事业，是利国利民的事业，是功在当代、利在千秋的事业！我们要在成就事业的基础上，成就每一位同仁的幸福人生！

2013年第十六届天津德育年会主题报告

各位代表、同志们、朋友们：

大家好！

我代表中国伦理学会德育专业委员会、和谐德育研究与实验总课题组向大会作主题报告，请大家研究讨论。

本届年会的主题是：以党的十八大精神为指导，坚持育人为本、德育为先，深化和谐德育研究，构建班级、学校、区县三级德育体系，把立德树人作为和谐德育研究的根本任务，培养德智体美全面发展的社会主义建设者和接班人。

报告分为两大部分八个要点：

一、深化和谐德育研究

(一)深化和谐德育研究的指导思想

(二)深化和谐德育研究的政策依据

(三)深化和谐德育研究的理论基础

(四)深化和谐德育研究的主要任务

二、实施立德树人工程

(一)整体构建大职中小幼德育课程体系

(二)加强班主任队伍的专业化建设

(三)加强媒体建设，提供交流平台

(四)开展评比竞赛，助推人才成长

一、深化和谐德育研究

我们经过“八五”“九五”“十五”“十一五”四个五年规划历时二十年的研究与实验，形成了和谐德育思想，创立了和谐德育的理论体系和实践模式。“十二五”时期，和谐德育进入了深化研究阶段。

(一)深化和谐德育研究的指导思想

深化和谐德育研究的指导思想是党的十八大关于“构建和谐社会、建设和谐文化”的精神。

1. 坚持和谐理念，不断深化和谐德育研究

十八大报告提出中国特色社会主义市场经济、民主政治、先进文化、和谐社会、生态文明“五位一体”的总体建设布局。其中社会和谐是中国特色社会主义的本质属性。我们从事的和谐德育研究与中央建设和谐社会的精神保持高度一致，要坚持和谐理念，创建和谐氛围，建设和谐文化，培养学生和谐成长，促进社会和谐。

2. 增强文化自觉，推动学校和谐文化建设

十八大报告指出：文化是民族的血脉，是人民的精神家园。全面建成小康社会，实现中华民族伟大复兴，必须增强文化自觉和文化自信，推动社会主义文化大发展大繁荣。学校文化是社会主义文化的重要组成部分，建设和谐学校文化是建设社会主义和谐文化的重要内容。开展和谐学校文化建设研究，包括精神文化、物质文化、制度文化、行为文化，其中精神文化是灵魂。和谐德育是精神文化的核心内容，搞好和谐德育研究就是在建设学校文化。

3. 把社会主义核心价值体系融入学校德育体系的全过程

十八大报告指出：社会主义核心价值体系是兴国之魂，决定着中国特色社会主义发展方向。要深入开展社会主义核心价值体系学习教育，用社会主义核心价值体系引领社会思潮、凝聚社会共识。加强社会主义核心价值体系建设是和谐德育研究的核心内容，我们要广泛开展理想信念教育，大力弘扬民族精神和时代精神，深入开展爱国主义、集体主义、社会主义教育，倡导富强、民主、文明、和谐，倡导自由、平等、公正、法治，倡导爱国、敬业、诚信、友善，积极培育社会主义核心价值观。各级各类实验学校要根据不同年龄阶段学生的身心特点、知识水平和可接受能力，遵循由浅入深、分层递进、螺旋上升的原则，把社会主义核心价值体系融入构建大中小学德育体系的全过程。

4. 全面提高公民道德素质是和谐德育研究的基本内容

十八大报告指出：全面提高公民道德素质是社会主义道德建设的基本任务。要坚持依法治国和以德治国相结合，加强社会公德、职业道德、家庭美德、个人品德教育，弘扬中华传统美德，弘扬时代新风。全面提高公民道德素质是和谐德育研究的基本内容。我们要把公民道德素质教育的内容融入大中小幼德育体系构建之中。

(二)深化和谐德育研究的政策依据

1. 国务院有关德育工作的政策

2010 年，中共中央国务院颁布了《国家中长期教育改革和发展规划纲要(2010—2020 年)》(以下简称《纲要》)，《纲要》指出：中国教育的战略主题是“坚持以人为本，推进素质教育”。其中的重点内容是“坚持德育为先，立德树人，把社会主义核心价值体系融入国民教育全过程”。中国德育的战略任务是“构建大中小学有效衔接的德育体系，创新德育形式，丰富德育内容，不断提高德育工作的吸引力和感染力，增强德育工作的针对性和实效性”。中国德育的战略措施是“把德育渗透于教育教学的各个环节，贯穿于学校教育、家庭教育和社会教育的各个方面。加强辅导员、班主任队伍建设”。《纲要》的这些基本精神正是我们和谐德育学术团队孜孜以求的奋斗目标。我们要全面贯彻《纲要》精神，继续深化和谐德育研究，为“构建大中小学有效衔接的德育体系”做出贡献。

2. 教育部有关德育工作的政策

2011年，教育部颁布了《社会主义核心价值体系融入中小学教育指导纲要》，《纲要》规定中小学要“开展中国特色社会主义共同理想教育，引导中小学生树立远大志向；弘扬以爱国主义为核心的民族精神和以改革创新为核心的时代精神，培育中小学生的爱国情感和创新意识；引导树立社会主义荣辱观，培养中小学生正确的是非观念、良好的品德和行为习惯。”同时要求把社会主义核心价值体系融入各门课程，融入社会实践，融入校园文化，融入班主任工作，融入学校管理工作。

2012年，教育部制定了《义务教育学校校长专业标准(试行)》《中学教师专业标准(试行)》《小学教师专业标准(试行)》《幼儿园教师专业标准(试行)》，明确要求树立“学生为本，德育为先”的教育理念，并提出了几十条具体的要求。

3. 省级教育行政部门有关德育工作的政策

近年来，各省、直辖市、自治区教育行政部门结合本地实际先后制定了德育工作规划。例如北京市教委颁布了《北京市中小学德育指导纲要》；上海市教委发布了《上海市学校德育“十二五”规划》；天津市教委发布了《天津市中小学德育工作评估方案》；重庆市教委发布了

《重庆市2011—2015年中小学德育工作规划》；山东省教育厅发布了《关于进一步加强中小学德育工作的意见》；福建省教育厅发布了《福建省中小学德育工作三年提升行动计划》等。这些省级教育行政部门对德育工作一般都做到了领导重视、政策明晰、各具特色、方法多样。其中一个突出的特点就是重视贯彻落实《国家中长期教育改革和发展规划纲要(2010—2020年)》中要求的“构建大中小学有效衔接的德育体系”。

上述国务院、教育部、各省市发布的学校德育工作的意见、规划、方案等，是我们深化和谐德育研究的政策依据。一方面，和谐德育深化研究要为各级教育行政部门提供德育政策的理论支撑和实践基础；另一方面，和谐德育深化研究要为各级各类学校贯彻实施教育行政部门的德育政策提供科研引领和科研服务。

(三)深化和谐德育研究的理论基础

深化和谐德育研究的理论基础是《和谐德育论》。《和谐德育论》是“十一五”期间总课题组的重要研究成果。这部书是和谐德育基本理论与实践方略的综合性理论专著，是和谐德育学术团队的代表著作。

《和谐德育论》的框架结构包括绪论、上篇——和谐德育理论建构、中篇——和谐德育体系构建、下篇——和谐德育实践探索。在绪论的导引下，形成了理论建构、体系构建和实践探索的鼎足框架，体现了全书结构上的稳定和谐。全书共十章，上篇三章讲和谐德育的思想渊源、基本理论和时代价值；中篇三章讲和谐德育的目标内容、途径方法、管理评价的体系构建；下篇四章讲学校和谐德育、家庭和谐德育、城市社区和谐德育和农村社区和谐德育的实践探索。从理论与实践，小学、中学与大学，学校、家庭与社会几方面全面论述了和谐德育的主要内容，体现了全书内容上的整体和谐。

《和谐德育论》所论述的和谐德育思想包括以下六个理论观点。

1. 学生为本的教育观——教师、学生“双主体”和谐

教师是教育主体，学生是学习主体。德育过程主要是教师与学生“双主体”互动的过程，其互动的效果取决于师生关系的和谐程度。建立和谐的师生关系关键在教师，教师要树立“学生为本”的教育观，尊重学生的主体地位，关心学生的成长需要，一切为了学生，为了一切学生，为了学生的一切。热爱学生是教师的天职，要关爱学生的生命，呵护他们的安全与健康；要关注学生的品德，指导他们养成良好的行为习惯；要关心学生的学习，引导他们德智体美全面发展。教师要提高自身的师德修养，以高尚道德情操、优良师德风范影响和感染学生。“学生为本，师生和谐”是和谐德育的第一要义。

2. 整体优化的大德育观——学校、家庭、社会“三教”和谐

学校、家庭和社会是学生成长的基本环境，三者之间始终是相互联系、相互渗透、相互作用、相互影响的。学校、家庭、社会在教育主体、内容、方式、方法上各有优势，只有在学校、家庭、社会三方面教育力量和谐一致的时候，学生的品德发展才是顺利的和健康的。所谓整体化的大德育观，指的是充分发挥学校、家庭和社会三个方面教育力量各自的优势，使之合而不同、相互配合、相互补充、形成合力，推动学校、家庭、社会德育目标趋同，德育理念融通，德育内容方法互补，德育资源共享，德育评价一致，从而产生综合的德育效应，使学生成为学校的好学生、家庭的好孩子、社会的好公民。

3. 和谐有序的德育过程观——知、情、意、行“四环节”和谐

和谐有序的德育过程是对受教育者传授道德知识、陶冶道德情感、培养道德意志，引导道德行为的过程。简言之，就是“知、情、意、行”相互作用的过程。学校德育工作要取得实效，取决于四个环

节的和谐统一的程度。德育不同于智育，智育的任务是传授知识兼培养能力，它主要解决知不知、会不会的问题；而德育只到此并没有完结，它不仅要解决知不知、会不会的问题，而且更要解决信不信、行不行的问题，即不但要授之以知、晓之以理，而且更要动之以情、导之以行。和谐德育将“知、情、意、行”和谐地整合在一起，以传授道德知识作基础，涵养道德情感为关键，培养道德意志作保证，以养成良好的道德行为习惯为归结，取得真正意义上的德育实效。

4. 全面和谐的德育内容观——政治、思想、道德、法治、心理“五要素”和谐

和谐德育坚持的是大德育观，主张德育应包括政治教育、思想教育、道德教育、法治教育和心理教育“五要素”。政治教育、思想教育、道德教育、法治教育和心理教育，各有自己的特定内涵，但又互相联系，互相渗透，互为条件，互相制约，构成了和谐德育的统一体。和谐德育要求完整、准确、全面地理解德育概念的内涵，坚持德育内容的“五要素说”，使德育工作与构建社会主义和谐社会的基本要求相一致，对青少年的思想道德教育发挥更好、更大的作用。

5. 全面发展的教育质量观——德、智、体、美诸育和谐

我们提倡的全面发展的教育质量观其实质在于全面实施素质教育。和谐德育主张要正确处理德、智、体、美之间的关系，实现和谐发展。一方面，强调德育首要地位，充分发挥德育对智育、体育、美育的导向、动力和保证作用；另一方面使德育寓于智育、体育、美育之中，充分发挥智育、体育、美育对德育的传输、渗透、内化和巩固功能。诸育相互交织、相互渗透、相互融合，共同促进人的全面发展。

6. 整体构建的德育体系观——大、中、小、幼纵向衔接和谐

所谓“整体构建德育体系观”，就是把学校德育工作的各个要素视为一个相互联系、辩证统一的整体。这个整体主要由德育目标、内容、途径、方法、管理、评价“六要素”构成的横向系统与幼儿园、小学、初中、高中(中职)、高职、大学“六学段”构成的纵向系统构成。就学校德育体系的横向系统而言，德育目标、内容、途径、方法、管理与评价“六要素”只有构成一个统一的整体，才会在相互关联、相互制约、相互作用的关系中获得最佳德育效果。横向“六要素”和谐，其工作形态是整体化德育、系统化德育，是教育的合力；纵向“六学段”和谐，其工作形态是有机衔接，分层递进，螺旋上升，是体现德育过程完整性和连续性的全程德育。

(四)深化和谐德育研究的主要任务

1. 构建班级、学校、区县“三级”和谐德育体系

深化和谐德育研究的主要任务是：指导实验班、实验校、实验区构建班级、学校、区县“三级”和谐德育体系。深化研究的要求是：三级构建，班为基础，校为重点，区为拓展。深化研究的目标是：实验班有亮点，实验校有特色，实验区有品牌。

第一级，班级和谐德育体系，即微观层次和谐德育体系，是学校和区域和谐德育体系构建的基础，这是实验教师(班主任)的任务。

第二级，学校和谐德育体系，即中观层次和谐德育体系，是和谐德育体系构建的重点，这是实验学校的任务。

第三级，区县和谐德育体系，即宏观层次和谐德育体系，是和谐德育体系构建的拓展，这是实验区的任务。

2. 构建“三级”和谐德育体系的行动路线

构建“三级”和谐德育体系的行动路线有三种模式：

第一种模式是“自下而上，总结归纳”。即先发动班主任构建班级和谐德育体系，学校在对班级德育体系评审选优的基础上，总结概括出校本德育体系；区县教育局在对校本和谐德育体系评审选优的基础上，科学制定区县和谐德育体系。

第二种模式是“自上而下，指导演绎”。即区县教育局先制定本区县和谐德育体系，以此指导学校构建校本和谐德育体系，学校依据校本和谐德育体系指导班主任构建班级和谐德育体系。

第三种模式是“学校先行，呈上导下”。即区县教育先发动学校构建校本和谐德育体系，然后总结各校的经验制定区县和谐德育体系；同时学校以校本和谐德育体系指导班主任构建班级和谐德育体系。

以上三种模式的行动路线，都有各自的优势，各实验区可根据本地区的实际情况选择不同的操作模式。

3. 构建“三级”和谐德育体系要突出特色

(2012 年)长沙年会，我们观摩推广了宁乡县“整体构建宁乡县养成教育体系”和 10 所实验校构建校本德育体系的成功经验。今年我们观摩推广天津市河西区“鸿鹄高翔，志智凌云”德育体系构建的先进经验和 11 所实验校构建校本德育体系的先进经验。他们的做法之所以是成功的，是先进的，是值得学习和推广的，就是因为他们构建的和谐德育体系是有特色的。

什么是特色？特色就是与众不同的独特风格，人无我有，人有我优，人优我精。校本和谐德育体系的特色表现在地方特色、层次特色、办学特色三个方面。地方特色，就是要充分挖掘地方历史文化资源、现代建设成就资源，使之渗透或彰显于校本德育体系之中，具有不可替代的地方特色。层次特色，就是根据学校的办学层次，结合大、职、中、小、幼不同学段的特点和教育规律，适应不同年龄阶段学生的身心特点、知识水平、审美情趣和品德形成发展规律，在校本德育体系中体现出办学层次的鲜明特色。办学特色，就是根据学校的培养目标、办学理念、学校文化来建构具有鲜明个性的校本德育体系。

天津市河西区提供观摩现场的11所学校的校本德育体系就各具特色，例如：第四十一中学是“网络化德育体系”，梅江中学是“以美育德体系”，实验中学是“自主发展德育体系”，枫林路中学是“向学向上德育体系”，中心小学是“七彩星德育体系”，平山道小学是“知书达理德育体系”，第十七幼儿园是“优雅儿童德育体系”，第二十二幼儿园是“育德行礼德育体系”，等等。由此可见，天津市河西区基本达到“校校有特色”的目标。

4. 构建“三级”和谐德育体系的“六大要素”

构建校本和谐德育体系除了要突出自身特色以外，还要遵循校本德育体系的“六大要素”，即德育目标、德育内容、德育途径、德育方法、德育管理、德育评价。“有特色”是个性，“六大要素”是共性，构建校本和谐德育体系要做到个性与共性的和谐统一。

第一，根据不同年龄阶段学生的身心特点、成长规律和教育规律，本着“近、小、实、亲”，避免“高、大、空、远”的原则，提出区县、学校、班级德育目标，构建起“三级”德育目标体系。

第二，根据学生的年龄特点和思想品德的发展规律，以具体的德育内容为横坐标，以年级为纵坐标，按照“德育内容，循序渐进；德目明晰，形成序列；要素完整，层次清楚；梯次衔接，螺旋上升”的原则，构建起“三级”德育内容体系。

第三，根据“德育途径，对应内容；一项内容，多条途径；有主有辅，协调配合；分工合作，形成合力”的原则，将课程类、实践类、组织类、环境类、管理类、咨询类、传媒类等七大德育途径，有机地运用到教育活动中，构建起“三级”德育途径体系。

第四，按照“根据内容，对应途径；多种方法，优选组合；辩证思维，法无定法；留有余地，鼓励创新”的原则，把语言说理、榜样示范、修养指导、实践锻炼、行为训练、规范制约、评价激励等方法具体化，构建起“三级”德育方法体系。

第五，建立健全学校、年级、班级规章制度，明确校长(书记)、德育主任、团队辅导员、年级主任、班主任和任课教师的岗位职责，构建起了齐抓共管的“三级”德育管理体系。

第六，科学制定德育评价指标，通过家校结合、亲子互动、师生共评、生生互评等多元评价，采取评分、评等和评语相结合的方法，构建起“三级”德育评价体系。

总之，要科学运用中国传统文化的整体和谐思想和现代科学的系统论原理，整体构建校本德育的目标、内容、途径、方法、管理、评价体系。

和谐德育的深化研究，就是要紧密结合实验区、实验校、实验班的特点和德育工作实际情况，构建区县和谐德育体系、学校和谐德育体系、班级和谐德育体系，做到全程可操作、全员可操作、全面可操作，使学校德育工作从盲目性转为科学性，从零散性转为系统性，从随意性转为规范性，实现学校德育工作的科学化、系统化、规范化。

二、实施立德树人工程

党的十八大明确要求“把立德树人作为教育的根本任务”。为贯彻落实十八大精神，教育部将颁布《关于实施“立德树人工程”的意见》，我们和谐德育学术团队要认真贯彻落实，努力做好以下几方面的工作。

(一)整体构建大职中小幼德育课程体系

课程是德育的主渠道，立德树人工程将重点构建大中小学的德育课程体系。课程建设首先是教材建设，二十多年来和谐德育学术团队在德育教材建设方面作了坚持不懈的努力，我们运用整体和谐的思想，提出了“横向贯通，纵向衔接，分层递进，螺旋上升”的编写原则，先后推出了大、职、中、小、幼一系列实验教材，为国家课程、地方课程、校本课程建设提供了可资借鉴的依据。

和谐德育研究与实验总课题组在“十二五”期间研究编写或修订了一系列实验教材。其中包括：

1. 幼儿园实验教材《好孩子 好习惯》

今年上半年，我们对幼儿园实验教材《好孩子 好习惯》进行了修订，修订后的《好孩子 好习惯》有以下几个特点。

第一，内容更加贴近幼儿、贴近生活，有利于孩子健康、快乐、和谐成长。《好孩子 好习惯》分为小班、中班、大班，每班上、下两册，全套共6册。每册15课，共90课。依据幼儿身心特点和行为习惯形成发展规律，坚持总课题组“近、小、实、亲”的教育理念和“分层递进、螺旋上升”的编写原则，以幼儿阶段小班、中班、大班为纵坐标，以生活习惯、健康习惯、学习习惯、自理习惯、文明礼貌习惯、遵守规则习惯、交往合作习惯等为横坐标，整体构建了幼儿良好行为习惯养成教育体系。

第二，体例更加方便教学、增强实效，有利于孩子学、老师教、家长配合。在6册书90课中，每课设5个栏目：①“宝宝学儿歌”：以儿歌形式简述习惯内容，紧扣主题、短小精悍、合辙押韵，有利于孩子诵读和记忆；②“宝宝能做到”：提出良好习惯养成目标，激励孩子“我能行”；③“宝宝会辨认”：简述与这种习惯相关的故事、情境，有利于孩子辨析、模仿；④“给教师的建议”：指出这种习惯培养的意义、要点、方法等，有利于老师教学；⑤“给家长的建议”：为幼儿家长提出亲子互动的相关活动建议，有利于家长配合。

第三，形式更加图文并茂、生动活泼，有利于孩子爱看、爱学、爱模仿。《好孩子 好习惯》丛书在修订过程中，更加注重适用于幼儿教育的语言，文字表述更加生动活泼。在绘图上，特别聘请了专业画家，使全套书的绘画更现代、更卡通、更明快、更鲜艳、更好看。图文并茂的呈现方式，有利于吸引孩子的注意力，使孩子们喜欢看书，喜欢学习，喜欢模仿，逐渐养成良好的行为习惯。

2. 小学、初中、高中实验教材《和谐德育》

这套实验教材涵盖小学、初中、高中(中职)三个学段，每年级一册，共 12 册。每册按 12 个月设计 12 个德育主题，全套书共 144 个德育专题，涉及 144 个节日纪念日，设计 144 个主题班会。内容丰富多彩、生动活泼，可师生共用，建立和谐师生关系，建设和谐班级；可亲子共用，建立和谐亲子关系，建设和谐家庭。

每册书以时间为纵坐标，以空间为横坐标，遵循和谐德育理念，横向贯通、纵向衔接、分层递进、螺旋上升、整体构建而成。时间坐标，是以一年 12 个月中的节日、纪念日和主题日为主线贯穿起来，使德育内容和形式更加富于文化特色。空间坐标，是以学校、家庭和社会三大生活领域为德育场贯通起来，根据每月节日、纪念日、主题日所蕴含的德育资源，适合学生的年龄特点和成长规律，提炼一个德育主题。每个专题设四个栏目：“本月聚焦”“和谐班级”“和谐家庭”“和谐成长”，设计师生互动、亲子互动、生生互动等德育活动，使德育内容和形式更加突出生活化特色。

这套实验教材采用实验研究法和行动研究法进行实验。希望广大实验教师在使用过程中，边实验边研究，边研究边实验，在实验中研究，在研究中实验，积极参加每年一度的和谐德育学术年会，撰写并提交实验报告、研究论文和主题班会设计，实现出成果、出经验、出人才的目标。

3. 高职院校实验教材《文明礼仪》《心理健康》《就业与创业》

进入21世纪以来，适应经济社会发展需求，我国高等职业教育应运而生并迅猛发展。目前，全国共有独立设置的高等职业学校1000余所，在校高职生人数达到高等教育总人数的一半以上，高等职业教育已成为我国高等教育的半壁江山。然而，面对日益激烈的人才市场竞争，绝大多数高职生就业压力较大，并由此产生一些思想矛盾和心理问题。这就给高职院校的德育工作带来了新情况和新问题。高职院校与普通高校共用同一套思想政治理论课教材，显然不适合高职生的特点，必须重新编写一套适合高职生特点的德育教材。基于这样的认识，我们组织编写了《文明礼仪》《心理健康》《就业与创业》3册高等职业院校德育实验教材。

这套高职教材，第一，加强了就业指导教育，帮助高职生树立正确的职业观，认清就业形势，了解就业政策，提高就业能力和职业生涯规划能力。第二，加强了心理健康教育，帮助高职生提高心理素质，促进人格和谐发展，增强社会适应能力、心理承受能力和自我调节能力。第三，加强了文明礼仪教育，帮助高职生了解礼仪知识，体会礼仪内涵，提高人文素养，增强职业礼仪和社会交往能力。为他们的择业、就业、创业开启智慧之门，为他们的成人、成才、成功铺就光明之路。

这套高职教材在编写内容上，遵循课程教学论的原则，坚持和谐德育的理念，突出职业教育的特色，坚持以学生为本位，以就业为导向，注重培养高职生思想道德素质、身体心理素质和专业能力素质的和谐发展。在呈现方式上设计为3个板块6个栏目，体现了案例教学法和“教学做合一”的教学理念，既方便教师的教，又方便学生的学。对高职生提高心理健康水平、提升文明素养、增强就业能力大有裨益，甚至会受益终生。

4. 家庭教育实验教材《和谐家庭教育宝典》

《和谐家庭教育宝典》是我们和谐德育学术团队继《当代家长》《一切为了孩子》《怎样做家长》之后推出的第四代家庭教育教材，是“十二五”规划的最新研究成果。说它是“最新”，主要体现在以下三个方面。

(1)理念新。贯穿全书的核心理念——和谐。家庭是社会的细胞，是构建和谐社会的基础。“家和万事兴”“和顺一门生百福”，是我国古圣先贤和劳动人民对亿万家庭观察总结概括的经典格言。和谐德育学术团队致力于深化和谐家庭教育研究，创造和谐家庭教育氛围，加强和谐家庭文化建设，创新和谐家庭教育理念，拓展和谐家庭教育方法，指导家长培养孩子和谐、健康、快乐成长，为建设和谐家庭进而建设和谐社会作出贡献。

(2)内容新。全书分为上、中、下三篇。上篇：和谐家庭教育的10大定律。这10大定律是从古今中外许多成功家教或失败家教的典型案例中总结出来的和谐家庭教育规律。中篇：和谐家庭教育的10大理念。这10大理念是根据我国当代少年儿童成长的特点、需要和规律，概括出来的和谐家庭教育理念。下篇：和谐家庭教育的10大方法。这10大方法是根据千万个家长在教育孩子时所遇到的问题、困惑和无奈，有针对性地提出来的和谐家庭教育方法。

(3)体例新。“授之以知，晓之以理，动之以情，导之以行”是我们编书和讲课的一贯原则。本书的编写体例坚持并创新了这个原则，采用每一条定律、理念、方法都分为宝典秘笈、典型案例、宝典释义、亲子互动等四个栏目的呈现方式。这样全新的体例可以帮助家长朋友理解、掌握和运用和谐家教的10大定律、10大理念和10大方法对孩子进行家庭教育。

今年10月，我们将在北京举办中等职业学校和谐德育论坛，届时研究编写中职德育实验教材，计划明年在全国部分地区推广实验。

这一系列大、职、中、小、幼德育实验教材是和谐德育推广实验的重要内容，是实施立德树人工程的重要载体。希望总课题组成员和各学段主编要做好实验教材的使用指导工作；实验区、实验校要做好使用实验教材的组织发动和指导管理工作；实验教师要认真设计实验方案、操作实验变量、评价实验效度、撰写实验报告。总课题组每年年会召开之前要征集评审实验教师的优秀研究成果，并且在年会上进行表彰，会后在《新德育》杂志和网站上发表或结集出版。

(二)加强班主任队伍的专业化建设

班主任工作是光荣而神圣的。国运兴衰，系于教育，教育成败，系于教师。教师尤其是班主任的素质决定着学生的素质，学生的素质关系到祖国的前途和命运。班主任工作是繁重而艰苦的，班主任是班集体的建设者、组织者、领导者和管理者。一个有责任心的班主任总是全身心投入工作，呕心沥血，殚精竭虑，无私奉献。红烛精神、人梯精神，正是对班主任高尚人格的真实写照。班主任工作又是科学而有规律的，在新的形势下，班主任面临着许多新情况和新问题，只凭老经验是不够的。因此要加强班主任专业化建设。

1. 明确班主任专业职责。教育部颁布的《中小学班主任工作规定》指出："班主任是中小学日常思想道德教育和学生管理工作的主要实施者，是中小学生健康成长的引领者，班主任要努力成为中小学生的人生导师。班主任是中小学的重要岗位，从事班主任工作是中小学教师的重要职责。”

2. 提高班主任专业素质。班主任的专业素质包括：学生为本的专业理念，德育为先的专业精神，关爱学生的专业道德，和谐育人的专业技能。我们要通过指导班主任参加和谐德育课题研究和培训工作，不断提高班主任的专业素质。

3. 强化班主任专业能力。班主任专业能力包括：班集体的组织管理能力，主题班会的设计实施能力，班干部的指导培养能力，走进学生心灵的能力，任课教师的协调能力，学生家长的沟通能力，社会实践的组织能力，书面表达和语言表达能力，个人才艺展示能力。我们要继续举办班主任大赛，不断强化班主任的专业能力。

加强班主任专业化建设，担当班主任专业职责，提高班主任专业素质，强化班主任专业能力，需要构建班级和谐德育体系。构建班级和谐德育体系是班主任队伍职业化、专业化、专家化建设的必由之路。

(三)加强媒体建设，提供交流平台

《新德育》杂志和“中国新德育网”是本会主办的两大媒体，是学会和总课题组联系广大会员和实验区、实验校、实验教师的桥梁和纽带，也是为全国广大德育工作者实施立德树人工程提供的交流平台。

为了更好地定位“中国新德育网”的功能，进一步拓展服务范围，我们经过半年多调研和论证，决定2013年7月本网站进行改版升级。为了使广大德育工作者对本网站更全面的认识和更方便的参与。现将改版升级后本网的名称、宗旨、功能、栏目设置简介如下：

1. 网站名称。本网站更名为“中国学校德育网”(原名“中国新德育网”仍可使用，注册域名：www. xindeyu. com 不变)。更名后的“中国学校德育网”更加有利于面向各级各类学校德育研究与德育实践，更加有利于建设成为中国德育资源品牌网站，更加有利于突出本网站的宗旨与功能。

2. 网站宗旨。更新改版后本网站的网头标语开宗明义地阐明了本网站的宗旨是：育人为本，德育为先，德智体美，全面发展；贯通古今，融汇中西，继承借鉴，创新发展；和谐德育，立德树人，德育体系，整体构建；大中小幼，有效衔接，家校社会，纵贯横连；政策导向，科研引领，服务决策，指导实践。

3. 网站功能。改版升级后本网站有三大定位与功能：一是定位为中国学校德育资源网，具有各级各类学校德育资源的交流共享功能；二是定位为中国学校德育科研网，具有对本会百个实验区、千所实验校、万名实验教师的德育科研指导功能；三是定位为中国伦理学会德育专业委员会德育工作网，具有对本会会员、理事、常务理事、秘书长、会长的工作联络功能。

4. 网站栏目设置。改版升级后本网站的栏目设置作了成倍的扩充和精心的设计，呈现方式与风格更具系统性、直观性、美观性、便捷性。一级栏目 20 个，在本网首页网头下横排两行，一级栏目名称是：本会概况、德育政策、德育科研、德育年会、德育论坛、德育专家、德育名校、德育名师、德育成果、德育名品、班级德育、校本德育、区域德育、课程德育、党团德育、德育培训、学校文化、家庭德育、社会德育、外国德育；二级栏目 80 个，隐藏在一级栏目中，点击一级栏目即可出现二级栏目；点击二级栏目即可呈现其中的内容。

希望本会广大会员和实验区、实验校、实验教师踊跃订阅和投稿《新德育》杂志，经常登陆和访问“中国学校德育网”。在这里，你可以得到你想要的德育信息，也可以上传你想发布的德育信息，充分发挥两大德育信息平台的交流互动功能。

(四)开展评比竞赛，助推人才成长

评比和竞赛是人才成长的加速器。为了实施立德树人工程，助推人才成长，实现“出成果、出经验、出人才”的目的，我们决定继续进行每年一次的“一优四先”评审工作，继续进行五年一次的“十个一百”评审工作，适时评审“特殊贡献奖”和“终身成就奖”。除了上述常规性评审表彰活动之外，我们还将继续进行品牌竞赛项目，并不断推出新的竞赛项目。

1. 继续举办班主任辅导员和谐育人专业能力大赛

为了贯彻落实《国家中长期教育改革和发展规划纲要(2010—2020年)》关于“加强辅导员、班主任队伍建设”的精神，我们先后于2009年12月在天津、2011年10月在北京举办了首届和第二届(云南省北辰高级中学董事长、著名企业家李国云先生鼎力赞助，冠名“北辰杯”)全国中小学幼儿园班主任辅导员和谐育人专业能力大赛。大赛分为教育故事演讲、现场即兴答辩、个人才艺展示三个分赛场进行，来自全国20多个省市自治区的200多名班主任辅导员参加比赛，充分展示了班主任辅导员的精神风貌、专业能力和人格魅力，促进了班主任辅导员队伍的专业化建设，增强了班主任辅导员的教育成就感和职业幸福感，得到了教育部领导和广大教师的赞誉和好评，产生了良好的社会影响。今后，我们将继续举办班主任辅导员和谐育人专业能力大赛。

2. 新近推出职业院校德育课程“三精彩”大赛

为了深入推动高职高专院校思想政治理论课建设，进一步改进教学方法，促进教材体系向教学体系转化，逐步实现教学过程科学化、教学技术和教学手段的现代化，决定从今年起在全国高职高专院校开展思想政治理论三门课程以及我会组织开发编写的“文明礼仪”“心理健康”“就业与创业”三门课程的“精彩教案”“精彩多媒体课件”“精彩一课”的评比竞赛活动。通过“三精彩”大赛，一方面推动高职高专院校严格教学管理，规范教学过程，不断提高教学质量，增强教学的针对性、实效性和吸引力、感染力；另一方面，推动高职高专院校思政课教师“出成果、出经验、出人才”，培养一批教学能手、教学标兵、学科带头人，增强广大教师教书育人的成就感和幸福感。

3. 新近推出中小学和职业院校师生书法考级活动

为贯彻落实《教育部关于中小学开展书法教育的意见》(教基二〔2011〕4号)，从今年起我会与北京中国书画协会联合举办全国青少年书法考级活动。全国中小学、中职校教师、学生都可参加书法考级。考级分设软笔组、硬笔组、篆刻组三个组别，各组分别进行评级。由北京中国书画协会组织书法家对书法作品进行评审，向所有晋级作品的作者颁发证书。书法是中华民族的文化瑰宝，是人类文明的宝贵财富，是基础教育的重要内容。通过书法教育对中小学生进行书写基本技能的培养和书法艺术欣赏，是传承中华民族优秀文化，培养爱国情怀的重要途径；是提高学生汉字书写能力，培养审美情趣，陶冶情操，提高文化修养，促进全面发展的重要举措。希望实验区、实验校认真组织师生踊跃参加书法考级活动。

同志们，课题研究是学术团队和科研工作者的生命，是学术团队和科研工作者服务基层的载体，同时也是各级各类学校实现科研兴校的抓手，更是广大教师职业成就感和幸福感的源泉。因此，我们要不断深化和谐德育研究，认真实施立德树人工程。

同志们，“中国梦”是当代中国流行的关键词和最强音。习近平总书记指出："生活在我们伟大祖国和伟大时代的中国人民，共同享有人生出彩的机会，共同享有梦想成真的机会，共同享有同祖国和时代一起成长与进步的机会。""中国梦"就是国家富强、民族复兴、人民幸福。"中国梦"是中华民族的梦，是中国人民的梦，更是中国青少年的梦！

那么，我们和谐德育学术团队的梦想是什么？一句话回答那就是"和谐"。具体来说就是全国的青少年学生都能健康、快乐、和谐地成长，他们的成长环境——学校和谐、家庭和谐、社会和谐、世界和谐、天人和谐。尽管当前国际国内、校内校外还有某些不和谐的因素存在，然而正因为这样，我们才更加坚定地崇尚和谐，追求和谐，圆梦和谐。

为了表达我们的和谐梦，为了实现我们的和谐梦，我作了一首《和谐颂》歌词献给大家！

社会和谐，以人为本，全面协调，持续发展；
发展经济，统筹城乡，共同富裕，国泰民安；
改善民生，安居乐业，意气风发，奔向小康；
人民当家，公平正义，安定有序，长治久安。
和谐思想，中华瑰宝，博大精深，源远流长，
民族复兴需传承，太平盛世更弘扬。

天人和谐，尊重自然，顺应自然，保护自然；
绿色发展，循环发展，低碳发展，永续发展；
防灾减灾，防治污染，生态文明，科学理念；
保护环境，节约资源，维护全球，生态安全。
和谐思想，中华瑰宝，博大精深，源远流长，

民族复兴需传承，太平盛世更弘扬。

当今世界，复杂多变，时代主题，和平发展。
需要和平，不要战争，各国人民，共同心愿；
反对霸权，反对强权，平等互信，尊重主权；
以邻为伴，与邻为善，合作共赢，和谐发展。
和谐思想，中华瑰宝，博大精深，源远流长，
民族复兴需传承，太平盛世更弘扬。

家庭和谐，夫妻恩爱，琴瑟相和，温馨港湾；
父慈子孝，兄友弟恭，骨肉亲情，孝悌为先；
翁婿婆媳，妯娌连襟，互敬互助，爱满家园；
诗书传家，德善继世，家业兴旺，幸福美满。
和谐思想，中华瑰宝，博大精深，源远流长，
民族复兴需传承，太平盛世更弘扬。

群己和谐，宽厚包容，见贤思齐，海纳百川；
文明礼貌，诚实守信，助人为乐，待人友善；
敬业乐群，办事公道，热心公益，服务志愿；
爱国守法，见义勇为，克己奉公，无私奉献；
和谐思想，中华瑰宝，博大精深，源远流长，
民族复兴需传承，太平盛世更弘扬。

人格和谐，时代召唤，德智体美，和谐发展；
思想品德，才智之帅，体肤之魂，德育为先；

发展智力，提高能力，学有所成，方可奉献；

身心健康，载智之舟，寓德之舍，大哉人焉！

和谐思想，中华瑰宝，博大精深，源远流长，

民族复兴需传承，太平盛世更弘扬。

这首《和谐颂》歌词，已经被天津市河西区的音乐老师谱了曲，将在今晚的“海河之声”文娱晚会上作为开场大合唱演唱。祝愿教师合唱团演出成功！

谢谢！

2014年第十七届成都德育年会主题报告

各位代表、同志们、朋友们：

大家好！

我代表中国伦理学会德育专业委员会、北京鸿德教育科学研究院和立德树人研究与实验总课题组向大会作主题报告，请大家研究讨论。

本届年会的主题是：以党的十八大精神和习近平总书记系列讲话精神为指导，把立德树人作为教育的根本任务，开展立德树人研究，实施立德树人工程。

报告分为两大部分八个要点：

一、开展立德树人研究

（一）开展立德树人研究的重要意义

（二）开展立德树人研究的总体思路

（三）中国传统文化的立德树人思想

（四）古今中外教育家立德树人观点

二、实施立德树人工程

（一）实施培育和践行社会主义核心价值观工程

（二）实施“中国梦—我的梦”主题教育工程

(三)实施中华民族优秀传统文化进校园工程

(四)实施名校长、名教师、名班主任培养工程

一、开展立德树人研究

(一)开展立德树人研究的重要意义

党的十八大报告指出："把立德树人作为教育的根本任务。"十八届三中全会再次强调："全面贯彻党的教育方针，坚持立德树人，加强社会主义核心价值体系教育，完善中华优秀传统文化教育。"这是党中央对教育的根本性质和根本任务的新概括，是对学校德育认识的深化，更好地回答了培养什么人、怎样培养人的根本问题。

教育部为了贯彻落实党的十八大精神，颁布了一系列文件，对贯彻落实立德树人根本任务提出了指导意见和明确要求。立德树人是发展中国特色社会主义教育事业的核心所在，是培养德智体美全面发展的社会主义建设者和接班人的本质要求。全面深化立德树人研究，整体构建大、职、中、小、幼各个学段有效衔接的德育体系，建立健全市县、学校、班级和谐有序的三级德育体系，落实立德树人根本任务，是贯彻落实党的十八大和十八届三中全会精神的重大举措，是提高国民素质、建设人力资源强国的战略行动，是适应教育内涵发展、基本实现教育现代化的必然要求，对于全面提高育人水平，让每个学生都能成为有用之才具有重要意义。

(二)开展立德树人研究的总体思路

1. 发布《立德树人研究与实施课题指南》

为了贯彻落实党的十八大关于"把立德树人作为教育的根本任务"的精神，决定把"开展立德树人研究，实施立德树人工程"作为今后十年的重大课题研究。为此，我们研究制定并及时颁发了《开展立德树

人研究实施立德树人工程课题研究实施指南》(以下简称《指南》)。《指南》从学前教育、基础教育、职业教育、高等教育四大教育领域提出了 200 多个立德树人研究选题，设计了市县、学校、教师三种立德树人课题申报审批书，希望整体构建和谐德育体系的原有实验区、实验校、实验教师继续申请立德树人课题，更希望出席本届年会的非实验区、非实验校的同志们踊跃申请立德树人研究课题，也希望全国各地各级各类学校和广大教师积极申请立德树人研究课题。

“开展立德树人研究，实施立德树人工程”，我们学术团队有相当深厚的研究基础。早在“八五”规划时期，原中央教育科学研究所德育研究中心就承担了教育部重点课题“我国各级各类学校德育现状调查研究”，这项研究课题在结题报告中提出“整体构建大中小学德育体系”的建议，得到了中央领导的肯定和中央文件的采纳。“九五”“十五”规划时期，我们承担了全国教育科学规划国家重点课题“整体构建学校德育体系的研究与实验”，取得了十分丰富的研究成果，实现了为决策服务、为实践服务的目标。“十一五”“十二五”规划时期，我们承担了中国教育学会重点课题“和谐德育研究与实验”，为整体构建大中小学和谐衔接的德育体系，为整体构建市县、学校、班级和谐德育体系发挥了引领和示范作用。

总之，我们学术团队经过二十多年的德育研究与实验，跨越了五个五年规划，历经“整体构建”研究阶段、“和谐德育”研究阶段，现在进入了第三阶段，即“立德树人”研究阶段。这三个阶段既有前后相继的历史，又有继往开来的基础。我们要把立德树人根本任务贯彻到课题研究的每个学段、每个学校、每个课题。引导学前教育、基础教育、职业教育、高等教育各级各类学校实施全程立德树人、全员立德树人、全面立德树人。我相信“立德树人”研究阶段一定会取得更大更好的成绩。

2. 搭建出成果、出经验、出人才科研平台

长期以来，中国教育科研有一种不正常的现象——“三高”与“三无”并存。“三高”即研究者来自“高楼深院”，研究内容“高大空远”，研究成果“束之高阁”；“三无”即广大一线教师科研“立项无门”“指导无人”“成果无奖”。与此相反，我们学术团队走出了一条中国特色的科研之路——草根科研、大众科研、实践科研。为广大一线教师搭建了“出成果、出经验、出人才”的广阔平台。

自“八五”规划以来，经过二十多年的研究与实验，我们学术团队在全国三十个省、直辖市、自治区建立了百个实验区、千所实验校，有万名一线教师申请了立项课题，这就是被大家公认的“百千万工程”。真正实现了“出成果，出经验，出人才”的目标。从我们的团队中走出了百所德育科研名校、百位德育科研专家、百名德育科研名师和百项优秀德育研究成果，也涌现出一批德育特级教师、德育名师、未来教育专家。

今后，我们要继续评审表彰“一优四先”(优秀研究成果、先进实验区、先进实验学校、先进实验教师、先进工作者)，继续评审表彰“十个一百”(百项优秀成果、百位德育专家、百名德育名师、百位名班主任等)这项工作要常态化，随时都可以申请，在每年年会集中评审表彰，定期出版《立德树人文典》。

3. 坚持走好中国特色德育科研之路

二十年的德育科研经历，我们走出了一条中国特色的德育科研之路。其基本经验是：

第一，始终坚持以中国特色社会主义理论体系为指导，把理论研究、实践研究与方针政策研究紧密结合。

第二，始终坚持为德育决策服务、为德育实践服务、为广大师生服务的科研宗旨，把德育专家、行政领导与一线教师紧密结合。

第三，始终坚持深入基层、深入学校，依靠基层组织、依靠广大教师，把总课题组、实验区、实验学校紧密结合。

第四，始终坚持弘扬中华文化与民族精神，把贯通古今、融会中西、继承借鉴、发展创新作为基本原则。

第五，始终坚持出成果、出经验、出人才的工作目标，为课题组成员和实验教师搭建高层科研平台。

第六，始终坚持立德树人思想，目标专一，执着追求，咬定青山不放松，不断推动德育科研可持续发展。

这些基本经验，是我们学术团队兴旺发达、事业成功的法宝。在今后的立德树人课题研究中，我们必须长期坚持并发扬光大。

(三)中国传统文化的立德树人思想

我们要问“立德树人”思想的来源或出处在哪里？这就需要到中华民族优秀传统文化中寻找答案。

中华民族优秀传统文化源远流长、博大精深。古代典籍、文献资料浩如烟海。在这里，我想从国学经典“四书五经”里寻找答案。四书是什么？就是《论语》《孟子》《大学》《中庸》。五经是什么？就是《诗经》《尚书》《礼记》《易经》《春秋》。四书与五经合称“四书五经”。

“立德”出自古代典籍《左传·襄公二十四年》：“太上有立德，其次有立功，其次有立言，虽久不废，此之谓不朽。”这是古代圣贤追求的“三不朽”的人生境界，在立德、立功、立言三不朽中，立德至高无上。这里有一个故事：鲁国大夫叔孙豹与范宣子讨论“人生朽不朽”的问题。范宣子说，他的家族从尧舜时期就已经受封为贵族，经历夏商周，一直到春秋时期，世代受封，延续千年以上，长盛不衰，于是他问叔孙豹：这是不是可以说是“不朽”了？叔孙豹回答，这不能算“不朽”，只能说是“世禄”。他说：太上有立德，其次有立功，其次有立言。虽久不废，此之谓不朽。这个太就是最高的意思，最高的境界是立德，其次要立功，再其次要立言，虽然时间很久，但是废除不了，这个叫“不朽”，后世也叫“三不朽”。我们每一个人，活在这个世界上，自然要做很多很多的事情。但归结起来，高层次的，很有价值的，就是这“三不朽”。“三不朽”，就是“三立”——“立德”“立功”“立言”，换言之也就是“三做”——“做人、做事、做文章”。（注：《左传》是儒家经典之一，与《公羊传》《谷梁传》合称“《春秋》三传”，又名《左氏春秋》。《公羊传》《谷梁传》是从政治和思想方面去解释《春秋》，而《左传》则从丰富的历史材料去诠释《春秋》。）

“树人”出自《管子・权修》：“一年之计，莫如树谷；十年之计，莫如树木；终身之计，莫如树人。”后来形成“十年树木，百年树人”的成语，逐渐形成了“立德树人”的教育思想。[注：中国春秋时期(公元前770～前476)齐国政治家、思想家管仲及管仲学派的言行事迹。大约成书于战国(前475～前221)时代至秦汉时期。西汉刘向编定《管子》时共86篇。]

立德树人，“德”的内涵是什么呢？我国古代典籍记录了思想家、教育家对“德”的内涵的多种指谓。

《周易》是中华文明之源头，华夏思想之鼻祖，民族文化之先河。数千年来，对中国的哲学、社会科学和自然科学发展产生了重大影响。《周易》从天、地、人三者相通、相参、相合的哲学思想出发，概括出“君子”的两个基本品格，即“天行健，君子以自强不息；地势坤，君子以厚德载物”。什么是自强不息？自强不息就是像天体运行那样，遵循规律、强健有力、周而复始、永不停息的精神。什么是厚德载物？厚德载物就是像宽广的大地那样，胸怀广阔、敦厚宽容、海纳百川、包容万物的品格。具备这两种品质堪称君子，就是有德之人，就是品德高尚的人。（注：《周易》是一部中国古哲学书籍，亦称易经，简称易。周易以高度抽象的六十四卦的形式表征普遍存在的双边关系中可能发生的各种各样的变化，并附以卦爻辞作简要说明。《周易》是中国传统思想文化中自然哲学与伦理实践的根源，对中国文化产生了巨大的影响。是中华民族智慧的结晶，被誉为“群经之首，大道之源”。）

《周礼》提出经国治民的思想是“三曰礼典，以和邦国，以统百官，以谐万民”。中华文化的重要理念是“和谐”，倡导天人和谐、人我和谐、群己和谐，和而不同，和而不流。孔子讲：“和为贵。”“天道酬勤俭养德，人道贵和仁达德。”遵天道，行人道，讲和谐，促进学校和谐、家庭和谐、社会和谐、世界和谐，就是有德之人，就是品德高尚的人。（注：《周礼》是中国古代关于政治经济制度的一部著作，是古代儒家主要经典之一。包括天官、地官、春官、夏官、秋官、冬官等六篇。中国古代的礼乐文明，礼乐文化，不能不提到《周礼》《仪礼》和《礼记》，即通常所说的“三礼”。《三礼》是古代礼乐文化的理论形态，对礼法、礼义作了最权威的记载和解释，对历代礼制的影响最为深远。）

《尚书》提出：“克明俊德，以亲九族。九族既睦，平章百姓。百姓昭明，协和万邦。”意思是说：首先要能修明自己的德性，然后再发扬“俊德”即大德、美德，使全家族都能亲睦融洽，进而使老百姓都能和谐相处，国内社会和谐了，进而协和万邦，使世界和谐。这就是后人概括的“修身、齐家、治国、平天下”的大德美德。（注：《尚书》是中国古代最早的一部历史文献汇编，用散文写成，按朝代编排，分成

《虞书》《夏书》《商书》和《周书》。约成书于3000年前的战国时期，最早时它称为《书》，到了汉代叫作《尚书》，意思是“上古之书”。汉代以后，《尚书》成为儒家的重要经典之一，所以又叫作《书经》。）

《礼记·礼运》说：“大道之行也，天下为公，选贤与能，讲信修睦。故人不独亲其亲，不独子其子，使老有所终，壮有所用，幼有所长，矜、寡、孤、独、废疾者皆有所养。”这里儒家思想描绘了理想社会的美好蓝图，这个理想社会就是有德之人的梦想与追求。（注：《礼记》是中国古代一部重要的典章制度书籍。成书于战国至秦汉年间，主要内容是记载和论述先秦的礼制、仪礼，记录孔子和弟子等的问答，记述修身做人的准则。集中体现了先秦儒家的政治、哲学和伦理思想，是研究先秦社会的重要资料。）

《论语》对“德”讲得最多，“德”字出现了39次，涉及16篇31章。孔子思想体系的核心是德治主义，他执着地倡导德化社会与德化人生。德化社会的最高标准是“礼”，德化人生的最高价值是“仁”。孔子德化人生思想体系的核心是“仁德”，强调：“道之以德”“为政以德”（《为政》）。孔子说的“仁德”，内容十分广泛，他对“仁”的解释也是多样的。但基本含义是六个方面：一是“仁者爱人”；二是“克己复礼为仁”；三是“孝悌”为仁之本；四是“忠恕”为仁之道；五是“和”为仁之贵；六是“中庸之为德”（《雍也》）。可见“仁”是众德之总。在“仁德”的统摄下，孔子还提出一系列道德范畴，如恭、宽、信、敏、惠、刚、毅、木、讷、勇、敬、俭等。（注：《论语》是儒家学派的经典著作，由孔子的弟子及其再传弟子编撰而成。它以语录体和对话文体为主，记录了孔子及其弟子言行，集中体现了孔子的政治主张、论理思想、道德观念及教育原则等。）

孟子继承发展了孔子的伦理思想，他以“人性善说”为理论基础，提出“四德”“五伦”的伦理思想。“四德”，即仁、义、礼、智（亦即：恻隐之心、羞恶之心、辞让之心、是非之心）；“五伦”，即父子有亲、君臣有义、夫妇有别、长幼有序、朋友有信五类人伦。

汉代董仲舒归纳为“仁、义、礼、智、信”五德。后代学人进一步把儒家经典概括为“忠、孝、仁、义、礼、信、廉、耻”八德。我经过多年研究，把中华传统美德进一步概括为“忠、孝、仁、义、礼、智、信、廉、耻、勇、勤、和”十二个德目。

国家主席习近平 9 月 24 日在人民大会堂出席纪念孔子诞辰 2565 周年国际学术研讨会暨国际儒学联合会第五届会员大会开幕会并发表重要讲话。习近平指出，不忘历史才能开辟未来，善于继承才能善于创新。只有坚持从历史走向未来，从延续民族文化血脉中开拓前进，我们才能做好今天的事业。习近平强调，中国优秀传统文化的丰富哲学思想、人文精神、教化思想、道德理念等，可以为人们认识和改造世界提供有益启迪，可以为治国理政提供有益启示，也可以为道德建设提供有益启发。

中华优秀传统文化中德育内涵源远流长、博大精深。加强中华优秀传统文化的研究与教育，是培育和践行社会主义核心价值观，落实立德树人根本任务的重要基础。我送大家一副对联，其中包含十个“德”字，意在表达对中华德育文化的敬仰之情和对德育科研的价值追求。

上联是：以德立德明德厚德达德德育文化源远流长

下联是：崇德建德树德育德弘德德育科研任重道远

横批是：立德树人

（四）古今中外教育家立德树人观点

教育的本质是什么，这是一个古老而严肃的哲学命题，也是一个仁者见仁智者见智的问题。翻开中外教育史，对教育所下的定义有千百条，但归纳起来不外从社会需要论教育和从人的发展论教育。从上层建筑说到生产力说，再到培养人的社会实践说，这些争论都离不开教育与社会发展、与人的发展这个三边关系。我认为，教育首先是为人的发展服务，其次是通过培养人为社会发展服务。因此，教育的本质是教人学会做人，学会做好人，做文明人，做对社会有用的人。一句话：教育的本质是立德树人。让我们引用古今中外教育家的名言，作为这一立论的佐证。

中国古代著名教育家孔子说："志于道，据于德，依于仁，游于艺。"又说："德之不修，学之不讲，闻义不能徙，不善不能改，是吾忧也。"——教育的本质是培养人的德性。

古希腊著名教育家、哲学家柏拉图说："一个人从小受的教育把他往哪里引导，能决定他后来往哪里走。"——教育的本质就是引导学生走好人生道路。

中国著名教育家、南开大学创办人张伯苓说过："作为一个教育者，我们不仅要教会学生知识，教会学生锻炼身体，更重要的是要教会学生如何做人。"——教育的本质是教会学生做人。

著名德国哲学家、教育家雅斯贝尔斯在他的《什么是教育》一书中写道："教育的本质意味着：一棵树摇动一棵树，一朵云推动一朵云，一个灵魂唤醒一个灵魂。"——教育的本质是唤醒人的灵魂。

中国著名教育家陶行知说："我以为好的先生不是教书，不是教学生，乃是教学生学。千教万教教人求真，千学万学学做真人。"——教育的本质是教人求真、学做真人。

俄国著名教育家乌申斯基说："在教育中一切都应以教育者的人格为基础，因为只有人格才能影响人格，只有人格才能形成人格。”——教育的本质是培养人格。

中国著名革命家、教育家徐特立说：“任何人都应该有自尊心、自信心、独立性。但自尊不是轻人，自信不是自满，独立不是孤立。”——教育的本质是培养学生的自尊自信。

英国教育家维克多·费兰克说：“每个人都被生命询问，只有以‘负责’来答复生命，才是人类存在最重要的本质。”——教育的本质是培养学生勇于负责。

美国著名成功学家、教育家卡耐基说：“用快乐、乐观、豁达的胸襟去面对人生吧，我们的人生就永远是快乐的。”——教育的本质是教人乐观豁达。

印度哲学家普德曼说：“播种一个行为，你会收获一个习惯，播种一个习惯，你会收获一种性格，播种一种性格，你会收获一个命运。”——教育的本质是播种人的习惯、性格和命运。

以上我们引用了古今中外十位著名教育家的名言，无论是“引导人生道路”“培养人的德性”“唤醒人的灵魂”“教会学生做人”“教人求真、学做真人”等对教育本质的抽象概括也好，还是培养学生“自尊自信”“勇于负责”“乐观豁达”“培养人格”“播种命运”等对教育本质的具体指陈也罢，都可以证明教育的本质是立德树人。

今年9月9日，我国第三十个教师节前夕，习近平总书记到北京师范大学与师生座谈并发表重要讲话。他指出：教师是最伟大、最神圣的职业，教师是太阳底下最崇高、最光辉的职业。这是因为“教师的工作是塑造灵魂、塑造生命、塑造人的工作”。他还引用唐代韩愈的话说：“师者，所以传道授业解惑也。”“传道”是第一位的。一个老师，如果只知道“授业”“解惑”而不“传道”，不能说这个老师是完全称职的，充其量只能是“经师”“句读之师”，而非“人师”了。古人云：

“经师易求，人师难得。”一个优秀的老师，应该是“经师”和“人师”的统一，既要精于“授业”“解惑”，更要以“传道”为责任和使命。好老师心中要有国家和民族，要明确意识到肩负的国家使命和社会责任。

习总书记在高度评价教师职业、殷切期望做好老师的同时，也十分深刻地阐明了教育的本质是“塑造灵魂、塑造生命、塑造人”，“传道授业解惑，传道是第一位的”。这是对立德树人思想的高度概括和深刻诠释。

二、实施立德树人工程

(一)实施培育和践行社会主义核心价值观工程

党的十八大提出，倡导富强、民主、文明、和谐，倡导自由、平等、公正、法治，倡导爱国、敬业、诚信、友善，积极培育和践行社会主义核心价值观。这二十四个字是社会主义核心价值观的基本内容，为培育和践行社会主义核心价值观提供了基本遵循。富强、民主、文明、和谐是国家层面的价值目标，自由、平等、公正、法治是社会层面的价值取向，爱国、敬业、诚信、友善是公民个人层面的价值准则。社会主义核心价值观与中国特色社会主义发展要求相契合，与中华优秀传统文化和人类文明优秀成果相承接，是我们党凝聚全党全社会价值共识作出的重要论断，是推进中国特色社会主义伟大事业、实现中华民族伟大复兴中国梦的战略任务。

实施立德树人工程，就要把社会主义核心价值体系融入整体构建大中小学立德树人体系的全过程，实施培育和践行社会主义核心价值观工程。根据不同年龄阶段学生的身心特点和不同学段的教育规律，整体构建大、职、中、小、幼科学的、和谐的、有效衔接的立德树人体系。

习近平总书记在今年“五四”青年节到北京大学与师生座谈，以《青年要自觉践行社会主义核心价值观》为题发表了重要讲话。“六一”国际儿童节前夕，他来到海淀区民族小学，参加主题队日入队仪式，在讲话时再次强调了培育和践行社会主义核心价值观问题。他说：“我们倡导的富强、民主、文明、和谐，自由、平等、公正、法治，爱国、敬业、诚信、友善的社会主义核心价值观，体现了古圣先贤的思想，体现了仁人志士的夙愿，体现了革命先烈的理想，也寄托着各族人民对美好生活的向往。只要是中国人，就应该自觉培育和践行社会主义核心价值观。”他还结合学生的年龄特点，提出培养和践行社会主义核心价值观的“十六字”要求。为了使社会主义核心价值观成为青少年学生的精神追求和自觉行动，我们要切实将习近平总书记提出的“记住要求、心有榜样、从小做起、接受帮助”十六字要求落到实处，实施培育和践行社会主义核心价值观工程。

1. 熟记熟背，记住要求。用通俗易懂的方式让学生记住社会主义核心价值观的基本内容和实践要求。通过宣传橱窗、电子屏幕、宣传画、黑板报、广播电视、校园网、微博、微信等方式，加大宣传力度，使社会主义核心价值观二十四字在校园处处可见、人人知晓，营造浓厚的宣传氛围，使学生耳濡目染。再通过进教材、进课堂、进头脑，让社会主义核心价值观的种子在学生心中生根发芽。

2. 典型引路，心有榜样。把社会主义核心价值观的要求转化为学生可学习、可模仿的人物形象，组织学生参观博物馆、纪念馆、烈士陵园、名人故居、先进事迹展览，观看百部优秀影视作品，引导学生了解英雄人物、先进人物、模范人物的光辉事迹和崇高品德，发挥身边榜样的示范作用，引导学生发现榜样、学习榜样、争做榜样，使学生见贤思齐、崇德向善、立志成才。

3. 实践体验，从小做起。通过举行升国旗仪式、开学典礼、毕业典礼、主题班队会、十四岁迈入青春门、十八岁成人仪式，通过举办文艺、体育、科技竞赛活动，通过参加志愿者服务活动、道德实践和法制宣传活动，通过家务劳动、学校劳动、社会生产劳动，通过开发实践课程和活动课程，打造大学生校外实践教育基地、高职实训基地、青少年社会实践活动基地，引导学生自己的事情自己做，集体的事情争着做，公益的事情积极做。在实践活动中体验和践行社会主义核心价值观。

4. 加强引导，接受帮助。要教育引导学生正确认识自己，正确对待他人，听得进意见，受得了批评，发扬好自己的优点，克服掉自己的缺点，健康快乐成长。学校教育要与家庭教育紧密结合，教师和家长一起帮助学生学会谦虚、学会宽容，克服独生子女娇惯、任性、脆弱的弱点，以健康的心理融入集体，融入社会，践行社会主义核心价值观。

根据上述要求，我们要推广湖南省宁乡县的小学、初中、高中《养成教育体系》、天津市河西区的小学、初中、高中《鸿鹄之志德育体系》、山东省广饶县英才学校的幼儿园、小学、初中《养正教育体系》，指导和帮助其他实验区构建和实施区域立德树人工程，指导和帮助实验校构建与实施学校立德树人工程，指导和帮助实验班构建与实施班级立德树人工程，在落实“把立德树人作为教育的根本任务”上，做到实验班班班有亮点，实验校校校有特色，实验区区区有品牌。

(二)实施“中国梦—我的梦”主题教育工程

党的十八大胜利闭幕之后，2012 年 11 月 29 日，习近平总书记和其他中央领导同志来到国家博物馆，参观大型展览《复兴之路》并发表重要讲话。他指出，每个人都有理想和追求，都有自己的梦想。我以为，实现中华民族伟大复兴，就是中华民族近代以来最伟大的梦想。这个梦想，凝聚了几代中国人的夙愿，体现了中华民族和中国人民的整体利益，是每一个中华儿女的共同期盼。

习近平强调，我坚信到中国共产党成立 100 年时全面建成小康社会的目标一定能实现，到新中国成立 100 年时建成富强民主文明和谐的社会主义现代化国家的目标一定能实现，中华民族伟大复兴的梦想一定能实现。

在这里，习近平总书记提出了中国梦的内涵和目标。中国梦的内涵是：实现中华民族伟大复兴。中国梦的目标，一个是建党一百年的目标——建成小康社会；一个是新中国建国一百年的目标——建成富强民主文明和谐的社会主义现代化国家。这是习总书记和党中央对人民的郑重承诺。

那么，如何实现伟大的“中国梦”呢？

2013 年 3 月 17 日，在十二届全国人大一次会议闭幕会上，新当选的中华人民共和国主席习近平发表重要讲话再次重申：“中国梦就是民族梦、复兴梦，归根结底是人民梦。”每个人的前途命运都与国家和民族的前途命运紧密相连，空谈误国，实干兴邦。唯有实干，方能圆民族复兴的“中国梦”。

实现中国梦必须走中国道路。这就是中国特色社会主义道路。这条道路来之不易，它是在改革开放 30 多年的伟大实践中走出来的，是在中华人民共和国成立 60 多年的持续探索中走出来的，是在对近代以来 170 多年中华民族发展历程的深刻总结中走出来的，是在对中华民族五千多年悠久文明的传承中走出来的，具有深厚的历史渊源和广泛的现实基础。

实现中国梦必须弘扬中国精神。这就是以爱国主义为核心的民族精神，以改革创新为核心的时代精神。这种精神是凝聚力的兴国之魂、强国之魄。爱国主义始终是把中华民族坚强团结在一起的精神力量，改革创新始终是鞭策我们在改革开放中与时俱进的精神力量。

实现中国梦必须凝聚中国力量。这就是中国各族人民大团结的力量。中国梦是民族的梦，也是每个中国人的梦。只要我们紧密团结，万众一心，为实现共同梦想而奋斗，实现梦想的力量就无比强大，我们每个人为实现自己梦想的努力就拥有广阔的空间。生活在我们伟大祖国和伟大时代的中国人民，共同享有人生出彩的机会，共同享有梦想成真的机会，共同享有同祖国和时代一起成长与进步的机会。

——走中国道路、弘扬中国精神、凝聚中国力量，这就是实现伟大的“中国梦”的施政纲领。

2013 年 5 月 4 日，习近平总书记来到中国航天科技集团公司中国空间技术研究院，同各界优秀青年代表座谈并发表重要讲话。他说：“为实现中华民族伟大复兴的中国梦而奋斗，是中国青年运动的时代主题。共青团要在广大青少年中深入开展‘我的中国梦’主题教育实践活动，为每个青少年播种梦想、点燃梦想，让更多青少年敢于有梦、勇于追梦、勤于圆梦，让每个青少年都为实现中国梦增添强大青春能量。”

——为每个青少年播种梦想、点燃梦想，让更多青少年敢于有梦、勇于追梦、勤于圆梦。这就是我们教育工作者的神圣使命！

今年“六一”国际儿童节前夕，习近平总书记来到北京市海淀区民族小学，面向全国各族少年儿童再次讲到中国梦。他满怀深情地说：中国梦要靠你们来实现。第一个“一百年”(中国共产党成立 100 年)时，今天十岁的孩子十六七岁；到第二个“一百年”(新中国成立 100

年)时，现在的孩子四五十岁，正逢其时。“两个一百年”要靠你们接力奋斗。

——这既是对青少年儿童的殷切期望，也是对广大教育工作者的勉励。

我们要以习近平总书记关于“中国梦”的历次讲话精神为指导，实施“中国梦—我的梦”主题教育工程，具体措施有以下三点。

1. 开展“我的中国梦”征文比赛

本届年会闭幕之时，就是“我的中国梦”征文比赛开始之日。征文持续到“十三五”规划结束，随时可以免费申报，每年评审一次，每年年会颁奖。

2. 举办“我的中国梦”演讲比赛

“十三五”规划期间，每年举办一次“我的中国梦”演讲比赛。“我的中国梦”征文比赛获奖者，可以免费报名参加“我的中国梦”演讲比赛。组委会努力争取与中央电视台、中国教育电视台或省级电视台合作举办“我的中国梦”演讲比赛。演讲比赛与征文比赛的分组和评奖基本一致。欢迎各地方教育局申请承办“我的中国梦”演讲比赛。

3. 召开“我的中国梦”主题班会

我们要求并帮助各实验区、实验校、实验班打造系列“我的中国梦”主题班会。每年征集并评审“我的中国梦”主题班会设计方案和主题班会实况录像，列入每年年会“一优四先”的评审项目。获奖的主题班会设计方案和主题班会实况录像，将收入《立德树人》文集或在“新德育”网上发表。

(三)实施中华民族优秀传统文化进校园工程

党的十八届三中全会指出：“全面贯彻党的教育方针，坚持立德树人，加强社会主义核心价值体系教育，完善中华优秀传统文化教育。”2014年3月26日，教育部颁布了《完善中华优秀传统文化教育指导纲要》，对中华优秀传统文化教育提出了具体翔实的指导意见。

中华优秀传统文化源远流长、博大精深，内涵十分丰富。概括起来说，应当包括以爱国主义为核心的团结统一、爱好和平、勤劳勇敢、自强不息的伟大民族精神；以和谐思想为核心的天人和谐、人我和谐、群己和谐、和而不同、和而不流的文化理念；以人格修养为核心的忠、孝、仁、义、诚、信、廉、耻、宽、礼、敬、俭的道德情操；以扬善怡美为核心的汉字书法、诗词歌赋、文学名著、戏剧音乐、绘画雕塑的艺术精华。

实施中华民族优秀传统文化进校园工程，加强中华优秀传统文化教育，是深化中国特色社会主义教育和中国梦宣传教育的重要组成部分；是构建中华优秀传统文化传承体系，推动文化传承创新的重要途径；是培育和践行社会主义核心价值观，落实立德树人根本任务的重要基础。青少年学生是祖国的未来，民族的希望，加强对青少年学生的中华优秀传统文化教育，对于培养中华优秀传统文化的继承者和弘扬者，推动文化传承创新，建设社会主义先进文化，培养富有民族自信心和爱国主义精神的社会主义事业建设者和接班人具有重要意义。

实施中华优秀传统文化进校园工程要分学段有序推进，遵循不同年龄阶段学生的成长规律和教育规律，以推进大中小学中华优秀传统文化教育一体化为重点，整体规划、分层设计、有机衔接、系统推进，促进青少年学生全面发展。

小学阶段，以培育学生对中华优秀传统文化的亲切感为重点，开展启蒙教育，培养学生热爱中华优秀传统文化的感情，养成孝敬父母、尊敬师长、友爱同学、礼貌待人的良好行为习惯。

初中阶段，以增强学生对中华优秀传统文化的理解力为重点，提高对中华优秀传统文化的认同度，引导学生认识我国统一多民族国家的文化传统，尊重各民族传统文化习俗，培养作为中华民族一员的归属感和自豪感。

高中阶段，以增强学生对中华优秀传统文化的理性认识为重点，引导学生感悟中华优秀传统文化的精神内涵，增强学生对中华优秀传统文化的自信心，认识国家前途命运与个人价值实现的统一关系，自觉维护国家的尊严、安全和利益。

大学阶段，以提高学生对中华优秀传统文化的自主学习和探究能力为重点，培养学生的文化创新意识，增强学生传承弘扬中华优秀传统文化的责任感和使命感。坚定为实现中华民族伟大复兴的中国梦不懈奋斗的理想信念。

实施中华民族优秀传统文化进校园工程的具体措施：

1. 把中华优秀传统文化融入课程教材体系

支持和帮助实验区、实验校充分挖掘和利用本地中华优秀传统文化教育资源，开设专题的地方课程和校本课程，编写中华优秀传统文化普及读物。

2. 打造中华优秀传统文化教育骨干队伍

支持和帮助实验区、实验校邀请传统文化名家、国学专家、非物质文化遗产传承人等进校园、进课堂，举办面向全体教师的中华优秀传统文化教育培训班。

3. 建设中华优秀传统文化网络教育平台

支持和帮助实验区、实验校加强校园网络建设，打造一批有广泛影响的传统文化特色网站或在学校网站开设传统文化专栏。

4. 举办中华优秀文化经典诵读和书法大赛

文化经典和书法艺术是中华民族的文化瑰宝。支持和鼓励实验区、实验校开展中华优秀文化经典诵读活动，支持和鼓励实验区、实验校组织师生踊跃参加书法大赛。推广北京市延庆县第五中学和房山区张坊中学全校师生每周升国旗仪式时集体背诵《弟子规》、大石窝中心校全校师生每周在大操场集体练习中国书法艺术的壮观场景。

5. 创建中国德育馆，让传统文化进校园

要充分利用学校博物馆、校史馆、图书馆、档案馆等，发挥其独特的文化育人功能。支持和帮助实验区、实验校建设“中国德育馆”或“中华文化展览馆”。推广北京市延庆县康庄中学“读国学、品书香、润情操”校园文化建设的成功经验。

目前，我正在撰写《中国德育馆建设创意策划书》，已经与北京市延庆县教委、河南省信阳职业技术学院、河北省联合大学初步达成共建中国德育馆的意向。目前正在设计建馆方案，一旦建成中国德育馆，我们将在那里召开现场会推广他们的成功经验。

(四)实施名校长、名教师、名班主任培养工程

今年教师节，习近平总书记在北京师范大学的讲话指出：“教师的工作是塑造灵魂、塑造生命、塑造人的工作。一个人遇到好老师是人生的幸运，一个学校拥有好老师是学校的光荣，一个民族源源不断涌现出一批又一批好老师则是民族的希望。国家繁荣、民族振兴、教育发展，需要我们大力培养造就一支师德高尚、业务精湛、结构合理、充满活力的高素质专业化教师队伍，需要涌现一大批好老师。”

实施立德树人工程同样需要一大批好校长、好老师、好班主任。因此，我们要支持实验区、实验校、实验教师“出成果、出经验、出人才”，鼓励实验教师走职业化、专业化、专家化道路，实施名校长、名教师、名班主任“三名”培养工程。

1. 培养名校长。根据教育事业发展的要求和各地的经验，作为名校长应当做到忠诚人民的教育事业，认真贯彻党和国家的教育方针；教育理念先进，办学思路清晰，办学目标明确，有强烈的事业心和高度的责任感；品德高尚、公正廉洁、作风民主、团结协作、深受教职工信任；依法治校，办学行为规范，办学实绩突出；重视学校文化建设，校风教风学风端正；实施素质教育，育人为本、德育为先，推行教育教学改革，办学水平与效益成绩显著。

2. 培养名教师。要按照习近平总书记提出的好老师的四条标准——要有理想信念、要有道德情操、要有扎实学识、要有仁爱之心严格要求。热爱教育事业，贯彻党的教育方针，师德高尚，爱岗敬业；坚持立德树人，教育思想端正，认真实施素质教育，促进学生全面发展；有严谨的治学态度、强烈的事业心和开拓创新的精神；教育教学水平较高，教育教学成效明显，受到同行、学生及家长的普遍好评。

3. 培养名班主任。要按照教育部颁布的《中小学班主任工作规定》严格要求，首先，明确班主任专业职责——“班主任是中小学日常思想道德教育和学生管理工作的主要实施者，是中小学生健康成长的引领者，班主任要努力成为中小学生的人生导师”。其次，提高班主任专业素质——学生为本的专业理念，德育为先的专业精神，关爱学生的专业道德。第三，强化班主任专业能力——班集体的组织管理能力，主题班会的设计实施能力，班干部的指导培养能力，走进学生心灵的能力，任课教师的协调能力，学生家长的沟通能力，社会实践的组织能力，书面表达和语言表达能力，个人才艺展示能力。

实施名校长、名教师、名班主任培养工程的主要措施是：

1. 组建“三名”工作室，聘请“三名”导师。支持和指导实验区、实验校组建“三名”工作室，可聘请全国或本地的名校长、名教师、名班主任担任导师。“三名”工作室通过组建团队、建章立制、专家引领、专修访学、名著研读、交流研讨、调研考察等活动，使团队成员不断提高思想理论水平和实际工作能力。

2. 举办校长“三创新”大赛，培养选拔名校长。校长“三创新”即办学理念创新、校园文化创新、校风教风学风创新。通过申报“三创新”材料、开展“三创新”论坛、进行“三创新”考察等几个环节，提高校长的办学理念，增强校长的治校能力，选拔培养名校长。

3. 举办教师“三精彩”大赛，培养选拔名教师。教师“三精彩”即“精彩教案”“精彩课件”“精彩一课”。通过“三精彩”的评比竞赛活动，增强教学的针对性、实效性和吸引力、感染力，培养一批教学能手、教学标兵、学科带头人，选拔培养名教师。

4. 举办班主任“三魅力”大赛，培养选拔名班主任。班主任“三魅力”即通过教育故事演讲，展示教育人格魅力；通过现场即兴答辩，展示教育智慧魅力；通过个人才艺表演，展示教育艺术魅力。通过班主任“三魅力”大赛，充分展示了班主任的教育人格魅力、教育智慧魅力和教育艺术魅力，促进了班主任队伍的专业化建设，选拔培养名班主任。

同志们，课题研究是学术团队和科研工作者的生命，是学术团队和科研工作者服务基层的载体，同时也是各级各类学校实现科研兴校的抓手，更是广大教师职业成就感和幸福感的源泉。因此，我们要不断深化立德树人研究，认真实施立德树人工程。让我们携手并肩，奋力前行，在成就德育科研事业的过程中，实现每一位同仁的幸福人生！

2015年第十八届深圳德育年会主题报告

同志们、朋友们：大家好！

本届年会的主题是：以党的十八大关于“把立德树人作为教育的根本任务”为指导思想，贯彻落实教育部关于制定“中国学生核心素养体系”的精神，认真做好“十二五”中国教育学会重点课题“和谐德育的深化研究与推广实验”结题工作，重点做好“十三五”培育学生核心素养研究与实验开题工作。

报告共分四部分：

一、本课题研究的指导思想

二、本课题研究的理论基础

三、本课题研究的主要内容

四、本课题研究的基本方法

一、本课题研究的指导思想

本课题研究的指导思想是：以党的十八大关于“把立德树人作为教育的根本任务”为指导，深化研究与实施教育部制定的《中国学生核心素养体系》。

党的十八大报告首次提出“把立德树人作为教育的根本任务”。十八届三中全会再次强调：“全面贯彻党的教育方针，坚持立德树人，加强社会主义核心价值体系教育，完善中华优秀传统文化教育。”这是党中央对教育的根本性质和根本任务的新概括，是对学校德育认识的深化，更好地回答了培养什么人、怎样培养人的根本问题。

教育部为了贯彻落实党的十八大精神，颁布了一系列文件，对贯彻落实立德树人根本任务提出了指导意见和明确要求。文件指出：立德树人是发展中国特色社会主义教育事业的核心所在，是培养德智体美全面发展的社会主义建设者和接班人的本质要求。

光明日报于今年 4 月 25 日报道：教育部日前印发《关于全面深化课程改革落实立德树人根本任务的意见》，教育部基础教育二司司长郑富芝向记者透露：“教育部将根据学生的成长规律和社会对人才的需求，把对学生德智体美全面发展总体要求和社会主义核心价值观的有关内容细化，从而研究制定出各学段学生发展核心素养体系。”

为了贯彻落实党中央、国务院以及教育部上述文件精神，清华大学教育研究院和北京鸿德教育科学研究院联合承担(教育部或中国教育学会)“十三五”立项课题“培育学生核心素养研究与实验”。“把立德树人作为教育的根本任务”是本课题研究的指导思想，“培育学生核心素养”是本课题研究的主要任务。

二、本课题研究的理论基础

(一)马克思主义哲学普遍联系和发展原理

辩证唯物主义认为，联系是一切事物、现象和过程共有的客观的、普遍的本性。联系概括了事物或现象之间、事物内部要素之间一切相互联系、相互依赖、相互渗透、相互作用、相互转化等方面的总特征。辩证唯物主义关于事物普遍联系和发展原理对学生核心素养研究奠定了世界观和方法论基础。

辩证唯物主义原理指出，认识事物的一个基本着眼点是认识它的联系和发展。唯物辩证法研究了事物之间相互联系的多种形态和特征。系统联系原理概括起来说有整体性、有序性、动态性、最优化四原则。整体性原则，可以指导我们将“学生核心素养”视为一个由诸多要素相互联系构成的整体来研究；系统联系的有序性原则，可以引导我们认识“学生核心素养”要素的结构层次的建构关系；系统联系的动态性原则，可以引导我们认识“学生核心素养”随着年龄增长的发展状态；系统联系的最优化原则，可以引导我们把握“学生核心素养”众多要素中最优化、最重要的成分，即核心素养。

总之，辩证唯物主义关于事物普遍联系和发展的原理为“学生核心素养”研究奠定了哲学基础。联系的观点、发展的观点是“学生核心素养”研究首要的、基本的观点。

(二)教育学和素质教育的基本理论

教育学是研究人类教育现象和解决教育问题、揭示一般教育本质和规律的一门社会科学。教育的本质是什么，这是一个古老而严肃的命题，也是一个仁者见仁、智者见智的问题。翻开中外教育史，对教育所下的定义有千百条，但归纳起来不外乎从社会需要论教育和从人的发展论教育。从上层建筑说到生产力说，再到培养人的社会实践说，这些争论都离不开教育与社会发展、与人的发展这个三边关系。教育首先是为人的发展服务，其次是通过培养人为社会发展服务。因此，教育的本质是教人学会做人，做文明人，做有素养的人，做对社会有用的人。

20 世纪 80 年代中后期，伴随改革开放的需要和学子考大学的需要，“应试教育”愈演愈烈，“考呀考，老师的法宝；分啊分，学生的命根。”片面追求升学率，一考定终身，已成为教育的痼疾。为了改变这种状况，“素质教育”应运而生。1985 年，中共中央《关于教育体制改革的决定》指出：“教育体制改革的目的，在于提高全民族素质。”1993 年，《中国教育改革和发展纲要》明确提出：中小学要从“应试教育”转向全面提高学生的思想道德、文化科学、劳动技能和身体心理素质。1999 年 6 月召开了第三次全国教育工作会议，中共中央国务院做出了《关于深化教育改革全面推进素质教育的决定》。那么，什么是素质教育呢？素质教育是依据人的发展和社会发展的实际需要，以全面提高全体学生的基本素质为根本目的，以尊重学生个性，注重开发人的身心潜能，注重培养创新精神和实践能力，注重形成人的健全个性为根本特征的教育。人的素质应当包括哪些素质呢？应当包括身体心理素质、思想道德素质、科学文化素质、审美艺术素质、劳动技能素质。素质教育的理论观点为研究和培育学生核心素养，奠定了教育学和素质教育的基础。

(三)普通心理学发展心理学的基本理论

心理学是一门研究人的心理现象及其发生、发展规律的科学。心理学有许多分支，其中普通心理学、教育心理学和发展心理学与研究学生核心素养关系密切。

普通心理学研究心理过程的发生发展和个性心理特征形成的最一般的理论和规律。心理过程，指人的认识、情感、意志发生发展的过程。个性的心理特征，指个体人表现出的兴趣、能力、气质和性格。教育心理学的研究内容是教育和教学过程中的种种心理现象及其变化，揭示在教育教学影响下，受教育者学习和掌握知识、技能、发展智力和个性的心理规律，研究形成道德品质的心理特点，以及教育和心理发展的相互关系等。普通心理学、教育心理学的基本理论、研究内容和研究方法为研究学生的身心素养、品德素养、科学文化素养提供了理论基础。

近年来心理学异常活跃，林崇德教授著有《发展心理学》《品德发展心理学》等著作。发展心理学是研究心理的发生发展过程和规律的心理学分支科学。狭义的心理发展，指个体心理发展。个体心理发展的研究对象是人生全过程各个年龄阶段的心理发展特点，这些年龄阶段包含婴儿期、幼儿期、儿童期、少年期、青年期、中年期、老年期等。其中的儿童期、少年期、青年期的心理发展特点，为研究小学生、中学生、大学生的核心素养提供了心理学基础。发展心理学关于毕生发展的基本理论：先天与教养、主动性与被动性、连续性与阶段性，为培养学生的核心素养提供了理论基础。

三、本课题研究的主要内容

“培育学生核心素养研究与实验”是我院“十三五”立项课题，本课题的研究目标是：贯彻落实教育部关于“研究制定大中小学生核心素养体系”的精神，把学生核心素养体系分学段精细化、具体化，并与实验区教育行政部门合作，在实验学校进行培育学生核心素养的实验，为培养学生终身受益的核心素养，培养德智体美劳全面发展的社会主义建设者和接班人做出新的贡献。

为实现这一研究目标，需要研究以下内容。

(一)素养与学生核心素养的含义

1.《辞海》对素、素养的解释

素：①本义：细柔的白色绢；②白色：素服；③单纯：素描；④本来的，原有的：素材；⑤向来：素不相识；⑥平日，平常：素日；⑦带有一定性质的物质：维生素、叶绿素、胰岛素。

素养：平日的修养，与素质、修养同义。例如：这位先生艺术素养很高。组词：艰苦朴素、我行我素、训练有素。

《辞海》对“素养”的解释是“平日的修养”。举例是：“这位先生艺术素养很高”。组词是：“艰苦朴素、我行我素、训练有素”。这都说明：素养是人后天自身学习、修养获得的，也是教育、培养、训练形成的。

讲“素养”的含义，不能不讲它的同义词“素质”。

2. 关于人的素质概念的界定

人的素质有狭义和广义之分。狭义的素质是生理学和心理学意义上的素质概念，即“遗传素质”。《辞海》写道：“素质是指人或事物在某些方面的本来特点和原有基础。在心理学上，指人的先天的解剖生理特点，主要是感觉器官和神经系统方面的特点，是人的心理发展的生理条件，但不能决定人的心理内容和发展水平。”在《心理学大词典》里提到，人的素质一般指有机体天生具有的某些解剖和生理的特征，主要是神经系统、脑的特性，以及感官和运动器官的特性。在《现代汉语词典》里记载：素质是指人的神经系统和感觉器官上的先天的特点。目前，社会上常用的素质概念是“指事物本来的性质”，即事物既定的和固有的性质。

广义的素质指的是教育学意义上的素质概念，指人在先天生理的基础上，通过后天环境影响和教育训练所获得的、内在的、相对稳定的、长期发挥作用的身心特征及其基本品质，通常又称为素养。现在我们讲的素质概念，已经不是简单的生理学上的概念了。素质不仅包括先天的生理解剖特点，而且还包括思想、道德、科学、文化、身体、心理、专业技术等比较稳定的品质。因此，素质是可以发展的，可以培养的，也是可以教育的。顾明远教授主编的《教育大辞典》对素质的定义就包含两个方面：第一，素质是先天的；第二，素质也可以是后天形成的。素质教育中的素质，指的是广义素质。

3. 学生发展核心素养的界定

教育部根据学生的成长规律和社会对人才的需求，把对学生德智体美全面发展总体要求和社会主义核心价值观的有关内容细化，从而研究制定出各学段学生发展核心素养体系。

《中国学生发展核心素养体系》指出："学生发展核心素养，主要是指学生应具备的，能够适应终身发展和社会发展需要的必备品格和关键能力。"这里说的"学生应具备的"，指小学生、中学生、大学生随着年龄的发展和受教育的程度的提高，通过自身学习、修养和教育、训练逐渐形成的素养。"能够适应终身发展和社会发展需要的"，这是核心素养形成发展的两个辩证统一的先决条件。"必备品格和关键能力"，这是核心素养的两个要件。这里没有包括知识，因此有必要进一步研究知识、能力与素养的关系。

4. 知识、能力与素养的关系

"知识就是力量"。英国著名唯物主义哲学家弗兰西斯·培根提出了这一名言，推动了人们对科学技术发展的追求与奋斗，也推动了人们对知识的重视与学习，为人类社会的发展起了很大作用。知识确实很重要，认识和改造自然，认识和改造社会，都需要人们掌握大量的知识。知识是能力和素养必不可少的条件。但知识的多少并不直接决定着能力和素养的高低。

能力，通常指完成一定活动的本领。一个人的能力是指他驾驭自身知识以及为社会所能贡献的力量的综合作用。说一个人有能力或有才能，就意味着他能将从事某项活动所必需的各种能力进行综合运用，并取得很好的效果。因此说，能力是对知识的运用，是知识发挥作用的实践条件。

素养与能力既有联系，又有区别。它们的联系就在于，能力和素养都是在人的认识活动与实践活动过程中形成与发展的。它们的区别就在于，素养的特点是“内凝”，是人在实践活动过程中所塑造成的内在品质，而能力则是“外显”，是人在实践活动过程中的外在呈现。能力和素养相比，素养更根本。素养是能力的根本，能力是素养的表现，能力的大小是由素养的高低决定的。有了较高的素养，就会在认识世界和改造世界的活动中表现出较强的适应力和创造力。一般认为，能力高对应素养也高，能力低对应素养也低，但这种对应并不是必然的和绝对的。有时候，能力强的人未必有高的素养。比如高科技犯罪分子，因为他们不具备一定的思想道德素养，他们能力越强，对社会的危害就越大。如果这类人具备良好的素养，那么对社会、对人类发展的贡献就会很大。因此，素养是能力运用的方向标。

(二)整体构建学生核心素养体系

整体构建学生核心素养体系，应当遵循整体性、有序性、层次性、发展性、功能最优化五个基本原则。

1. 整体性原则。学生核心素养是多种要素构成的整体。研究学生核心素养的整体性，应当遵循党和国家的教育方针、社会主义核心价值观、立德树人根本任务和素质教育的基本要求。因此，学生核心素养应当包括思想道德素养、科学文化素养、身体心理素养、审美艺术素养、劳动技能素养等，也就是德、智、体、美、劳全面发展的整体素养。

2. 有序性原则。学生核心素养的各种要素不是杂乱无章的偶然堆积，而是由横向系统和纵向系统有序组合的整体。横向系统包括思想道德素养、科学文化素养、身体心理素养、审美艺术素养、劳动技能素养等五大类素养。纵向系统包括小学生、初中生、高中生(中职生)、大学生(高职生)、研究生等不同年龄特点和受教育程度。应当本着有序性原则即“横向贯通、纵向衔接、分层递进、螺旋上升”的原则，构建学生核心素养体系。其中学生核心素养所包含的五大类素养，还需要进一步分解细化，形成科学的纲目种属关系。这是本课题研究的重点和难点。

3. 层次性原则。学生核心素养体系是有层次的。这里我们借用形式逻辑关于概念属种关系来说明学生核心素养的层次性问题，使其逻辑关系更清楚。形式逻辑关于概念的包含关系，可以用属种来划分，外延大的概念叫属概念，或上位概念；外延小的概念叫种概念，或下位概念。这种属种关系也可以用纲目关系来取代。我们可以把学生核心素养的大类称为“纲”，纲的下位概念、下一层次则是“目”。据此，我们可以把学生核心素养暂定为“五纲二十目”：思想道德素养纲包含五个目：热爱祖国、遵纪守法、修养道德、理想信念、面向世界；身体心理素养纲包含三个目：尊重生命、心理健康、体魄强健；科学文化素养纲包含六个目：励志勤学、追求真理、实事求是、人文关怀、文化底蕴、敢于创新；审美艺术素养纲包含三个目：审美情趣、艺术鉴赏、艺术创造；劳动技能素养纲包含三个目：热爱劳动、热心公益、专业技能。

4. 发展性原则。学生核心素养是一个动态发展的过程。随着年龄的增长和受教育程度的提高，学生核心素养所包含的每一种素养都有一个由浅入深，由低到高，由具体到抽象，由感性到理性的成长发展过程。因此，小学生、初中生、高中生(中职生)、大学生(高职生)、研究生的核心素养，需要依据各学段学生的年龄特点、学业水平进行深化和细化研究。这是本课题研究的又一个重点和难点。

5. 功能最优化原则。学生核心素养所包含的每一种素养在整体素养中发挥着各自不同的作用与功能。哪一种素养是不可或缺的，哪一种素养是可有可无的，需要进行最优化的比较研究。思想道德素养是核心，对整体素养的形成和发展发挥着导向、动力和保证作用；身体心理素养是基础，因为“体者，载智之舟，寓德之舍也，无体即无德智也”(毛泽东语)，由此可引申为“无心也无德智也”；科学文化素养和审美艺术素养是特点，就学生个体而言，有的科学素养突出，有的人文素养较好，有的艺术素养见长，这是学生各自的个性特长；劳动技能素养是归宿，每一位学生最终都要走向工作岗位，成为职业人，不管是体力劳动，还是脑力劳动，不管是管理工作，还是技术工作，都必须具备一定的劳动技能素养，或称之为职业素养。因此，我们认为“五纲二十目”是学生核心素养体系最优化结构。

(三)学生核心素养模型的建构

学生核心素养模型建构是一个同心圆形状，如图所示，说明如下。

第一，同心圆由中心、内环、中环、外环构成，包含学生核心素养的“五纲”和“二十目”。圆形具有圆满、完美之意，这象征着学生核心素养是由“五纲”和“二十目”构成的统一整体。

第二，同心圆的中心是学生核心素养，围绕这个中心向内环辐射出学生核心素养的“五纲”，即思想道德素养、身体心理素养、科学文化素养、审美艺术素养、劳动技能素养。

第三，同心圆的中环是学生核心素养的“二十目”：热爱祖国、遵纪守法、修养道德、理想信念、面向世界；尊重生命、心理健康、体魄强健；励志勤学、追求真理、实事求是、人文关怀、文化底蕴、敢

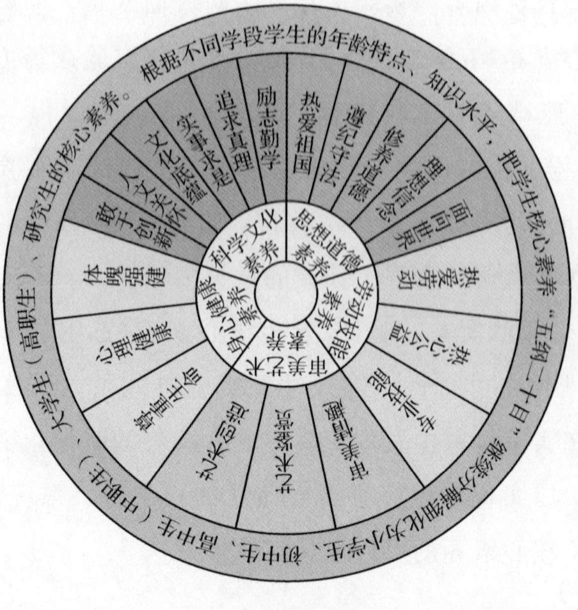

学生核心素养模型

于创新；审美情趣、艺术鉴赏、艺术创造；热爱劳动、热心公益、专业技能。

第四，同心圆的外环是与内环、中环结构中的学生核心素养的"五纲二十目"继续分解细化为小学生、初中生、高中生(中职生)、大学生(高职生)、研究生的核心素养。这是需要在课题研究过程中继续加以解决的问题。

(四)分学段培育学生核心素养研究与实验

本课题在学生核心素养分学段研究成果出来之后，就进入分学段培育学生核心素养的实验研究阶段。总课题组将制定《培育学生核心素养分学段实验研究方案》，指导各实验区、实验学校、实验教师按照实验研究法进行实验。实验过程包括设计实验方案、操作实验变量、评价实验效度、撰写实验报告，其中操作实验变量是重点。实验变量包括实验目标内容和实验途径方法两方面变量，实验目标内容变量是学生核心素养“五纲二十目”分学段细目；实验途径方法变量是国家课程(文科理科各门学科课程、体育心理艺术课程、主题班会课程)、地方课程、校本课程。总课题组将与实验区、实验校合作研究编写《学生核心素养》分学段校本教材，贯彻落实《教育部关于全面深化课程改革落实立德树人根本任务的意见》。

经过2—3年的实验，验证《学生核心素养“五纲二十目”体系》的科学性、合理性、可行性、实效性。实验研究可以证实，也可以证伪。当我们在实验过程中发现实验变量有缺欠的时候，就要及时进行修正或补充，以实现学生核心素养体系的科学性、系统性、规范性，达到培育学生核心素养的可行性、实效性。

四、本课题研究的基本方法

(一)文献研究法

文献研究是指根据一定的目的，通过搜集和分析文献资料而进行的研究。一般来说，科学研究都离不开文献研究。本课题的研究文献，主要包括党的十八大报告和十八届三中四中全会文件，教育部一系列文件和《中国学生核心素养体系》，马克思主义哲学、教育学、心理学的有关著作和论文。研究文献，可以从前人的研究中获得某种启示，少走弯路，减少盲目性；可以利用前人的权威的观点为自己佐证，使自己的研究增强说服力；当然，还可以从别人的研究中发现问题和不足，引起新的研究和讨论，从而纠正别人的错误，提出自己创新的观点。

(二)调查研究法

调查研究法是本课题的主要研究方法。它是有目的、有计划、有系统地了解实际情况，收集第一手材料和数据，借以发现存在的问题、验证假设、探索规律而采取的研究方法。调查研究法分为问卷调查和访谈调查两种常用的方法。

问卷调查的一般过程是设计调查问卷，选择抽样方法，实施调查，回收调查问卷，分析调查资料，撰写调查报告。本课题组将设计《学生核心素养体系“五纲二十目”调查问卷》和《学生核心素养体系分学段实施细目调查问卷》，采取随机抽样法，在全国选取十个省市、千所学校(各级各类学校)和万名教师进行问卷调查。同时进行访谈调查，召开各种类型的访谈调查会，广泛听取和收集教育行政领导、教育科研人员和一线教师的意见。

(三)行动研究法

行动研究法是本课题的主要研究方法。因为它适合本课题的研究主体和行动主体——德育科研工作者与教育行政领导、一线教师、学生家长、广大学生。总课题组将与实验区教育行政部门进行合作，实施行动研究。欢迎区县级教育局与总课题组签订合作研究协议。

运用行动研究法，就是要边研究边行动，边行动边研究；在研究中行动，在行动中研究；注重研究结果，更强调研究过程。通过行动研究，探索一条教育科研工作者与教育行政领导、一线教师相结合的教育科研之路，走出“草根科研”“大众科研”“实践科研”的中国特色教育科研之路。

(四)实验研究法

实验研究法也是本课题的主要研究方法。总课题组要求课题组成员和实验学校、实验教师要认真学习并掌握实验研究法。欢迎实验校和实验教师积极申请《学生核心素养“五纲二十目”分学段实验研究》课题。

实验研究法是运用科学实验的原理和具体方法来研究学生核心素养现象和问题，并试图揭示培育学生核心素养的规律或某些方法的有效性，是一种综合性研究活动。教育实验既要遵循科学实验的一般规律，但又不能照搬科学实验的具体操作方法。有人把科学实验称之为“人与自然的对话”，而教育实验则是“人与人的对话”，故人们一般认为教育实验是一种自然状态下的实验，而不是像自然科学实验那样在实验室里进行的“封闭式”实验。教育实验的过程大体包括以下四个环节：设计实验方案、操作实验变量、评价实验效度、撰写实验报告。经过2—3年的实验，验证《学生核心素养“五纲二十目”体系》的科学性、合理性、可行性、实效性。同时，各实验区、实验学校、实验教师在实验研究过程中也就提升了教育科研素养，实现了“出经验、出成果、出人才”的目的。

同志们，课题研究是学术团队和科研工作者的生命，是学术团队和科研工作者服务决策、服务实践的载体，同时也是各级各类学校实现科研兴校的抓手，更是广大教师职业成就感和幸福感的源泉。我们学术团队自“八五”规划以来，经历了五个五年规划，走过了“调查研究”“整体构建”“和谐德育”三个研究阶段，“十三五”时期进入“立德树人”研究阶段，我们要认真做好新的立项课题“培育学生核心素养研究与实验”。让我们携手并肩，奋力前行，在成就德育科研事业的过程中，实现每一位同仁的幸福人生！

2016年第十九届杭州德育年会主题报告

各位代表、同志们、朋友们：

大家好！

本届年会以党的十八大关于“把立德树人作为教育的根本任务”和习近平总书记在教师节的讲话精神为指导，贯彻落实教育部《关于全面深化课程改革落实立德树人根本任务的意见》，进行“十三五”规划清华大学教育研究院立项课题研究与实验，落实立德树人根本任务，构建学生核心素养体系。

报告分为两部分六个要点：

一、落实立德树人根本任务

（一）立德树人是教育的根本任务

（二）中国传统文化的立德树人思想

（三）实施立德树人四大建设工程

二、构建学生核心素养体系

（一）北师大发布的研究成果

（二）需要探讨的重要问题

（三）深化研究的主要观点

一、落实立德树人根本任务

(一)立德树人是教育的根本任务

党的十八大报告指出:“把立德树人作为教育的根本任务。”十八届三中全会再次强调:“全面贯彻党的教育方针,坚持立德树人,加强社会主义核心价值体系教育,完善中华优秀传统文化教育。”这是党中央对教育的根本性质和根本任务的新概括,是对教育根本任务认识的深化,更好地回答了培养什么人、怎样培养人的根本问题。

教育的本质是什么,这是一个古老而严肃的哲学命题,也是一个见仁见智的问题。翻开中外教育史,对教育所下的定义有千百条,但归纳起来不外从社会需要论教育和从人的发展论教育。从上层建筑说到生产力说,再到培养人的社会实践说,这些争论都离不开教育与社会发展、与人的发展这个三边关系。我认为,教育首先是为人的发展服务,其次是通过培养人为社会发展服务。因此,教育的本质是教人学会做人,做文明人,做有素养的人,做对社会有用的人。一句话:教育的本质是立德树人。

2014年9月9日,我国第三十个教师节前夕,习近平总书记到北京师范大学与师生座谈并发表重要讲话。他指出:教师是最伟大、最神圣的职业,教师是太阳底下最崇高、最光辉的职业。这是因为“教师的工作是塑造灵魂、塑造生命、塑造人的工作”。他还引用唐代韩愈的话说:“师者,所以传道授业解惑也。”“传道”是第一位的。一个老师,如果只知道“授业”“解惑”而不“传道”,不能说这个老师是完全称职的,充其量只能是“经师”“句读之师”,而非“人师”了。古人云:“经师易求,人师难得。”一个优秀的老师,应该是“经师”和“人师”的统一,既要精于“授业”“解惑”,更要以“传道”为责任和使命。好老师心中要有国家和民族，要明确意识到肩负的国家使命和社会责任。

今年9月9日在第三十二个教师节来临之际，国家主席习近平来到他的母校——北京市八一学校，看望慰问师生，向全国广大教师和教育工作者致以节日祝贺和诚挚问候。习近平指出：基础教育是立德树人的事业，要旗帜鲜明加强思想政治教育、品德教育，加强社会主义核心价值观教育，引导学生自尊自信自立自强。广大教师要做学生锤炼品格的引路人，做学生学习知识的引路人，做学生创新思维的引路人，做学生奉献祖国的引路人。

习总书记在两次教师节的讲话，十分深刻地阐明了教育的本质是“塑造灵魂、塑造生命、塑造人”“传道授业解惑，传道是第一位的”“教师要做学生的引路人”。这是对立德树人教育思想的高度概括和深刻诠释。

(二)中国传统文化的立德树人思想

立德树人思想源远流长，贯穿于中华民族上下五千年。中国德育的起源最早可追溯到四五千年前的尧舜时代。上古先民在生活和劳动的过程中，逐渐形成了群体行为习惯，萌生了原始道德观念。到了夏商周三代不但有了正规学校，而且有了学校德育。据《孟子·滕文公上》描述：“夏曰校，殷曰序，周曰庠，学则三代共之，皆所以明人伦也。”学在官府、政教合一，是这一时期学校德育的特征。春秋战国时期“天子失官，学在四夷”，私学林立，诸子百家争鸣。教育家们在教育实践中，相互否定，又相互吸收，从而形成各具特色的德育理论。以孔子、孟子为代表的儒家学派主张“道之以德”“齐之以礼”“仁者爱人”，把德育放在整个教育中的首位，成为中国古代德育的主流与核心。以老子、庄子为代表的道家学派主张“遵道贵德”“自然无为”。以墨子为代表的墨家学派主张“兼相爱，交相利”和“自强不息”。以管仲、商鞅、韩非为代表的法家学派主张革故鼎新、重法治、讲信用。总之，诸子百家的思想奠定了中国古代立德树人思想的基础，对中国近现代德育产生了深远的影响。

我从国学经典"四书五经"和历代学人的世代传承中撷取部分经典论述，供大家学习研究。

《尚书》是中国古代最早的一部历史文献汇编，意思是"上古之书"。汉代以后，《尚书》成为儒家的重要经典之一，所以又叫做《书经》。《尚书·尧典》记载，唐尧"克明俊德，以亲九族。九族既睦，平章百姓。百姓昭明，协和万邦。"意思是说：首先要能修明自己的德性，然后再发扬"俊德"即大德、美德，使全家族都能亲睦融洽，进而使老百姓都能和谐相处，国内社会和谐了，进而协和万邦。据《尚书·舜典》记载，虞舜"慎徽五典，五典克从"，舜真诚善意地教化百姓遵循父义、母慈、兄友、弟恭、子孝这五种伦理道德规范。说明尧舜时代已经有了以家庭伦理为基础的道德教育，萌生了立德树人的教育思想。

《周易》是一部中国古哲学书籍，亦称易经。周易以高度抽象的六十四卦的形式表征普遍存在的双边关系中可能发生的各种各样的变化，并附以卦爻辞作简要说明。《周易》是中国传统思想文化中自然哲学与伦理实践的根源，对中国文化产生了巨大的影响。是中华民族智慧的结晶，被誉为"群经之首，大道之源"。《易经》从天、地、人三者相通、相参、相合的哲学思想出发，探索宇宙人间的法则，认为天有天德，地有地德，人有人德，旨在引导人类修身明德，并概括出"君子"的两个基本品格。《易经》首卦《乾》，其《象》曰"天行健，君子以自强不息"，"天行健"是上天运行强健、永不衰竭之意。君子应当像天体运行那样自强不息，奋发进取，成就功业，永不停歇。《坤》卦其

《象》曰“地势坤，君子以厚德载物”。“地势坤”是说大地如此深厚而辽阔，君子应当效仿大地，胸怀宽广，包容万物。《易经》是“自强不息”“厚德载物”中华民族伟大精神的历史源头。具备这两种精神的人堪称君子，意在立德树人，教人具有君子风范。

《诗经》是中国历史上最早的诗歌总集。它汇集了从西周初年到春秋中期五百多年间的诗歌三百零五篇，分为风、雅、颂三部分，因此又称《诗三百》。从汉代起，儒家学者把它尊为“五经”之一，始称《诗经》。《诗经》中蕴含着丰富的德育思想，其中对家庭伦理道德表达最多。有赞美母爱亲情的《凯风》，有歌颂兄弟手足之情的《扬之水》《常棣》，有表达孝子情怀的《蓼莪》，例如：“父兮生我，母兮鞠我。拊我畜我，长我育我，顾我复我，出入腹我。欲报之德，昊天罔极。”深情地吟唱了父母的养育之恩和子女希望报答父母的孝道情怀。《诗经》大力提倡孝道，是孝道思想的源头。此外，《诗经》在描述人间喜怒哀乐、悲欢离合的情感中，也融入了当时社会的伦理精神和道德规范，其中有重视礼仪的《相鼠》，投桃报李的《木瓜》，寻求知音的《简兮》，不懈追求的《蒹葭》，忧国忧民的《小宛》，保家卫国的《无衣》《载驰》等。《诗经》开辟了诗教、乐教的德育形式，是诗教、乐教的历史源头。

《周礼》《仪礼》和《礼记》，即通常所说的“三礼”，是中国古代礼乐文化的著作，儒家主要经典之一，对历代礼制的影响最为深远。《周礼》提出经国治民的思想是“三曰礼典，以和邦国，以统百官，以谐万民。”中华文化的重要理念是“和谐”，倡导天人和谐、人我和谐、群己和谐，和而不同，和而不流。《礼记·曲礼上》指出：“夫礼者，所以定亲疏，决嫌疑，别同异，明是非也……道德仁义，非礼不成；教训正俗，非礼不备；分辨争讼，非礼不决；君臣、上下、父子、兄弟，非礼不定；宦学事师，非礼不亲；班朝治军，莅官行法，非礼威严不行……为礼以教人，使人以有礼，知自别于禽兽。”礼是区别人伦关系的准则，是明辨是非的标准，是仁义道德的表现形式，是教正民风的有效方法。礼教是中华民族成为礼仪之邦的源泉。《礼记·礼运》说：“大道之行也，天下为公，选贤与能，讲信修睦。故人不独亲其亲，不独子其子，使老有所终，壮有所用，幼有所长，矜、寡、孤、独、废疾者皆有所养。”这里儒家思想描绘了理想社会的美好蓝图，这个理想社会就是有德之人的梦想与追求。

《春秋左传》是一部历史著作，记录了春秋时期鲁国二百多年间的内政外交史料，是儒家经典之一，与《公羊传》《谷梁传》合称“春秋三传”，又名左氏春秋。《春秋左传》蕴含丰富的儒家德育思想——崇德重礼。《左传》指出：“德，国家之基也。”倡导惟德是依、惟德是辅、明德惟馨、惟德繄物。还指出：“夫礼，天之经也，地之义也，民之行也。”“礼，经国家，定社稷，序民人，利后嗣者也。”据此提出了“招携以礼，怀远以德，德礼不易，无人不怀”的治国理政思想；提出了“夫民，神之主也，是以圣王先成民而后致力于神”的以人为本思想；提出了“务其三时，修其五教，亲其九族”“绥之以德，加以训辞”和崇德、贵和、知义、知信、知礼的立德树人思想。

《论语》是儒家学派的经典著作，由孔子的弟子及其再传弟子编撰而成。它以语录体和对话文体为主，记录了孔子及其弟子言行，集中体现了孔子的政治主张、论理思想、道德观念及教育原则等。《论语》对“德”讲得最多，“德”字出现了 39 次，涉及 16 篇 31 章。孔子思想体系的核心是德治主义，他执着地倡导德化社会与德化人生。德化社会的最高标准是“礼”，德化人生的最高价值是“仁”。孔子德化人生思想体系的核心是“仁德”，强调：“道之以德”“为政以德”(《为政》)。孔子说的“仁德”，内容十分广泛，他对“仁”的解释也是多样的。但基本含义是六个方面：一是“仁者爱人”；二是“克己复礼为仁”；三是“孝悌”为仁之本；四是“忠恕”为仁之道；五是“和”为仁之贵；六是“中庸之为德”(《雍也》)。可见“仁”是众德之总。在“仁德”的统摄下，孔子还提出一系列道德范畴，如恭、宽、信、敏、惠、刚、毅、木、讷、勇、敬、俭等。

《孟子》继承发展了孔子的伦理思想，他以“人性善说”为理论基础，提出“四德”“五伦”的德育思想。“四德”，即仁、义、礼、智。孟子认为恻隐之心、羞恶之心、辞让之心、是非之心，即人的善良本性是“人之异于禽兽”的本质特征。“五伦”，即父子有亲、君臣有义、夫妇有别、长幼有序、朋友有信五类人伦。孟子把仁、义、礼、智“四德”作为德育的核心内容；把存心、养性、修身作为德育的重要方法；把“富贵不能淫，贫贱不能移，威武不能屈”的“大丈夫”理想人格，作为德育的目标。

《大学》和《中庸》本是《礼记》中的一篇，南宋朱熹把它们与《论语》《孟子》合在一起，成为“四书”。《大学》德育思想的核心是追求“三纲八目”。“三纲”，是指明德、新民、止于至善。它既是《大学》的纲领旨趣，也是儒学倡导的德育目标。“八目”，是指格物、致知、诚意、正心、修身、齐家、治国、平天下。它既是为达到“三纲”而设计的人生进修阶梯，也是儒学的德育内容、途径与方法。这里包括了德育的“内修”和“外治”两大方面：“格物、致知、诚意、正心”是“内修”；“齐家、治国、平天下”是“外治”。而其中间的“修身”，则是联结“内修”和“外治”两方面的枢纽，它与“内修”连在一起，便是“独善其身”；它与“外治”连在一起，就是“兼善天下”。因此《大学》强调人人“皆以修身为本”。

《中庸》把“慎独”“致中和”作为儒家的最高道德标准。《中庸》说：“天命之谓性，率性之谓道，修道之谓教。”意思是：人的自然禀赋叫做“性”，顺着本性行事叫做“道”，按照“道”的原则修养叫做“教”。还说：“道也者，不可须臾离也，可离非道也。”“故君子慎其独也。”又说：“喜怒哀乐之未发，谓之中；发而皆中节，谓之和。中也者，天下之大本也；和也者，天下之达道也。致中和，天地位焉，万物育焉。”《中庸》还借孔子的话说：“舜其大知也与！舜好问而好察迩言，隐恶而扬善，执其两端，用其中于民。其斯以为舜乎！”隐恶扬善，执两用中，既是不偏不倚、无过无不及的中庸之道。人人都达到“中和”的境界，大家心平气和，社会秩序井然，天下也就太平无事了。

在讲完“四书五经”的德育思想之后，我们不能不讲到荀子。荀子是战国中期儒家思想的重要代表人物，但荀子与孔孟不同，他的德育思想构建在“人性恶”的基础之上，他的两个学生——李斯、韩非却是著名的法家。这说明了“百家争鸣”的学术价值，儒法之间没有不可逾越的鸿沟。荀子认为，人性是与生俱来的原始质朴的自然属性，表现为“饥而欲饱，寒而欲暖，劳而欲休”等生理欲望。若放纵人的恶性，顺着人的情欲，必然发生争夺，破坏社会秩序。荀子的德育理念是“化性起伪”，主张用教育化解恶念、用道德调节情欲、用法律制裁丑行。荀子的德育原则是“义利两有”“以义制利”，主张通过道义来调节人们的欲望，达到义与利的和谐。荀子提出的德育过程是：闻、见、知、行，认为“不闻不若闻之，闻之不若见之，见之不若知之，知之不若行之。”在德育方法上，荀子强调锲而不舍，他说：“锲而不舍，金石可镂。”他还重视客观环境对一个人道德品质形成的作用，认为“蓬生麻中，不扶而直；白沙在涅，与之俱黑。”荀子还提出“尊师重教”的思想，他说：“国将兴，必贵师而重傅。”

法家的德育思想在先秦诸子中独树一帜。其思想源头可上溯于春秋时的管仲、子产，战国时李悝、吴起、商鞅、慎到、申不害等人予以大力发展，遂成为一个学派。战国末韩非对他们的学说加以综合，集法家之大成。法家的德育思想建立在“富国强兵、以法治国”的治国理政思想基础之上，提出“治世不一道，便国不法古”，表现出革故鼎新的改革精神。他们倡导革除旧道德，建设新道德。认为顺应时代、主张变法、尊崇法令、讲求信用、崇尚功利、推动统一大业的人才是有德之人。先秦法家顺应了历史的发展规律，认为凡是违背这个大趋势的就是不道德，而祛除那些有违于这个大目标的行为举止就是道德，为秦国能够统一中国作出了积极的贡献。

秦始皇嬴政任用法家李斯为相，依法治国，富国强兵，先后灭了六国，在中国历史上建立了第一个中央集权的封建王朝。秦朝的建立是法家思想的胜利，然而他是个短命的，二世而亡。这就引起了汉代统治者的反思——如何使江山长治久安？汉武帝提出“举贤良对策”，广招天下贤士为他治国安邦出策略。当时的儒生董仲舒对了一策：“罢黜百家独尊儒术”，被汉武帝所采纳，从此儒家思想定为一尊，成为封建社会的正统思想。汉代大儒董仲舒致经学，与儒学一脉相承，把德育思想归纳为“仁、义、礼、智、信”五德，对后世产生了深远的影响。

历史发展到宋代，产生了新儒学——理学。理学是以儒家伦理思想为主体，吸取佛、道思辨哲学，将儒、道、释相融合的一种新儒学。理学家更加重视立德树人，强调道德修养和道德教育，启发人们的理性自觉，将道德原则转化为道德行为。理学的代表人物有周敦颐、邵雍、张载、程颢、程颐，史称“北宋五子”，南宋朱熹为集大成者。宋代理学家恢复了管仲提出的“礼义廉耻，国之四维”的思想和

“孝悌”观念，概括出“孝、悌、忠、信、礼、义、廉、耻”八德。到了近代，面对“西学东渐”的形势，孙中山、蔡元培等提出了“忠、孝、仁、爱、信、义、和、平”新八德。当代中国把立德树人作为教育的根本任务，为完善中华传统美德教育，我基于多年的研究成果进一步概括为“忠、孝、仁、义、礼、信、廉、耻、智、勇、勤、和”十二个道德规范。

(三)实施立德树人四大建设工程

1. 中国德育馆创建工程

走遍我国东西南北的各级各类学校，我发现一种现象：大凡规模较大的学校(特别是被称为重点的学校)除了教学楼、实验楼、办公楼之外，一般还有图书馆、科技馆、艺术馆、体育馆，但唯独未见到德育馆。这种现象引起了我的思考：我们应当如何贯彻落实党的十八大提出的“把立德树人作为教育的根本任务”？我们在抓紧科技、体育、艺术场馆建设的时候，是不是也应当抓好德育场馆建设？基于这样的思考，我提出了创建中国德育馆的建议，并研制了《中国德育馆创意策划书》。其中包括指导思想、重要意义、创意依据、主要功能、设计原则和展陈大纲六部分。

为了更好地发挥德育馆的功能，我们要实施德育馆建设工程。实验学校可根据本校的办学规模、资源和经费的实际情况，创建不同规模的德育馆。德育馆一般设计有四个展厅：第一展厅“中国古代德育厅”，以继承和弘扬中华优秀传统文化和进行中华传统美德教育为主题；第二展厅“中国近代德育厅”，以继承和弘扬伟大中华民族精神和进行爱国主义教育为主题；第三展厅“中国现代德育厅”，以学习和践行社会主义核心价值观和实现中华民族伟大复兴的中国梦为主题；第四展厅“地方德育厅”，以引导学生了解家乡、热爱家乡、建设家乡为主题。每个展厅包括展板展陈内容、多媒体展陈内容、雕塑或实物展陈内容和德育文献数据库。可以为本校的师生提供参观学习的场所和资源，也可以为本县本市乃至全国德育会议、培训班、研讨会在这里举行提供参观学习的场所和资源，还可以为德育课程、主题班会、主题团队日、学生社团、主题演讲、专家报告提供德育教学场所和资源。

我们组建了中国德育馆创意、策划和编纂委员会，本着历史性与现实性相结合、理论性与实践性相结合、科学性与实效性相结合、思想性与艺术性相结合的原则，竭诚为有意创建德育馆的学校服务。

2. 德育信息化建设工程

党的十八大以来，党中央、国务院对网络安全和信息化工作的重视程度前所未有，“互联网＋”行动计划、促进大数据发展行动纲要等有关政策密集出台，信息化已成为国家战略，教育信息化正迎来重大历史发展机遇。2016年6月7日，教育部印发了《教育信息化“十三五”规划》。规划指出，当前学校网络教学环境大幅改善，全国中小学校互联网接入率已达87％，多媒体教室普及率达80％；优质数字教育资源日益丰富，信息化教学日渐普及。

落实立德树人根本任务，必须与时俱进，跟上教育信息化前进的步伐，实施德育信息化建设工程，要充分利用互联网、校园网资源，使中共中央国务院、教育部、省教育厅、市区县教育局(教委)发布的德育工作文件、全国各地的德育基地开展的德育活动、全国著名德育专家的演讲报告、全国各地的德育研讨会、全国各地评审出来的德育先进经验、全国德育名校、德育名师、优秀学生的先进事迹、优质德育课、优质主题班会、优秀学生社团以及德育著作、德育诗词、德育名言等，实现德育信息“校校通”“班班通”“人人通”。

鸿德教科院和总课题组将大力支持、组织、评审全国各地实验学校把德育经验制成影视作品，并把德育先进学校、优秀教师、优秀学生的影视作品上传到互联网或与电视台合作展播，竭诚为德育信息“校校通”“班班通”“人人通”服务。

3. 实施德育培训创新工程

在当今信息化社会，知识更新异常迅速，教师是需要终身学习的职业。各级教育部门和各级各类学校都十分重视教师培训工作。为满足社会和学校培训教师的需要，我们学术团队要与时俱进，不断创新，把教育培训作为常抓不懈的一项重要工程。

创新之一：培训团队——专家、领导、教师三结合。多年来，社会上的教育培训班大都是专家和领导在台上讲课，广大教师在台下听课，教师一般是被动接受教育。我们主张培训班应当有一线优秀教师主讲，领导和专家点评。这样既能在教师主讲时贴近教育教学实际，又能在领导专家点评时得到进一步提高与升华。即便是领导专家主讲，也应当有比较充分的时间与听课的教师互动交流。

创新之二：培训对象——教师、学生、家长“三结合”。多年来，社会上的教育培训班大都是教师培训、学生培训、家长培训各搞各的。我们主张培训对象应当是教师、学生、家长“三结合”。这样可以在师生互动交流、教师与家长互动交流、学生与家长互动交流中提高培训的水平与效果。

创新之三：培训地点——本地、国内、境外“三结合”。多年来，社会上的教育培训班在选地址方面大都是单一的。我们主张培训地点可以根据实际需要做多种选择。本地培训的好处是接受培训的教师人数较多，并节约经费。国内培训往往选择在革命圣地、文化名城、风景名胜区等，可以使教师们开阔眼界，增长学识。近几年来，境外培训或国际游学越来越活跃，东南亚方向可选新马泰，东北亚方向可选俄日韩，西亚方向可选上合组织成员国，此外还有欧美和非洲国家。总之要本地、国内、境外“三结合”，改革开放，走向世界。

4. 教师专业化“三名”工程

习近平在今年教师节的讲话中指出：“教师是传播知识、传播思想、传播真理的工作，是塑造灵魂、塑造生命、塑造人的工作，理应受到尊敬，要在全社会弘扬尊师重教的良好风尚。”他还要求“各级党委和政府要满腔热情关心教师，让广大教师安心从教、热心从教、舒心从教、静心从教，让广大教师在岗位上有幸福感、事业上有成就感、社会上有荣誉感，让教师成为让人羡慕的职业。”

实施立德树人工程，我们要支持实验区、实验校、实验教师“出成果、出经验、出人才”，鼓励实验教师走职业化、专业化、专家化道路，实施名校长、名教师、名班主任“三名”培养工程。

举办校长“三创新”大赛，培养选拔名校长。校长“三创新”即办学理念创新、校园文化创新、校风教风学风创新。通过申报“三创新”材料、开展“三创新”论坛、进行“三创新”考察等几个环节，提高校长的办学理念，增强校长的治校能力。

举办教师“三精彩”大赛，培养选拔名教师。教师“三精彩”即“精彩教案”“精彩课件”“精彩一课”。通过“三精彩”的评比竞赛活动，增强教学的针对性、实效性和吸引力、感染力，培养一批教学能手、教学标兵、学科带头人。

举办班主任“三魅力”大赛，培养选拔名班主任。班主任“三魅力”即通过教育故事演讲，展示教育人格魅力；通过现场即兴答辩，展示教育智慧魅力；通过个人才艺表演，展示教育艺术魅力。通过班主任“三魅力”大赛，促进班主任队伍的专业化建设。

总之，我们要打造好四大工程，落实立德树人根本任务。

二、构建学生核心素养体系

(一)北师大发布的研究成果

今年9月13日，北京师范大学举行中国学生核心素养研究成果发布会。该项研究成果指出：学生发展核心素养，主要指学生应具备的，能够适应终身发展和社会发展需要的必备品格和关键能力。研究学生发展核心素养是落实立德树人根本任务的一项重要举措，是深化教育改革、全面推进素质教育的重要抓手，也是适应世界教育改革发展趋势、提升我国教育国际竞争力的迫切需要。

北师大的专家学者给出的基本框架是：学生核心素养分为文化基础、自主发展、社会参与三个方面，包括人文底蕴、科学精神、学会学习、健康生活、责任担当、实践创新六大素养，细化为国家认同等十八个基本要点。

学生核心素养的基本内涵——三个方面六大素养

第一方面：文化基础

文化是人存在的根和魂。文化基础，重在强调能习得人文、科学等各领域的知识和技能，掌握和运用人类优秀智慧成果，涵养内在精神，追求真善美的统一，发展成为有宽厚文化基础、有更高精神追求的人。

1. 人文底蕴。主要是学生在学习、理解、运用人文领域知识和技能等方面所形成的基本能力、情感态度和价值取向。具体包括人文积淀、人文情怀和审美情趣等基本要点。

2. 科学精神。主要是学生在学习、理解、运用科学知识和技能等方面所形成的价值标准、思维方式和行为表现。具体包括理性思维、批判质疑、勇于探究等基本要点。

第二方面：自主发展

自主性是人作为主体的根本属性。自主发展，重在强调能有效管理自己的学习和生活，认识和发现自我价值，发掘自身潜力，有效应对复杂多变的环境，成就出彩人生，发展成为有明确人生方向、有生活品质的人。

3. 学会学习。主要是学生在学习意识形成、学习方式方法选择、学习进程评估调控等方面的综合表现。具体包括乐学善学、勤于反思、信息意识等基本要点。

4. 健康生活。主要是学生在认识自我、发展身心、规划人生等方面的综合表现。具体包括珍爱生命、健全人格、自我管理等基本要点。

第三方面：社会参与

社会性是人的本质属性。社会参与，重在强调能处理好自我与社会的关系，养成现代公民所必须遵守和履行的道德准则和行为规范，增强社会责任感，提升创新精神和实践能力，促进个人价值实现，推动社会发展进步，发展成为有理想信念、敢于担当的人。

5. 责任担当。主要是学生在处理与社会、国家、国际等关系方面所形成的情感态度、价值取向和行为方式。具体包括社会责任、国家认同、国际理解等基本要点。

6. 实践创新。主要是学生在日常活动、问题解决、适应挑战等方面所形成的实践能力、创新意识和行为表现。具体包括劳动意识、问题解决、技术应用等基本要点。

(二)需要探讨的重要问题

北京师范大学课题组关于中国学生核心素养研究成果发布以后，

引起了社会强烈反响，成为教育研究的热点问题。对于这项研究成果，学者们见仁见智，各有各的看法。第一种观点：核心素养包括三个方面、六大素养、十八个要点，这是综合素养，不是核心素养。那么，核心素养到底是什么呢？第二种观点：六大素养居然没有思想道德素养，如何落实立德树人根本任务呢？第三种观点：我们讲了那么多年德智体美劳全面发展的素质教育，六大素养与五大素质是什么关系呢？第四种观点：既然是中国学生核心素养，为什么 18 个要点里有“国家认同”？这好像是给港澳台的学生讲的。第六种观点：逻辑体系和话语体系为什么与素质教育习惯用语的表达方式不一样呢？等等。

基于上述问题和质疑，我们需要探讨构建学生核心素养体系的指导思想、根本目的、基本原则和主要内容。

我们认为，构建学生核心素养体系的指导思想应当是党和国家关于教育改革和发展的大政方针。早在 1999 年，中共中央、国务院就颁布了《关于深化教育改革全面推进素质教育的决定》(以下简称《决定》)，《决定》指出：“全党、全社会必须从我国社会主义事业兴旺发达和中华民族伟大复兴的大局出发，以邓小平理论为指导，全面贯彻落实党的十五大精神，深化教育改革，全面推进素质教育，构建一个充满生机的有中国特色社会主义教育体系，为实施科教兴国战略奠定坚实的人才和知识基础。”“实施素质教育，就是全面贯彻党的教育方针，以提高国民素质为根本宗旨，以培养学生的创新精神和实践能力为重点，造就‘有理想、有道德、有文化、有纪律’的德智体美等全面发展的社会主义事业建设者和接班人。”这一段文字，明确说明了实施素质教育的指导思想和根本目的。在构建学生核心素养体系时，是不是应当贯彻这一指导思想和根本目的呢？回答当然是肯定的。

《决定》要求："全面推进素质教育，要面向现代化、面向世界、面向未来，使受教育者坚持学习科学文化与加强思想修养的统一，坚持学习书本知识与投身社会实践的统一，坚持实现自身价值与服务祖国人民的统一，坚持树立远大理想与进行艰苦奋斗的统一。全面推进素质教育，要坚持面向全体学生，为学生的全面发展创造相应的条件，依法保障适龄儿童和青少年学习的基本权利，尊重学生身心发展特点和教育规律，使学生生动活泼、积极主动地得到发展。"这一段文字，明确说明了实施素质教育的基本原则。在构建学生核心素养体系时，是不是应当坚持这个基本原则呢？回答当然是肯定的。

《决定》要求："实施素质教育应当贯穿于幼儿教育、中小学教育、职业教育、成人教育、高等教育等各级各类教育，应当贯穿于学校教育、家庭教育和社会教育等各个方面。在不同阶段和不同方面应当有不同的内容和重点，相互配合，全面推进。在不同地区还应体现地区特点，尤其是少数民族地区的特点。"《决定》还要求："实施素质教育，必须把德育、智育、体育、美育等有机地统一在教育活动的各个环节中。学校教育不仅要抓好智育，更要重视德育，还要加强体育、美育、劳动技术教育和社会实践，使诸方面教育相互渗透、协调发展，促进学生的全面发展和健康成长。"这一段文字，明确说明了实施素质教育的主要内容和学段特点。在构建学生核心素养体系时，是不是应当坚持这些内容和特点呢？回答当然是肯定的。

《决定》强调："各级各类学校必须更加重视德育工作，以马克思列宁主义、毛泽东思想和邓小平理论为指导，按照德育总体目标和学生成长规律，确定不同学龄阶段的德育内容和要求，在培养学生的思想品德和行为规范方面，要形成一定的目标递进层次。要加强辩证唯物主义和历史唯物主义教育，使学生树立科学的世界观和人生观。要有针对性地开展爱国主义、集体主义和社会主义教育，中华民族优秀文化传统和革命传统教育，理想、伦理道德以及文明习惯养成教育，中国近现代史、基本国情、国内外形势教育和民主法制教育。把发扬中华民族优良传统同积极学习世界上一切优秀文明成果结合起来。高等学校要进一步加强邓小平理论‘进教材、进课堂、进学生头脑’工作。职业学校要加强道德教育”。这一段文字，特别强调了实施素质教育必须更加重视德育工作，系统阐述了各级各类学校德育的重要内容。在构建学生核心素养体系时，是不是应当把思想道德素养放在重要位置呢？回答当然是肯定的。

党的十六大报告指出：“坚持弘扬和培育民族精神。……在五千多年的发展中，中华民族形成了以爱国主义为核心的团结统一、爱好和平、勤劳勇敢、自强不息的伟大民族精神。……必须把弘扬和培育民族精神作为文化建设极为重要的任务，纳入国民教育全过程。”还指出：“切实加强思想道德建设。依法治国和以德治国相辅相成。要建立与社会主义市场经济相适应、与社会主义法律规范相协调、与中华民族传统美德相承接的社会主义思想道德体系。”

党的十七大报告指出：“建设和谐文化，培育文明风尚。……大力弘扬爱国主义、集体主义、社会主义思想，以增强诚信意识为重点，加强社会公德、职业道德、家庭美德、个人品德建设。……加强和改进思想政治工作，注重人文关怀和心理疏导，用正确方式处理人际关系。”“要全面贯彻党的教育方针，坚持育人为本、德育为先，实施素质教育，提高教育现代化水平，培养德智体美全面发展的社会主义建设者和接班人，办好人民满意的教育。”

党的十八大报告指出：“广泛开展理想信念教育，把广大人民团结凝聚在中国特色社会主义伟大旗帜之下。大力弘扬民族精神和时代精神，深入开展爱国主义、集体主义、社会主义教育……倡导富强、民主、文明、和谐，倡导自由、平等、公正、法治，倡导爱国、敬业、诚信、友善，积极培育和践行社会主义核心价值观。”“全面提高公民道德素质。这是社会主义道德建设的基本任务。要坚持依法治国和以德治国相结合，加强社会公德、职业道德、家庭美德、个人品德教育，弘扬中华传统美德，弘扬时代新风。”“全面贯彻党的教育方针，坚持教育为社会主义现代化建设服务、为人民服务，把立德树人作为教育的根本任务，培养德智体美全面发展的社会主义建设者和接班人。全面实施素质教育，深化教育领域综合改革，着力提高教育质量，培养学生社会责任感、创新精神、实践能力。”十八届三中全会再次强调：“全面贯彻党的教育方针，坚持立德树人，加强社会主义核心价值体系教育，完善中华优秀传统文化教育。”

今年9月9日，就是在北师大发布研究成果的前几天，习近平总书记在教师节的讲话中指出：“素质教育是教育的核心，教育要注重以人为本、因材施教，注重学用相长、知行合一，着力培养学生的创新精神和实践能力，促进学生德智体美全面发展。”

上述中共中央国务院的文件、党的十六大、十七大、十八大报告和习近平总书记的重要讲话关于“全面贯彻党的教育方针”“全面实施素质教育”“促进学生德智体美全面发展”“切实加强思想道德建设”“育人为本、德育为先”“把立德树人作为教育的根本任务”的思想是一脉相承的、反复强调的、全面而明确的，在构建学生核心素养体系时，是不是应当作为指导思想呢？回答当然是肯定的。用党和国家关于教育的大政方针来研究、衡量、评价北师大课题组提供的学生核心素养研究成果，我们认为还是有继续深化研究的必要性和可行性的。我们要以党和国家关于教育的大政方针和习近平总书记的重要讲话精神为指导，在北师大课题组研究成果的基础上，结合各级各类学校教育实践的成功经验，进一步深化学生核心素养的研究与实验。

(三)深化研究的主要观点

我的观点已经在《中国德育杂志》2016 年第 5 期发表，题为《构建学生核心素养体系三问》。其中提出了构建学生核心素养体系的五大原则，即整体性、有序性、层次性、发展性、最优化原则。

1. 整体性原则。学生的素养是多种要素构成的整体。研究学生素养的整体性，应当遵循党和国家的教育方针、社会主义核心价值观、立德树人根本任务和素质教育的基本要求。因此，学生整体素养应当包括思想道德素养、科学文化素养、身体心理素养、审美艺术素养、劳动技能素养等，也就是德、智、体、美、劳全面发展的整体素养。

2. 有序性原则。学生整体素养的各种要素不是杂乱无章的偶然堆积，而是由横向系统和纵向系统有序组合的整体。横向系统包括思想道德素养、科学文化素养、身体心理素养、审美艺术素养、劳动技能素养等五大素养。纵向系统包括小学生、初中生、高中生(中职生)、大学生(高职生)、研究生等不同年龄特点和受教育程度。应当本着有序性原则即“横向贯通、纵向衔接、分层递进、螺旋上升”的原则，构建学生整体素养体系。

3. 层次性原则。学生整体素养体系是有层次的。这里我们借用形式逻辑关于概念属种关系来说明学生整体素养的层次性问题，使其逻辑关系更清楚。形式逻辑关于概念的包含关系，可以用属种来划分，外延大的概念叫属概念，或上位概念；外延小的概念叫种概念，或下位概念。据此，我把学生整体素养暂定为“五大素养二十细目”：思想道德素养包含五个目：热爱祖国、遵纪守法、修养道德、理想信念、面向世界；身体心理素养包含三个目：尊重生命、心理健康、体魄强健；科学文化素养包含六个目：励志勤学、追求真理、实事求是、人文关怀、文化底蕴、敢于创新；审美艺术素养包含三个目：审美情趣、艺术鉴赏、艺术创造；劳动技能素养包含三个目：热爱劳动、热心公益、专业技能。

4. 发展性原则。学生整体素养是一个动态发展的过程。随着年龄的增长和受教育程度的提高，学生整体素养所包含的每一种素养都有一个由浅入深，由低到高，由具体到抽象，由感性到理性的成长发展过程。因此，小学生、初中生、高中生(中职生)、大学生(高职生)、研究生的整体素养，需要依据各学段学生的年龄特点、学业水平进行深化和细化研究。

5. 最优化原则。学生整体素养所包含的每一种素养在整体素养中发挥着各自不同的作用与功能。哪一种素养是不可或缺的，哪一种素养是可有可无的，需要进行最优化的比较研究。我认为思想道德素养是学生整体素养的核心，对整体素养的形成和发展发挥着导向、动力和保证作用；身体心理素养是基础，因为“体者，载智之舟，寓德之舍也，无体即无德智也。”(毛泽东语)，由此可引申为“无心也无德智也”；科学文化素养和审美艺术素养是特长，就学生个体而言，有的科学素养突出，有的人文素养较好，有的艺术素养见长，这是学生各自的个性特长；劳动技能素养是归宿，每一位学生最终都要走向工作岗位，成为职业人，不管是体力劳动，还是脑力劳动，不管是管理工作，还是技术工作，都必须具备一定的劳动技能素养，或称之为职业素养。因此，我们认为“五大素养二十细目”是学生整体素养体系最优化结构。

综上所述，我的观点是：“立德树人是教育任务之根本，思想道德是学生素养之核心。”

思想道德是思想意识和道德品质的总称。道德品质，亦称品德或德性。它是一定社会的道德原则和规范在个人身上的体现和凝结，是处理个人与他人、个人与社会之间关系的一系列行为中所表现出来的比较稳定的特征和倾向。道德品质是综合性范畴，它由认识、情感、意志、信念、行为五个方面的要素构成。思想意识，是指人的理想、信念、信仰、世界观、价值观、人生观，是一定社会意识形态在个人身上的印记和表现。

思想道德对一个人的成长、成才、成人、成功具有导向、动力和保证的作用。古今中外，人们历来重视人才的思想道德。在我国长期的历史发展过程中逐渐形成了“德才兼备”这个中华民族鉴别和选择人才的标准。宋代的司马光对德与才的关系做了分析，他说：“才者，德之资也；德者，才之帅也。”认为“德”不仅是人才构成的基本内容，而且在人才成长中具有统帅和导向的作用。在世界各国，同样十分重视人才的思想道德。爱因斯坦说：“用专业知识教育人是不够的。通过专业教育，可以成为一种有用的机器，但是不能成为一个和谐发展的人。”人才学研究表明，凡是人才都具有强烈的社会责任感、献身精神、进取精神、合作精神。这些精神都是人的思想道德的组成部分。

人的素养是指人的身体和心理、气质和风度、学识和才华、品质和人格的总和。良好的思想道德素养表现为对自己要自尊、自爱、自立、自强；对他人要尊重、真诚、友爱、善良；对社会要爱国、尽职、进取、奉献。良好的思想道德素养还表现为具有先进的思想、高尚的情操、坚强的意志和文明的行为。一个人良好素养的塑造，既受社会的制约和教育的影响，又靠自己的锻炼和修养。一个人只有具备良好的思想道德素养，才能受到他人的尊重，实现做人的尊严；才能走向成功，实现人生的价值。一个人如思想道德败坏，再好的气质和风度也会黯然失色，再多的学识和才华也会误入歧途。因此，思想道德不仅是一个人整体素养的构成要素，而且是整体素养的核心。

同志们，课题研究是学术团队和科研工作者的生命，是学术团队和科研工作者服务基层的载体，同时也是各级各类学校实现科研兴校的抓手，更是广大教师职业成就感和幸福感的源泉。因此，我们要不断深化立德树人研究，认真实施立德树人工程；我们要继续深化学生核心素养研究，科学构建学生核心素养体系。让我们携手并肩，奋力前行，在成就德育科研事业的过程中，实现每一位同仁的幸福人生！

2017年第二十届南宁德育年会主题报告

同志们、朋友们：

大家好！

在这金风送爽、丹桂飘香的美好季节里，在党的十九大胜利闭幕的喜庆日子里，我们在南宁市隆重召开第二十届全国德育年会。

本届年会的主题是：以党的十九大精神为指导，以习近平新时代中国特色社会主义思想为行动指南，贯彻落实中共中央办公厅、国务院办公厅于2017年1月25日联合印发的《关于实施中华优秀传统文化传承发展工程的意见》和教育部于2017年8月17日颁发的《中小学德育工作指南》，牢记使命，落实立德树人根本任务；不忘初心，回顾德育年会心路历程；勇于创新，深化整体构建德育体系。

报告分为三部分：

一、牢记使命，落实立德树人根本任务

二、不忘初心，回顾德育年会心路历程

三、勇于创新，深化整体构建德育体系

一、牢记使命，落实立德树人根本任务

举世瞩目的中国共产党第十九次全国代表大会于10月18—24日在北京人民大会堂胜利召开。习近平总书记代表第十八届中央委员会向大会作了题为《决胜全面建成小康社会　夺取新时代中国特色社会主义伟大胜利》的报告。

习近平指出，中国共产党第十九次全国代表大会，是在全面建成小康社会决胜阶段、中国特色社会主义进入新时代的关键时期召开的一次十分重要的大会。大会的主题是：不忘初心，牢记使命，高举中国特色社会主义伟大旗帜，决胜全面建成小康社会，夺取新时代中国特色社会主义伟大胜利，为实现中华民族伟大复兴的中国梦不懈奋斗。

大会一致同意，在党章中把习近平新时代中国特色社会主义思想同马克思列宁主义、毛泽东思想、邓小平理论、“三个代表”重要思想、科学发展观一道确立为党的行动指南。大会要求全党以习近平新时代中国特色社会主义思想统一思想和行动，增强学习贯彻的自觉性和坚定性，把习近平新时代中国特色社会主义思想贯彻到社会主义现代化建设全过程、体现到党的建设各方面。

作为教育工作者，特别是德育工作者，我们要特别关注，认真学习，深刻领会，全面贯彻党的十九大精神。本届年会以学习贯彻习近平新时代中国特色社会主义思想为主旨，不忘初心，牢记使命，落实立德树人根本任务。

习近平总书记在党的十九大报告中明确指出：“建设教育强国是中华民族伟大复兴的基础工程，必须把教育事业放在优先位置，加快教育现代化，办好人民满意的教育。要全面贯彻党的教育方针，落实

立德树人根本任务，发展素质教育，推进教育公平，培养德智体美全面发展的社会主义建设者和接班人。”

我们试比较党的十八大报告和十九大报告关于“立德树人”教育思想的提法：党的十八大报告指出“全面贯彻党的教育方针，把立德树人作为教育的根本任务”。习近平总书记在党的十九大报告中指出“要全面贯彻党的教育方针，落实立德树人根本任务”。

“立德树人”教育思想是党的十八大和十九大前后相继、一以贯之的教育思想，是党中央对教育的根本性质和根本任务的新概括，是对学校德育认识的深化，更好地回答了培养什么人、怎样培养人的根本问题。十八大首次提出“把立德树人作为教育的根本任务”，提出的是教育的观点和理念。十九大明确要求“落实立德树人根本任务”，强调的是教育工作的任务，必须狠抓落实。

“立德树人”是习近平总书记一贯的教育思想。2014 年 9 月 9 日，我国第三十个教师节前夕，习近平总书记到北京师范大学与师生座谈并发表重要讲话。他指出：教师是最伟大、最神圣的职业，教师是太阳底下最崇高的职业。这是因为“教师的工作是塑造灵魂、塑造生命、塑造人的工作”。他还引用唐代韩愈的话说：“师者，所以传道授业解惑也。”“传道”是第一位的。一个老师，如果只知道“授业”“解惑”而不“传道”，不能说这个老师是完全称职的，充其量只能是“经师”“句读之师”，而非“人师”了。古人云：“经师易求，人师难得。”一个优秀的老师，应该是“经师”和“人师”的统一，既要精于“授业”“解惑”，更要以“传道”为责任和使命。好老师心中要有国家和民族，要明确意识到肩负的国家使命和社会责任。

2016 年 9 月 9 日在第三十二个教师节来临之际，国家主席习近平来到他的母校——北京市八一学校，看望慰问师生，向全国广大教师和教育工作者致以节日祝贺和诚挚问候。习近平指出：基础教育是立德树人的事业，要旗帜鲜明加强思想政治教育、品德教育，加强社会主义核心价值观教育，引导学生自尊自信自立自强。广大教师要做学生锤炼品格的引路人，做学生学习知识的引路人，做学生创新思维的引路人，做学生奉献祖国的引路人。

习总书记在两次教师节的讲话，十分深刻地阐明了教育的本质是"塑造灵魂、塑造生命、塑造人"，"传道授业解惑，传道是第一位的"，"教师要做学生的引路人"。这是对立德树人教育思想的高度概括和深刻诠释。

二、不忘初心，回顾德育年会心路历程

1991年12月26日，中央教育科学研究所德育研究中心成立。为了选准德育科研的切入点，我们学术团队承担了全国教育科学"八五"规划国家教委重点课题"我国各级各类学校德育现状调查研究"。我们运用和谐的思想方法分析德育现状，针对德育实践中某些不和谐问题，提出了整体构建学校德育体系的建议，得到了时任中共中央政治局常委李岚清同志的肯定性的批示，我们的建议被1994年颁布的《中共中央关于进一步加强和改进学校德育工作的若干意见》所采纳。从此，我们学术团队选定了整体构建学校德育体系的研究方向，并矢志不渝，执着追求，咬定青山不放松。历经"八五""九五""十五""十一五""十二五""十三五"六个五年规划，走过了调查研究、整体构建、和谐德育、立德树人四个研究阶段。

我们学术团队自"九五"规划的1997年开始创办首届全国德育年会，到今年已经是第二十届全国德育年会了！

二十届全国德育年会记录了我从事德育科研的心路历程，也是我

们学术团队全体同仁共同走过的心路历程！

为了回顾和纪念我们共同走过的心路历程，2015年出版了我的诗词书法集《心路》。希望参加过德育年会的同志都可以从这些诗词当中看到自己的身影，听到自己的声音，想到自己的感悟，融入自己的情感。以此见证我们的志同道合与深情厚谊。

我不是诗人，也不是书家，作诗和书法只是业余爱好。我认为德育是一门科学，也是一门艺术。德育研究需要科学精神，也需要艺术素养。在繁忙的德育科研之余，偶尔有感而发，抒发一下情怀，抽空把它写下来，算是对德育理论的情感补益，或是对德育实践的艺术升华吧。

歌抒情，诗言志。诗歌是表达情感和志向的精华。中国诗歌历来就有“缘事而发”的现实主义精神。唐代诗王白居易说：“文章合为时而著，歌诗合为事而作。”我创作的几百首诗词大都是与德育事业紧密联系在一起的，有对祖国大好河山的豪迈歌颂，也有对德育基地的深情赞美；有对古代圣贤的深切缅怀，也有对民族英雄的崇高敬仰；有对德育年会的真情礼赞，也有对德育情怀的激扬抒发。

这一集定名《心路》，主要是想通过历届德育年会的诗作，坦陈二十多年来我从事德育科研的心路历程。

书法是有灵魂的，这个灵魂就是中国文化、中国精神、中国气派！

中国书协赵实同志说：“书法是无言之诗，无图之画，无行之舞，无声之乐。”书法与诗词的意境合一，就能够润泽心灵、涵养性情、提升境界。书法与德育年会诗词的结合，就能够体验二十年来中国德育艰苦探索、执着追求的历程，领悟“育人为本，德育为先”“立德树人”的真谛，抒发“以德立德明德厚德达德德育文化源远流长，崇德建德育德树德弘德德育科研任重道远”的情感。

下面选录几首诗词，请同志们大雅教正！（略）

德育的根本任务是立德树人，德育科研的根本宗旨是为各级教育行政部门的德育决策服务，为各级各类学校的德育实践服务，为培养社会主义建设者和接班人服务——这就是我的初心。整体构建大中小学和谐德育体系，全面推进素质教育——这就是我的使命。二十多年来，我和我的学术团队始终不忘初心，牢记使命，走出了一条中国特色的德育科研之路。

三、勇于创新，深化整体构建德育体系

2017 年 8 月 17 日，教育部颁布了《中小学德育工作指南》(以下简称《指南》)指出：“为深入贯彻落实立德树人根本任务，加强对中小学德育工作的指导，切实将党和国家关于中小学德育工作的要求落细落小落实，着力构建方向正确、内容完善、学段衔接、载体丰富、常态开展的德育工作体系，大力促进德育工作专业化、规范化、实效化，努力形成全员育人、全程育人、全方位育人的德育工作格局。”

《指南》对中小学德育工作的指导思想、基本原则、德育目标、德育内容、实施途径、组织实施等作出了明确而具体的指导意见。我们要结合“九五”“十五”两个五年规划历时十年的研究成果，认真学习研究教育部最新发布的《中小学德育工作指南》，对整体构建德育工作体系进行深化研究。

我们学术团队主张：整体构建德育体系必须把学校德育工作的各个要素视为一个相互联系、辩证统一的整体。这个整体是由德育目标、内容、途径、方法、管理、评价“六要素”构成。整体构建的与体系就是把德育目标、内容、途径、方法、管理与评价构成一个和谐有

序的整体，使德育诸要素在相互关联、相互制约、相互作用的关系中获得最佳德育效果。

我们认为整体构建学校德育体系，就是要以德育“六要素”为基本框架。

1. 德育目标

我们学术团队提出：德育目标要具体化；要“近、小、实、亲”，不要“高、大、空、远”；在德育总目标的引领下，要分学段分年级确定具体的、适合学生年龄特点和知识水平的具体德育目标。

《中小学德育工作指南》提出：德育总体目标是培养学生爱党爱国爱人民，增强国家意识和社会责任意识，教育学生理解、认同和拥护国家政治制度，了解中华优秀传统文化和革命文化、社会主义先进文化，增强中国特色社会主义道路自信、理论自信、制度自信、文化自信，引导学生准确理解和把握社会主义核心价值观的深刻内涵和实践要求，养成良好政治素质、道德品质、法治意识和行为习惯，形成积极健康的人格和良好心理品质，促进学生核心素养提升和全面发展，为学生一生成长奠定坚实的思想基础。并且提出了分学段德育目标。

由此可见，《指南》提出的德育目标与十年前我们提出的德育目标的思路和原则是完全一致的。贯彻落实《指南》，我们需要与时俱进，勇于创新，深化研究“传统文化、革命文化、先进文化”和“道路自信、理论自信、制度自信、文化自信”等德育目标的新提法、新观点。

2. 德育内容

我们提出“德育内容五要素”说，其中包括道德教育、法律教育、心理教育、思想教育、政治教育。“五要素”各有自己的特定内涵，但又互相联系，互相渗透，互为条件，互相制约，整体构成了德育内容统一体。我们主张根据学生的年龄特点和思想品德的发展规律，德育内容要由浅入深、由低到高、由感性到理性、由具体到抽象进行合理部署与安排。德育内容体系构建原则：德育内容，循序渐进；德目规范，形成序列；要素完整，层次清楚；注意衔接，螺旋上升。

《中小学德育工作指南》提出德育内容包括：理想信念教育、社会主义核心价值观教育、中华优秀传统文化教育、生态文明教育、心理健康教育。

相比较而言，《指南》的优点是与时俱进，提出了社会主义核心价值观教育、中华优秀传统文化教育、生态文明教育，但缺少了明确的道德教育和法制教育。这是需要认真研究的。

3. 德育途径

我们认为德育途径是指德育的实施渠道或路径。主张把德育途径分为七大类，其中包括：课程类、实践类、组织类、环境类、管理类、咨询类、传媒类。德育途径体系的构建原则是：德育途径，对应内容；一项内容，多条途径；有主有辅，协调配合；分工合作，形成合力。

《中小学德育工作指南》提出德育内容包括：课程育人、文化育人、活动育人、实践育人、管理育人、协同育人六类德育途径。

相比较而言，《指南》的优点是增加了协同育人，意思是学校、家庭、社会协同育人。突出特点是对六类德育途径作了比较详细的阐述，需要认真学习。但是缺少了环境育人和传媒育人。这是需要认真研究的。

4. 德育方法

我们认为德育体系应当包括德育方法。并且提出七大类德育方法，其中包括：语言说理类、榜样示范类、修养指导类、实践锻炼类、行为训练类、规范制约类、评价激励类。我们提出的德育方法体系的构建原则是：根据内容，对应途径；多种方法，优选组合；辩证思维，法无定法；留有余地，鼓励创新。

《中小学德育工作指南》没有提到德育方法，可能是因为德育方法太具体，不必在《指南》中提出，需要广大教师在教育实践中创新。

5. 德育管理

我们提出的德育管理体系包括：

(1)领导体制。校长负责制，书记负责制。党的十九大明确提出：中国共产党是中国特色社会主义事业的领导核心，各行各业都要在党的领导下开展工作。大中小学的领导体制也应当是党的一元化领导。

(2)管理人员。德育处、年级组、班主任。

(3)规章制度。建立健全班主任工作制度、任课教师教书育人制度，以及管理育人、服务育人制度，学生干部的培养、选拔制度，建立学生成长记录袋、家长联系卡。

(4)营造氛围。营造一种团结、民主的、和谐的人际关系，形成齐抓共管的德育工作格局。

《中小学德育工作指南》没有提到德育管理，但提出了“组织实施”。不过这部分讲得很简单。我认为作为德育体系，应当包括德育管理。

6. 德育评价

我们认为作为德育体系，应当包括德育评价，并且提出了德育评价的方式和德育评价的方法。德育评价的方式包括：评分、评等、评语。德育评价的方法包括：家校结合、亲子互动、师生互动、生生互动。

我们提出的德育评价体系构建的原则是：导向性和激励性相结合，科学性和系统性相结合，形成性和阶梯性相结合，群体性和个体性相结合。

《中小学德育工作指南》没有提到德育评价，我认为德育评价是加强和改进德育工作的关键，没有德育评价，再好的德育体系也难以贯彻落实。我们要勇于创新，敢于担当，认真研究德育评价。

同志们，让我们以党的十九大精神为指导，以习近平新时代中国特色社会主义思想为行动指南，不忘初心，落实立德树人根本任务；牢记使命，深化整体构建和谐德育体系。整体构建德育体系是一项课题，更是一种事业。它是正义的事业，是行善的事业，是积德的事业，是惠及广大教师、学生和家长的事业，是与党中央“落实立德树人根本任务”保持高度一致的事业，是利国利民的事业，是功在当代、利在千秋的事业。

让我们在成就德育事业的过程中，实现每一位同志的幸福人生！

第四编　实验区实验校研究成果点评和序言

吉林省《新时期中小学立德树人的路径与方法研究》序*

吉林省教育厅德育办公室主任董大伟同志发来书稿《新时期中小学立德树人的路径与方法研究》，约我写一篇序言。我浏览了书稿的目录，发现书的内容涉及中小学时事新闻课、书香校园建设、校外素质教育、学生综合素质评价等方面的理论与实践，共计五十多篇论文。作者来自教育行政领导、教育科研人员和广大一线校长和教师。当我认真阅读书稿后，深感这是一部近年来少见的、高水平的、有价值的教育论文集。于是，欣然命笔，为之作序。

我认为这部著作具有以下三个突出的优点。

第一，这是一部落实立德树人根本任务的重要之作。

党的十八大报告指出："把立德树人作为教育的根本任务。"十八届三中全会再次强调："全面贯彻党的教育方针，坚持立德树人，加强社会主义核心价值体系教育，完善中

* 此文和以下10篇序言是"十五"以后为实验区实验校研究成果写的序。为了使序言相对集中便合并到本编。

华优秀传统文化教育。”这是党中央对教育的根本性质和根本任务的新概括，是对教育根本任务认识的深化，更好地回答了培养什么人、怎样培养人的根本问题。

2016年9月9日在第三十二个教师节来临之际，国家主席习近平来到他的母校——北京市八一学校，看望慰问师生，向全国广大教师和教育工作者致以节日祝贺和诚挚问候。习近平指出：基础教育是立德树人的事业，要旗帜鲜明加强思想政治教育、品德教育，加强社会主义核心价值观教育，引导学生自尊自信自立自强。广大教师要做学生锤炼品格的引路人，做学生学习知识的引路人，做学生创新思维的引路人，做学生奉献祖国的引路人。

那么，如何落实立德树人的根本任务呢？这是每位德育工作者必须思考的问题，本书的作者对立德树人的路径与方法进行了深入研究，并联系当地的工作实际给予了明确回答。落实立德树人根本任务的途径和方法多种多样，其中包括教师的教书育人、干部的管理育人、职工的服务育人、班主任工作、团队工作、家庭教育、社会实践、网络媒体和校园文化建设等。这里仅就书香校园建设做一点评论。书籍是人类宝贵的精神财富，读书是人们重要的学习方式，是人生奋斗的航灯，是文化传承的通道，是人类进步的阶梯。一个不热爱读书的民族是没有希望的，一个不热爱读书的人也是没有希望的。吉林省教育厅德育办敏锐地看到了书香校园的价值，把它作为落实立德树人根本任务的重要途径和方法，集中了20多篇论文系统阐述了书香校园建设的理论与实践，有书香校园的立德树人价值和意义，有书香校园的管理模式和实践方法，有书香校园的育人效果和点滴体会。书香校园建设给人以启迪，很值得广大读者阅读。

第二，这是一部推广中小学时事新闻课的创新之作。

吉林省时事新闻课是全国校园时事新闻课的首创，由新华社吉林省分社和省教育厅联合推出。针对不同年龄段的学生进行选题和组稿设计，以最新的新闻信息来传递正能量，使学生了解家国大事、天下事，最大的受益者是广大的中小学生，在观看新闻时事的同时，使学生树立起正确的人生观、价值观、世界观，培养了良好的道德品质，对推动教育的发展起了重要的作用，是落实立德树人根本任务的创新之作。

从2016年4月起，吉林省在全省范围内推广了中小学版的时事新闻课。他们的做法是：把一周的新闻筛选整编到十分钟左右，把新闻事件立体的、直观的呈现在学生眼前，把传统的、呆板的文字新闻演变成鲜活的动态画面。时事新闻课从学生的思想实际和生活实际出发，及时地捕捉国际国内的政治热点、经济形势、文化活动、军事战略等时事新闻，进行深入浅出、寓教于乐、循序渐进、生动形象的教育，是落实立德树人根本任务的有效的途径和方法。

时事新闻课引导学生“风声雨声读书声，声声入耳”，“家事国事天下事，事事关心”，有利于培养学生成为热爱祖国、放眼世界、胸怀天下的人；时事新闻课报道中国特色社会主义建设的伟大成就，有利于激发学生的爱国主义情感，敢于有梦、勇于追梦、勤于圆梦，立志为实现中华民族伟大复兴的中国梦而努力学习；时事新闻课报道杰出的英模人物和道德模范人物的先进事迹，有利于学生学有榜样，养成良好的道德品质；时事新闻课报道国内外重大事件，引导学生分析评论、互动交流、求索探究，有利于提高学生思考问题、分析问题、解决问题的能力；时事新闻课精选时政热点，使学生能够降低对考试题的陌生度，从而减轻心理压力，增强了中考、高考的信心。总之，时事新闻课让学生了解国家大政方针政策和国内外重大事件，开阔了他们的眼界，拓展他们的知识面，同时使学生受到生动有趣的思想品德教育，丰富了德育内容，提高了德育工作的实效。这是吉林省教育厅的创新之举和成功经验，值得推广。

第三，这是一部全面推进实施素质教育的有力之作。

早在世纪之交的1999年，中共中央、国务院召开了第三次全国教育工作会议，颁布了《中共中央、国务院关于深化教育改革全面推进素质教育的决定》(以下简称《决定》)。《决定》指出，实施素质教育必须把德育、智育、体育、美育和劳动技术教育这“五育”有机地统一在教育活动的各个环节中。充分体现了素质教育是全面发展的教育。《决定》还特别明确地指出：德育是素质教育的核心，各级各类学校必须更加重视德育工作。

人的素质是指人的身体和心理、气质和风度、学识和才华、品质和人格的总和。学生的素质(或素养)是多种要素构成的整体，应当包括思想道德素质、科学文化素质、身体心理素质、审美艺术素质、劳动技能素质等，也就是德、智、体、美、劳全面发展的整体素质。其中思想道德素质是核心，对整体素养的形成和发展发挥着导向、动力和保证作用；“国无德不兴，人无德不立”，“德者才之帅，才者德之资”。身体心理素质是基础，“体者，载智之舟，寓德之舍也，无体即无德智也”。由此可引申为“无心也无德智也”；科学文化素质和审美艺术素质是特长，就学生个体而言，有的科学素质突出，有的人文素质较好，有的艺术素质见长，这是学生各自的个性特长；劳动技能素质是归宿，每一位学生最终都要走向工作岗位，成为职业人，不管是体力劳动，还是脑力劳动，不管是管理工作，还是技术工作，都必须具备一定的劳动技能素质，或称之为职业素质。

素质教育对于中国教育改革和发展来说，如果讲大事，这是头等大事；如果讲重要，这是重中之重；如果讲紧迫性，这是当务之急。

本书用了大量篇幅来论述素质教育和学生综合素质评价，充分体现了吉林省教育厅德育办高度重视素质教育，全面推进素质教育，把素质教育作为落实立德树人根本任务的重中之重。

综上所述，我认为应当学习吉林省落实立德树人根本任务的好经验，愿意把这部书推荐给全国教育界的广大读者，希望全国各地教育行政部门和各级各类学校都能拿出落实立德树人根本任务的优秀成果。谢谢！

天津市河西区《中小学优秀论文集》序

天津市河西区是中国教育学会“十一五”重点课题“和谐德育研究与实验”的重点实验区，也是历届年会评审表彰的先进实验区。该区现有实验学校35所（小学27所、中学7所、中职1所）。“十一五”期间，他们承担的子课题是“和谐德育学校德育途径方法体系的研究”，重点对德育手段现代化、提升班主任专业素养、校本课程与德育相结合、《和谐成长》读本的研究等课题进行了深入探索，取得了丰硕的研究成果。这本《天津市河西区中小学“十一五”优秀论文集》，就是他们在“十一五”期间参加全国历届年会获一等奖的优秀研究成果的汇编，共计62篇。

我粗读书稿之后，惊喜地发现这是一本好书，是一本内容丰富而厚重的好书！欣喜地看到一批青年教师伴随着和谐德育课题研究在成长，逐渐成长为研究型、学者型、专家型的教师！欣慰地看到和谐德育研究已经实现了出成果、出经验、出人才的目的！

天津市河西实验区之所以取得如此优异的成绩，我想至少有以下三点经验值得学习和推广。

第一，局长挂帅，专家指导，形成了浓厚的德育科研氛围。天津市河西区教育局领导班子高度重视德育科研工作，连续三个五年规划都积极参加了国家级课题“整体构建学校和谐德育体系”的研究与实验，形成了以一把手局长任组长、教育行政部门和科研人员为骨干成员、特聘专家学者进行指导的独具特色的课题研究。从局长到校长，从科研人员到一线教师，普遍具有强烈的科研意识，形成了浓厚的科研氛围。

第二，研管并重，研训一体，形成了高效的科研管理体制。天津市河西区确立了“研管并重，研训一体”的科研管理体制。他们组织全区中小学实验教师积极开展德育科研，把研究与管理相结合，研究与培训相结合。他们重过程、重实效，立项时有开题会，结题时有总结会，年度有汇报会，获奖有表彰会。他们对课题进行科学化管理，以及畅通高效的工作推进网络体系，保证了课题研究朝着科学健康的方向发展。

第三，学习理论，联系实际，形成了和谐德育的价值理念。天津市河西实验区指导组、实验学校和实验教师多年来参与和谐德育的研究与实验，他们认真学习总课题组提出的和谐德育的基本理论和整体构建学校德育体系的基本方法，和谐德育思想已经深入人心。广大实验教师一旦将总课题组提出的和谐德育理念和本区、本校、本班的德育工作实际紧密结合，就会产生巨大的智慧和力量，使自己的德育工作提升到一个新的水平。

德育是教育的永恒主题，德育科研永无止境。我希望天津市河西区的同志们站在“十一五”科研成果的高起点上，继续攀登德育科研的高峰。“十二五”期间，和谐德育进入深化研究与推广实验阶段，我们重点进行班级和谐德育体系构建，校本和谐德育体系构建，区域和谐德育体系构建。希望河西区率先做到本区有品牌，实验校有特色，实验班有亮点。

今天是党的生日，我看完中央电视台的大型文艺晚会“永远跟党走”，心情很激动。我想，德育工作者是党的忠诚战士，最配说“永远跟党走”这句话了。天津市河西区的这份德育研究成果不就是证明吗？它当之无愧地可以说这是向党的十八大献礼的优秀成果！

有感于此，写了上述的话，是为序。

北京市昌平职业学校《班级主题教育》序

呈现在我们面前的《班级主题教育》，是全国中等职业教育改革发展示范学校——北京市昌平职业学校的又一部创新性研究成果。我认真阅读书稿后，深感这是一部立意高远、思路新颖、联系实际、方便教学的优秀教材。

第一，落实立德树人根本任务的重要举措。

党的十八大报告指出："把立德树人作为教育的根本任务。"十八届三中全会再次强调："全面贯彻党的教育方针，坚持立德树人，加强社会主义核心价值体系教育。"这是党中央对教育的根本性质和根本任务的新概括，更好地回答了培养什么人、怎样培养人的根本问题。

国家主席习近平在第三十二个教师节来临之际，来到他的母校——北京市八一学校，看望慰问师生并发表重要讲话，他指出：教育是立德树人的事业，要旗帜鲜明加强思想政治教育、品德教育，加强社会主义核心价值观教育，引导学生自尊自信自立自强。广大教师要做学生锤炼品格的引路人，做学生学习知识的引路人，做学生创新思维的引路人，做学生奉献祖国的引路人。

这部教材以落实立德树人根本任务为宗旨，立意高远。立德，就要立社会主义核心价值观之德；树人，就要树践行社会主义核心价值观之人。

第二，践行社会主义核心价值观的创新之举。

党的十八大提出，倡导富强、民主、文明、和谐，倡导自由、平等、公正、法治，倡导爱国、敬业、诚信、友善，积极培育和践行社会主义核心价值观。这12个词24个字，分为三个层次：富强、民主、文明、和谐，是国家层面的价值目标；自由、平等、公正、法治，是社会层面的价值取向；爱国、敬业、诚信、友善，是公民个人层面的价值准则。

这部教材以“爱国、敬业、诚信、友善”四个公民个人层面的价值准则为主题，设计班级教育的四个模块，思路新颖，使班级主题教育的内容更加贴近学生、贴近生活、贴近实际，是培育和践行社会主义核心价值观的创新之举。

第三，提高中职生思想道德素质的有效方法。

人的素质是指人的身体和心理、气质和风度、学识和才华、品质和人格的总和。学生的素质(或素养)应当包括思想道德素质、科学文化素质、身体心理素质、审美艺术素质、劳动技能素质等，也就是德、智、体、美、劳全面发展的整体素质。“国无德不兴，人无德不立”，“德者才之帅，才者德之资”。思想道德素质是核心，对整体素质的形成和发展发挥着导向、动力和保证作用；身体心理素质是基础，“体者，载智之舟，寓德之舍也，无体即无德智也”。由此可引申为“无心也无德智也”；科学文化素质和审美艺术素质是特长，就学生个体而言，有的科学素质突出，有的人文素质较好，有的艺术素质见长，这是学生各自的个性特长；劳动技能素质是归宿，每一位学生最终都要走向工作岗位，成为职业人，不管是体力劳动，还是脑力劳动，不管是管理工作，还是技术工作，都必须具备一定的劳动技能素质，或称之为职业素质。

这部教材以培养学生思想道德素质为核心，突出“爱国、敬业、诚信、友善”四个主题。每个主题设计六个主题班会和班级活动课。主题班会设计了案例导入、引思明理、感悟分享、知行合一、导师寄语、知识宝库等栏目；班级活动课的题目都以学生为中心，尊重学生的主体地位，如“我的团队我融入”“我的责任我担当”“我的专业我了解”“我的职业我规划”等。这样既生动活泼、引人入胜，又联系实际、方便教学。

总之，《班级主题教育》是一部具有思想性、创新性、实用性的好教材，我欣然为之作序。愿意把她推荐给全国职业教育界的广大读者，希望在落实立德树人根本任务上取得更多、更好、更大的成绩。

河北冀中职业学院“君子风度、淑女形象”大赛点评

尊敬的各位领导和评审专家，亲爱的各位参赛的同学们：

大家好！

我代表中国教育科学研究院原德育研究中心、中国伦理学会德育专业委员会和全国和谐德育研究与实验总课题组，并以我个人名义向冀中职业学院大学生逐梦行动——“君子风度、淑女形象”大赛取得的圆满成功表示衷心的祝贺！向全体参赛同学取得的优异成绩表示衷心的祝贺！

“君子风度、淑女形象”大赛是贯彻党的十八大精神的重要举措，是落实“育人为本、德育为先，把立德树人作为教育根本任务”的具体行动，是大学生把“我的梦”与“中国梦”紧密结合的好形式。本次大赛激发了大学生勤奋学习、注重修养、讲究礼仪、展示才艺的热情和信心，把个人梦融入中国梦，并付诸逐梦行动，内强素质，外树形象，德能双修，对于培养君子能手型和淑女巧手型的中国特色社会主义事业合格建设者和可靠接班人，具有十分重要的意义。

通过亲自参加、亲眼目睹、亲耳聆听、亲身感受冀中职业学院大学生“君子风度、淑女形象”大赛，我认为本次大赛有三个特点和优点。

第一，本次大赛学院领导高度重视，彰显学院深厚的历史文化底蕴和优秀传统文化育人特色。冀中职业学院是一所古老而年轻的普通高等学校，拥有“千年书院”“百年师范”的文化底蕴和教育历史。校园内的东坡古槐、千年古柏、宋代名相韩琦创建的“明伦堂”，无不透示着学院深厚的文化积淀。定州城内文化古迹开元寺塔、定州贡院、定州文庙，以及定州八景：开元寺塔、众春园庶、雪浪寒斋、中山后圃、平山胜迹、西溪玩月、唐水秋风、续阅古堂。也为学院铺就了深厚的文化底蕴。学院确立了“以服务为宗旨，以就业为导向，以特色专业创优势，以高技能人才创品牌”的办学思想和“质量立校，人才强校，开放兴校”的办学方针，已经成为培养和输送高素质、高技能人才的基地。特别是在德育方面，坚持“育人为本、德育为先，把立德树人作为教育的根本任务”，在大学生中首倡树立“君子风度、淑女形象”，又首创了“君子风度、淑女形象”大赛，这在全国同类院校处于领先地位，彰显了学院深厚的历史文化底蕴和优秀传统文化育人的办学特色。

第二，本次大赛展示并提升了参赛选手的人格追求、职业素质、专业技能和个人才艺。大赛分激情演讲、我行我秀和才艺展示三项内容。在“激情演讲”环节，每支参赛队伍选出一名代表参加演讲，要求就什么是君子？什么是淑女？怎样学做君子？怎样学做淑女？等话题进行脱稿演讲。同学们或引经据典的论述，或声情并茂的演讲，或娓娓道来的叙说，或夹叙夹议的评说，表达了对君子、淑女的理解和向往，令人感动，发人深思，给人启迪。在“我行我秀”环节，选手以班为单位进行了个人礼仪和职场礼仪的集中展示，在同学们站、立、坐、行的标准姿势之间，在同学们落落大方的举手投足之间，在同学们微笑自信的表情神态之间，我看到了你们良好的精神风貌和优秀的职业素质。在“才艺展示”环节，参赛选手通过唱歌、跳舞、武术、魔术、健美操、乐器演奏、现场作画、时装表演、轮滑表演以及专业特色才艺展示等形式，充分展示了参赛选手的个人才艺和专业技能。在精彩纷呈、高潮迭起的比赛中，我深感到我们冀中职业学院真是人才济济、人才辈出。同时也印证了一句名言——“竞赛是人才成长的加速器”。

第三，本次大赛立意高远、主题鲜明、组织规范，展现了全院师生良好的精神风貌。本次大赛立意高远，高就高在把“君子风度、淑女形象”大赛定位在“我的中国梦——大学生逐梦行动”上，这就把大学生对个人风度形象的追求与理想信念结合在一起了，进而与实现“民族复兴、国家富强、人民幸福”的中国梦结合在一起了。本次大赛具有鲜明的主题，这就是“培养君子风度，塑造淑女形象；练就应用技能，助力健康成长；德才成就未来，奠基中国梦想”。大赛的组织工作科学规范，首先是全校动员，全员参与，在校大学生，每系 2 支参赛队伍，每队 10—20 人，具有广泛的代表性。大赛评委由院系领导、辅导员和学生代表组成，事先规定了评审标准和实施细则，做到了公平、公正、公开。在比赛过程中，赛场主持人情理交融、恰如其分的主持词，计时员、计分员准确无误的计时计分等，都给我们留下了美好的印象，展现了全院师生良好的精神风貌。

为了把我们的“君子风度、淑女形象”大赛越办越好，进一步提高大学生的文化素养、职业素质和专业能力，我再给大学生们提三点建议。

第一点，学习文明礼仪，养成良好习惯。

第二点，学习专业技能，提高职业素质。

第三点，学习中华文化，弘扬民族精神。

关于第一点，学习文明礼仪，养成良好习惯。学院党委书记任振焦教授主编的《文明礼仪》已经作为你们的校本教材，同时也被许多高职院校选为校本教材，在全国高校中产生了很大的影响。礼仪是人们在社会交往中形成的、为表示尊重、敬意、友好而共同遵循的行为准则和规范。对个人来讲，礼仪是道德水平、思想修养、交际能力的外在表现。古人讲“腹有诗书气自华”，《文明礼仪》应当成为大学生的必修课，希望你们认真学习《文明礼仪》，努力践行《文明礼仪》，男生具有“君子风度”，女生具有“淑女形象”！

关于第二点，学习专业技能，提高职业素质。这是你们的专业，是你们求职、就业、创业的基础，是你们安身立命、生存发展、实现梦想的前提。学院确立了“以服务为宗旨，以就业为导向，以特色专业创优势，以高技能人才创品牌”的办学思想。希望你们刻苦学专业技能，成为本专业的行家、能手，成为“君子能手型和淑女巧手型”的中国特色社会主义建设事业各行各业的有用人才。

关于第三点，学习中华文化，弘扬民族精神。这是我对你们提出的更高的希望。中华文化和民族精神源远流长，博大精深，光辉灿烂。中华文化和民族精神不仅是伦理道德、礼仪规范形成的基础与核心，也是树立“君子风度、淑女形象”的基础与核心。我国古人早就提出“德诚于中，礼形于外”，德与礼互相依托、相辅相成。“君子风度、淑女形象”是一种既具有内在道德要求，又具有外在表现形式的和谐统一。人们在交往的过程中，互相尊重、诚恳和善、语言得体、仪表端庄，都是良好的道德品质和优美的礼仪规范的和谐统一。而良好的道德品质和优美的礼仪规范都源于伟大的中华文化和民族精神。因此，我重点讲：学习中华文化，弘扬民族精神。

《周易》作为中华文化的源头，由《易经》和《易传》组成。相传伏羲画卦、文王演卦、孔子述传。《周易》的基本哲学思想是天人合一、天人相通、天人相类、天人相参、天人和谐。《易》之为书也，广大悉备：有天道焉，有人道焉，有地道焉。天、地、人三者相参。“乾道变化，各正性命，保合太和，乃利贞。”意思是，整个宇宙是天地人三者的统一，天道的大化流行，万物各得其正。保持天、地、人三者的和谐，万物就能顺利发展。

《周易》从天、地、人三者相通、相参、相合的哲学思想出发，概括出“君子”的两个基本品格，即“天行健，君子以自强不息；地势坤，君子以厚德载物”。意思是说，作为人中君子，要像天体运行那样“自强不息”，要像宽广大地那样“厚德载物”。

用现代思想来解释，自强不息，就是勤劳勇敢、艰苦奋斗、积极进取、开拓创新的精神；厚德载物，就是胸怀广阔、宽容敦厚、海纳百川、和谐共处、团结统一、爱好和平的品格。

《周礼》是一部古代官制典籍，它提出经国治民的思想是“三曰礼典，以和邦国，以统百官，以谐万民。”

《尚书》是一部文化典籍，它描绘出国泰民安的理想社会的蓝图：“克明俊德，以亲九族。九族既睦，平章百姓。百姓昭明，协和万邦。”意思是治理国家首先是“亲九族”，即把自己的宗族治理好；继而“平章百姓”，把广大老百姓管理好；进而“协和万邦”，使各国和谐相处。这种“以和邦国”“以谐万民”乃至“协和万邦”的思想是中华民族精神的主流价值取向 。

由此可见，《周易》《周礼》《尚书》三部古代文化典籍是中华民族精神的发端。

春秋战国时期，是中国社会由奴隶制转变为封建制的时代，也是中华民族精神的形成阶段。随着社会性质的转变，思想文化领域异常活跃，出现了诸子蜂起、百家争鸣的局面。主要有以孔孟为代表的儒家学派，以老庄为代表的道家学派，以管仲、商鞅、韩非为代表的法家学派，以墨翟为代表的墨家学派，此外还有兵家、阴阳家等。

儒家学派由孔子创立，孟子和荀子作了进一步发展和完善。孔子继承并发展了《周易》《周礼》《尚书》的思想，创立了儒家学派，并在汉代以后成为中华民族的正统思想，影响中国两千多年。

孔子思想体系的核心是“仁”。什么是“仁”？孔子说的“仁”，内容十分广泛，他对“仁”的解释也是多样的。但基本含义是五个方面：一是“仁者爱人”；二是“克己复礼为仁”；三是“孝悌”为仁之本；四是“忠恕”为仁之道；五是“和谐”为仁之贵。可见“仁”是众德之总。

在“仁”的统摄下，孔子还提出一系列道德范畴，如恭、宽、信、敏、惠、刚、毅、木、讷、勇、敬、俭等。遵守道德规范为荣，破坏道德规范则辱。

孔子把血缘关系、宗法关系结合起来，形成了从修身到齐家、从治国到平天下的伦理政治化、政治伦理化的思想特色。

孟子以“人性善”论为理论基础，继承发展了孔子的思想，提出“四德”“五伦”的伦理思想。“四德”，即仁、义、礼、智（亦即：恻隐之心、羞恶之心、辞让之心、是非之心）；“五伦”，即父子有亲、君臣有义、夫妇有别、长幼有序、朋友有信五类人伦。他教育人们“明人伦”“知仁义”，极大地丰富了孔子的思想。所以，后世学人把儒家伦理学说称为“孔孟之道”。

春秋战国时期，百家争鸣的局面为中华传统文化的丰富与繁荣奠定了良好的基础，然而谁也没有成为当时的正统思想。战国后期秦国任用法家李斯为相，走一条富国强兵的道路，发展经济、壮大军事，先后灭了六国，建立了统一的中央集权的封建王朝。秦朝的统一，应当是法家思想的胜利。然而它是短命的，二世而亡。汉代统治者为自己统治的长治久安，不得不吸取秦朝过早灭亡的教训。

汉唐时期，特别是西汉时期，是中华民族精神发展的关键阶段。秦王朝推行“以法为教，以吏为师”“颁挟书令”以至“焚书坑儒”，终于二世而亡。汉代统治者从中吸取了教训，重新认识德治与法治的关系，特别是汉武帝采纳了董仲舒的对策建议，提出“罢黜百家，独尊儒术”，确立以儒学为正统思想，对中华民族精神的继承和延续产生了极为深远的影响。

“独尊儒术”，这是一个历史的选择，它对中华民族精神的发展起到了划时代的作用，具有深远的历史意义。儒家的德治论核心是“为政以德”“道之以德，齐之以礼”。董仲舒发挥了孔子的思想，提出：“教，政之本也；狱，政之末也。”主张思想道德教育是“为政之首”。

董仲舒把儒家的伦理规范概括为“三纲五常”，即：君为臣纲，父为子纲，夫为妻纲等“三纲”和仁、义、礼、智、信等“五常”。“三纲五常”是封建宗法等级体制下人伦关系的高度概括，是处理人际关系的道德规范。“三纲五常”的提出，使封建社会的道德教育系统化、定型化，适应了巩固建立“大一统”的需要。从而确立了董仲舒“为儒者宗”“为群儒首”的历史地位。

在汉代，论及民族精神就不能不讲到司马迁。汉太史令司马迁遭“李陵之祸”，受宫刑。然而他受奇耻大辱而矢志不渝，终于完成了中国第一部史书——《史记》。

司马迁在《报任安书》中高度评价和赞扬了古代圣贤自强不息的伟

大人格和民族精神。其实他本人正是伟大民族精神的生动体现。

盖文王拘而演《周易》，仲尼厄而作《春秋》，屈原放逐乃赋《离骚》，左丘失明厥有《国语》、孙子膑脚《兵法》修列，布韦迁蜀世传《吕览》，韩非囚秦《说难》《孤愤》。诗三百篇，大抵圣贤发奋之所为作也。

同学们，当你把“君子风度、淑女形象”作为自己的理想人格或人生追求的时候，你就应当认真学习中华文化，努力弘扬民族精神，你就应当把古代圣贤、志士仁人、君子淑女作为自己学习的榜样，你就应当把民族精神与时代精神结合起来，正确选择自己的人生道路，科学规划自己的职业生涯，在实现中国梦的伟大历史洪流中，让自己的梦想成真！谢谢！

新疆克拉玛依中小学班主任和谐德育人大赛点评

尊敬的各位参赛班主任老师，尊敬的各位领导和评审专家：

大家好！

我代表中国教育科学研究院原德育研究中心、中国伦理学会德育专业委员会和全国和谐德育研究与实验总课题组，并以我个人名义向克拉玛依第三届中小学班主任和谐育人专业能力大赛取得的圆满成功表示衷心的祝贺！向全体参赛班主任老师取得的优异成绩表示衷心的祝贺！

本次大赛是贯彻落实党的十八大精神和《国家中长期教育改革和发展规划纲要》精神的重要举措，是坚持育人为本、德育为先，把立德树人作为教育根本任务的具体行动。对于提高班主任专业素质与专业能力，推动班主任职业化、专业化、专家化建设具有十分重要的意义。

两天来，通过亲自参加、亲眼目睹、亲耳聆听、亲身感受本次班主任大赛，我认为本次大赛有三个特点和优点。

第一，本次大赛在班主任队伍建设方面发挥了先导性、示范性作用。克拉玛依市教育局的领导高度重视班主任队伍建设。局领导班子有正确的办学理念，强大的工作魄力和高超的领导艺术，至今已连续成功举办三届班主任大赛，而且是全市动员，校校组织，人人参与，层层选拔，集中展示。如此高度重视班主任队伍建设，这在全国市级教育系统中具有领先地位，发挥着先导性和示范性作用。《教育部关于整体规划大中小学德育体系的意见》要求："切实加强德育工作队伍建设。要像重视和关心业务学术骨干的选拔培养那样重视德育队伍人员的选拔培养。各地教育部门要组织实施德育人才培养工程，实现德育队伍的职业化、专业化和专家化。"我欣喜地看到，教育部的这个要求正在克拉玛依市得到全面的贯彻和落实。

第二，本次大赛的组织工作不断走向科学化、系统化、规范化。本次大赛借鉴了我所主持的全国班主任大赛和本市前两次大赛的成功经验，并有所创新、有所发展。例如：把教育故事演讲与现场情景答辩两个场次合并为一个场次比赛，既节约了时间，又一气呵成，有利于参赛选手的正常发挥，也有利于专家评委更好地把握评分标准。再如：现场情景答辩的题目表述更加具体明确，更加贴近实际、贴近生活，有利于参赛选手即兴审题和回答。不过，有的题目如离异家庭、单亲家庭、重组家庭子女的教育难点题目，不适合年轻的未婚班主任答辩，看来还需要不断的改进。此外，组织工作还有许多亮点，如专家评委认真负责、公平公正的打分，赛场主持人情理交融、恰如其分的主持词、计时员设计的计时钟表课件，计分员准确无误的计分统计等等，都给我们留下了美好的印象。我高兴地看到这是一次科学化、系统化、规范化的班主任大赛。你们完全具备了承办全国班主任大赛的条件。

第三，参赛选手充分展示了职业化、专业化、专家化的班主任风采。在教育故事演讲环节，参赛选手认真学习教育叙事的理论和方法，懂得教育故事源于教育生活。因此，他们大都能从本人亲身经历、亲身体验、亲身感悟的日常教育教学生活中提炼具有教育意义的故事主题，而不是凭空杜撰的。他们把自己和学生作为故事的主人公，以事实为依据，紧扣故事主题，精心设计故事情节的起承转合与矛盾冲突，或声情并茂的演讲，或娓娓道来的叙说，或夹叙夹议的评说，令人感动，发人深思，给人启迪。在现场情景答辩环节，参赛选手大都能冷静审题，沉着应对，恰当运用教育学、心理学以及和谐德育的理论与方法回答问题，展现了教育的经验和智慧。在个人才艺展示环节，参赛选手大都能设计一个教育情境，把自己擅长的一项或几项才艺特长，如唱歌、跳舞、演奏、朗诵、书法、绘画、曲艺、手工、小品、体操、武术等表演出来，充分显示了班主任多才多艺的个性特长。不过，需要指出的是，有个别选手只是单纯的唱歌或表演，没有把个人才艺与教育情境结合起来，这就失去了作为教师才艺的教育功能和价值。这是今后比赛应当改进的。

为了把我们的班主任大赛越办越好，进一步加强班主任队伍建设，我再提三点建议。

其一，建议把主题班会设计作为大赛的一项内容，可作为现场比赛之前以文本形式参赛，并计入总分。也可在现场比赛时以说课的形式参赛，并计入总分。这是一项书面表达为主的比赛项目，加上原有的教育故事演讲、现场情景答辩、个人才艺展示等语言表达为主的比赛项目，更能反映和提高班主任的综合素质。

其二，建议鼓励和支持班主任构建班级和谐德育体系，这是“十二五”期间和谐德育深化研究的主要任务。可暂时不作为比赛项目，但它是实现班主任工作科学化、系统化、规范化的必由之路，也是实现班主任队伍职业化、专业化、专家化的必由之路。

其三，建议把本次大赛的文本包括大赛的组织形式、参赛选手的教育故事、现场情景答辩的题目以及获奖名单等，并配上照片集结出版。建议把教育故事和才艺展示精选制作成录像光盘，争取在电视台播放。我会主办的《新德育》杂志和新德育网也会积极予以宣传报道。建议适时申请承办全疆或全国的班主任大赛，把你们的好经验走向全疆、走向全国。

同志们，班主任工作是光荣而神圣的。国运兴衰，系于教育，教育成败，系于教师。教师尤其是班主任的素质决定着学生的素质，学生的素质关系到祖国的前途和命运。班主任工作是繁重而艰苦的，班主任是班集体的建设者、组织者、领导者和管理者。一个有责任心的班主任总是全身心投入工作，呕心沥血，殚精竭虑，无私奉献。红烛精神、人梯精神正是对班主任高尚人格的真实写照。班主任工作又是科学而有规律的，在新的形势下，班主任面临着许多新情况和新问题，只凭老经验是远远不够的。要使班主任工作上一个新台阶，达到一个新水平，就必须从经验型转向科研型，从随意性转向规范性，从零散性转向系统性，从盲目性转向科学性。因此，必须加强班主任专业化建设。

希望广大班主任要切实肩负起立德树人、教书育人的光荣职责，加强师德建设，弘扬优良教风，提高业务水平，以高尚师德、人格魅力、学识风范教育感染学生，做学生健康成长的指导者和引路人。希望各级教育行政领导要把加强班主任队伍建设作为教育事业发展最重要的基础工作来抓，提升班主任素质，提高班主任地位，改善班主任待遇，关心班主任健康，形成更加浓厚的尊师重教社会风尚，使班主任成为最受社会尊重的职业，努力造就一支师德高尚、业务精湛、结构合理、充满活力的高素质专业化班主任队伍。

最后，我以一个老班主任的名义，祝愿年轻的班主任们事业有成，人生幸福！

祝愿克拉玛依的教育事业兴旺发达，为实现中国梦——民族复兴、国家富强、人民幸福，作出更大的贡献！谢谢！

天津市河西区“理想信念教育区本德育体系”序

天津市河西区是我主持的“九五”“十五”国家重点课题“整体构建学校德育体系的研究与实验”和“十一五”“十二五”中国教育学会、中国伦理学会重点课题“和谐德育的研究与实验”的最早一批实验区，也是历届年会评审表彰的先进实验区。十几年来，虽然教育局和实验学校领导班子已换届两三次，但作为德育科研实验区、实验校却薪火相传、前后相继、连续不断，这足以说明天津市河西区教育局高度重视德育科研和德育工作，把德育科研作为一项永恒的事业，而不是应景的权宜之计。他们对德育科研事业的执着追求以及丰硕的研究成果，应当成为区县级教育行政领导和中小学校的学习榜样。

去年10月，天津市河西区教育局局长胡英江同志率团参加在长沙市举办的第十五届全国和谐德育年会，他在申办年会时的精彩演讲与河西代表的团队精神赢得了全体与会代表的热烈欢迎，取得了今年年会的承办权。一年来，在河西区教育局的领导下，德育科、德育研究室、有关实验学校为筹备本届年会做了大量的工作。呈现在我们面前的这部著作——《鸿鹄高翔，志智凌云——天津市河西区理想信念教育区本德育体系》，就是天津市河西区教育局向本届年会献上的一份厚礼。

这部著作汇编了“鸿鹄高翔，志智凌云——天津市河西区理想信念教育区本德育体系”和 2 所幼儿园、4 所小学、8 所中学、1 所中职校共 11 所实验学校的校本德育体系，全面展示了天津市河西实验区和实验校德育体系构建的研究成果。我认真读完书稿之后，欣喜地发现它有以下三个特点或优点。

第一，坚持以党的十八大精神为指导，把理想信念教育作为德育的核心内容，贯穿中小学德育体系的全过程。

党的十八大报告指出：“社会主义核心价值体系是兴国之魂，决定着中国特色社会主义发展方向。要深入开展社会主义核心价值体系学习教育，用社会主义核心价值体系引领社会思潮、凝聚社会共识。”“要广泛开展理想信念教育，把广大人民团结凝聚在中国特色社会主义伟大旗帜之下。”十八大之后，习近平总书记提出了“中国梦”的构想，他说：“‘中国梦’就是国家富强、民族复兴、人民幸福。”“中国梦”是中华民族的梦，是中国人民的梦，更是中国青少年的梦！中国梦的实现需要一代又一代人的努力，这就进一步向我们提出了对学生进行理想信念教育的紧迫性和重要性。理想信念是对未来的憧憬、向往和追求，是一个人的精神支柱，是学生成长的航标和马达。学生有了理想，人生就有了目标；有了理想，前进就有了动力。因此加强学生理想信念教育是当前学校德育的首要任务。天津市河西区教育局认真贯彻落实党的十八大精神，把区本德育体系定名为“鸿鹄高翔，志智凌云”，这样就把社会主义核心价值体系中的理想信念教育作为德育的核心内容，贯穿于中小学教育的全过程。他们坚持“育人为本、德育为先”，“把立德树人作为教育的根本任务”，他们遵循教育发展规律和学生身心发展规律，根据小学、初中、高中不同年龄阶段学生身心特点和理解接受能力，以理想信念教育为核心，从“志、情、智、善”四方面教育内容展开，按照“纵向衔接、横向贯通、分层递进、螺旋上升”的原则，整体构建了河西区本德育体系，使本区各级各类学校的德育工作有所遵循，走上科学化、系统化、规范化的道路。

第二，坚持以整体构建的理论为支撑，把德育六要素作为体系构建的基本框架，构成一个和谐有序的整体。

我们经过“八五”“九五”“十五”“十一五”四个五年规划历时二十年的整体构建学校德育体系的研究与实验，形成了和谐德育思想，创立了和谐德育的理论体系和实践模式。和谐德育把学校德育工作的各个要素视为一个相互联系、辩证统一的整体。这个整体是由德育目标、内容、途径、方法、管理、评价“六要素”构成。“六要素”和谐，就是把德育目标、内容、途径、方法、管理与评价构成一个和谐有序的整体，使德育诸要素在相互关联、相互制约、相互作用的关系中获得最佳德育效果。总课题组要求构建区本和谐德育体系和校本和谐德育体系，要以德育“六要素”为基本框架，并且对“六要素”的体系构建提出了明确的要求。构建德育目标体系的要求是“总体目标，一以贯之；学段目标各有侧重；年级目标，具体明确；情意兼顾，知行统一”。构建德育内容体系的要求是“德育内容，循序渐进；德目规范，形成序列；要素完整，层次清楚；注意衔接，螺旋上升”。构建德育途径体系的要求是“德育途径，对应内容；一项内容，多条途径；有主有辅，协调配合；分工合作，形成合力”。构建德育方法体系的要求是“根据内容，对应途径；多种方法，优选组合；辩证思维，法无定法；留有余地，鼓励创新”。构建管理体系的要求是“理顺健全领导体制；

稳定提高教师队伍；建立健全规章制度；形成学校、家庭社会德育网络”。构建管理评价体系的要求是“三级评价，体系健全；指标体系，科学简明；认真研究评价原则；正确掌握评价方法”。天津市河西区的同志们严格按照总课题组的要求，坚持以整体构建德育体系理论为支撑，把德育“六要素”作为《鸿鹄高翔，志智凌云——天津市河西区理想信念教育区本德育体系》的基本框架，成功地构建了河西区本德育体系。

第三，坚持以本区本校的实际为特色，把德育体系作为全程全员可操作的载体，落实到德育实际工作之中。

构建区本和校本德育体系除了要遵循德育体系的“六大要素”以外，还要突出自身特色。“有特色”是个性，“六大要素”是共性，构建区本和校本德育体系要做到个性与共性的和谐统一。《鸿鹄高翔，志智凌云——天津市河西区理想信念教育区本德育体系》之所以是成功的，是先进的，就是因为他们构建的德育体系是有特色的。什么是特色？特色就是与众不同的独特风格，人无我有，人有我优，人优我精。校本和谐德育体系的特色表现在地方特色、层次特色、办学特色三个方面。地方特色，就是要充分挖掘地方历史文化资源、现代建设成就资源，使之渗透或彰显于校本德育体系之中，具有不可替代的地方特色。层次特色，就是根据学校的办学层次，结合高中、初中、小学、幼儿园不同学段的特点和教育规律，在校本德育体系中体现出办学层次的鲜明特色。办学特色，就是根据学校的培养目标、办学理念、学校文化来建构具有鲜明个性的校本德育体系。天津市河西区的11所学校的校本德育体系就各具特色，例如：第四十一中学是“网络化德育体系”，梅江中学是“以美育德体系”，实验中学是“自主发展德育体系”，枫林路中学是“向学向上德育体系”，中心小学是“七彩星德育体系”，平山道小学是“知书达理德育体系”，第十七幼儿园是“优雅儿童德育体系”，第二十二幼儿园是“育德行礼德育体系”等。由此可见，天津市河西区基本达到“校校有特色”的目标。有了特色，就有了个性，就贴近了实际，贴近了生活、贴近了学生，就可以把德育体系落实到德育实际工作之中，就能够增强德育工作的针对性和实效性。

总之，《鸿鹄高翔，志智凌云——天津市河西区理想信念教育区本德育体系》是一部科学化、系统化、规范化的德育体系，是一部成功的、先进的、值得推广的德育体系。我希望广大实验区、实验校向天津市河西区学习，结合本地本校的实际情况，构建起既符合共性要求又有本地本校特色的德育体系；也希望天津市河西区再接再厉，在构建区本校本德育体系的基础上，进一步以主题班会为载体构建班级德育体系，把区本校本德育体系落到班级德育实处，为“把立德树人作为教育的根本任务，培养德智体美全面发展的社会主义建设者和接班人”做出贡献。

山东省东营市广饶县英才学校《养正教育》序

整体构建广饶县英才学校德育体系，以《中共中央、国务院关于加强和改进未成年人思想道德建设的若干意见》和《国家中长期教育改革和发展规划纲要(2010—2020年)》为指导，坚持“育人为本，德育为先，全面发展”的育人理念，建立从幼儿园到小学、初中“3学段12年”、纵向衔接、横向贯通的独具英才特色的校本德育体系，以增强学校德育的科学性、系统性和规范性，提高学校德育工作的时代性、针对性和实效性，彰显学校办学特色，创树英才教育品牌，为培养社会主义事业的接班人和建设者做出新的贡献。我认为山东省东营市广饶县英才学校《养正教育》有以下几个特点。

第一，养正行健是英才学校德育体系的核心理念。

养正即涵养正道之义。《易传》曰：“蒙以养正，圣功也。”童蒙时期，培养良好的习惯和优良的品质，对人的一生至关重要。英才学校立足幼儿、小学生、初中生身心发展实际，遵循儿童、少年、青年时期的成长规律和教育规律，大力推行养正教育。“养正教育”，就是“修养正道”的教育。所谓“正道”，是指符合当今社会规范的正义的、正当的、正确的思想、政治、道德、法律、心理素质及其良好的行为习惯。“养正教育”，具有中华民族传统文化的深厚底蕴，涵盖了当代学校德育的全部内容，内在地包含了原来意义上的养成教育，比养成教育更全面、更深刻。“养正教育”，为学生的成长、成人、成才，乃至日后走向成功奠定了良好的基础，有助于学生走上人生正道，成就幸福人生。

行健，出自《周易》：“天行健，君子以自强不息。”指天道运行刚健强劲，君子应当效法天道自强不息，奋发有为。自强不息，是伟大的中华民族精神的重要内容之一，它是中华民族自立于世界民族之林的强大动力。一个民族需要自强不息，一个人同样需要自强不息，它是一个人走向成功的强大动力。“行健教育”，就是培养学生具有自强不息、勇于追求、勤奋力行、奋发有为的精神。德育过程包括晓之以理、动之以情、练之以意、导之以行四个环节，“行健教育”是磨炼意志和训导行为的教育，而这正是行为习惯“养正教育”的关键。

英才学校德育体系的特色是“养正教育”与“行健教育”的和谐统一，养正是培养目标，行健是精神动力，二者互相支撑，相得益彰。英才学校创立了“养正教育”德育模式，它是和谐德育的成功模式之一。“养正行健”作为英才学校德育体系的核心理念，精炼而深刻地概括了英才学校的价值取向和精神追求，对于学生成长与发展具有重要而深远的指导意义。

第二，培养习惯是英才学校德育体系的实践模式。

英才学校把习惯划分为个人生活习惯、家庭生活习惯、学校生活习惯、社会生活习惯四大类，每一类又分为若干种。

个人生活习惯可分为自理习惯、起居习惯、饮食习惯、卫生习惯、锻炼习惯。

家庭生活习惯可分为孝敬父母习惯、亲情关爱习惯、身心和谐习惯、家务劳动习惯。

学校生活习惯可分为学习习惯、遵守校规习惯、尊敬老师习惯、团结同学习惯、关心集体习惯、心理健康习惯、人身安全习惯。

社会生活习惯可分为文明礼貌习惯、遵纪守法习惯、尊老爱幼习惯、诚实守信习惯、交往合作习惯、责任担当习惯、公益劳动习惯、爱护环境习惯、热爱家乡习惯、热爱祖国习惯、爱党爱民习惯。

这四大类若干种习惯的养正教育，应根据幼儿、小学生、初中生不同年龄特点进一步细化为更加具体的习惯。

第三，和谐统一是英才学校德育体系的构建原则。

和谐德育，是以满足社会发展需要和受教育者发展需要的和谐统一为出发点，在遵循受教育者思想品德和身心发展规律的基础上，构建德育体系诸要素之间的和谐关系，使之协调统一、配合得当，形成合力，以引导教育者掌握德育规律，提高育人能力，从而促进受教育者思想品德及整体素质和谐发展的一种教育模式。

整体构建养正教育体系，以和谐统一为基本原则。和谐德育的基本原则包括以下几点。

1. 民主融洽的师生观——教师、学生“双主体”和谐。和谐德育认为教师是教育主体，学生是学习主体，德育过程主要是教师与学生双主体和谐互动的过程。其互动的效果决定了学生思想品德发展的水平，而师生互动的效果则是由师生关系和谐程度决定的。构建养正教育体系，要体现师生双主体和谐。热爱学生是教师的天职，没有爱就没有教育。教师要关心、理解、尊重、信任学生，要善于发现学生的闪光点，要激励学生“我能行”。在德育活动中，教师是主导，学生是主角，要以学生为中心，以活动为中心，以体验为中心，充分调动和发挥学生的主动性、积极性和创造性。

2. 整体优化的大德育观—— 学校、家庭、社会“三教”和谐。和谐德育认为只有在学校、家庭、社会三方面教育力量和谐一致的时候，学生的品德发展才是顺利的和健康的。然而，现实生活中家庭教育存在着不少误区。如：独生子女家庭的“四二一综合溺爱症”、稳定型家庭的重智轻德、单亲家庭的家教缺失、留守儿童的家教薄弱等。社会生活中的黄、赌、毒、邪、黑的负面影响，造成“五加二等于零”的问题。构建养正教育体系，要体现学校与家庭和社会教育相结合，使三方面的教育和而不同、互促互补、形成合力，推动学校、家庭、社会德育目标趋同，德育理念融通，德育内容方法互补，德育资源共享，德育评价一致，从而产生综合的德育效应，使学生成为学校的好学生、家庭的好孩子、社会的好公民。

3. 和谐有序的德育过程观—— 知、情、意、行“四环节”和谐。和谐德育认为德育过程是“知、情、意、行”和谐有序、相互作用的过程。学校德育工作要取得实效，取决于四个环节的和谐统一的程度。德育不同于智育，智育的任务是传授知识兼培养能力，它主要解决知不知、会不会的问题；而德育只到此并没有完结，它不仅要解决知不知、会不会的问题，而且更要解决信不信、行不行的问题，即不但要晓之以理、动之以情，而且更要练之以意、导之以行。构建养正教育体系，应当把“知、情、意、行”和谐有序地整合在一起，以传授道德知识作基础，陶冶道德情感为关键，培养道德信念作保证，以养成良好的道德行为习惯为归结，取得真正意义上的德育实效。

4. 全面和谐的德育内容观——政治、思想、道德、法治、心理“五要素”和谐。和谐德育主张德育内容应包括政治教育、思想教育、道德教育、法治教育和心理教育“五要素”。政治教育、思想教育、道德教育、法治教育和心理教育，各有自己的特定内涵，但又互相联系，互相渗透，互为条件，互相制约，构成了和谐德育的统一体。构建养正教育体系，要完整、准确、全面地理解德育概念的内涵，坚持德育内容的“五要素说”，促进学生思想道德素质全面地、和谐地成长。

5. 全面发展的教育质量观—— 德、智、体、美、劳“五育”和谐。和谐德育提倡全面发展、和谐发展的教育质量观，其实质在于全面实施素质教育。和谐德育主张要正确处理德、智、体、美、劳之间的关系，实现“五育”和谐发展 。一方面，强调德育首要地位，充分发挥德育对智育、体育、美育、劳动教育的导向、动力和保证作用；另一方面使德育寓于智育、体育、美育、劳动教育之中，充分发挥智育、体育、美育、劳动教育对德育的传输、渗透、内化和巩固功能。构建养正教育体系，要使“五育”相互交织、相互渗透、相互融合，共同促进学生的全面发展、和谐发展。

第四，横纵交织是英才学校德育体系的基本框架。

现代系统科学认为，任何事物都是作为系统而存在的。和谐德育认为学校德育工作是由横向系统与纵向系统相互交织构成的统一的整体。横向系统包括德育目标、内容、途径、方法、管理与评价“六要素”；纵向系统就英才学校而言包括幼儿园、小学、初中“3 学段 12 年”。构建养正教育体系，就是根据“横向贯通，纵向衔接，分层递进，螺旋上升”的原则，把横向系统与纵向系统整体构建而成。这样才会在整体和谐的系统中实现全员德育、全面德育和全程德育，避免倒挂、脱节和简单重复，从而获得最佳德育效果。

1. 德育目标。德育目标是指学生在德育方面所要达到的要求和水平。它对构建养正教育体系具有导向、激励、调节、控制等作用，是选择、构建德育内容的前提，也是提高整个德育科学性与实效性的关键。因此，养正教育目标要具体化到“3个学段”和“12个年级”，根据不同年龄阶段学生的身心特点、成长规律和教育规律设定德育目标，做到“近、小、实、亲”，不要“高、大、空、远”。

2. 德育内容。构建养正教育内容体系就是根据学生的年龄特点和思想品德的发展规律，以道德、心理、法律、思想、政治等相关内容为横坐标，以低年级、中年级到高年级为纵坐标，理顺德育内容自身的逻辑关系，由浅入深、由低到高、由感性到理性、由具体到抽象进行合理部署与安排，做到“德育内容，循序渐进；德目规范，形成序列；要素完整，层次清楚；梯次衔接，螺旋上升”。

3. 德育途径。构建养正教育途径体系，指的是把七大类德育途径：课程类、实践类、组织类、环境类、管理类、咨询类、传媒类具体化为可操作的实施途径，根据“德育途径，对应内容；一项内容，多条途径；有主有辅，协调配合；分工合作，形成合力”的原则，把它们运用到“三学段”各年级的德育工作中去。

4. 德育方法。构建养正教育方法体系，就是把语言说理类、榜样示范类、修养指导类、实践锻炼类、行为训练类、规范制约类、评价激励类等方法具体化，按照“根据内容，对应途径；多种方法，优选组合；辩证思维，法无定法；留有余地，鼓励创新”的原则分布到“三学段”各年级的德育工作中去。

5. 德育管理。构建养正教育管理体系，就是建立健全学校、年级、班级规章制度，明确幼儿部、小学部、初中部及教育处、团队和年级、班级负责人和教师职责，形成齐抓共管、全员育人的养正教育工作格局。

6. 德育评价。构建养正教育评价体系，要运用评分、评等、评语相结合的方法，制定科学简明的幼儿、小学生、初中生品德行为习惯评价指标体系。既要注意评价的客观性，又要注意评价的导向性。通过家校结合、亲子互动、师生共评、生生互评等多元评价方法，发现学生的闪光点，褒奖学生的好习惯，张扬学生的个性特长和优良品质，引导和激励学生健康快乐成长。

第五，地域文化是英才学校德育体系的主要特色。

构建英才学校养正教育体系要立足广饶的经济、政治、文化和社会建设的实际，努力挖掘和充分利用地方德育资源，建设富有地方特色的德育体系，做到“人无我有，人有我优，人优我精”。广饶县地域文化资源十分丰富，主要有以下几个方面。

1. 红色文化资源。中共刘集支部是中国农村建立最早的党组织之一，这里保存了中国最早版本的《共产党宣言》。这里的“宣言博物馆”，是学校进行爱党爱国爱社会主义教育和革命传统教育的德育基地。小学高年级和初中年级在这里开展德育活动可以突出红色文化的德育特色。

2. 历史文化资源。广饶县历史悠久，文化灿烂，其历史最早可追溯至距今5500年的大汶口文化中期，并与齐国故都临淄毗邻，有深厚的历史文化积淀，2010年被联合国地名组织评定为千年古县。广饶还是吕剧的发祥地和齐笔的原产地。小学高年级和初中年级要设计中国文化与传统美德教育活动，突出历史文化的德育特色。

3. 文化名人资源。广饶县是古代著名军事家——兵圣孙武的故里，孙武的《孙子兵法》蕴含着深刻的哲学思想和军事战略智慧。这里建有规模宏大的“孙武公园”，伫立着《孙子兵法》十三篇的形象雕塑，是开展德育活动的好场所；这里每年举办一届“中国广饶·孙子国际文化节”，是开展德育活动的好载体。构建养正教育体系要以爱国主义为核心的民族精神教育为主线，开展教育活动，突出民族精神的德育特色。

4. 建设成就资源。广饶县是全国“百强县”之一，在经济、政治、文化、社会建设各方面都取得了令人瞩目的成就。这里每年举办的中国(广饶)国际橡胶轮胎暨汽车配件展览会，是展示该县建设与发展成就的平台，是一个经济文化的盛会。构建养正教育体系要以改革开放为核心的时代精神教育为主线，开展教育活动，突出时代精神的德育特色。

5. 节日文化资源。节日纪念日是世界各民族在文化传承中法定的或约定俗成的有特定文化内涵的固定时间。节日纪念日反映着人类对美好生活的追求和向往，对优良品德的认同和弘扬。中国的节日，历史积淀久远，文化内涵深厚，蕴含着中华民族的价值观念、伦理道德、民族情感和审美情趣，具有其他资源不可替代的德育价值。各种法定节日，传统节日，革命领袖、民族英雄、杰出名人等历史人物的诞辰和逝世纪念日，建党纪念日、红军长征、辛亥革命等重大历史事件纪念日，“九一八”“南京大屠杀”等国耻纪念日，以及学生的入学、入队、入团、成人宣誓等有特殊意义的重要日子，都蕴藏着宝贵的德育资源。构建养正教育体系要组织丰富多彩的主题班会、队会、团会，举行各种庆祝、纪念活动和必要的仪式，引导学生弘扬民族精神，增进爱国情感，提高道德素养。

第六，主题活动是英才学校德育体系的基本形式。

构建养正教育体系是全程德育的体现，贯穿于学生从入学到毕业的整个过程之中。养正教育体系要针对幼儿、小学生、初中生成长的每一个阶段的需要开展主题教育活动，做到学段有规划，年级有设计，学期有重点，周周有活动，使德育无时不在，环环相扣，贯穿始终。

根据广大实验教师在教育实践中创造，主题德育活动可以归纳总结为 16 种类型：

1. 讨论探究式。针对德育内容、教育情境和生活中存在的不良习惯问题，引导学生进行讨论，探究事物的现象和本质之间的联系，培养学生发现问题、形成观点、养正习惯的能力。

2. 辩论明理式。针对德育内容、德育情境和生活中存在的不良习惯问题，运用辩论的方式激发认识兴趣，发展道德认知能力，引导道德行为。

3. 情感体验式。针对德育内容、德育情境和生活中存在的不良习惯问题，以激发情感、体验情感为重点的教育内容和活动方式，在情感体验中深化道德认识，陶冶道德情感，引导道德行为。

4. 情景模拟式。以对生活情景的模拟为活动形式，如用多媒体演示礼仪规范动作，“模拟法庭”活动等，让学生直观感受，亲身体验，深化认识。

5. 角色扮演式。在设定的情境中，让学生充当某种角色，采用相应的语言、动作进行表演，使学生理解人与人、人与物等方面的关系，并从中获得真切感受。

6. 演讲报告式。通过演讲发表自己的观点见解，既提高了学生的语言表达能力和思维能力，同时讲述了知识道理、介绍了先进事迹和经验。

7. 审美鉴赏式。以培养学生的审美能力为重点，指导学生感受生活中的人物美、艺术美、自然美、社会美，以陶冶情操，涵养品格，孕育创造力。

8. 文艺演出式。通过文艺演出活动，为学生创造了展示才华、展现自我价值的天地，也为师生营造了文明、高雅的艺术氛围，在演出中使参加人员都受到养正教育。

9. 知识竞赛式。把思想品德教育寓于知识竞赛和技能竞赛之中，是学生乐于参与的活动之一。幼儿、小学可以设计游戏竞赛，学生在娱乐中受到养正教育。

10. 网上互动式。运用互联网举办网上主题班会，网上课堂、网上心理咨询等新型主题教育活动，以其独特的内容和形式受到学生欢迎。

11. 展示交流式。展示成长成果，交流学习经验，如通过橱窗、板报、手抄报、广播、录像等方式展示学生在不同领域的创造成果，使学生互相学习，互相借鉴。

12. 评价激励式。把品德评价生活化、情趣化、情感化，如《和谐成长》创造了丰富多样的评价方式，素质评价成为生动的教育过程激励学生健康成长。

13. 调查访谈式。指导学生开展社会调查和访谈，收集第一手资料信息，深化课内所学知识，开阔视野，提高认识，增强社会责任感，养正行为习惯。

14. 参观考察式。组织学生参观考察德育基地，如博物馆、科技馆、城市规划馆、福利院、企业、农村、社区、军营等，使学生加深了解地方文化传统，认识改革开放以来祖国建设取得的伟大成就，培养学生热爱家乡、热爱祖国的良好习惯。

15. 社会实践式。参加各种社会实践活动，培养学生的分析综合能力、动手实践能力、社会适应能力和创新能力。在活动中融入养正教育。

16. 综合活动式。多种活动形式的综合运用。根据不同的德育内容，综合运用上述两种或几种活动形式，是德育主题教育活动的基本组织形式。

贵州省安斯寿《学校怎样开展德育科研》序

呈现在我们面前的这两本书——《学校怎样开展德育科研》和《学校怎样构建德育体系》是安斯寿同志的新作。今年一月，安斯寿冒着严寒专程到北京来送书稿并请我作序，我欣然同意。当我翻阅书稿、静心品读的时候，一股暖流涌上心头。我曾经多次应邀到贵州，斯寿同志陪同我先后到过黔西南兴义、黔东南凯里、黔西北遵义、黔东北铜仁，更不用说省会贵阳了，最令人难忘的是2009年全国第十二届德育年会在贵州仁怀举行。回忆起我与安斯寿同志深入基层、深入学校、深入课堂、并肩工作的情境，仍然历历在目，激动不已。安斯寿同志待人诚恳实在，对工作认真负责，对学习精益求精，对德育科研事业执着追求，对贵州实验区的工作倾注了全部的心血和智慧，给我留下十分深刻而美好的印象。2006年，安斯寿被中央教科所德育研究中心评选为“全国百名德育研究专家”，2007年他担任全国班主任培训教材《未成年人思想道德教育》的专家，2014年又被贵州省教育厅聘请为道德讲堂的“德育名师”。

细读这两本书稿，我认为至少有以下三个优点，值得全国各个实验区学习和推广。

第一，“十年磨一剑”，功夫不负有心人。

安斯寿同志自2000年3月加入到我主持的全国教育科学“九五”规划国家级重点课题“整体构建学校德育体系的研究与实验”课题组，并且组建实验区、发展实验校，担任贵州省分指导中心主任，至今已经满满的15年了。值得称道的是，在这15年间每年他都率领贵州省实验学校的代表团出席全国德育年会，从来没有缺席过。有诗为证：“事从德育始南岸，长江奔腾永向前；‘十五’开题在株洲，追随导师井冈山。太湖秋色风光美，德育读本正实验；雄鸡报晓惊天地，德育体系已构建。飞越天山会伊宁，和谐德育首创建；最是北京聚盛会，金色大厅群英灿。和谐成长始长春，众手浇开君子兰；南山年会著华章，感叹十年磨一剑。难忘千人赞茅台，仁怀年会做贡献。和谐德育在深化，畅游上海世博园。探寻和谐德育根，志同道合聚西安；继承中华复兴业，千人拜谒到韶山。海河扬波颂和谐，三级体系已构建。中国特色德研路，上下求索十五年。”安斯寿同志不仅积极参加历届年会，而且认真学习和领会年会的精神，并且参照总课题组举办的德育年会模式，组织召开每年一届的贵州省德育年会，传达贯彻全国德育年会的精神，部署本省的德育科研任务。常言道：“十年磨一剑”，功夫不负有心人。安斯寿十几年如一日坚持德育科研，咬定青山不放松，终于用他的心血和智慧著成两本书——《学校怎样开展德育科研》和《学校怎样构建德育体系》。实现了“出成果、出经验、出人才”的目标。

第二，“接地气搞科研”，根深才能叶茂。

安斯寿同志十分注重调查研究，十几年来他走遍了贵州省的山山水水，与20多个县市区的教育局长交朋友，与二百多所学校的校长教师交朋友，深深扎根于基层学校的乡土之中，一方面吸吮着德育实践的营养，一方面播撒着德育科研的雨露阳光。他不仅进行个案调查研究，还在全省范围内进行过大面积的问卷调查研究，在《学校怎样构建德育体系》一书中，详细介绍了他设计的小学生、初中生、高中生每个年级共12份调查问卷，以及怎样对中小学生的行为习惯进行了全面而具体的、深入而细致的调查研究。通过调查研究，了解了中小学生思想道德素质和学校德育工作的真实情况，体察到学校德育的问题所在，提出了加强和改进学校德育工作的中肯意见。安斯寿在学校德育研究与实践活动中一直坚持总课题组的"整体构建"的原则，广泛吸收了总课题组的理论思想，紧密结合了贵州省中小学校的实际情况，形成了自己的研究成果。这两本著作科学地回答了学校开展德育科研从哪里入手、注意哪些事项、遵循那些原则、采用什么方法等问题。可以这样说，一书在手，学校德育科研就不是什么难事了，学校的德育科研就有了工作的路径，就可以上手了。这对于一线的校长和教师开展德育科研具有直接的、现实的、有益的帮助。

第三，"顶天立地"，站得高才能走得远。

搞德育科研必须"顶天立地"。天，就是党和国家关于教育的大政方针以及德育的基本理论。地，就是本地本校的实际以及学生成长的需要。顶天立地，就是要把党和国家的大政方针以及德育基本理论与本地本校的实际以及学生成长的需要相结合。安斯寿同志就是这样做的，他不仅扎根于贵州省的实际，而且认真学习党和国家关于德育工作的大政方针，刻苦钻研总课题组关于整体构建德育体系的基本理论。在《学校怎样开展德育科研》一书中，他系统阐述了什么是德育、德育的本质、德育的任务、德育的原则等德育的基本理论，而且对整体构建德育体系的理论进行了认真的研究，比较系统地贯彻了总课题组关于整体构建德育体系“横向贯通，纵向衔接，分层递进，螺旋上升”的基本原则，把德育目标和内容、德育途径和方法、德育管理和评价的横向系统，与小学、初中、高中的纵向系统作了准确的解读。在指导和培训贵州省实验学校的工作中，认真贯彻了总课题组关于“师生双主体说”“德育活动三中心说”“知情意行四环解说”“德育内容五要素说”“德育体系横向六要素和纵向六学段说”以及和谐德育的基本理念等。这是安斯寿同志之所以取得优异成绩，作出重要贡献的原因之一。

安斯寿同志做到了“顶天立地”，站得高就能看得远走得远。在“九五”“十五”规划期间，我们共同走过了整体构建德育体的日日夜夜，在“十一五”“十二五”期间，我们又在和谐德育研究中一路前行，在“十三五”规划即将到来之际，我们要贯彻落实党的十八大关于“把立德树人作为教育的根本任务”的精神，进行“立德树人的研究与实验”，在加强社会主义核心价值体系教育和完善中华优秀传统文化教育中再立新功。我相信安斯寿同志一定会一如既往地团结在总课题组周围，带领贵州实验区实验校取得更好、更大的成绩。也希望全国各个实验区实验校的同志们学习安斯寿的精神，研究安斯寿的成果，推广安斯寿的经验。让立德树人研究的园地里百花盛开！

最后，我想以我在2009年贵州仁怀年会上赋的一首诗作为序言的结束语：

和谐德育盛会开，各方贤达聚仁怀。
国酒文化传天下，千人举杯赞茅台。
热烈升腾火品格，润滑温柔水形态。
水火相容化为酒，洒向人间都是爱！

河南省淮滨县符运杰《教育探索与实践》序

呈现在我们面前的这部著作——《教育探索与实践》，是河南省淮滨县教师进修学校校长符运杰从教三十年的文章汇编。运杰同志曾经在中国教育科学研究院(原中央教育科学研究所)作访问学者，现在又担任中国伦理学会德育专业委员会副秘书长，我和他既是师生关系，又是同事关系，更是朋友关系。因此，我对这部书特别的关注，收到书稿之后就想一口气读完，读了之后就想写篇读后感，于是就有了这篇短文，是为序。

这部书真实记录了作者从一位中小学教师、校长成长为德育专家的奋斗历程。它的价值在于给中小学教师职业生涯规划指出了方向，为中小学教师“出成果、出经验、出人才”提供了榜样。这就是在符运杰身上和他的文章里体现出来的科研型、学者型、专家型教师(校长)的成长道路。我把它概括为三个阶段或三个台阶。

第一，爱岗敬业，结合工作实际进行研究。

作为一名教师，首先要热爱教师职业。不管是任课教师，还是班主任，或者是校长，都应热爱自己的工作岗位，以恭敬和敬畏之心对待自己从事的职业，并认真研究如何做好自己的本职工作。在这方面，符运杰做到了。他初登教坛时教初中数学，又在教师进修学校教心理学，他结合教学实践进行学习和研究，先后撰写了《浅谈数学教学中学生逻辑思维能力的培养》《小学儿童的学习心理试析》《怎样结合学科特点进行德育渗透》等文章，在河南省教委主办的专业杂志《小学教师培训》上发表。后来担任初中校长、小学校长，从事学校管理工作，他又潜心研究实施素质教育问题，撰写了《坚持三个面向，开展素质教育》《加强师资培训提高办学水平》《关于中小学教师职业道德教育的思考》等文章。再后来他担任县教体局基础教育教研室主任、教育科学研究所所长、县教师进修学校校长，他又结合本职工作撰写了《强化教研职能提高教学质量》《关于校本教研的理解与设想》《教师进修学校师资队伍的建设》等文章。从符运杰的身上，我们看到了一位教师爱岗敬业、潜心研究、不断进步、走向成功的足迹。

第二，志存高远，加入到德育科研国家队。

作为基层教师，要志存高远，不能满足于作为一名普通的“教书匠”，要立志做一名学者型、科研型、专家型的教师。我国有上千万中小学教师，有多少人这样想、这样做了呢？符运杰不但想到了，而且做到了。我和他是在1999年北京德育教师培训班上认识的，他听了我的学术报告后，就追到我的办公室要求参加“九五”规划国家重点课题“整体构建学校德育体系的研究与实验”，后来又积极报名到中央教科所做访问学者，成为我主持的全国教育科学“十五”规划国家重点课题“整体构建学校德育体系深化研究与推广试验”总课题组核心成员。从此，他加入到中央教科所德育研究中心的学术团队中来，与德育科研结下了不解之缘。在此期间，他主持了子课题“小学德育途径和方法”的研究与实验工作，主编了《小学德育途径和方法》一书，并在《信阳日报》《中国教育报》《中国德育》杂志发表了文章。此时，符运杰的德育科研产生了质的飞跃——从个人在工作中摸索前进，到加入到德育科研的国家队；从局部教育经验的微观总结，到整体构建学校德育体系的宏观思考；从撰写经验总结式的文章，到主编理论与实践相结合的著作；从文章发表在地方性报刊，到论文发表在国家级报刊。

第三，顶天立地，理论与实践相结合。

什么是顶天立地？就是头顶云天，脚踏大地。我理解的“天”，就是马列主义、毛泽东思想和中国特色社会主义理论，以及党中央一系列关于进一步加强和改进学校德育工作的文件精神；我理解的“地”，就是本地区、本学校德育工作的实际情况。所谓顶天立地，就是要“吃透上下两头”，关键是要把天与地、上与下、理论与实践、中央精神与基层实际紧密地联系起来，做到天地融合，上下贯通，理论与实践相结合。在这方面，符运杰一直在执着追求，努力实践。在做中央教科所访问学者期间，除了完成“十五”规划国家重点课题“整体构建学校德育体系深化研究与推广试验”的科研任务之外，还参与了教育部文件《中小学开展弘扬和培育民族精神教育实施纲要》《班主任工作条例》《整体规划大中小学德育工作体系》等的起草工作，参加了国家新课程初中《思想品德》教材的编写工作。“十一五”规划期间，他担任全国和谐德育研究与实验总课题组核心成员。在和谐德育课题实验教材《和谐成长》《法制教育》《和谐德育》的研究与编写中，担任小学学段主编之一；在和谐德育学术团队的代表著作《和谐德育论》的研究与编写中承担部分章节的写作任务。正是因为运杰同志取得了如此优秀的研究成果，才当选了中国伦理学会德育专业委员会副秘书长，并被评为全国“百名德育专家”之一。

总之，我认为上述三个阶段或三个台阶，是中小学教师、校长成长为德育专家的必由之路。符运杰同志是和谐德育学术团队百个实验区、千所实验校、万名实验教师中成长为德育专家的典型代表之一。我热切地希望在“十二五”期间伴随和谐德育深化研究与推广实验，在构建区县和谐德育体系、校本和谐德育体系、班级和谐德育体系的过程中，从实验区、实验校、实验教师中走出更多的德育专家，出版更多的德育著作！

陕西省张月明《〈大学〉要旨发微》序

中国伦理学会德育专业委员会常务理事王善武同志推荐张月明同志的《〈大学〉要旨发微》，让我为之作序。此时我们正在学习贯彻党的十八大关于“把立德树人作为教育的根本任务”之精神，研究制定《实施立德树人工程，深化和谐德育研究课题实施指南》。尽管很忙，但我还是欣然同意了。因为我和月明同志做的是同一件事情，都在弘扬中华民族传统文化，从不同的层面、不同的角度为立德树人工程增砖添瓦。

读书人做学问，总爱刨根问底、追根溯源。对“立德”“树人”同样也要找到出处。“立德”出自古代典籍《左传·襄公二十四年》：“太上有立德，其次有立功，其次有立言，虽久不废，此之谓不朽。”这是古代圣贤追求的“三不朽”的人生境界，在立德、立功、立言三不朽中，立德至高无上。“树人”出自《管子·权修》：“一年之计，莫如树谷；十年之计，莫如树木；终身之计，莫如树人。”后来形成“十年树木，百年树人”的成语。党的十八大把立德树人作为教育的根本任务，彰显了教育理念蕴含的中华文化、国学知识和民族精神。

把立德树人作为教育的根本任务，就必须加强和改进学校德育工作。加强德育工作，就应当从中华民族传统美德中汲取营养。我国古代思想家、教育家对“德”和“德育”有过多种的指谓。例如：《管子·心术》说：“化育万物谓之德”；《庄子·天地》说：“通于天地者，德也”；《易·爻辞》说：“阴阳交通谓之德”；《左襄二十四年传》说：“爱民无私曰德”；《礼记·礼运》说：“德，谓孝悌也”；《韩非子·解老》说：“精神不乱之谓德也”；等等。其中对德字讲得最多的要算孔子，《论语》中“德”出现了39次，涉及16篇31章。孔子思想体系的核心是“仁德”，强调：“道之以德”“为政以德”(《为政》)。孔子说的“仁德”，内容十分广泛，他对“仁”的解释也是多样的。我认为有六个方面：一是“仁者爱人”；二是“克己复礼为仁”；三是“孝悌”为仁之本；四是“忠恕”为仁之道；五是“和谐”为仁之贵；六是“中庸之为德”(《雍也》)。可见“仁”是众德之总。在“仁德”的统摄下，孔子还提出一系列道德范畴，如恭、宽、信、敏、惠、刚、毅、木、讷、勇、敬、俭等。孟子继承发展了孔子的伦理思想，进一步概括为“仁、义、礼、智”四德。汉代董仲舒归纳为“仁、义、礼、智、信”五德。后代学人进一步把儒家经典概括为“忠、孝、仁、爱、礼、义、廉、耻”八德。

《大学》原是儒家经典《礼记》中的一篇，北宋仁宗天圣八年，赐进士《大学》，于是方有《大学》单行本问世。南宋时朱熹采纳二程之说，对《大学》加以整理，成《大学章句》之书，与《论语》《孟子》《中庸》并称“四书”，成为科举考试的标准教材，是南宋以降寒门学子登入仕途的必读之书。《大学》在“四书”中文字最短，不足两千字。但语约而意富，言近而旨远，基本囊括了儒家学说之精要。正如程氏所言：《大学》乃“初学入德之门也”。

基于上述思考，我更加看重张月明同志的《〈大学〉要旨发微》。“要旨”者，核心要义也；“发微”者，阐发幽深精微之处也。书名确立了该书的学术定位，正如作者自己所言，“兼顾考据、辞章，侧重阐明义理”。粗读书稿，我认为有如下特点：

一是该书没有局限在我们常见的译注本的范围，能从学理的角度开掘其微言大义，一定会使读者耳目一新。我们并不是说译注不重要，译注是解读古籍的基础，但是单靠简单的译注，很难理解古籍的要义。而且我们经常见到的大多数是译注本。比如说选在高中语文课本中的《逍遥游》，光看了译注肯定还是理解不了庄子思想深刻含义，必须有老师的进一步阐发、引导方可完成教学任务。《大学》看似简单，仅作译注比较容易，但要真正读懂读透，恐怕还真需要借助类似张月明同志的这种诠释了。所以我们撇开其学术价值不说，单就这种治学取向而言，是值得肯定的。

二是张月明同志解读《大学》，不说就《大学》论《大学》，他能根据学术源流，上从《论语》中找依据，下到《中庸》中寻佐证，杂引蒙学读本、民谚俗语，以经解经，兼涉佛学，以文化证经，所以书的内容给人以厚重之感。正如作者自己所言，从文化学的视角，力图给《大学》一个“自认为圆通的解释”，是否圆通交给读者去评判吧。但这种治学方法是值得称道的。

三是目前出书数量多如牛毛，这种现象看作是文化繁荣似无不可。但也毋庸讳言，其质量良莠不齐，各种各样的情形都有。辗转相抄者有之，粘贴拼凑者有之，一派胡言者亦有之。而《〈大学〉要旨发微》的确是一部原创性很强的书，解读古籍不可能不采用前贤今人的成果，但选择辩证就是功夫，阐述发挥更见功底。任何学术的生命都在于创新，毫无创新之作，学术生命也就枯竭了。至少我们没有发现月明的这本小书中有以上所言的乱象，这种治学态度是值得提倡的。

看到张月明同志的《〈大学〉要旨发微》，又得知月明近十几年来在普通高中担任教学管理工作，他的学术方向也由语言文字学向德育科学拓展，可喜可贺。出于职业习惯，我想推荐该书作为普通高中的校本德育教材，因为《大学》文本和月明的解读实际上都与德育有密切联系，《大学》讲修身正人，本书作者的解读亦对此不遗余力，而且也正是作者的期望。我看只要有哪一所学校选中，可谓慧眼识珍珠，一定会对学校的德育工作大有裨益。

学术之事，漫无边际，永无止境。我热切期盼他有更大的成就，成为真正的经师，乃至人师。果能如是，则我为序之愿足矣。冗务缠身，不能深究本书之得失，留待方家读者评判吧。就初步印象，写下了上面的话，是以为序。

安徽省韩传信《学校德育的意蕴》序

韩传信把他的新作《学校德育的意蕴》书稿送我审阅。“意蕴”一词深深地吸引了我。书中所表达的学校德育蕴含的、内在的旨意是什么呢？它吸引我思考本书的提纲，琢磨本书的内容。我惊喜地发现这是作者精心勾勒，倾其全力雕刻的一部力作。据我了解，这是他二十年来教育教学实践和学术研究的结果，是他一以贯之研究激情的迸发，是他咬定青山不放松的执着精神的凝结。纵观全书，字里行间流露出作者对德育事业的一往情深，对学校教育质量的殷切期盼，也反映了一位教育工作者对德育使命和责任的担当。为此，我为韩传信点赞！同时把我的读后感与广大读者分享。

首先，在布局谋篇上，本书分为上中下三篇，第一篇：走向校本的德育研究；第二篇：提升教师的德育素养；第三篇：关注学生的德育实践。这三篇结构清晰地表明了本书的“意蕴”是研究校本德育。校本德育意在揭示教育者、受教育者、校本教育环境三者的关系。本书在学校、教师、学生三个层面进行了有益的探讨，并提出个人一些独到见解，为扎实推进学校德育科学发展提供了可参照的意见。同时做到了理论与实践相结合，宏观研究与微观研究相结合，教育管理与咨政服务相结合。三种结合，相得益彰，使读者在阅读中自然会受到一种文化启迪、教育感悟和思想升化。

第二，在内容安排上，本书呈现出整体把握、一脉相承、一气呵成的全景式的教育生态观念。在学校德育研究方面，本书强调德育源于文化的浸润，深入挖掘传统文化、网络文化和区域文化资源，注重弘扬和培育以爱国主义为核心的、团结统一、爱好和平、勤劳勇敢、自强不息的伟大民族精神。在教师德育素养方面，提出了提升教师德育素养一些具体的方略和途径，这些建议对教师走德育专业化发展道路有重要启示。在学生自主德育实践方面，对学生自律能力、公民道德、创新精神、勇于负责、道德生活的实践能力方面做了深入细致的阐释，提出了具有实效性的引领学生道德实践的具体做法。

第三，在继承创新上，本书继承了教育学、心理学、德育学的基本理论，同时高举改革的旗帜，进行了大胆的理论创新。教育发展的出路在于改革，改革创新的出路在于研究。面对新时代、新情况、新任务，以促进德育科学发展为目的，结合学校德育凸显一些矛盾和困惑，作者对此做了些认真思考和研究，反映出作者的洞察力和创造力。本书聚焦和回应一些现实问题，以通俗易懂和旁征博引的方式向读者传达教育制胜之道。例如，从道德是立身之本的高度，把教和育落实到学校整个教育教学之中，处处、时时、事事、人人都体现育人的价值。这种将理论与实践结合，化高深为平实，化复杂为简单，体现了作者务实的工作态度和教育睿智。

总之，我认为《学校德育的意蕴》是一本好书，对于贯彻落实党的十八大提出的“把立德树人作为教育的根本任务”，对于加强和改进学校德育工作，对于提高教师和学生的德育素养，都具有十分重要的意义。读一本好书，就是交一位好朋友。我真诚希望广大读者交这位好朋友！是为序。

第五编　和谐德育理论与实践研究

和谐德育研究的理论基础*

和谐德育研究，是以适应构建社会主义和谐社会、促进人的全面发展为出发点，从德育要素的整体联系入手，深化多层面教育规律的研究与运用，构建德育过程诸要素之间的和谐关系，增强德育的合力，从而促进学生思想品德及整体素质和谐发展的一种研究模式。和谐德育研究对回答和解决新世纪、新时期德育工作面临的新情况、新任务具有理论和实践价值，是对教育理论的一种继承、发展和创新。和谐德育研究的理论基础，包括马克思主义哲学、中西方思想文化、教育学和社会学中的和谐思想。

一、马克思主义哲学关于事物普遍联系和发展原理

和谐是事物之间相互联系的机制和状态。辩证唯物主

* 本文与宁武杰合作，曾发表在《教育研究》，2007(7)。

义认为，联系是一切事物、现象和过程共有的客观的、普遍的本性，联系概括了事物或现象之间、事物内部要素之间一切相互联系、相互依赖、相互渗透、相互作用、相互转化等方面的总特征。辩证唯物主义关于事物普遍联系和发展原理对和谐德育研究具有世界观和方法论意义。

（一）联系的丰富性和多样化

认识事物的一个基本着眼点是认识它的联系。恩格斯曾深刻指出："当我们深思熟虑地考察自然界或人类历史或我们自己的精神活动的时候，首先呈现在我们眼前的，是一幅由种种联系和相互作用无穷无尽地交织起来的画面。"①唯物辩证法研究了事物之间相互联系的多种形态和特征。如系统的整体的联系和局部的个别的联系、空间形式的联系和时间形式的联系、内部的联系与外部的联系、直接的联系与间接的联系、因果的联系与非因果的联系等等。其中系统的联系原理为整体构建德育体系提供了基本的思想方法。系统联系原理中的整体性原则，可以指导教育者将德育工作视为一个由诸多要素相互联系构成的整体来研究；系统联系的有序性原则，可以引导教育者认识德育系统中要素的结构层次的和谐建构关系；系统联系的最优化原则，可以引导教育者把握德育要素的和谐联系与合力的因果生成关系。事物内部要素的和谐联系反映着事物的整体性，由事物内部或事物之间的联系所构成的整体，就是体系。恩格斯认为："'体系'产生于人类精神的永恒需要，即克服一切矛盾的需要。"②"克服一切矛盾"就是使

---

① 马克思，恩格斯：《马克思恩格斯选集》第3卷，北京：人民出版社，1995年版，第359页。

② 马克思，恩格斯：《马克思恩格斯选集》第4卷，北京：人民出版社，1995年版，第219页。

事物之间的关系达成和谐。因此，构建体系是寻求和谐的需要，也是把握事物整体联系的需要。

(二)和谐是发展着的联系

辩证唯物主义证明，事物、现象的普遍的相互联系、相互作用，同事物、现象的运动、发展、变化是不可分割、互为表里的。即任何运动、发展、变化都存在和表现于事物内部和外部因素的相互联系和相互作用之中，同时任何相互联系、相互作用本身的现实表现，都是一种动态的发展过程。和谐所表现的事物间相互联系的机制和状态，在教育过程中，实质是人的教育活动之间相互联系、相互作用"动态发展"的机制和状态。

和谐与不和谐所反映的都是事物间相互联系、相互作用的发展状态，这两种状态是辩证的统一。在教育实践中，不和谐常常表现为教育者设计的教育内容和使用的方法与受教育者的身心特点和精神需要之间存在的差异，或教育者之间、教育活动之间关系的不协调。在教育改革实践中，教育过程中的诸种不和谐，会成为教育研究和改革的前提、对象和内容。和谐是具有活力的、能产生整体效应的联系，是人的一种成长需求。教育主体对不和谐的感受和对和谐的需求，形成教育者参与改革实践的动力因素。通过变革和创新教育的内容与方法，消除了已有的不和谐，达成相对和谐。但由于社会和教育环境是开放的、发展的，受教育者要掌握的知识能力是逐步深化扩展的，人的成长需求是流动的延伸的，教育要求与教育活动及受教育者之间的差距总是存在的，因而就会引发新的不和谐。这就需要教育主体进行持续的调控与改革，以达成新的和谐。和谐—不和谐—和谐……反映了和谐作为一种活力机制动态发展的本质特征，说明了和谐与不和谐的辩证统一关系。教育生活中的和谐，是教育要素之间相互联系、相互作用的发展状态和结果。教育主体自身知、情、意、行的和谐，是其与外部教育要素相互联系、相互作用的结果。和谐作为教育主客体之间的联系机制，是教育者能够直接感受和把握的教育方法和教育要求。和谐可以发生于德育体系的目标内容、途径方法、管理评价等所有德育要素的相互联系之中。

(三)在和谐联系中把握规律

辩证唯物主义原理指出，规律是事物发展中所固有的、本质的、必然的、稳定的联系。在教育的实践过程中，从对和谐的研究和实践入手，有助于教育者认识教育活动中那些具有本质性、必然性、稳定性的联系，即获得关于教育规律的认识。列宁认为："规律的概念是人对于世界过程的统一和联系、相互依赖和整体性的认识的一个阶段。"①从和谐入手对教育现象进行观察分析和实践体验，会使教育者在现实层面上认识教育活动之间、教育主客体之间相互联系、相互作用的动态机制及成因，以形成对教育过程的规律性认识。这样，教育规律就由抽象的理论范畴，转化为教育者可感受、可认识、可概括总结的教育理念，并将其自觉地运用到教育实践中去。从思想理念上把握教育规律，是教育者的一种哲学观念。教育者在教育的研究和实践中形成的哲学观念越全面、越深刻，其在教育过程中的主体性就越强。在教育科研和教育实践中引导教育者认识和掌握教育规律，提高教育者对教育规律的自觉意识和自觉实践能力，是教育科研的根本目的。在教育研究和教育实践中，是否正确地把握教育过程及现象中的规律，是检验教育研究及实践活动是否具有科学性的重要标准。

① 黄楠森：《哲学笔记注释》，北京：北京大学出版社，1981年版，第156页。

辩证唯物主义关于事物普遍联系和发展的原理为和谐德育研究奠定了哲学基础。联系的观点、发展的观点是和谐德育首要的、基本的观点。

二、中国传统文化中的和谐思想

在中国传统文化中，“和”是一个含义极为丰富、深邃的范畴。按照《说文解字》的解释：“和，相应也。”而“谐”是“配合得当”，“和谐”就是“相应”并且“配合得当”。中国传统文化产生于以小农经济为基础的农业社会和“家国同构”的社会政治结构，是一种伦理型文化。以儒家伦理为主流的传统文化认为宇宙的法则与道德的最高准则是一致的，把人放在与天地、社会的整体联系中加以认识，和谐是这种整体联系中的一个支撑点。传统文化中的和谐思想，可以从三个方面去认识。

（一）天人合一

天人合一在传统文化中有多种含义。儒家对“天”的一种理解是自然之天。孔子说：“天何言哉？四时行焉，百物生焉。”①认为天就是四季的交替运行，万物的生长发育。孟子讲“天油然作云，沛然下雨”②中的“天”，指自然现象。荀子认为“天”是“列星随旋，日月递照，四时代御，阴阳大化，风雨博施”，③“天”就是列星、日月、四时、阴阳、风雨这些自然物体和现象的总称。儒家天人合一思想中的一种观念是强调天人和谐。《易传》提出：“损益盈虚，与时偕行”，

---

① 《论语·阳货》。

② 《孟子·梁惠王上》。

③ 《荀子·天论》。

“时止则止，时行则行”，指出人要依循自然规律做事，与自然保持和谐联系。儒家认为人们经过道德修养，可以掌握自然界的运行规律，并且顺应自然规律，从事生产和生活。

(二)整体和谐

《周礼》提出“以和邦国，以统百官，以谐万民”的思想。把个体德性和谐与家庭和谐、社会和谐联系起来做整体性认识，是儒家和谐思想的主要特点。《论语》提出“礼之用，和为贵。”①强调礼的作用贵在使事物和谐。他教育弟子“入则孝，出则悌，谨而信，泛爱众，而亲仁。”②即回到家里要孝顺父母，在外面要尊敬长上，做事谨慎有规矩，诚实守信，博爱民众，亲近有仁德的人。《大学》要求个人要从格物、致知、诚意、正心的“修身”做起，然后实现齐家、治国、平天下的人生理想。由个体道德推及社会责任，由家庭和谐扩展到社会和谐。《中庸》提出：“喜怒哀乐之未发，谓之中；发而皆中节，谓之和。……致中和，天地位焉，万物育焉。”即能自觉控制偏离道德准则的喜怒哀乐的情感，叫作中；表达出来的情感都合乎道德规范，叫作和。如果能做到“中和”，社会上和自然界的一切事物就会安排得当、健康发育了。这里的和谐所体现的是个体的道德自律精神和道德主体能力。把个人的道德自律精神和主体能力与社会及自然的整体和谐作为条件和结果关系来建构，是儒家和谐德育思想的深刻内涵之一。

(三)和而不同

“和而不同”是孔子倡导的一种道德品质，指与人和谐相处又不盲目附和。这种思想所体现的是传统文化中对和谐的另一种认识和把

① 《论语·学而》。

② 《论语·学而》。

握，即强调主体间及主客体间相互协调、配合得当会促进主体和事物的发展，同时也要保持主体的个性和事物自身特色，以利于主体和事物在和谐的联系中按自身规律持续发展。西周末的史伯把“和”与“同”作为既有联系而又有区别的一对范畴提出，认为“和实生物，同则不继。以他平他谓之和，故能丰长而物归之；若以同裨同，尽乃弃矣。”①意思是不同事物的协调平顺就是和谐，和谐能使事物有所归依而建立联系，所以能促进事物的丰富与发展；如果把相同的事物简单相加，则事将无成。春秋时晏婴进一步发挥了史伯的这一思想，他用喻体论述：“五味”相加，才能成为美羹；音符抑扬顿挫，才能成为美妙的音乐。“若以水济水，谁能食之？若琴瑟之专一，谁能听之？”②强调不同品质的物项协调配合能产生新的效应。值得注意的是，这里不仅提出应当怎样把握和谐，还提出了和谐的效能及其检验标准问题。

三、西方文化中的和谐思想

在西方文化中，最早提到和谐的是毕达哥拉斯。他强调对立面的和谐，断言“一切都是和谐的”，“美德乃是一种和谐”。③ 毕达哥拉斯学派甚至提出了“和谐学”的说法。和谐的另一种含义当属音乐中不同音符之间的合成与流动。当音节之间的音程具有同样的（数的）比例关系时便产生和谐和美。“毕达哥拉斯是千古第一人表现声音与数字比例相对应，比任何人更早把一种看来好像是质的现象——声音的和

① 《国语·郑语》。

② 《左传·昭公二十年》。

③ 《哲学辞典》，吉林：吉林人民出版社，1983年版，第208页。

谐——量化，从而率先建立了日后成为西方音乐基础的数学学说。”①社会和谐是上述含义向社会事物的延伸。政治也像音乐，追求社会的和谐。柏拉图提出“公正即和谐”，社会和谐的根本在于社会的公正。

教育和社会之间是相互促进、相互制约的关系。在西方，和谐思想是教育思想的主流之一。“和谐德育”的实践及理论早在古希腊时期雅典城邦的学校教育中就出现了。“和谐发展”一词最早出现于希腊语“calocagatia”，其义是表示健美体格与高尚道德的结合。在雅典的教育中，“和谐”的思想贯穿德育的始终，身心的和谐发展是德育的重要内容。他们认为德育塑造的最伟大的艺术品是人，这种人是内在美与外在美的和谐统一。其主要措施是通过文法、音乐、体操、舞蹈等内容，培养学生在德、智、体、美诸方面的全面发展。古希腊教育家柏拉图认为，如果“一个儿童从小受到好的教育，节奏和谐浸入了他的心灵深处，在那里牢牢地生了根，他就会变得温文有礼，如果受了坏教育，结果就会相反”。② 亚里士多德强调德育要与人的自然发展相适应，与人的心理活动相适应。③ 人文主义思想家维多里诺、洛克、卢梭等人均强调培养多方面和谐发展、人格完美的人，对和谐教育思想的承前启后发挥了作用。17 世纪捷克教育家夸美纽斯强调人的身心和谐发展的必要性，认为“人不过身心两方面和谐而已”。在其后的裴斯泰洛齐也提出同样的主张，他说：“为人在世，可贵者在于发展，

① 马泰伊著，管震湖译：《毕达哥拉斯和毕达哥拉斯学派》，北京：商务印书馆，1977 年版，第 91 页。

② 曹孚：《外国教育史》，北京：人民教育出版社，1998 年版，第 26，56—57 页。

③ 单中惠：《西方教育思想史》，太原：山西人民出版社，1995 年版，第 22 页。

在于发展各人的天赋的内在力量，使其经过锻炼，使人各尽其才，能在社会上达到他应有的地位。”并提出了体育、劳动教育、德育、智育的和谐教育思想。苏联教育家苏霍姆林斯基说，人的和谐发展，意味着他有能力担当多方面的任务，他应该是社会物质生产和精神生活整个领域中的创造者、享用者、鉴赏者和保护者，是有文化素养和道德风貌的人，是积极参加社会活动的公民和具有道德基础的新家庭的建立者。

四、教育学和社会学中的和谐思想

(一)“社会—人—教育”三者之间的和谐

教育哲学和教育学研究表明，教育的基本发展规律是“社会—人—教育”三者之间的相互制约、相互作用的稳定联系。即社会发展对人的素质提出需求，教育根据社会对人的素质需求进行教育改革，以使人的素质适应社会需求；在这样的相互联系中，人的素质作用于社会，促进社会发展，而社会的继续发展，又对人的素质提出新的需求，教育就要根据这一新需求，继续进行改革。如果“社会—人—教育”之间的联系是一种积极的健康的相互促进状态，就体现为社会发展的整体和谐；如果三者之间的联系出现了非积极健康的作用联系，就说明社会发展存在整体联系的不和谐因素。造成“社会—人—教育”不和谐的因素是多方面的，从学校、家庭、社会“三教”和谐的层面探索促进“社会—人—教育”和谐发展是和谐德育研究的根本目的。因此，教育哲学中关于怎样认识人的和谐发展以及对教育主体等问题的研究，对构建和谐德育体系也具有指导意义。

(二)教育者、受教育者和环境之间的和谐

教育学中关于怎样建立教育者、受教育者和环境之间的和谐关系

的论述对和谐德育研究提供了理论原则。根据教育学原理，教学过程的动力和掌握运用教学原则是实现教育者与受教育者和谐关系的两个紧密联系的环节。教学过程的动力是教师提出的教学任务与学生完成这些任务的需要及实际水平之间的矛盾。教学原则是在总结教学实践经验基础上根据对教学规律的认识制定的教学准则。教育者根据教学动力原理使学生保持和增强学习的内在动力，并能综合运用教学原则组织教学，师生之间就会建立和谐的充满活力的互动关系。师生关系是学校教育中最基本的人际关系。和谐融洽的师生关系不仅是有效进行教育活动、完成教育任务的重要条件，而且本身也是一种重要的教育力量。学生的思想品德是在良好、健康的人际环境中耳濡目染，逐渐养成的。德育过程主要是教师与学生之间、学生与学生之间的多元互动过程，其互动的效果决定了学生思想品德发展的水平，而师生互动的效果则是由师生关系和谐程度决定的。在德育活动中，教师与学生如果能够平等相处，诚恳相待，学生人格就会得到尊重，个性潜能就能得以展示；教师的高尚道德情操、优良个性品质就能够潜移默化地影响和感染学生。

教育学对教育环境的研究对构建学校、家庭、社会和谐德育环境有直接的指导意义。古代教育家就十分重视环境的教育作用，荀子说："蓬生麻中，不扶而直；白沙在涅，与之俱黑。"①教育学研究了学校、家庭、社会教育环境中有组织的环境和自发环境的特点，一般情况下学校有组织的环境的影响力大于家庭和社会自发环境的影响力。有组织的环境要靠教育者根据新的教育理念精心设计和构建；对自发环境要进行有意识的发掘和利用；对学生的发展无益或有害、与

① 《荀子·劝学》。

教育目标不一致的自发环境要加以调节、控制或消除。参考教育学这方面的论述，经过整体构建学校、家庭、社会和谐德育体系的实践，使三个领域的环境不断优化，教育者、受教育者和环境便可以形成和谐的育人关系。

(三)人在学校、家庭、社会中的角色和谐

社会学中关于人的社会化的理论，对在建设和谐社会背景下构建学校、家庭、社会和谐德育体系研究具有多方面的指导意义。社会化是个体在社会环境影响下由自然人发展成为社会人的过程。社会化是通过个体的学习和社会文化的浸润逐步实现的。人的社会化过程是人个性化的过程。同时，人的个性化中也有共性的成分，如共同的理想信念、民族情感和风俗习惯等等。人的社会化是通过人的整个一生完成的。人在社会化中形成自己的社会角色，人的社会角色是一个“角色丛”，同一个人在学校、家庭、社会的不同生活情境中，承担着不同的社会角色。人在学校、家庭、社会中承担的角色是否自然和谐，是人的道德素质是否完整和谐的基本标志。这个问题是构建学校、家庭、社会和谐德育体系研究的一项重要内容。从学生社会化过程看，儿童首先在家庭接受教育的影响而逐步成长，形成基本的品质和个性，这种基本的品质和个性在后续的教育过程中，往往会成为极为重要的发展基础。儿童入学后，在接受学校教育和社会环境影响下，家庭教育继续发挥着作用。根据人社会化的这种过程特点，研究怎样使学生在家庭、学校、社会所接受的教育和环境影响是一种和谐建构状态，并促进学生的个性及身心素质和谐发展，可以结合社会学理论进行深入研究。

学校德育与社会环境、家庭环境以及校园环境之间始终是相互联系、相互渗透、相互作用、相互影响的。学校、家庭、社会在教育主体、内容、方式、方法上各有优势，只有在学校、家庭、社会三方面教育力量和谐一致的时候，学生的品德发展才是健康的积极的。和谐德育研究的目的就是充分发挥学校、家庭和社会三个方面教育力量各自的优势，使之相互协调、相互配合、相互补充、形成合力，推动学校、家庭、社会德育理念融通，德育目标趋同，德育过程协调，德育方法互补，德育资源共享。从而产生多渠道、多方位的和谐德育效应，使学生成为学校的好学生、家庭的好孩子、社会的好公民。

构建校本和谐德育体系*

和谐德育，是以满足社会发展需要和受教育者发展需要的和谐统一为出发点，在遵循受教育者思想品德和身心发展规律的基础上，构建德育体系诸要素之间的和谐关系，使之协调相应、配合得当，形成合力，以引导教育者掌握德育规律，提高育人能力，从而促进受教育者思想品德及整体素质和谐发展的一种教育模式。

校本和谐德育体系就是以学校为基本实践范围，运用和谐德育的基本原理构建的以解决学校德育工作现实问题为出发点，以推进学校整体工作科学发展为目的的德育实施体系。

一、以校为本、以人为本、育人为本

以校为本就是基于学校教育工作改革发展需要，以学校为基本实践范围，学校全体人员参与，通过构建校本和谐德育体系归于构建和谐学校，促进教育者和受教育者健

* 本文曾发表在《光明日报》，2008-11-12。

康和谐发展。以校为本的实质归结点是以人为本，或者说以校为本是为了达成育人为本，促进人的发展，以体现教育的本质，实现教育目的。构建和谐学校一般通过构建和谐的校园精神文化、物质文化、制度文化，为教育者和受教育者的和谐发展创造基础条件。在工作范围上，以校为本体现为以学校教育为中心，同时辐射家庭教育和社会教育，在学校、家庭、社会的和谐互动中提高办学效益，促进学校工作健康持续发展。

二、以解决学校德育工作的现实问题为出发点

解决学校德育工作的现实问题体现了德育工作的针对性和实效性，也是德育科研的直接目的和生命力之所在。学校德育工作的现实问题不是孤立发生和存在的，现实问题是历史问题的延续形态，也可能是未来发生问题的前提原因。因此，校本和谐德育体系的构建范围可以是由德育目标内容、途径方法、管理评价构成的整体性的工作体系，也可以是侧重于一条途径或一项内容的实践操作体系，以此带动整体工作，其根本着眼点是为了解决实际问题，即以解决现实问题为出发点。不能解决实际问题的体系构建脱离了校本实际，因而没有实际意义。

三、以推进学校整体工作科学发展为目的

构建校本和谐德育体系，解决学校德育工作的现实问题的根本目的是推进学校整体工作科学发展。其工作境界是把科学发展观落到实处，包括把以人为本落到实处，如通过构建校本和谐德育体系形成了和谐的校园物质文化、精神文化和制度文化，提升了教育者的精神质量和教育主体性，促进学生主体性的形成和整体素质的和谐发展；学

校工作实现全面协调可持续发展，如全面贯彻党的教育方针，教育教学过程遵循教育规律，进入实施素质教育轨道，学校各项工作和谐有序，与家庭、社区协调配合，形成教育合力；通过构建校本和谐德育体系学校确立了切合实际的近期和中长期发展目标，增强了凝聚力，办学效益逐步提高，学校进入可持续发展阶段。

四、突出“构建”和谐德育体系

和谐是个体、教育和社会健康发展的客观需求，校本和谐德育体系是各级各类学校做好德育工作的客观需求。运用和谐德育基本原理是构建校本和谐德育体系的必然要求。

“构建”突出表现了德育的主体性、主动性和实践性。“体系”是思想理论或教育要素的整体联系。构建校本和谐德育体系的主体是教育管理者和广大教师，教育者的主体性、主动性和实践能力是构建校本和谐德育体系的主导力量，学生主体性的形成反映着构建校本和谐德育体系的效果，也是教育者主体性发挥的对象化体现。体系由和谐而来，即由教育要素的整体和谐的联系机制而来。和谐既是教育要素之间相互联系的状态、程度，也是教育的方法、过程和结果。和谐由构建而来，和谐产生合力，合力来自体系。因此，构建校本和谐德育体系要强调构建、强调体系。强调构建，就是突出教育者的主体性、实践性和创造力；强调体系，就是突出教育要素整体和谐的联系机制。体系是构建的方式和手段，也是在德育工作机制上要达成的目标和结果。

五、重视和落实校本和谐德育体系的可操作性

重视和落实校本和谐德育体系的可操作性，包括三个方面：全程可操作、全面可操作、全员可操作。

全程可操作，是指学校德育工作贯穿于学生从入学到毕业的整个过程之中，德育无时不在，环环相扣，贯穿始终。如初中校本德育体系可以将三年六个学期分成12个阶段，每一个阶段设计一个德育主体活动。第一学年主要有“迈好中学第一步、法律保护我成长、学会交往，创造和谐的成长环境、登上知识之船，扬起理想的风帆”等内容；第二学年主要有“花季困惑指南、塑造健全人格、不断完善自我、讴歌民族精神”等专题；第三学年考虑到学生初中毕业在即，面临升学压力，可以构建“鼓起勇气，迎接挑战；调整自我，增强自信；脚踏实地，自强不息；找准定位，确定理想坐标”等内容。德育贯穿学校教育的全过程，针对学生成长的每一个阶段的需要开展主题教育活动，有利于增强德育的针对性和实效性。

全面可操作，是指学校德育工作全方位地深入到学生学习、生活活动的全部领域。学校是一个德育信息场，教师的德育信息、学生的德育信息、管理者的德育信息以及学校物质形态所包含的德育信息相互作用，形成一定的张力作用，构成一种立体的德育空间。构建全面可操作的校本德育的要义在于营造校本德育场。全面可操作的工作的着力点主要体现在如下三个方面：其一，要把德育内容具体化为学生喜闻乐见、易于接受的名言警句、温馨提示等形式，分布到学校教学楼、餐厅、宿舍、体育场、文化广场，使德育信息无处不在；其二，通过情景感染、榜样示范等手段，使学生耳濡目染、亲身体验，养成良好的行为习惯；其三，通过检查督导、评比竞赛等手段，引导和激励学生自觉遵守学校的规章制度，树立社会主义荣辱观。

全员可操作，是在“人人都是教育者”的观念指导下，通过强化全员意识，建立全员机制，开辟全员渠道等措施，使每一个教职员工均能根据自己的职责分工做到“教书育人、管理育人、服务育人”。

素质教育呼唤和谐德育*

自20世纪80年代中期提出素质教育，到党的十七大从建设人力资源强国、改善民生、教育公平、社会和谐的战略高度，再次强调“坚持育人为本、德育为先，实施素质教育”，已经走过了20多年的历程。然而，面对新的形势和任务，德育工作还存在许多不适应、不和谐的地方。素质教育一直在呼唤着和谐德育。

和谐德育，是以满足人与社会全面发展的和谐统一为出发点，在遵循教育过程基本规律的基础上，构建德育体系诸要素之间的和谐关系，使之协调相应、配合得当，形成合力，以引导教育者掌握德育规律，提高育人能力，从而促进受教育者思想品德及整体素质和谐发展的一种教育模式。和谐德育的基本理念和主要内容包括如下几个方面。

一、学生综合素质和谐发展

素质教育的两个重点是培养学生的创新精神和实践能

---

* 本文曾发表在《中国教育报》，2009(1)。

力。然而在教育实践中，“重智育轻德育、重知识传授轻能力培养、重课堂教学轻社会实践”的现象依然存在，导致学生的综合素质得不到和谐发展。和谐德育认为，人的创新精神和实践能力的形成，是人的思想道德素质和科学文化素质和谐统一的结果。在人的心理过程中，如观察、注意、记忆、思维、想象等智力活动，都是在兴趣、动机、情感、意志等“非智力”因素的支撑下进行的。这些起着支撑作用的心理因素，在现实生活中表现为对事物的好奇心，强烈的求知欲，勤奋的学习态度，爱科学、爱创造、爱事业、爱祖国的情感，抵抗挫折、坚忍不拔的毅力，崇高的理想信念和科学的世界观、人生观、价值观等思想道德素质。思想道德素质对人的智力和创造活动起着导向、动力、调节和支撑作用。这些“非智力”因素与智力活动是一个相互依托、相互作用的整体，两个方面协调发展，才形成健全人格。实践是思想道德素质和科学文化素质形成和发展的源泉。和谐德育注重培养学生实践能力，创建了一系列贴近生活、贴近实际、贴近学生的德育实践活动，如主题班会活动、团队活动、成人仪式活动、志愿者活动等，促进了学生综合素质和谐发展。

二、师生关系和谐融洽

师生关系是学校教育中最基本的人际关系。和谐融洽的师生关系不仅是有效进行教育活动、完成教育任务的重要条件，而且本身也是一种重要的教育力量。然而在教育实践中往往会看到一些不和谐的师生关系，如有的教师上课来下课就走，不愿意亲近学生；有的教师偏爱自己喜欢的学生，伤害了部分学生的上进心；有的教师对后进生讽刺挖苦，伤害了学生的自尊心等等。和谐德育主张建立民主、平等、融洽、和谐的师生关系，提出了“师生双主体互动论”。即教师是教育主体，学生是学习主体。在德育活动中，要充分发挥教师和学生两个方面的积极性、主动性和创造性。教师的主体性表现在活动的策划、设计和指导上，教师的教育理念、师德风范和人格魅力则蕴含其中；学生的主体性则体现在活动的“主角”地位上，学生积极主动地在活动中认知，在活动中体验，在活动中锻炼，在活动中自我评价。使学生在自主参与的德育活动中体验生活，感悟道德，养成良好的行为习惯。

三、德育过程和谐有序

和谐有序的德育过程是对受教育者传授道德知识、陶冶道德情感、培养道德意志，引导道德行为的过程。学校德育工作要取得实效，取决于四个环节的和谐统一的程度。在教育实践中，由于受某些西方教育流派如“认知主义”“情感主义”的影响，有的片面强调道德知识的传授，有的片面夸大道德情感的作用。和谐德育认为，德育过程是知、情、意、行诸环节构成的。德育不同于智育，智育的任务是传授知识兼培养能力，它主要解决知不知、会不会的问题；而德育只到此并没有完结，它不仅要解决知不知、会不会的问题，而且更要解决信不信、行不行的问题，即不但要授之以知、晓之以理、动之以情，而且更要导之以行。只有知识传授、情感陶冶，而无意志磨炼和行为引导不是完整的德育。和谐德育将“知、情、意、行”和谐地整合在一起，以传授道德知识作基础，以涵养道德情感为关键，以培养道德意志作保证，以养成道德行为习惯为归结，这样才能取得真正意义上的德育实效。

四、大中小学德育和谐衔接

目前，各级各类学校的德育目标划分还不够准确，内容安排还不尽合理，存在着一定程度的简单重复、交叉和脱节的问题。针对这种情况，和谐德育坚持整体构建学校德育体系，使大、中、小学德育和谐衔接。根据不同年龄阶段学生身心特点、思想实际、理解接受能力和品德形成发展规律，准确规范德育目标和内容，把德育内容的要素结构和层次结构划分出来，以五大要素即政治教育、思想教育、道德教育、法治教育、心理健康教育为横坐标，以各项要素具体内容的不同层次为纵坐标，由浅入深，由低到高，由具体到抽象，由感性到理性，分层递进，螺旋上升，构建从小学一年级到大学毕业每个年级的德育内容，形成科学化、系统化、规范化的德育内容体系。同时科学设置德育课程，积极开展德育活动，努力拓展德育途径，有效进行德育评价，使学校德育更具科学性、针对性和实效性，更好地促进青少年学生健康和谐成长。

五、学校、家庭、社会和谐育人

学校、家庭和社会是学生成长的基本环境，只有在学校、家庭、社会三方面教育力量和谐一致的时候，学生的思想品德才能健康发展。在现实生活中，由于各个家庭的成员结构、文化背景、职业特点、家长素质各不相同，家庭教育存在着许多误区，如独生子女家庭的“四二一”综合溺爱症，进城务工人员子女家庭教育的缺失，离异家庭、单亲家庭、重组家庭等特殊家庭子女教育的畸形等；社会上存在着的封建迷信思想、消极腐败问题、黄赌毒邪黑现象等，严重影响着青少年儿童思想道德素质的健康发展。这就是教育界深感头疼的“五加二等于零”问题。要解决这些问题，必须呼吁全社会都来关心青少年儿童的健康成长，建立学校、家庭、社会和谐育人的工作机制。和谐德育主张充分发挥学校、家庭和社会三个方面教育力量各自的优势，充分发挥关工委、共青团、妇联的思想道德教育职能，充分发挥广播影视、报纸杂志、各类网站等媒体的思想道德教育功能，使之和而不同、相互配合、相互补充、形成合力，推动学校、家庭、社会德育目标趋同，德育理念融通，德育过程协调，德育方法互补，德育资源共享，德育评价一致。根据构建社会主义和谐社会的实践要求，建设和谐学校、和谐家庭、和谐社区，实施和谐德育，促进学生和谐成长。

构建学校与社区和谐德育体系*

社区是由聚居在特定的区域内，具有某种互动关系和共同的文化特质和心理归属感的人群所组成的社会生活共同体。一般按人口密度、范围、经济活动性质等标准分为城市和农村社区。具有现代意义的中国社区教育始于20世纪80年代后期。2006年，在《教育部关于在部分地区开展社区教育实验工作的通知》中指出：社区教育指在一定区域内利用各类教育资源，开展旨在提高社区全体成员整体素质和生活质量，服务区域经济建设和社会发展的教育活动。社区德育是社区教育的组成部分，主要指对青少年的思想教育，其特点是对象的广泛性、影响的情境性、空间的开放性、内容的多样性。随着我国社区建设不断完善，社区功能凸显，社区教育对青少年思想品德的影响尤为重要，可以说是学生和谐成长的“教科书”。正因为如此，学校与社区沟通已成为国际社会的共识，学校不再是游离于社区

* 本文与韩传信合作，曾发表在《教育研究》，2009(12)，有收入詹万生主编《和谐德育研究》，光明日报出版社，2009年版。

的“教育孤岛”，让学校教育扎根于社区。

毋庸置疑，德育是一项艰巨而复杂的系统工程，既要注重自身内部结构的优化，又要考虑外部因素的优化。然而，从学校与社区方面来看，由于双方认识不统一、沟通不理想，存在着校内外教育分割、德育目标结果偏差的现象。本文根据系统论的观点，试图以和谐思想来架起一座学校与社区和谐德育的桥梁，促进合力育人机制的生成以及切合实际的操作样式，发挥系统的整体功能，从而破解困扰德育的一些难题。那么，学校与社区和谐德育体系是指学校与社区作为德育的主体，以满足构建和谐社会和青少年健康成长为出发点，依据各自德育任务、职责和受教育者思想品德形成的规律，将德育活动的各要素在时空方面构成相互协调、相互作用的网状结构或总体。主要表现为以下几方面。

一、德育目标的趋同

学校德育目标是指学校根据社会发展要求，通过教育活动所达到的受教育者品德素质方面的质量规格和预期结果。构建整体和谐的德育目标的基本方法就是强调“德育目标，一以贯之”，即各学段都以教育部《关于整体规划大中小学德育体系的意见》确定的学段德育总目标为纲，依序构建政治、思想、道德、法纪和心理教育的目标，注意学段的渐进梯度和内在联系。不同学段有不同的德育目标，而同一德育目标在不同学生身上有不同的要求。社区德育目标则是指社区根据社会主义精神文明建设、社会生活秩序、国家利益、社会发展水平、文化传统的需要，通过公民道德建设来促进居民（青少年）的品德素质提升，从而达到社区政治稳定、社区发展和经济繁荣的要求。具体表述为：学习中华民族传统美德、养成文明行为习惯；学会管理自己，帮助他人；热爱祖国，关心地区和家乡建设；遵守社区规章公约，自觉遵纪守法，懂得用法律保护自己；自觉实践家庭美德，创建和谐家庭，建立和睦邻里关系；遵守社会公德，诚实守信，坚持正义公道，爱护公物，主动参与社区精神文明建设。① 趋同是指学校与社区总的指向和价值定位是一致的——和而不同，求同存异，而不是完全相同。趋同的汇合点既是培养社会化的人，又是使他们自身具有知行统一、情意兼顾、和谐发展的人。也就是说，两者都承担着培养青少年学生政治思想、道德观念、法纪意识、心理品质的教育任务，使他们具有公民道德行为规范，承担对家庭、社会和国家的责任。大家知道，任何一种教育活动都具有促进个体发展的内在目的和促进社会发展的外在目的。培养具有德性的人，既是学校的德育目标指向，也是社区的德育目标指向。个体只有得到和谐发展，才能与自然界和社会发展和谐共生。目标趋同表现为：完整性与重点性结合，社会性与个体性结合，超前性与现实性结合，继承性与创新性结合。

目标趋同的基础是青少年学生是社会中的人，他们既是教育的对象，又是社会生活的主体。学校德育目标是以社会对人的需要以及人如何适应社会为基准，学社联携，只有协调好学校与社区在形成青少年内在道德品质和人格健康发展方面的一致性和共通性，才能使社区为学校提供开放性的资源服务，让受教育者从中感受到教育的一贯性影响。德育是关注和培养个体德性的教育活动，既关乎个体生命质量、家庭幸福感受，也关乎社会和谐、民族利益和国家安危。如果我们的德育能引发人的求善动机、抵达人的精神心灵，那么，它便为社会培养了具有美德的公民。如果学校与社区隔离，那么学校里的道德

① 詹万生：《和谐德育论》，北京：教育科学出版社，2008年版，第185页。

知识就不能运用于社区服务，也无益于品德的正确形成。如果学校德育目标偏离社会现实、社区要求，那么学生在课堂上接受的价值观和道德规范与日常生活中的社会规范不一致，便产生不和谐，甚至会出现“双重”人格的现象。

但是，在不同环境中，学校与社区德育具体要求和做法有所不同、各有侧重，不是亦步亦趋，而是殊途同归。

二、德育理念的融通

理念是德育的灵魂。学校德育的基本理念是强调：育人为本，德育为先；师生“双主体”互动；以学生为中心、以情境为中心、以活动为中心；注重知情意行四个环节协同；政治、思想、道德、法纪、心理五要素内容统整。社区德育的基本理念是强调：社会政策宣传、文明创建活动、公民道德建设和是非善恶评价等。

理念融通是指学校、社区基于现代开放社会大德育的要求，在培养人品德素质的思想观念方面融会贯通。具体表现在：

（一）育人为本

德性培养是德育的根本，无论学校德育还是社区德育都要体现育人为本，保障受教育者的合法权益，因为道德的根本在于尊重生命、尊重人格。学校坚持“德育为先，育人为本”的办学思想；社区在各项事业中，突出精神文明建设的先导作用，净化社会风气，为青少年成长创造良好的环境。

（二）主体参与

主体参与是指道德主体自觉地参与道德实践，获得道德认知、进行道德判断、培养道德能力，从而实现品德的自我完善。建构主义学习论强调，学生是道德学习的主体，任何外来影响只有经过思想内部论争才能发挥作用。人的德性的生成、发展、成熟，不仅是靠灌输，更是通过主体践履、自觉参与、体悟建构的。当前德育课程改革就是着力培养学生学习兴趣，让他们自愿地参与到学校和教师的教育活动中来，在参与德育活动中体验、感悟道德，养成良好的行为习惯。从道德主体的现实和需要出发，发挥主体道德学习的主动性和创造性。

(三)走向生活

道德原本产生于社会生活关系，学生在自我、家庭、学校和社区中的生活，都具有德性生成的可能性。教育者要发掘生活中鲜活真实的素材，创设道德生活情境，从学生最关心问题入手开展教育活动。青少年学生对社会规范认同受现实生活的感受所制约，儿童现实生活的道德感受是接受一切教育的基础，离开生活不可能滋养德性。学校要引领学生参与社区生活；同样地，社区要开展丰富多彩的活动，为德育走向生活创造条件。因此，学校和社区德育都应引导学生关注心灵、珍惜生命、热爱生活、学会生存。

(四)重视践行

实践的观点是德育首要的基本的观点。道德实践具有个体价值和社会价值，德育应在“行”上下功夫。中外教育家孔子、亚里士多德等都普遍重视道德实践，将德育立足于生活现实来思考德育价值的问题。近年来，我国除了认知性德育课程之外，增加了实践性德育课程，旨在强调道德经验在人的品德修养中的作用。实践活动除了是青少年乐于习德的一种形式以外，更是德育真正意义所在，因为它能内化德性、外化德行。这正如学游泳，必要的知识是需要的，但要学会游泳必须在水中进行。

(五)过程统整

德育过程是在教育者施加影响下，通过受教育者主观努力、体认吸纳，把外在要求内化为品德、外化为行为的过程。学校与社区和谐德育是全息协同育德的过程，学生在成长过程中受到来自于学校、家庭和社区的影响，书本里学的知识要拿到实践中去验证，同样地，社会问题也可拿到课堂里进行讨论。学校通过为社区服务来促进学生道德知识的学习，培养公民意识、责任感、奉献及合作精神，达到个体品德和社会道德同一性的目的。例如，在美国 20 世纪 80 年代，社区服务学习被看作是治疗青少年道德疾病的良药，有效地促进青少年与社区互动。学校与社区和谐德育是在同一时间开展的，尽管在形式和途径上有所不同。

三、德育管理的协调

学校德育管理是指学校组织系统中的管理者根据现代社会的需要，在现代管理思想的指导下，运用管理科学方法，对德育工作进行决策、计划、组织、控制和评价，充分利用各种德育资源，不断增强学校德育系统功能，以最佳达成德育和德育管理目标的活动过程。[①]学校德育管理体系包括领导体制、队伍建设、制度建设、环境建设等要素。“健全、完善学校德育领导体制是构建与实施德育系统工程的中枢环节”。[②] 社区德育管理是指社区管理德育的机构利用社区德育资源，协调各部门和人员，对公民(青少年)道德教育进行计划、监督、检查和控制，从而达到道德环境优化，形成良好道德风尚，实现思想道德教育目标的过程。它具有协调、组织、实施和评价的功能。“健全新型社区管理和服务体制，把社区建设成为管理有序、服务完

① 班华：《现代德育论》，合肥：安徽人民出版社，1996 年版，第 212 页。
② 詹万生：《和谐德育论》，北京：教育科学出版社，2008 年版，第 254 页。

善、文明祥和的社会生活共同体。坚持培育发展和管理监督并重，完善培育扶持和依法管理社会组织的政策，发挥各类社会组织提供服务、反映诉求、规范行为的作用。”①学校与社区德育管理的协调是指能处理好德育管理中诸要素之间矛盾和关系，各单位、组织和机构统筹协调，相互配合，齐抓共管，克服“学校教一套，家长讲一套，社会上看到的又是一套”②的现象。和谐德育管理是一种柔性管理、自觉管理和“感动”管理，需要确定社校联动的长效机制、沟通机制、监督机制，做到以规范促管理，以管理促发展，以发展促和谐。协调性表现在：

(一)通过计划来协调

社区根据节假日、纪念日、重大任务等开展德育活动，并且结合学校的要求，制定一些具体的方案、制度、措施。如学校与社区应协同妇联、共青团、公安、少工委等举办报告会；与电视台合作，举办“社会与教育”专栏；等等。要避免德育工作的重复性和随意性。

(二)通过组织来协调

成立学校与社区协调委员会，由文明办牵头，工商、文化、新闻媒体、公安、群众团体等部门联合，协调各部门和人员之间的关系，加强对社区场所的监管，优化社区环境，为公民道德建设提供保障。在农村社区，建立县、乡党委抓农村社区和谐德育责任制，形成主要领导亲自抓，班子成员共同抓，一级抓一级，层层抓落实的责任体系，并建立健全干部联系点制度、目标分解督办制度和考核制度，把

---

① 《中共中央关于构建社会主义和谐社会若干重大问题的决定》，北京：人民出版社，2006年版，第16页。

② 詹万生：《和谐德育论》，北京：教育科学出版社，2008年版，第443页。

农村社区和谐德育的各项任务真正落实到实处①。通过“请进来，走出去”方式，一方面让青少年学生走出去，了解社会，增强生存能力和社会知识，培养奉献社会的“社会性道德人格”的公民；另一方面，学校可请社区道德模范做报告。学校创设开放环境，让家长和社区人参与德育管理。

(三)通过制度来协调

德育制度是指德育工作者和德育对象分别或共同遵守的、按一定程序办事的规程或行动准则。学校中的德育制度如学生行为规范管理制度、学习制度、品德测评制度、有共同价值愿景的师生集体生活制度等，通过制度来培养有德性的人；社区中的德育制度包括交通安全制度、网络管理制度、环保制度、评比制度、文化建设制度等。制度要健全，执行要严格，体制要创新，理顺部门和单位的关系，明确职责和任务，形成互相理解支持配合的格局。需要发挥我国传统德育管理制度的优势，通过管理制度，把社会主义核心价值观转化为学生应该遵守与学生发展阶段相符合的行为规范，形成爱国、关爱、公正等品质。例如，浙江湖州“区域推行学生成长导师制”，它是由导师对学生品德、学习、心理及生活等方面进行的个别指导的教育管理制度。

(四)通过评价来协调

评价是依据一定的标准对德育活动过程和结果所作的价值判断，具有导向、规范、激励和改进作用。学生品德发展与有效评价相关，通过他人或自我评价来认识自我、建立自信、完善自身。学校与社区对学生品德的评价标准是一致的，即倡导真善美，在家是个好孩子，在学校是好学生，在社会是好公民。在评价方式上，学校通过表扬与

---

① 詹万生．和谐德育论[M]．北京：教育科学出版社，2008：443。

批评、奖惩等措施来建立评价“平台”；在社区通过舆论监督、风俗民约、规章制度等措施来建立评价“平台”，形成“好人好报，恶人惩罚”的良好风气。

(五)通过活动来协调

学校与社区联手营造学生和谐成长的环境，开展丰富多彩的德育活动。例如，重阳节以“孝亲敬老”为主题，开展社区送温暖、献爱心活动；母亲节开展感恩教育活动；劳动节开展家务或社区劳动活动；端午节、春节进行传统文化教育活动；此外，利用德育基地进行爱国主义教育活动等。学校可组成“志愿者”服务队，走进社区，参与社区文明建设，尽一份责任。将社区建成没有围墙的“校园”，这也必将提高广大居民的素质。特别指出的是，在建设社会主义新农村中，农村社区活动，只有立足于农、服务于农，才能培养学生热爱农村，建设农村的情感和信念。

四、德育内容的互补

学校德育内容是指根据德育目标的要求，通过德育课程和活动传授的政治、思想、道德的观念与规范体系。一般包括爱国主义教育、传统美德教育、文明行为规范教育、公民道德教育和理想信仰教育等。依据不同年龄阶段学生的身心特点和认知水平选择不同内容，同一内容在不同学段有不同层次的要求。它具有科学性、系统性、针对性、稳定性特点。

社区德育内容是根据社会发展需要对居民或青少年提出的思想道德和行为规范方面的要求。主要有科技道德教育，如“崇尚科学文明，反对迷信邪教活动”、举办科普报告讲座、参观博物馆等；普法教育，如宣传《未成年保护法》《预防未成年人犯罪法》等法律法规，增强青少年遵纪守法意识；社会公德教育，如遵守交通法规、爱护公物、宣传国家政策、献爱心等；生命伦理教育，包括心理健康教育；环保教育。它具有时代性、区域性、变动性和政策性特点。这些内容形象具体，一定程度上，弥补了学校德育内容的不足。

无论学校德育，还是社区德育，其共同点就是社会主义核心价值体系教育，社会主义核心价值体系是社会主义意识形态的本质体现，其内容包括马克思主义指导思想、中国特色社会主义共同理想、以爱国主义为核心的民族精神和以改革创新为核心的时代精神、社会主义荣辱观①。学校和社区德育内容的互补是指德育内容中的政治方向、思想观念、道德规范、法律责任、心理素质几方面，在学校和社区教育选择上有所不同、各有侧重、互为补充，相得益彰，发挥德育整体效应。并且，同一内容在侧重点、呈现方式、实施途径方面也是互相补充的。社区德育弥补学校需求，如开展国防教育、传统教育、消防教育、安全教育、环保教育、心理健康教育等。需指出的是，对成人(孩子父母)也要进行道德和法律的教育，为青少年塑造一个好的道德和法制环境。学校要吸收社区中潜移默化的教育元素，社区则要吸收学校教育中理性、自觉的精神。把青少年品德教育和人格健康发展作为学校与社区教育的重要任务。学校德育离不开社区大环境，社区的变化和发展又给学校德育注入新的内容。

此外，在方法上也存在优势互补。德育方法选择总要求是："根据内容，对应途径，多种方法，优选组合；辩证思维，法无定法；留

---

① 《中共中央关于构建社会主义和谐社会若干重大问题的决定》，北京：人民出版社，2006 年版，第 14 页。

有余地，鼓励创新。”[①]社区德育方法侧重于公民行动、情境影响；学校德育方法主要采用说理疏导法、陶冶法等。

五、德育资源的共享

我国把影响学生品德成长的有利于实现德育目标的一切要素都视为德育资源。从空间上看，它分为校内与校外(社区)德育资源；从途径上看，分为直接与间接德育资源；从形式上看，分为有形(显性)资源与无形(潜在)德育资源；从时间上看，分为现时资源与历时资源。[②] 德育资源为学生品德素质成长提供现实基础，育人的“土壤”，是道德教育的原生态，对学生思想行为产生积极的影响。一方水土养一方人，育好一方人就是要用好一方“水土”。

(一)社区德育资源

1. 精神资源。包括历史文化、理论宣传、思想观念以及传统风俗等；在社区，建立科技、环保、法制、文化、卫生、创业、公民道德教育长廊和特色展示，着力打造社区精神，让青少年徜徉其间，其育人效果犹如春风小雨滋润如酥。

2. 制度资源。包括在建设和谐社会、和谐社区和社会主义新农村背景下的社区、街道、村镇精神文明建设的各类规范、法律、公约、规章、条例等。

3. 场景资源。除了图书馆、博物馆、文化宫、青少年活动中心、影剧院、工厂、农场、宣传栏、阅报栏之外，还有德育、法制教育、

① 詹万生：《整体构建德育体系引论》，北京：教育科学出版社，2001年版，第269页。

② 韩传信：《德育原理教程》，合肥：安徽大学出版社，2009年版，第225页。

乡土教育基地，场景资源做到“文以景成，景以文传”。

4. 活动资源。包括公益活动与主题教育活动，公益活动如节假日的庆典活动、重大事件的纪念活动、社区精神文明建设活动等。例如，合肥各社区倡导“文明伴我行”活动，发挥全社会都来监督公民行为规范，有效地遏制不良行为发生。

(二)学校德育资源

1. 和谐校园文化建设。和谐德育是建立在中国传统文化基础上，具有中华民族气质和文化“基因”的一种德育模式。和谐校园文化建设需要借物喻理，托古言志，尊信民族文化，传承民族精神。文化奠定思想道德基础，塑造美好心灵，养育人文精神，成为学生道德成长的空间。从办学理念到校风班风，从美化绿化到墙壁橱窗等都体现文化德育的魅力，散发出育人馨香。例如，苏霍姆林斯基在帕夫雷什中学的显要处所，展有“伟大母亲”的众多画像，这样的做的意图就是让“墙壁也说话”，起到教导作用①。同时，发挥网络文化在校园文化中的作用，通过网站、论坛、博客、网上阅读等方式，呈现精彩视频，增强育德的趣味性和生动性。

2. 教师道德人格。教师的德育影响力体现在教师道德人格和榜样示范两方面。高尚的人格可以使学生产生敬佩、模仿心理，进而根据其期望发生自觉的改变，像罗杰斯所说的“一本会说话的教科书”。教师要用爱、尊重与信任搭起师生友谊之桥。在教学中具有人格化的力量使学生感受师魂的温馨关爱，是学生模仿和学习的榜样。西汉扬雄说：“师者，人之模范也。”陶行知也说：“千教万教教人求真，千学

① 苏霍姆林斯基：《育人三步曲》，北京：人民教育出版社，1998 年版，第 8 页。

万学学做真人。”社会心理学调查表明：一个班的学生在某些方面的风格往往与某一教师具有很大程度的相似性，这种相似性是欣赏、学习和模仿的结果。英国德育学家麦克费尔也认为，一个学生从教师的言谈举止中学到的东西要比从教师的授课中学到的东西要多得多。可见，教师以智慧培养智慧，以人格培养人格，以良心培养良心，以素质培养素质。

3. 活动体验。学校中丰富多彩的活动，如学习活动、保洁活动、文娱活动、科技活动、仪式活动等都具有道德教育的意义。对中小学生来说，寓教于乐的教育活动更能启迪心智、陶冶情操、形成习惯。例如，吉林省四平市开展的“经历教育”，引导学生作为德育的主体、活动的主角，在活动中获得成长经历，引导学生在活动中感悟，在感悟中成长。其特征就是活动育人，把德育活动课程化，把德育课程生活化。再如，学生通过交往活动，懂得尊重他人尊重自己，形成移情同感倾向，进而发展关心人体谅人的情感。

4. 课程资源。学科课程中都具有向善的、审美的、启智的、舒展灵性的道德教育光辉，是学生接受德育的主要载体。教师要发掘和利用教材中鲜活生动的案例，通过落实“情感、态度和价值观”目标，使学生在掌握知识和技能的同时吸取教材中道德的养分。知识掌握的过程不能脱离学生的精神生活，课堂教学中具有道德性，它是点燃学生求知欲和道德信念的一颗火星。课堂教学中所形成的面对困难不畏缩的态度，所体验的克服困难的快乐，是学生精神成长的核心。例如，通过诗歌、美文欣赏，使学生受到传统文化熏陶；通过对自然科学规律的认识、科学家的成才之路，对学生进行追求真理和求真务实精神教育等。诗教是我国教育的传统，诗教的目的不仅是识文学字，更重要的是提高人文素养。孔子说："其为人也，温柔敦厚，《诗》教也。"[①]因此，德育融入课程教学中，帮助青少年形成正确的价值辨析、积极的生活态度、建立在亲社会基础上的自我认同和一定的道德生活能力等，这是课程道德资源观的应有取向。

学校和社区德育资源的共享是指共同享有，互相利用，把双方有效资源结合起来，发挥各自优势，形成一个教育链，共同完成德育任务。学校德育要跟进社区；社区又是学校教育的延伸和补充，为学生融入社会提供条件。学校要整合利用社区德育资源，有针对性地开展理想信念、公民道德教育；社区也可以利用学校教师、课程、场地、文化等资源，推动社区精神文明建设。当然，学校与社区和谐的本身也是一种宝贵的德育资源。今年来，我国各地开展丰富多彩的社区德育活动，总结并推广一些成功的经验模式，如北京西城区三里河社区德育经验、天津市和平区德育网络体系等，为人们提供可了参照的样式。在国外，日本公民馆、美国的社区教育学院、北欧民众中学等也具有教育特色。

综观上述，和谐既是一种状态，也是一种目标。在构建和谐德育系统中，只有"离散"和"结合"彼此平衡，才能维持稳定状态，形成合力。德育"单打独奏"，难以有效。必须看到，当前我国社区发展不平衡，尤其城乡差别大，各地的经验和模式殊异；社区德育目标、功能、内容、制度、机构还不完善；社区成员素质有待提高；学校融入社区的积极性不高，社区与学校和谐共进的意识有待加强等问题。为此，需要开展社区德育研究，提高德育科学化水平；建立政府统筹、社区各单位积极支持、社区成员广泛参与的德育运行机制；改进社区内活动场所的教育功能。唯有如此，德育方能科学发展，呈现德育新亮点。

---

① 陈莉译注：《礼记·经解》，北京：高等教育出版社，2008年版，第244页。

宏观层次校本和谐德育体系的实践模式*

宏观层次校本和谐德育实践模式，是指在一定区域内幼儿园、小学、中学、大学各学段德育工作和谐衔接，学校教育、家庭教育、社区教育协调配合的和谐德育实践模式。《教育部关于整体规划大中小德育体系的意见》指出："坚持把有效衔接、分层实施、循序渐进、整体推进作为根本要求，始终保持学校德育的生机与活力。坚持把学校、家庭、社会共同参与、相互配合作为根本举措，切实增强德育工作的合力。"将这一工作要求落到实处，需要在一定区域构建宏观层次校本和谐德育体系来实现。因此，探索宏观层次校本和谐德育实践模式是实验区的重要研究任务。构建宏观层次校本和谐德育实践模式，主要从以下两个方面来把握。

一、小学、中学、大学德育的和谐衔接

第一，各学段德育目标的和谐衔接。关键是避免出现

---

* 本文曾发表在詹万生主编《和谐德育研究》，光明日报出版社，2009 年 8 月出版。

倒挂、脱节、简单重复和脱离实际的问题。解决这一问题基本方法，一是注意整体性与层次性的统一。整体性即政治教育、思想教育、道德教育、法纪教育和心理教育目标是一个整体，层次性即注意相邻学段目标内涵的渐进梯度和内在联系，德育目标要注意整体性和层次性的统一。二是阶段性与有序性的统一。学生个体品德发展的规律之一就是品德在不同年龄阶段而呈现出来的阶段性和品德发展的渐进性，前一阶段的教育是后一阶段教育的基础，后一阶段的教育又是前一阶段教育的结果，这种阶段性与有序性的有机结合和相互作用正是整体构建和谐德育目标体系的一个着眼点。三是现实性和导向性的统一。德育既是立足现实的，又是面向未来的。德育目标体系的设计和确定，除了要根据学生的成长特点和规律之外，还要从社会主义初级阶段的国情出发，不能超越社会发展的阶段，不能脱离社会的实际道德水平而向学生提出过高、不切实际的目标要求。德育目标只有从现实出发，照顾到多数人可能达到的要求，才有可能在此基础上引导学生向更高的目标发展，使对学生未来的教育期望与现实的教育要求协调统一起来。

第二，各学段德育内容的和谐衔接。应注意的问题是：其一，内容完整，不能割裂少项。德育内容包括政治教育、思想教育、道德教育、法纪教育和心理教育五个基本要素，道德教育是学校德育最基本、最主要的基础性内容，但不是德育的全部和唯一的内容。在德育内容的具体组织实施过程中，必须立足于把五个方面的内容作为一个有机整体，不能割裂少项，做到全面把握，统筹实施。其二，螺旋上升，不能简单重复。思想道德水平对个体来说是一个逐步提高的过程，一般而言，呈波浪式前进、螺旋式上升趋势。因此，各学段德育内容的安排应遵循这一规律，做到螺旋上升，不能简单重复。其三，循序渐进，不能跨度太大。学生思想品德形成发展，是既连续又分阶段地向前发展变化的。这就要求设计德育内容也要坚持连续性和阶段性的统一，遵照循序渐进的教育原则。

第三，各学段德育途径的和谐衔接。应重点解决以下几个问题：其一，各级各类学校的领导要有衔接的意识，要有系统育人、“接力”育人的思想，主动带领教师到相邻学段去考察、学习，研究德育衔接的问题。其二，课程类德育途径的衔接问题，要组织领导、专家、一线教师相结合的课题组，认真研究国家统编课程、地方课程、校本课程建设问题，特别要着力研究大、中、小学德育课程的课程类型、课程标准、教学内容、教学方法、评价标准等的衔接问题。其三，组织类德育途径的衔接问题，要组织领导、专家、少先队辅导员、共青团干部、党支部书记相结合的课题组，认真研究小学与初中的少先队工作衔接问题、初中与高中的共青团工作衔接问题、高中与大学的党建工作的衔接问题。

第四，各学段德育方法的和谐衔接。各学段德育方法因学生的年龄特点不同各有其特点，但是各学段德育方法之间又是可以互相借鉴的，取长补短的。学生个体思想品德的发展水平存在很大差异，学校的德育过程有大、中、小学的阶段性，但德育方法不可能完全按大、中、小学截然分开。现在的学生除了年龄特点之外，还有某些时代特点。如：小学生也和中学生一样上互联网，似乎什么都“懂”；有些中学生也像小学生一样看卡通画；有的大学女生还像小孩一样抱布娃娃。所以德育方法在大、中、小学必然是你中有我，我中有你，形成互相借鉴、互相补充、互相融合的和谐整体。小学德育方法以活动为主，提出让课堂活动起来，让学生动起来，在设计活动时要强调“新”“巧”“趣”，这些方法在中学完全可以借鉴。中学、大学的社会实践方法、心理咨询方法，则更可以互相借鉴、和谐衔接了。

二、学校、家庭、社区德育的协调配合

学校、家庭、社区德育的协调配合，是宏观校本和谐德育实践模式的重要组成部分。它以学校教育为主体，以家庭教育为基础，以社区教育为依托，相互联系、相互协调、相互沟通，统一规划，体现着现阶段和未来德育工作深化发展的趋势。

首先，学校、家庭、社区德育目标趋同。

和谐德育主张学校德育与家庭德育、社区德育和谐互动、协调相应，同时也强调充分注意各自的生活特点，在构建和谐的过程中体现和而不同、求同存异。学校德育目标与家庭德育目标应当趋向同一，而不是完全同一。在党和国家确立的德育总目标的指导下，学校、家庭、社区德育目标应各有侧重。学校德育目标侧重完整性、系统性。学校是国家专设的教育机构，其根本任务就是按照国家的教育方针，为国家培养合格的人才，学校的德育目标由国家制定，并监督执行。学校德育目标对家庭德育目标和社区德育目标具有指导性。家庭德育目标侧重个体性。个体性的德育目标应有利于家庭成员的社会认知。学校德育目标趋向于集体的教育行动，对个体的关照明显弱于家庭教育，因此，就德育目标构建方式而言，家庭德育目标在与学校德育目标取得大体一致的基础上，要关注个体性德育目标的建立。家庭德育目标是学校德育目标的具体化和个性化。社区德育目标侧重综合性和社会性，社区德育目标是学校德育目标的延伸，是家庭德育目标的扩充。

其次，学校、家庭、社区德育内容互补。

学校、家庭、社区德育内容各有侧重，优势互补，是宏观校本和

谐德育实践模式的基本要求。学校德育内容体系以道德教育、法纪教育、心理教育、思想教育、政治教育“五要素”的基本框架组成，家庭、社区德育内容的侧重点及其对学校德育内容的补充，主要体现在以下两方面：其一，学校与家庭德育内容互补的汇合点，是教育学生学会做人。具体说可以包括做有道德的人、做有知识素养的人、做有健全人格的人、做有健康体魄的人。这一德育目标，在家长的情感意识中容易产生共鸣和认同。将共同德育目标引入实践的工作方式之一，是根据孩子的不同学习阶段，确定相应的德育目标，以此作为班级家长会、家长学校等相互联系活动的内容要点。其二，学校与社区德育内容互补的契合点，是未成年人的思想道德建设。近几年来，特别是在学习贯彻中共中央、国务院《关于进一步加强和改进未成年人思想道德建设的若干意见》的过程中，有的社区成立了专门的未成年人思想道德建设的工作机构，并由专职干部分管这项工作；有的社区还与辖区的学校建立了校区共建的协作组织，学校专门派教师进驻社区从事未成年人思想道德教育工作。这就为社区与学校德育内容互补提供了组织保证、思想基础和人力资源，使学校、社区德育内容互补成为可能。社区德育内容具有社会性和综合性，一般不适合按学段划分，一般可以表述为：学习中华民族传统美德、养成文明行为习惯；学会管理自己，帮助他人，提高为集体服务的能力；热爱祖国，关心地区和家乡建设；遵守社区规章公约，自觉履行法律义务，懂得用法律保护自己；自觉实践家庭美德，创建和谐家庭，建立和睦邻居关系；遵守社会公德，诚实守信，主持公道，爱护公共财产，主动参与社会主义精神文明建设活动。

第三，学校、家庭和社区德育资源共享。

学校、家庭、社区是各有优势的德育资源，学校主要是通过学校文化、教师人格、校园活动、学科课程来实施德育；家庭主要通过“文明家庭”“五好家庭”“双合格家庭”等的宣传、采访实施德育；而社区主要通过精神资源、制度规范、创建活动、场所设施等实施德育。共享性是指共同享有，互相利用，即把学校、家庭和社区三方有形的、无形的德育资源有机地结合起来，发挥各自优势，形成合力，共同完成德育任务。随着学生年龄增大，社区活动时间会增多，接受来自社区的影响就会增大。学校、家庭德育要跟进社区，社区教育资源为学生融入社会感受生活提供了条件。资源的整合和共享，要以学校德育资源为核心，以家庭德育资源为基础，以社区德育资源为阵地，发挥资源的整体效应，形成一种开放、民主的学习与交流的机会。网络德育的兴起，将使德育一体化出现新的局面。在社区内的学校、家庭以及各个单位，都可以通过局域网互相连接起来，互通德育信息，孩子也参与其中，大大提高德育的影响力。

第六编　中国德育馆创意策划书

中国德育馆创意策划的指导思想

中国德育馆创意策划编纂的指导思想是：以党的十八大，十八届三中、四中、五中全会精神和习近平总书记系列重要讲话精神为指导，贯彻落实中共中央国务院、教育部和北京市教委一系列加强和改进德育工作文件精神，全面贯彻党的教育方针，把立德树人作为教育的根本任务，加强社会主义核心价值观教育，完善中华优秀传统文化教育，培养社会主义事业建设者和接班人。

一、党的十八大报告关于文化建设的基本精神

党的十八大报告在讲到扎实推进社会主义文化强国建设时指出：文化是民族的血脉，是人民的精神家园。全面建成小康社会，实现中华民族伟大复兴，必须推动社会主义文化大发展大繁荣，兴起社会主义文化建设新高潮，提高国家文化软实力，发挥文化引领风尚、教育人民、服务

社会、推动发展的作用。同时提出了建设社会主义文化强国的大政方针：建设社会主义文化强国，必须走中国特色社会主义文化发展道路，坚持为人民服务、为社会主义服务的方向，坚持百花齐放、百家争鸣的方针，坚持贴近实际、贴近生活、贴近群众的原则，推动社会主义精神文明和物质文明全面发展，建设面向现代化、面向世界、面向未来的，民族的科学的大众的社会主义文化。建设社会主义文化强国，关键是增强全民族文化创造活力。要深化文化体制改革，解放和发展文化生产力，发扬学术民主、艺术民主，为人民提供广阔文化舞台，让一切文化创造源泉充分涌流，开创全民族文化创造活力持续迸发、社会文化生活更加丰富多彩、人民基本文化权益得到更好保障、人民思想道德素质和科学文化素质全面提高、中华文化国际影响力不断增强的新局面。

在讲到提高公民道德素质时指出：全面提高公民道德素质。这是社会主义道德建设的基本任务。要坚持依法治国和以德治国相结合，加强社会公德、职业道德、家庭美德、个人品德教育，弘扬中华传统美德，弘扬时代新风。推进公民道德建设工程，弘扬真善美、贬斥假恶丑，引导人们自觉履行法定义务、社会责任、家庭责任，营造劳动光荣、创造伟大的社会氛围，培育知荣辱、讲正气、作奉献、促和谐的良好风尚。深入开展道德领域突出问题专项教育和治理，加强政务诚信、商务诚信、社会诚信和司法公信建设。加强和改进思想政治工作，注重人文关怀和心理疏导，培育自尊自信、理性平和、积极向上的社会心态。深化群众性精神文明创建活动，广泛开展志愿服务，推动学雷锋活动、学习宣传道德模范常态化。

创建中国德育馆是一项文化创意工程，也是一项公民道德建设工程。必须坚持以党的十八大报告关于建设社会主义文化强国的大政方针为指导思想。

二、党的十八大报告关于教育发展的基本精神

党的十八大报告关于在改善民生和创新管理中加强社会建设中，明确提出了教育的大政方针：努力办好人民满意的教育。教育是民族振兴和社会进步的基石。要坚持教育优先发展，全面贯彻党的教育方针，坚持教育为社会主义现代化建设服务、为人民服务，把立德树人作为教育的根本任务，培养德智体美全面发展的社会主义建设者和接班人。全面实施素质教育，深化教育领域综合改革，着力提高教育质量，培养学生社会责任感、创新精神、实践能力。

党的十八大报告首次提出："把立德树人作为教育的根本任务"。创建中国德育馆是教育设施、教育场所建设前所未有的工程，必须坚持以党的十八大报告关于"把立德树人作为教育的根本任务"的精神为指导思想。

三、党的十八届三中、四中、五中全会的精神

党的十八届三中全会在讲到深化教育领域综合改革时指出：全面贯彻党的教育方针，坚持立德树人，加强社会主义核心价值体系教育，完善中华优秀传统文化教育，形成爱学习、爱劳动、爱祖国活动的有效形式和长效机制，增强学生社会责任感、创新精神、实践能力。强化体育课和课外锻炼，促进青少年身心健康、体魄强健。改进美育教学，提高学生审美和人文素养。

十八届三中全会再一次强调了："全面贯彻党的教育方针，坚持立德树人"的思想，并且把落实立德树人根本任务的主要内容概括为：加强社会主义核心价值体系教育，完善中华优秀传统文化教育，形成

爱学习、爱劳动、爱祖国活动的有效形式和长效机制，增强学生社会责任感、创新精神、实践能力。

党的十八届四中全会决议指出：坚持依法治国和以德治国相结合。国家和社会治理需要法律和道德共同发挥作用。必须坚持一手抓法治、一手抓德治，大力弘扬社会主义核心价值观，弘扬中华传统美德，培育社会公德、职业道德、家庭美德、个人品德，既重视发挥法律的规范作用，又重视发挥道德的教化作用，以法治体现道德理念、强化法律对道德建设的促进作用，以道德滋养法治精神、强化道德对法治文化的支撑作用，实现法律和道德相辅相成、法治和德治相得益彰。

党的十八届五中全会通过的《中共中央关于制定国民经济和社会发展第十三个五年规划的建议》中关于经济社会发展的主要目标规定：国民素质和社会文明程度显著提高。中国梦和社会主义核心价值观更加深入人心，爱国主义、集体主义、社会主义思想广泛弘扬，向上向善、诚信互助的社会风尚更加浓厚，人民思想道德素质、科学文化素质、健康素质明显提高，全社会法治意识不断增强。公共文化服务体系基本建成，文化产业成为国民经济支柱性产业。中华文化影响持续扩大。在讲到推动物质文明和精神文明协调发展时指出：坚持“两手抓、两手都要硬”，坚持社会主义先进文化前进方向，坚持以人民为中心的工作导向，坚持把社会效益放在首位、社会效益和经济效益相统一，坚定文化自信，增强文化自觉，加快文化改革发展，加强社会主义精神文明建设，建设社会主义文化强国。在讲到扶持优秀文化产品创作生产时，特别指出：实施哲学社会科学创新工程，建设中国特色新型智库。构建中华优秀传统文化传承体系，加强文化遗产保护，振兴传统工艺，实施中华典籍整理工程。加强和改进基层宣传思想文化工作，深化各类群众性精神文明创建活动。

总之，创建中国德育馆必须以党的十八届三中、四中、五中全会关于“坚持立德树人，加强社会主义核心价值体系教育，完善中华优秀传统文化教育”的精神、“坚持依法治国和以德治国相结合”的精神、“构建中华优秀传统文化传承体系”和“实施中华典籍整理工程”的精神为指导思想。

四、习近平总书记关于文化教育系列讲话精神

2014年“五四”青年节，习近平总书记到北京大学与师生座谈，以《青年要自觉践行社会主义核心价值观》为题发表了重要讲话。习近平指出：每个时代都有每个时代的精神，每个时代都有每个时代的价值观念。一个民族、一个国家的核心价值观必须同这个民族、这个国家的历史文化相契合，同这个民族、这个国家的人民正在进行的奋斗相结合，同这个民族、这个国家需要解决的时代问题相适应。

习近平对社会主义核心价值观作了深刻阐述：我们提出要倡导富强、民主、文明、和谐，倡导自由、平等、公正、法治，倡导爱国、敬业、诚信、友善，积极培育和践行社会主义核心价值观。社会主义核心价值观把涉及国家、社会、公民的价值要求融为一体，既体现了社会主义本质要求，继承了中华优秀传统文化，也吸收了世界文明有益成果，体现了时代精神。中华文明绵延数千年，有其独特的价值体系，我们提倡和弘扬社会主义核心价值观，必须从中汲取丰富营养，否则就不会有生命力和影响力。要在全社会牢固树立社会主义核心价值观，全体人民一起努力，通过持之以恒的奋斗，把我们的国家建设得更加富强、更加民主、更加文明、更加和谐、更加美丽，让中华民族以更加自信、更加自强的姿态屹立于世界民族之林。

2014 年 5 月 30 日，习近平总书记来到北京市海淀区民族小学与师生座谈。他指出：少年儿童是祖国的未来，是中华民族的希望。这就是《少年中国说》中所说的：少年智则国智，少年富则国富，少年强则国强，少年进步则国进步。新陈代谢是不可抗拒的历史规律，未来总是由今天的少年儿童开创的。每个人都是从孩子长大的。实现我们的梦想，靠我们这一代，更靠下一代。少年儿童的心灵都是敏感的，准备接受一切美好的东西。“自古英雄出少年。”为了中华民族的今天和明天，我们要教育引导广大少年儿童树立远大志向、培育美好心灵，让少年儿童成长得更好。习近平总书记结合学生的年龄特点，提出培养和践行社会主义核心价值观的“十六字”要求：“记住要求、心有榜样、从小做起、接受帮助”。殷切希望社会主义核心价值观成为青少年学生的精神追求和自觉行动。

2014 年 9 月 9 日，我国第三十个教师节前夕，习近平总书记到北京师范大学与师生座谈并发表重要讲话。他指出：教育是提高人民综合素质、促进人的全面发展的重要途径，是民族振兴、社会进步的重要基石，是对中华民族伟大复兴具有决定性意义的事业。教师是人类历史上最古老的职业之一，也是最伟大、最神圣的职业之一。人们常说：“教师是太阳底下最崇高的职业。”自古以来，中华民族就有尊师重教、崇智尚学的优良传统，正所谓“国将兴，必贵师而重傅；贵师而重傅，则法度存”。在古代，孔子被推崇为“大成至圣先师”，被誉为“万世师表”。在中华民族五千多年文明发展史上，英雄辈出，大师荟萃，都与一代又一代教师的辛勤耕耘是分不开的。

他对教师寄予殷切的期望：“教师的工作是塑造灵魂、塑造生命、塑造人的工作”。他还引用唐代韩愈的话说：“师者，所以传道授业解惑也。”“传道”是第一位的。一个老师，如果只知道“授业”“解惑”而不

“传道”，不能说这个老师是完全称职的，充其量只能是“经师”“句读之师”，而非“人师”了。古人云：“经师易求，人师难得。”一个优秀的老师，应该是“经师”和“人师”的统一，既要精于“授业”“解惑”，更要以“传道”为责任和使命。好老师心中要有国家和民族，要明确意识到肩负的国家使命和社会责任。习总书记在高度评价教师职业、殷切期望做好老师的同时，也十分深刻地阐明了教育的本质是“塑造灵魂、塑造生命、塑造人”，“传道授业解惑，传道是第一位的”。这是对立德树人思想的高度概括和深刻诠释。

2014 年 9 月 24 日，习近平主席在纪念孔子诞辰 2565 周年国际学术研讨会的讲话中指出：“不忘历史才能开辟未来，善于继承才能善于创新。只有坚持从历史走向未来，从延续民族文化血脉中开拓前进，我们才能做好今天的事业”。习近平强调：“中国优秀传统文化的丰富哲学思想、人文精神、教化思想、道德理念等，可以为人们认识和改造世界提供有益启迪，可以为治国理政提供有益启示，也可以为道德建设提供有益启发。”

习近平指出：孔子创立的儒家学说以及在此基础上发展起来的儒家思想，对中华文明产生了深刻影响，是中国传统文化的重要组成部分。儒家思想同中华民族形成和发展过程中所产生的其他思想文化一道，记载了中华民族自古以来在建设家园的奋斗中开展的精神活动、进行的理性思维、创造的文化成果，反映了中华民族的精神追求，是中华民族生生不息、发展壮大的重要滋养。中华文明，不仅对中国发展产生了深刻影响，而且对人类文明进步作出了重大贡献。

中国传统文化，尤其是作为其核心的思想文化的形成和发展，大体经历了中国先秦诸子百家争鸣、两汉经学兴盛、魏晋南北朝玄学流行、隋唐儒释道并立、宋明理学发展等几个历史时期。从这绵延两千多年之久的历史进程中，我们可以看出这样几个特点。一是儒家思想和中国历史上存在的其他学说既对立又统一，既相互竞争又相互借鉴，虽然儒家思想长期居于主导地位，但始终和其他学说处于和而不同的局面之中。二是儒家思想和中国历史上存在的其他学说都是与时迁移、应物变化的，都是顺应中国社会发展和时代前进的要求而不断发展更新的，因而具有长久的生命力。三是儒家思想和中国历史上存在的其他学说都坚持经世致用原则，注重发挥文以化人的教化功能，把对个人、社会的教化同对国家的治理结合起来，达到相辅相成、相互促进的目的。

从历史的角度看，包括儒家思想在内的中国传统思想文化中的优秀成分，对中华文明形成并延续发展几千年而从未中断，对形成和维护中国团结统一的政治局面，对形成和巩固中国多民族和合一体的大家庭，对形成和丰富中华民族精神，对激励中华儿女维护民族独立、反抗外来侵略，对推动中国社会发展进步、促进中国社会利益和社会关系平衡，都发挥了十分重要的作用。

世界上一些有识之士认为，包括儒家思想在内的中国优秀传统文化中蕴藏着解决当代人类面临的难题的重要启示，比如，关于道法自然、天人合一的思想，关于天下为公、大同世界的思想，关于自强不息、厚德载物的思想，关于以民为本、安民富民乐民的思想，关于为政以德、政者正也的思想，关于苟日新日日新又日新、革故鼎新、与时俱进的思想，关于脚踏实地、实事求是的思想，关于经世致用、知行合一、躬行实践的思想，关于集思广益、博施众利、群策群力的思想，关于仁者爱人、以德立人的思想，关于以诚待人、讲信修睦的思想，关于清廉从政、勤勉奉公的思想，关于俭约自守、力戒奢华的思想，关于中和、泰和、求同存异、和而不同、和谐相处的思想，关于安不忘危、存不忘亡、治不忘乱、居安思危的思想，等等。

2014年10月15日，习近平总书记发表了《在文艺工作座谈会上的讲话》，他指出：文化是民族生存和发展的重要力量。人类社会每一次跃进，人类文明每一次升华，无不伴随着文化的历史性进步。中华民族有着五千多年的文明史，近代以前中国一直是世界强国之一。在几千年的历史流变中，中华民族从来不是一帆风顺的，遇到了无数艰难困苦，但我们都挺过来、走过来了，其中一个很重要的原因就是世世代代的中华儿女培育和发展了独具特色、博大精深的中华文化，为中华民族克服困难、生生不息提供了强大精神支撑。古往今来，中华民族之所以在世界有地位、有影响，不是靠穷兵黩武，不是靠对外扩张，而是靠中华文化的强大感召力和吸引力。阐释中华民族禀赋、中华民族特点、中华民族精神，以德服人、以文化人是其中很重要的一个方面。

总之，习近平总书记在“五四”青年节、“六一”儿童节、教师节、纪念孔子诞辰2565周年国际学术研讨会、在文艺工作座谈会上的重要讲话精神和上述十八大精神以及三中、四中、五中全会精神，是中国德育馆创意策划和建设布展的指导思想。

中国德育馆创意策划的重要意义

创建中国德育馆，是实施中华民族优秀传统文化进校园工程，完善中华优秀传统文化教育的重要举措；是构建中华优秀传统文化传承体系，推动文化传承创新的重要途径；是深化中国特色社会主义教育和中国梦宣传教育的重要组成部分；是培育和践行社会主义核心价值观，落实立德树人根本任务的重要基础。青少年学生是祖国的未来，民族的希望，加强对青少年学生的中华优秀传统文化教育，对于培养中华优秀传统文化的继承者和弘扬者，推动文化传承创新，建设社会主义先进文化，培养富有民族自信心、高尚道德情操和爱国主义精神的社会主义事业建设者和接班人具有重要意义。

一、完善中华优秀传统文化教育的重要意义

1. 创建中国德育馆，加强中华优秀传统文化教育，是深化中国特色社会主义教育和中国梦宣传教育的重要组成部分。中国特色社会主义道路是在对中华民族五千多年悠久文明的传承中走出来的，具有深厚的历史渊源和广泛的

现实基础。加强中华优秀传统文化教育，对于引导青少年学生更加全面准确地认识中华民族的历史传统、文化积淀、基本国情，认清中国特色社会主义的历史必然性，坚定走中国特色社会主义道路、实现中华民族伟大复兴中国梦的理想信念，具有重大而深远的历史意义。

2. 创建中国德育馆，加强中华优秀传统文化教育，是构建中华优秀传统文化传承体系，推动文化传承创新的重要途径。当今世界，文化在综合国力竞争中的地位和作用更加凸显，越来越成为民族凝聚力和创造力的重要源泉，博大精深的中华优秀传统文化是我们在世界文化激荡中站稳脚跟的根基。青少年学生是祖国的未来，民族的希望，加强对青少年学生的中华优秀传统文化教育，对于培养中华优秀传统文化的继承者和弘扬者，推动文化传承创新，建设社会主义先进文化具有奠基意义。

3. 创建中国德育馆，加强中华优秀传统文化教育，是培育和践行社会主义核心价值观，落实立德树人根本任务的重要基础。世界多极化、经济全球化深入发展，国内经济社会转轨转型，深刻变革，现代传播技术迅猛发展，世界范围内各种思想文化的交流交融交锋更加频繁，社会思想观念日益活跃。青少年学生思想意识更加自主，价值追求更加多样，个性特点更加鲜明，社会上一些不良思想倾向和道德行为，对青少年学生健康成长产生了不容忽视的影响。加强中华优秀传统文化教育，对于引导青少年学生增强民族文化自信和价值观自信，自觉践行社会主义核心价值观具有导向意义。

二、贯彻落实立德树人根本任务的重要意义

1. 立德树人是发展中国特色社会主义教育事业的核心所在，是培养德智体美全面发展的社会主义建设者和接班人的本质要求。落实

立德树人根本任务，就要整体构建符合教育规律、体现时代特征、具有中国特色的德育体系，建立健全综合协调、充满活力的德育体制机制。落实立德树人根本任务，是贯彻党的十八大和十八届三中全会精神的重大举措，是提高国民素质、建设人力资源强国的战略行动，是适应教育改革与发展、基本实现教育现代化的必然要求。落实立德树人根本任务，就要充分发挥各类博物馆、纪念馆、展览馆、烈士陵园等爱国主义教育基地对青少年学生的教育作用。创建中国德育馆是爱国主义教育基地的新创意、新模式，对于落实立德树人根本任务具有重要意义。

2. 面对新的形势和任务，青少年学生思想道德建设工作还存在许多不适应的地方和亟待加强的薄弱环节。全社会关心和支持青少年学生思想道德建设的风气尚未全面形成，还存在种种不利于青少年学生健康成长的社会环境和消极因素；学校教育中重智育轻德育、重课堂教学轻社会实践的现象依然存在，推进素质教育的任务艰巨，教师职业道德建设有待进一步加强；随着人员流动性加大，一些家庭放松了对子女的教育，一些家长在教育子女尤其是独生子女的观念和方法上存在误区，给青少年学生教育带来新的问题；青少年学生思想道德建设在体制机制、思想观念、内容形式、方法手段、队伍建设、经费投入、政策措施等方面还有许多与时代要求不相适应的地方。这些问题应当引起足够重视，并采取有效措施加以解决。创建中国德育馆对于加强和改进学校德育工作具有重要意义。

3. 实现中华民族的伟大复兴，需要一代又一代人的不懈努力。从青少年学生抓起，培养和造就千千万万具有高尚思想品质和良好道德修养的合格建设者和接班人，既是一项长远的战略任务，又是一项紧迫的现实任务。我们要从确保党的事业后继有人和社会主义事业兴旺发达的战略高度，从全面建设小康社会和实现中华民族伟大复兴的全局高度，充分认识加强和改进青少年学生思想道德建设的重要性和紧迫性，适应新形势新任务的要求，努力开创青少年学生思想道德建设工作的新局面。创建中国德育馆是开创青少年学生思想道德建设工作新局面的重要举措，对培养和造就具有高尚思想品质和良好道德修养的合格建设者和接班人具有重要意义。

三、培训提高教师教书育人水平的重要意义

1. 中共中央国务院《关于进一步加强和改进未成年人思想道德建设的若干意见》指出：切实加强教师职业道德建设。学校全体教职员工要树立育人为本的思想，认真贯彻《中华人民共和国教育法》《中华人民共和国教师法》和《中小学教师职业道德规范》，热爱学生，言传身教，为人师表，教书育人，以高尚的情操引导学生德、智、体、美全面发展。教育行政部门和学校要制定和完善有关规章制度，调动全体教师的工作积极性与责任感，充分发挥广大教师在全面推进素质教育进程中的主力军作用。要完善学校的班主任制度，高度重视班主任工作，选派思想素质好、业务水平高、奉献精神强的优秀教师担任班主任。学校各项管理工作、服务工作也要明确育人职责，做到管理育人、服务育人。定期组织教师到德育馆参观学习、交流研讨，有利于加强教师职业道德建设，对于提高教师的教书育人水平具有重要意义。

2. 教育部制定的《小学教师专业标准（试行）》《中学教师专业标准（试行）》规定了中小学教师应具备的教育基本理念：第一，学生为本。尊重中小学生权益，以中小学生为主体，充分调动和发挥中小学生的主动性；遵循中小学生身心发展特点和教育教学规律，提供适合的教

育，促进中小学生生动活泼学习、健康快乐成长，全面而有个性的发展。第二，师德为先。热爱中小学教育事业，具有职业理想，践行社会主义核心价值体系，履行教师职业道德规范。关爱中小学生，尊重中小学生人格，富有爱心、责任心、耐心和细心；为人师表，教书育人，自尊自律，以人格魅力和学识魅力教育感染中小学生，做中小学生健康成长的指导者和引路人。第三，能力为重。把学科知识、教育理论与教育实践相结合，突出教书育人实践能力；研究中小学生，遵循中小学生成长规律，提升教育教学专业化水平；坚持实践、反思、再实践、再反思，不断提高专业能力。第四，终身学习。学习先进中小学教育理论，了解国内外中小学教育改革与发展的经验和做法；优化知识结构，提高文化素养；具有终身学习与持续发展的意识和能力，做终身学习的典范。定期组织教师到德育馆参观学习、交流研讨，有助于帮助教师树立学生为本、师德为先、能力为重、终身学习的教育理念，对于促进中小学教师专业发展具有重要意义。

3. 教育部印发的《中小学班主任工作规定》指出：班主任是中小学日常思想道德教育和学生管理工作的主要实施者，是中小学生健康成长的引领者，班主任要努力成为中小学生的人生导师。班主任是中小学的重要岗位，从事班主任工作是中小学教师的重要职责。教师担任班主任期间应将班主任工作作为主业。加强班主任队伍建设是坚持育人为本、德育为先的重要体现。班主任应当具备的任职条件是：作风正派，心理健康，为人师表；热爱学生，善于与学生、学生家长及其他任课教师沟通；爱岗敬业，具有较强的教育引导和组织管理能力。班主任的职责与任务是：全面了解班级内每一个学生，深入分析学生思想、心理、学习、生活状况。关心爱护全体学生，平等对待每一个学生，尊重学生人格。采取多种方式与学生沟通，有针对性地进行思想道德教育，促进学生德智体美全面发展。认真做好班级的日常管理工作，维护班级良好秩序，培养学生的规则意识、责任意识和集体荣誉感，营造民主和谐、团结互助、健康向上的集体氛围，指导班委会和团队工作。组织、指导开展班会、团队会(日)、文体娱乐、社会实践、春(秋)游等形式多样的班级活动，注重调动学生的积极性和主动性，并做好安全防护工作。创建中国德育馆给班主任搭建了组织学生开展德育活动的场所，有利于班主任更好地开展中小学日常思想道德教育和主题班会等德育活动，对于加强班主任队伍建设具有重要意义。

四、培养社会主义事业建设者和接班人的重要意义

1. 中共中央、国务院《关于进一步加强和改进未成年人思想道德建设的若干意见》(以下简称《若干意见》)指出："未成年人是祖国未来的建设者，是中国特色社会主义事业的接班人。他们的思想道德状况如何，直接关系到中华民族的整体素质，关系到国家前途和民族命运。"中央要求高度重视对下一代的教育培养，努力提高未成年人思想道德素质，是我们党的优良传统，是党和国家事业后继有人的重要保证。创建中国德育馆对于贯彻落实党中央关于加强和改进青少年学生思想道德建设具有重要意义。

2. 中共中央、国务院的《若干意见》要求：各地区各部门应当认真贯彻中央精神，深入进行爱国主义、集体主义、社会主义和中华民族精神教育，大力加强公民道德教育，切实改进学校德育工作，广泛开展精神文明创建活动和形式多样的社会实践、道德实践活动，积极营造有利于未成年人健康成长的良好舆论氛围和社会环境，促进未成年人的综合素质不断提高。创建中国德育馆可以为各地各部门和各级

各类学校德育工作的先进经验提供展示交流的平台，对于展示和交流青少年学生思想道德建设的先进经验具有重要意义。

3. 中共中央、国务院的《若干意见》还指出：热爱祖国、积极向上、团结友爱、文明礼貌是当代中国青少年学生精神世界的主流。与此同时，一些领域道德失范，诚信缺失、假冒伪劣、欺骗欺诈活动有所蔓延；一些地方封建迷信、邪教和黄赌毒等社会丑恶现象沉渣泛起，成为社会公害；一些成年人价值观发生扭曲，拜金主义、享乐主义、极端个人主义滋长，以权谋私等消极腐败现象屡禁不止等等，也给青少年学生的成长带来不可忽视的负面影响。互联网等新兴媒体的快速发展，给青少年学生学习和娱乐开辟了新的渠道。与此同时，腐朽落后文化和有害信息也通过网络传播，腐蚀青少年学生的心灵。创建中国德育馆给青少年学生提供获得德育正能量的参观学习场所，有利于消除负面影响，对于促进青少年学生健康成长具有重要意义。

中国德育馆创意策划的主要依据

一、法律依据

1. 我国《宪法》第十九条规定："国家发展社会主义的教育事业，提高全国人民的科学文化水平。"第二十二条规定："国家发展为人民服务、为社会主义服务的文学艺术事业、新闻广播电视事业、出版发行事业、图书馆博物馆文化馆和其他文化事业。"第二十四条规定："国家通过普及理想教育、道德教育、文化教育、纪律和法制教育，通过在城乡不同范围的群众中制定和执行各种守则、公约，加强社会主义精神文明的建设。国家倡导社会主义核心价值观，提倡爱祖国、爱人民、爱劳动、爱科学、爱社会主义的公德，在人民中进行爱国主义、集体主义和国际主义、共产主义的教育，进行辩证唯物主义和历史唯物主义的教育，反对资本主义的、封建主义的和其他的腐朽思想。"

2. 我国《教育法》第三条规定："国家坚持以马克思列宁主义、毛泽东思想和建设有中国特色社会主义理论为指导，遵循宪法确定的基本原则，发展社会主义的教育事业。"第五条规定："教育必须为社会主义现代化建设服务，必须与生产劳动相结合，培养德、智、体等方面全面发展的社会主义事业的建设者和接班人。"第六条规定："国家在受教育者中进行爱国主义、集体主义、社会主义的教育，进行理想、道德、纪律、法制、国防和民族团结的教育。"第七条规定："教育应当继承和弘扬中华民族优秀的历史文化传统，吸收人类文明发展的一切优秀成果。"第十一条规定："国家适应社会主义市场经济发展和社会进步的需要，推进教育改革，促进各级各类教育协调发展，建立和完善终身教育体系。国家支持、鼓励和组织教育科学研究，推广教育科学研究成果，促进教育质量提高。"第五十条规定："图书馆、博物馆、科技馆、文化馆、美术馆、体育馆(场)等社会公共文化体育设施，以及历史文化古迹和革命纪念馆(地)，应当对教师、学生实行优待，为受教育者接受教育提供便利。广播、电视台(站)应当开设教育节目，促进受教育者思想品德、文化和科学技术素质的提高。"第五十一条规定："国家、社会建立和发展对未成年人进行校外教育的设施。学校及其他教育机构应当同基层群众性自治组织、企业事业组织、社会团体相互配合，加强对未成年人的校外教育工作。"第五十二条："国家鼓励社会团体、社会文化机构及其他社会组织和个人开展有益于受教育者身心健康的社会文化教育活动。"

3. 我国《义务教育法》第三条规定："义务教育必须贯彻国家的教育方针，实施素质教育，提高教育质量，使适龄儿童、少年在品德、智力、体质等方面全面发展，为培养有理想、有道德、有文化、有纪律的社会主义建设者和接班人奠定基础。"第三十四条规定："教育教学工作应当符合教育规律和学生身心发展特点，面向全体学生，教书育人，将德育、智育、体育、美育等有机统一在教育教学活动中，注重培养学生独立思考能力、创新能力和实践能力，促进学生全面发展。”第三十六条规定：“学校应当把德育放在首位，寓德育于教育教学之中，开展与学生年龄相适应的社会实践活动，形成学校、家庭、社会相互配合的思想道德教育体系，促进学生养成良好的思想品德和行为习惯。”第三十七条规定：“学校应当保证学生的课外活动时间，组织开展文化娱乐等课外活动。社会公共文化体育设施应当为学校开展课外活动提供便利。”

上述中华人民共和国《宪法》《教育法》《义务教育法》的有关规定，是创建中国德育馆的法律依据。

二、政策依据

2004 年，中共中央国务院《关于进一步加强和改进未成年人思想道德建设的若干意见》(中发〔2004〕8 号)明确提出了加强和改进未成年人思想道德建设的措施和要求，其中包括集中开展思想道德主题宣传教育活动，举行各种庆祝、纪念活动和必要的仪式，组织好各种参观、瞻仰和考察等活动，宣传介绍古今中外的杰出人物、道德楷模和先进典型，加强以爱国主义教育基地为重点的未成年人活动场所建设、使用和管理。

1. 要利用蕴藏着宝贵的思想道德教育资源的各种法定节日，传统节日，革命领袖、民族英雄、杰出名人等历史人物的诞辰和逝世纪念日，建党纪念日、红军长征、辛亥革命等重大历史事件纪念日，“九一八”“南京大屠杀”等国耻纪念日，以及未成年人的入学、入队、入团、成人宣誓等有特殊意义的重要日子，抓住时机，整合资源，集中开展思想道德主题宣传教育活动。

2. 要组织丰富多彩的主题班会、队会、团会，举行各种庆祝、纪念活动和必要的仪式，引导未成年人弘扬民族精神，增进爱国情感，提高道德素养。每年的“公民道德宣传日”，在面向社会公众开展道德教育的同时，要注意组织好面向未成年人的宣传教育活动。

3. 要丰富未成年人节假日参观、旅游活动的思想道德内涵，精心组织夏令营、冬令营、革命圣地游、红色旅游、绿色旅游以及各种参观、瞻仰和考察等活动，把深刻的教育内容融入生动有趣的课外活动之中，用祖国大好风光、民族悠久历史、优良革命传统和现代化建设成就教育未成年人。

4. 要运用各种方式向广大未成年人宣传介绍古今中外的杰出人物、道德楷模和先进典型，激励他们崇尚先进、学习先进。通过评选三好学生、优秀团员和少先队员、先进集体等活动，为未成年人树立可亲、可信、可敬、可学的榜样，让他们从榜样的感人事迹和优秀品质中受到鼓舞、汲取力量。

5. 要加强以爱国主义教育基地为重点的未成年人活动场所建设、使用和管理。充分发挥爱国主义教育基地对未成年人的教育作用。各类博物馆、纪念馆、展览馆、烈士陵园等爱国主义教育基地，要创造条件对全社会开放，对中小学生集体参观一律实行免票，对学生个人参观可实行半票。要采取聘请专业人才、招募志愿者等方式建立专兼职结合的辅导员队伍，为未成年人开展参观活动服务。

6. 要加强青少年宫、儿童活动中心等未成年人专门活动场所建设和管理。已有的未成年人专门活动场所，要坚持把社会效益放在首位，坚持面向未成年人、服务未成年人的宗旨，积极开展教育、科技、文化、艺术、体育等未成年人喜闻乐见的活动，把思想道德建设内容融于其中，充分发挥对未成年人的教育引导功能。要深化内部改革，增强自身发展活力，不断提高社会服务水平。同时，各级政府要把未成年人活动场所建设纳入当地国民经济和社会事业发展总体规划。大城市要逐步建立布局合理、规模适当、功能配套的市、区、社区未成年人活动场所。

7. 中小城市要因地制宜重点建好市级未成年人活动场所。有条件的城市要辟建少年儿童主题公园。经过3至5年的努力，要做到每个县都有一所综合性、多功能的未成年人活动场所。各地在城市建设、旧城改造、住宅新区建设中，要配套建设可向未成年人开放的基层活动场所，特别是社区活动场所。有关部门要对已建的未成年人活动场所进行认真清理整顿，名不副实的要限期改正，被挤占、挪用、租借的要限期退还。图书馆、文化馆(站)、体育场(馆)、科技馆、影剧院等场所，也要发挥教育阵地的作用，积极主动地为未成年人开展活动创造条件。

8. 2014年3月26日，教育部颁布了《完善中华优秀传统文化教育指导纲要》，要求加强中华优秀传统文化校园教育活动，利用学校博物馆、校史馆、图书馆、档案馆等，结合校史、院史、学科史和人物史的挖掘、整理和研究，发挥其独特的文化育人作用；充分利用社会上的博物馆、纪念馆、文化馆、图书馆、美术馆、音乐厅、影剧院、名人故居、名胜古迹、文化遗产等，组织学生进行实地考察和现场教学，建立中小学生定期参观博物馆、纪念馆、遗址等公共文化机构的长效机制。

上述中共中央国务院《关于进一步加强和改进未成年人思想道德建设的若干意见》和教育部颁布的《完善中华优秀传统文化教育指导纲要》的有关规定，是创建中国德育馆的政策依据。

三、理论依据

中华优秀传统文化源远流长、博大精深，其中蕴含着十分丰富的德育思想。概括起来说，应当包括以爱国主义为核心的团结统一、爱好和平、勤劳勇敢、自强不息的伟大民族精神；以和谐思想为核心的天人和谐、人我和谐、群己和谐、和而不同、和而不流的文化理念；以人格修养为核心的忠、孝、仁、义、诚、信、廉、耻、宽、礼、敬、俭、智、勇、勤、和的道德情操；以富强、民主、文明、和谐，自由、平等、公正、法治，爱国、敬业、诚信、友善为基本内容的社会主义核心价值观。中华民族的伟大民族精神、中国传统文化中的和谐思想、中华民族的传统美德、社会主义核心价值观是中国德育馆创意、策划和建设的灵魂与理论依据。

1. 伟大的中华民族精神

什么是民族精神？早在党的十六大报告中就给出了明确的概念："在五千多年的发展中，中华民族形成了以爱国主义为核心的团结统一、爱好和平、勤劳勇敢、自强不息的伟大民族精神。"并且要求全党"必须把弘扬和培育民族精神作为文化建设极为重要的任务，纳入国民教育全过程，纳入精神文明建设全过程，使全体人民始终保持昂扬向上的精神状态。"

中华民族精神源远流长，历史悠久。从尧舜禹三代到今天，延续近五千年。《周易》是中华文化的历史源头。相传伏羲画卦、文王演卦、孔子述传。《周易》的基本哲学思想是天人合一、天人相通、天人相类、天人相参、天人和谐。《易》之为书也，广大悉备：有天道焉，有人道焉，有地道焉。天、地、人三者相参。"乾道变化，各正性命，保合太和，乃利贞。"意思是，整个宇宙是天地人三者的统一，天道的大化流行，万物各得其正。保持天、地、人三者的和谐，万物就能顺利发展。《周易》从天、地、人三者相通、相参、相合的哲学思想出发，概括出“君子”的两个基本品格，即“天行健，君子以自强不息；地势坤，君子以厚德载物”。意思是说，作为人中君子，要像天体运行那样“自强不息”，要像宽广大地那样“厚德载物”。用现代思想来解释，自强不息，就是勤劳勇敢、艰苦奋斗、积极进取、开拓创新的精神；厚德载物，就是胸怀广阔、宽容敦厚、海纳百川、和谐共处、团结统一、爱好和平的品格。《周礼》是一部古代官制典籍，它提出经国治民的思想是“三曰礼典，以和邦国，以统百官，以谐万民”。《尚书》是一部文化典籍，它描绘出国泰民安的理想社会的蓝图：“克明俊德，以亲九族。九族既睦，平章百姓。百姓昭明，协和万邦。”意思是治理国家首先是“亲九族”，即把自己的宗族治理好；继而“平章百姓”，把广大老百姓管理好；进而“协和万邦”，使各国和谐相处。这种“以和邦国”“以谐万民”，乃至“协和万邦”的思想是中华民族精神的主流价值取向。由此可见，《周易》《周礼》《尚书》三部古代文化典籍是中华民族精神的发端。

民族精神是一个民族赖以生存和发展的精神支撑。在五千多年的发展中，中华民族形成了以爱国主义为核心的团结统一、爱好和平、勤劳勇敢、自强不息的伟大民族精神。随着中国社会的发展，中华民族精神的内容和形式也在不断地演化。这个历史过程，大体经历了夏商周、春秋战国、两汉隋唐、宋元明清、清末民初、中国共产党成立以后六个阶段，在此不一一详述。重要的是：纵观中华民族精神形成和发展的历史，我们从中得到的深刻启示。

第一，中华民族精神具有巨大的凝聚力。自秦汉以来，中国就形成了统一的多民族国家。尽管历史上也曾出现过暂时的分裂局面，但很快又获得了统一。这与中华民族精神是分不开的。

第二，中华民族精神具有伟大的包容性。一方面，民族文化和民族精神能融合外来宗教使之与本土文化并存不悖，例如佛教文化是从印度传入的，宋明理学则兼收并蓄，儒道释结合。另一方面，民族文化和民族精神也能把入主中原的少数民族同化，使各民族文化得到融合。例如蒙古族和满族曾建立过全国性的统一政权，但这些游牧民族必须学习、接受中原文化，才能使其政权得到稳固。

第三，中华民族精神具有强大的生命力。世界四大文明古国中的埃及，先后被波斯、罗马、阿拉伯帝国所征服，其文化也被阿拉伯文化所代替；古代印度，其本民族历史的文字记载早已丧失殆尽；古巴比伦，作为一个国家的名称早已在历史上消失，其文化也被中断。人类文明的四大发源地，有三个都先后衰落了，或者分裂成许多国家，唯独中华民族的历史和文化的发展绵延不断，经久不衰，世代相袭，至今仍然屹立于世界的东方，始终保持着旺盛的生命力。

第四，中华民族精神具有伟大的创造力。19 世纪中后期，不少有民族气节的思想家、教育家和政治家们力图设计中国的思想文化战略。例如：康有为的《孔子改制考》和《新学伪经考》先后于 1887 年和 1891 年问世，这两部书成为变法维新的理论参照。康有为在《大同书》中明确提出："合经子之奥言，操儒佛之微旨，参中西之新理。"可见他意欲通达古今，兼纳中西，再造中国文化之良苦用心。1889 年 7 月，梁启超按光绪旨意，参照日本和西方学制，起草了《京师大学堂章程》，规定其办学方针是："中学为体，西学为用，中西并用，观其会通。"虽然这一思想文化战略，在百日维新失败之后未能付诸实现，但是它毕竟引起了国人的思考，并引出了此后一系列有关中西文化比较的论战。在中西文化比较论战中，有两种截然不同、根本对立的态度和主张：一种是主张尊孔读经、食古不化的国粹主义；另一种是主张打倒孔家店、全盘西化的历史虚无主义和民族虚无主义。以毛泽东为代表的中国共产党人反对这两种错误的态度，主张对传统文化批判继承，去糟取精，古为今用，推陈出新。

中国共产党是中华民族精神的继承者和弘扬者。塑造了“井冈山精神”“长征精神”“延安精神”“西柏坡精神”“雷锋精神”“大庆精神”“焦裕禄精神”“抗洪精神”“两弹一星”精神“抗‘非典’精神”等。这些成型化、成熟化、社会化了的革命精神构成了时代精神的主旋律，组成了中华民族精神当代形态的主要内容。弘扬和培育中华民族精神，是提高全民族综合素质的必然要求。一个民族的发展，不仅取决于经济、科技发展水平，而且取决于民族的综合素质。民族精神是民族综合素质的有机组成部分和集中体现。在发展中国特色社会主义的历史进程中，高昂奋进的民族精神能产生巨大的力量，发挥不可估量的作用。弘扬和培育中华民族精神，是不断增强我国国际竞争力的要求。有没有高昂的民族精神，是衡量一个国家综合国力强弱的重要尺度。中华民族精神作为中华文化的精髓，具有凝集和动员民族力量、展示民族形象的重要功能，弘扬和培育民族精神，是提升我国国际竞争力的重要保证。弘扬和培育中华民族精神，是坚持社会主义道路的需要。西方敌对势力不愿意看到社会主义中国发展壮大，加紧各种手段和方式对中国实施西化、分化的政治图谋。面对这种挑战，要顶住霸权主义的种种压力，抵制外来腐朽思想文化的影响，弘扬的培育民族精神显得更为重要和迫切。弘扬伟大的中华民族精神，是中国德育馆创意、策划和建设的灵魂与理论依据之一。

2. 中国传统文化中的和谐思想

在中国传统文化中，“和”是一个含意极为丰富、深邃的范畴。按照《说文解字》的解释："和，相应也。"而"谐"是"配合得当"，"和谐"就是"相应"并且"配合得当"。中国传统文化产生于以小农经济为基础的农业社会和"家国同构"的社会政治结构，是一种伦理型文化。以儒家伦理为主流的传统文化认为宇宙的法则与道德的最高准则是一致的，把人放在与天地、社会的整体联系中加以认识，和谐是这种整体联系中的一个支撑点。中国传统文化中的和谐思想，是中国德育馆(延庆馆)创意、策划和建设的灵魂与理论依据之一。

第一，天人合一。天人合一在传统文化中有多种含义。儒家对"天"的一种理解是自然之天。孔子说："天何言哉？四时行焉，百物生焉"(《论语·阳货》)，认为天就是四季的交替运行，万物的生长发育。孟子讲："天油然作云，沛然下雨"(《孟子·梁惠王上》)中的"天"，指自然现象。荀子认为"天"是"列星随旋，日月递照，四时代御，阴阳大化，风雨博施"(《荀子·天论》)，"天"就是列星、日月、四时、阴阳这些自然物体和现象的总称。儒家天人合一思想中的一种观念是强调天人和谐。《易传》提出："损益盈虚，与时偕行"，"时止则止，时行则行"，指出人要依循自然规律做事，与自然保持和谐联系。儒家认为人们经过道德修养，可以掌握自然界的运行规律，并且顺应自然规律，从事生产和生活。

第二，整体和谐。《周礼》提出"以和邦国，以统百官，以谐万民"的思想。把个体德性(知、情、意、行)和谐与家庭和谐、社会和谐联系起来做整体性认识，是儒家和谐思想的主要特点。孔子提出"礼之用，和为贵"(《论语·学而》)，强调礼的作用贵在使事物和谐。他教育弟子"入则孝，出则悌，谨而信，泛爱众，而亲仁"(《论语·学而》)，即回到家里要孝顺父母，在外面要尊敬长上，做事谨慎有规矩，诚实守信，博爱民众，亲近有仁德的人。《大学》要求个人要从格物、致知、诚意、正心的“修身”做起，然后实现齐家、治国、平天下的人生理想。由个体道德推及社会责任，由家庭和谐扩展到社会和谐。《中庸》提出：“喜怒哀乐之未发，谓之中；发而皆中节，谓之和。……致中和，天地位焉，万物育焉。”即能自觉控制偏离道德准则的喜怒哀乐的情感，叫作中；表达出来的情感都合乎道德规范，叫作和谐。如果能做到“中和”，社会上和自然界的一切事物就会安排得当、健康发育了。这里的和谐所体现的是个体的道德自律精神和道德主体能力。把个人的道德自律精神和主体能力与社会及自然的整体和谐作为条件和结果关系来建构，是儒家和谐德育思想的深刻内涵之一。

第三，和而不同。“和而不同”是孔子倡导的一种道德品质，指与人和谐相处又不盲目附和。这种思想所体现的是传统文化中对和谐的另一种认识和把握，即强调主体间事物间协调、相应、配合得当会促进主体和事物的发展，同时也要保持主体的个性和事物自身特色，以利于主体和事物在和谐的联系中按自身规律持续发展。西周末的史伯把“和”与“同”作为既有联系而又有区别的一对范畴提出，认为“和实生物，同则不继。以他平他谓之和，故能丰长而物归之；若以同裨同，尽乃弃矣”(《国语·郑语》)。意思是不同事物的协调平顺就是和谐，和谐能使事物有所归依而建立联系，所以能促进事物的丰富与发展；如果把相同的事物简单相加，则事将无成。春秋时晏婴进一步发挥了史伯的这一思想，他用喻体论述：“五味”相加，才能成为美羹；“若以水济水，谁能食之？若琴瑟之专一，谁能听之？”(《左传·昭公二十年》)强调不同品质的物项协调配合能产生新的效应。值得注意的是，这里不仅从主体方面提出应当怎样把握和谐，还从客体的感受角度提出了和谐的效能及其检验标准问题。

总之，中华优秀传统文化中的和谐思想、中国共产党关于建设和谐社会的战略部署，是中国德育馆创意、策划和建设的灵魂与理论依据之一。

3. 中华民族传统美德

中华传统美德形成于东周春秋时代，由儒家伦理思想创始人孔子创立并由后世儒家不断发展。孔子思想体系的核心是德治主义，他执着地倡导德化社会与德化人生。德化社会的最高标准是“礼”，德化人生的最高价值是“仁”。在“仁德”的统摄下，孔子还提出一系列道德范畴，如恭、宽、信、敏、惠、刚、毅、木、讷、勇、敬、俭等。孟子继承发展了孔子的伦理思想，他以“人性善说”为理论基础，提出“四德”“五伦”的伦理思想。“四德”，即仁、义、礼、智；“五伦”，即父子有亲、君臣有义、夫妇有别、长幼有序、朋友有信五类人伦。汉代董仲舒归纳为“仁、义、礼、智、信”五德。后代学人进一步把传统美德概括为“忠、孝、仁、义、礼、信、廉、耻”八德。当代学者再进一步概括为“忠、孝、仁、义、礼、信、廉、耻、智、勇、勤、和”12个道德规范。(中华民族传统美德“十二德”，这里不一一展开。)

总之，中华民族传统美德是中国德育馆创意、策划和建设的灵魂与理论依据之一。

4. 社会主义核心价值观

2013 年 12 月，中共中央办公厅印发《关于培育和践行社会主义核心价值观的意见》，明确提出，以“三个倡导”为基本内容的社会主义核心价值观，与中国特色社会主义发展要求相契合，与中华优秀传统文化和人类文明优秀成果相承接，是我们党凝聚全党全社会价值共识作出的重要论断。

社会主义核心价值观的基本内容是：富强、民主、文明、和谐，自由、平等、公正、法治，爱国、敬业、诚信、友善。24 字核心价值观分为国家、社会和公民个人3个层面。

——国家层面：富强、民主、文明、和谐

价值观是人们心中的深层信念系统，核心价值观直接影响到一个国家的凝聚力和影响力，关乎党的命脉，关乎国家前途、民族命运、人民幸福。富强、民主、文明、和谐，成为全国人民共同价值追求。对“富强”的追求，体现了社会主义初级阶段的最大国情，既有当代的价值，更有传统的价值。“民主”“文明”，同样是中华民族百年来孜孜以求的目标。“和谐”则综合了传统文化中“和”的因素，又有重要的当代价值。“富强、民主、文明、和谐”与中国特色社会主义经济建设、政治建设、文化建设、社会建设、生态建设“五位一体”格局有机联系。这些理念与五大建设不是简单对应，而是体现了融合、贯通，体现了思想认识与社会实践的辩证关系。

——社会层面：自由、平等、公正、法治

社会的活力和创造力来自充分的空间和自由。中国的改革始自对“自由”的尊重，从最初的“大包干”改革，到社会主义市场经济体制的确立；从对于人民权益的保护，到坚持中国特色社会主义政治发展道路和推进政治体制改革，发展更加广泛、更加充分、更加健全的人民民主。对于自由的保障，让整个社会和人的创造力、活力真正迸发了出来。而“平等”是要让全体人民共享改革发展成果的那种平等，是构成法律基石意义上的平等，是需要法治来保证的平等，这个意义上的平等当然是社会核心价值的重要组成部分。“公正”和“法治”体现了对当今社会诉求的回应。

——公民层面：爱国、敬业、诚信、友善

价值观最基本的主体还是个人。“爱国、敬业、诚信、友善”这8个字对我们每个人都提出了新的、更高的要求。对于所从事职业的尊重代表着一种对于个人价值的追求，爱自己的岗位，全身心地投入到岗位上，干好本职工作，才可能为国家、为社会、为家庭，也为自己创造未来。正是因为热爱，才能做到奉献。“人与人之间应该倡导一种爱的循环。”企业爱员工、员工爱企业、企业爱国家。这种爱的循环能够拉近人的心，产生无穷的动力，正是倡导友善的一种体现。“友善”是最紧密涉及人与人之间关系的道德要求，它不像敬业等职业道德那样指向特定的成人群体，而是一个各级各类学校都可以也应该重视的、具有普遍适用性和基础性的价值观。

培育和践行社会主义核心价值观。人民有信仰，国家才有力量。形成健康的社会风尚，需要每个公民的协力；打造奋发的时代气质，离不开亿万人民的参与。有怎样的价值观念，就会有怎样的行动。有“天下兴亡，匹夫有责”的爱国精神，才能承担时代赋予的使命；有“善学者能，多能者成”的敬业作风，才能把握人生出彩的机会；有“以信立身、以诚处世”的诚信品格，才能赢得一个良好的发展环境，国家前行才能凝聚起最磅礴的力量。

总之，社会主义核心价值观是中国德育馆创意、策划和建设的灵魂与理论依据之一。

四、实践依据

1. 开展社会大课堂活动的需要

2008 年 8 月，经北京市委市政府同意，市委宣传部等 12 家部门联合印发《北京市中小学生社会大课堂建设方案》，启动北京市中小学生社会大课堂三年建设计划。几年来，在市、区两级党委、政府及各有关方面共同努力下，这项惠及百万中小学生的素质教育工程取得阶段性建设成果，育人功能得到初步发挥，得到学校、社会及学生家长的广泛认同，在全国产生了积极影响。

社会大课堂是一项面向学生、服务学生、惠及学生的政府实事工程，旨在深化推进素质教育，大力倡导实践育人，培育学生的社会责任感、实践能力和创新精神。社会大课堂建设体现了“现代教育、终身学习”的理念，是建设学习型城市、推进首都教育现代化的内在要求。继续推动社会大课堂建设，有利于进一步整合首都教育资源，满足学生日益增长的多种形式的学习和文化需求。社会大课堂建设体现了“教育振兴，全民有责”的精神，是构建全社会育人机制的有力举措。继续推动社会大课堂建设，有利于进一步促进全社会关心教育、支持教育、服务教育，营造中小学生健康成长的良好社会环境。社会大课堂建设体现了“内涵发展、教育公平”的要求，是推动实践育人的重要平台。继续推动社会大课堂建设，有利于进一步引导中小学生走进社会开展实践体验，提升综合素质，促进全面发展，也有利于让所有学生共享首都现代化建设成果。社会大课堂是弘扬社会主义核心价值体系、践行北京精神、建设具有中国特色的世界城市和学习型城市、构建终身教育体系、提高教育公共服务水平、创新人才培养方式、推动实践育人的重要抓手。

2011 年 12 月，北京市委教育工委颁布了《关于进一步加强中小学生社会大课堂工作的意见》(京教工〔2011〕68 号)，对今后一个时期，北京市进一步加强社会大课堂工作的总体目标和具体任务作了部署。总体目标是：争取用三到五年时间，实现社会大课堂建设、运行和应用保障机制的常态化、制度化，即实现学校组织学生参加社会实践活动常态化、制度化和社会资源参与教育、服务教育常态化、制度化，推动社会大课堂的可持续发展。

在实现社会大课堂建设、运行和应用保障机制的常态化、制度化的背景下，中国德育馆应运而生了。这是实现学校组织学生参加社会实践活动常态化、制度化和社会资源参与教育、服务教育常态化、制度化，推动社会大课堂可持续发展的新生事物和重要举措。总之，社会大课堂实践活动的需要，是中国德育馆创意、策划和建设的实践依据之一。

2. 开展主题班会活动的需要

班会是班主任向学生进行思想品德教育的一种有效形式和重要阵地，也是在班主任指导下由班委会组织开展的一种学生自我教育活动的有效形式和重要途径。有计划地组织与开展班会活动是班主任的一项重要任务。主题班会是班主任根据教育、教学要求和班级学生的实际情况确立主题、围绕主题开展的一种班会活动。主题班会能充分发挥集体的智慧和力量，让个人在集体活动中受到教育、受到熏陶、受到感染、受到启发，从而提高综合素质，促进学生健康成长，培育学生良好的思想品德。

主题班会是一种极受师生欢迎的极富教育意义的组织形式。班会的形式是多种多样的，根据多年来各实验校的实践经验，主题班会概括为以下 15 种模式：讨论探究式、辩论明理式、情感体验式、情景模拟式、角色扮演式、演讲报告式、审美鉴赏式、文艺演出式、知识竞赛式、网上互动式、展示交流式、评价激励式、调查访谈式、参观考察式、社会实践式。主题班会的组织和实施需要选择和创设教育环境，有时可以在教室举行，有时可以在自然环境举行，但更多时候应在可供参观学习的场馆举行。

中国德育馆 4 个展厅的第 8 个单元专门提供了主题班会的活动场所、活动方案、活动内容和多媒体资料，是开展主题班会活动首选的场所。总之，开展主题班会活动的需要，是中国德育馆创意、策划和建设的实践依据之一。

3. 建设学校德育活动场所的需要

走遍中国东南西北中的各级各类学校，我们看到成规模的学校一般都有办公楼、教学楼、实验楼，甚至还有图书馆、科技馆、体育馆等建筑设施，但唯独没有德育馆。如果带领学生参观社会上的博物馆、纪念馆、文化馆、名人故居、名胜古迹等，会受到时间、经费和安全隐患的制约，不如在校内或就近参观德育馆更节约、更省时、更安全。

中国德育馆总体设计为4个展厅，其中包括第一展厅“中国古代德育厅”，以继承和弘扬中华优秀传统文化和中华传统美德教育为主题；第二展厅“中国近现代德育厅”，以继承和弘扬伟大中华民族精神和爱国主义教育为主题；第三展厅“中国当代德育厅”，以学习和践行社会主义核心价值观和实现中华民族伟大复兴的中国梦为主题；第四展厅“地方德育厅”，以引导学生了解家乡、热爱家乡、建设家乡为主题。前3个展厅每个展厅包括8个单元，第四展厅包括6个单元，共30个单元。可以说，中国德育馆系统的、全面地展示了中国德育的发展史，具有社会上的博物馆、纪念馆、文化馆、名人故居、名胜古迹等不可替代的德育价值。在大力倡导和推行德育为首、德育为先、立德树人教育理念的今天，学校确实需要建设中国德育馆作为德育基地和德育场所。总之，建设学校德育活动场所的需要，是中国德育馆创意、策划和建设的实践依据之一。

中国德育馆创意策划的基本功能

中国德育馆的主要功能集德育展览、德育教学、德育科研、德育培训、德育演讲、德育媒体、拓展训练“七位一体”。

一、德育展览功能

中国德育馆设 4 个大型展厅：第一展厅“中国古代德育厅”，以继承和弘扬中华优秀传统文化和中华传统美德教育为主题；第二展厅“中国近现代德育厅”，以继承和弘扬伟大中华民族精神和爱国主义教育为主题；第三展厅“中国当代德育厅”，以学习和践行社会主义核心价值观和实现中华民族伟大复兴的中国梦为主题；第四展厅“地方德育厅”，以引导学生了解家乡、热爱家乡、建设家乡为主题。每个展厅包括 8 个单元，共 32 个单元。每一个单元都设计了（一）展板展示内容；（二）多媒体展示内容；（三）雕塑或实物展示内容；（四）德育文献数据库。可以为本校和延庆区中小学校学生提供参观学习的场所和资源，也可以为本校、本区、北京市和全国各地德育会议、培训班、研讨会在这里举行提供参观学习的场所和资源。

二、德育教学功能

中国德育馆设4个大型展厅和专用德育教室，为本校德育课程、主题班会、主题团日、学生社团、主题演讲、专家报告提供德育教学场所和资源；为本区中小学提供德育教学和交流研讨的场所和资源，为北京市和全国各地德育干部、德育教师培训和交流研讨提供场所和资源，也为社会各界道德建设交流研讨提供场所和资源。可聘请德育专家对各项德育课程教学、主题班会等进行评审，评选出的优秀教学成果收入本馆数据库，不断充实和丰富数据库的内容。

三、德育科研功能

中国德育馆设4个大型展厅和德育科研工作室，为本校德育教师和德育科研工作者提供德育科研场所和资源，也可与德育共建单位和外聘德育专家提供德育科研场所和资源。也可为本校、本区、北京市和全国各级各类德育科研课题组在这里举行提供德育科研学术会议、交流研讨提供场所和资源。可把各项德育科研课题的研究成果收入本馆数据库，不断充实和丰富数据库的内容。

四、德育培训功能

中国德育馆设4个大型展厅和德育培训办公室，充分利用馆藏文字展板内容、多媒体展示内容、雕塑展陈内容、实物展陈内容和德育数据库等德育资源，聘请德育专家、优秀校长、优秀教师开展专题讲座，面向本区、本市和全国各级各类学校的校长、班主任、德育课程教师、团队辅导员进行不同专题的德育培训。也可以利用馆藏数据库，通过互联网进行远程培训。并把各场次的培训内容收入本馆数据库，不断充实和丰富数据库的内容。

五、德育演讲功能

中国德育馆设4个大型展厅和德育大讲堂，定期或不定期邀请本区、北京市乃至全国的著名德育专家来此做专题德育演讲，定期或不定期举办学生和教师的专题德育演讲会，定期或不定期举办社会各界精神文明建设的专题演讲会，本馆德育学术委员会负责为演讲者评奖，争取政府支持、企业赞助给演讲者颁发奖品和证书，以资鼓励。可以把德育大讲堂各场次的演讲内容收入本馆数据库，不断充实和丰富数据库的内容。

六、拓展训练功能

中国德育馆可运用馆藏资源，对中小学生开展素质教育拓展训练活动。如中华传统美德知识问答、爱国故事演讲、唐诗宋词知识竞赛、喜剧歌舞展示表演、书法绘画技艺切磋等等。同时可以与电视台等新闻媒体合作，增强参与各项活动的积极性。

七、德育媒体功能

中国德育馆设4个大型展厅和德育数据库，并创建“中国德育馆网站”，利用现代信息技术，发挥互联网媒体的德育功能，使馆藏内容辐射全国各级各类学校乃至全世界，可与世界各国的孔子学院互联互通，办成目前全国唯一的德育远程培训学校，为中国德育事业做出更大的贡献。

中国德育馆创意策划的设计原则

中国传统文化中的和谐思想，不仅是中国德育馆创意、策划和建设的灵魂与理论依据之一，同时也是设计展厅陈列内容与形式的基本原则。从和谐总原则出发，可以展开或派生出以下五个具体原则。

一、历史性与现实性相结合

中国德育是在对中华民族五千多年悠久文明的传承中走过来的，具有深厚的历史渊源和广泛的现实基础。创建中国德育馆必须坚持历史性与现实性相结合的原则。设计展厅陈列内容既要继承与弘扬中华优秀传统文化，又要体现时代精神，学习和践行社会主义核心价值观。要以历史资料为依据，以历史分期为线索，以历史上的德育名人、德育名言和德育故事为重点，完善中华优秀传统文化教育。同时要坚持古为今用的原则，所有布展陈列的内容都要为现实的德育目标服务。要坚持推陈出新的原则，古代德育厅和近代德育厅要从现实需要出发遴选历史资料，当代德育厅必须加强社会主义核心价值体系教育，所有布展陈列的内容都要为立德树人根本任务服务。

二、理论性与实践性相结合

立德树人是发展中国特色社会主义教育事业的核心所在，是培养德智体美全面发展的社会主义建设者和接班人的本质要求。创建中国德育馆必须整体构建符合教育规律、体现时代特征、具有中国特色的德育体系，落实立德树人根本任务，坚持理论性与实践性结合的原则。设计展厅陈列内容既要重视德育理论和德育知识的展示与传授，又要加强道德修养、道德实践的宣传和引导。德育名人、德育名言、德育故事的展示，要以哲学、史学、教育学、伦理学、德育学、社会学等学科的基本理论为依据。同时要坚持实事求是的原则，尊重历史，尊重史实，不虚构，不夸张，德育名人、德育名言和德育故事都要有出处可考。要坚持知行合一、理论联系实际的原则，贴近实际、贴近生活、贴近师生，使德育基本理论与中小学德育工作实际紧密结合。

三、德育性与法治性相结合

中国文化的形成与发展，是儒家思想和包括法家思想在内的其他学说既对立又统一，既相互竞争又相互借鉴的过程。虽然儒家思想长期居于主导地位，但始终和其他学说处于和而不同的局面之中。创建中国德育馆必须坚持德育性与法治性相结合的原则，要求设计展厅陈列内容要坚持依法治校和以德育人相结合。道德和法律如车之两轮鸟之双翼，国家和社会治理需要法律和道德共同发挥作用，必须坚持一手抓法治、一手抓德治。学校德育也需要道德教育和法治教育并重，既重视发挥法律的规范作用，又重视发挥道德的教化作用，以法治体现道德理念、强化法律对道德建设的促进作用，以道德滋养法治精神、强化道德对法治文化的支撑作用，实现法律和道德相辅相成、法治和德治相得益彰。

四、科学性与实效性相结合

科学精神就是实事求是、追求真理、勇于创新的精神。科学精神通过求真可以达到求美、求善，科学精神把追求真善美的统一作为自己的最高价值准则。

创建中国德育馆必须具有科学精神，坚持科学性与实效性相结合的原则。要求设计展厅陈列内容要以科学精神、科学态度来对待，注重展板文字表述和图文资料的科学性、准确性、严谨性。同时要坚持实效性，展板文字表述和图文资料的表述和呈现方式要具有生动性、可读性、可视性，恰当运用声光电技术，做到图文并茂、形神兼备、音像兼备、视听结合。使展陈内容和形式更加贴近中小学生的年龄特点，使他们喜闻乐见，喜欢参观、乐于学习，并能做到“记住要求、心有榜样、从小做起、接受帮助”，有利于增强德育的实效性。

五、思想性与艺术性相结合

加强和改进未成年人思想道德建设，其中包括集中开展思想道德主题宣传教育活动，举行各种庆祝、纪念活动和必要的仪式，组织好各种参观、瞻仰和考察等活动，宣传介绍古今中外的杰出人物、道德楷模和先进典型，这是加强和改进学校德育工作的必然要求。创建中国德育馆是对学生进行思想品德教育的重要场所，必须坚持思想性与艺术性相结合的原则。设计展厅陈列内容必须坚持党的教育方针，贯彻立德树人根本任务，突出德育的思想性。同时需要考虑受教育者的可接受性和德育的实效性，必须坚持陈列内容的思想性与表现形式的艺术性相结合，展示内容的文字介绍都要适当配照片、绘画、雕塑、实物等，多媒体展示内容要适当配声、光、电效果，以便增强德育的吸引力、亲和力、震撼力、感染力。

第七编　中国古代德育思想研究

中国古代德育思想的起源

中国古代德育思想的起源是一个漫长的历史发展过程。距今约五千年的炎黄二帝时代是中国古代德育思想的萌芽期；尧舜时代是中国古代德育思想的发端期；夏商周时代特别是春秋战国时期是中国古代德育思想的形成时期。

一、炎黄二帝——中华文明奠基者的化身

中国古代德育思想的起源最早可追溯到距今约五千年的炎黄二帝时代，传说中的炎帝和黄帝是两个最大的部落联盟的首领，是华夏民族先祖的象征和中华文明奠基者的化身。

据《史记·五帝本纪》记载，“炎帝欲侵陵诸侯，诸侯咸归黄帝”。黄帝“乃修德振兵”，为消除未来战争的隐患，“养性爱民，不好战伐”的黄帝，决定“以战去战”。“与炎帝战於阪泉之野。三战，然后得其志。”

阪泉之战是中国上古时期传说中的一场战争。以轩辕黄帝为首领的部落逐渐强大起来，炎帝和蚩尤也是两个很

强大的部落的首领。炎帝和蚩尤先发生冲突，炎帝联合黄帝击败蚩尤后又想进攻黄帝。黄帝休整军队，经过充分的准备后在阪泉和炎帝进行决战。经过三次激烈的战斗，最终黄帝战胜了炎帝。关于阪泉之战的地点主要有在河北中部的“直隶保定说”，河北南部的“巨鹿说”，河北西北部的“涿鹿说”和“延庆说”。其中保存传说最多的是冀西北的“涿鹿说”和“延庆说”。从涿鹿、保安、怀来以至延庆，都处于冀西北的山间盆地中，这是由桑干河、洋河、妫水河冲积而成的宽谷，联系有关传说阪泉之战可能就发生在这种有山、有泉、有沃野的地理环境。据文献记载的阪泉之战旧址在今天北京市延庆县下阪泉村，从军事的角度看，这里背山面野，处在妫水河与海坨山之间，进可攻退可守，在这里发生激战是顺理成章的。

通过阪泉之战，黄帝战胜了炎帝，平息了部落联盟内部的纷争，众部族推举黄帝为天子。据《商君书·画策》说：“黄帝作君臣上下之义，父子兄弟之礼，夫妇匹配之合，内行刀锯，外用甲兵。”建立了中国历史上第一个神州一统的国家制度，开启了中华文明的历史。

据《史记·五帝本纪》记载：黄帝“修德振兵”“养性爱民”“以战去战”。据《商君书·画策》记载：黄帝作“君臣上下之义，父子兄弟之礼，夫妇匹配之合”。这是中国的治国理政思想、军事战略思想、家庭伦理思想的萌芽，是中国古代德育思想的起源。

二、尧舜时代的德育思想

黄帝以后，黄河流域又先后出现了三位德才兼备的部落联盟首领，他们就是尧、舜、禹。尧，我国古代帝王，五帝之一。尧帝，姓伊祁，号放勋。因封于唐，故称“唐尧”，由于他德高望重，人民倾心于帝尧。他严肃恭谨，光照四方，上下分明，能团结族人，使邦族之间团结如一家，和睦相处。尧为人简朴，吃粗米饭，喝野菜汤。自然得到人民的爱戴。

舜，传说中的古代帝王，五帝之一。舜帝，姓姚，名重华，号有虞氏，史称虞舜。相传他的父亲瞽叟及继母、异母弟象，多次想害死他。对此舜毫不嫉恨，仍对父亲恭顺，对弟弟慈爱。帝尧听说舜非常孝顺，有处理政事的才干，把两个女儿娥皇和女英嫁给他，经过多年观察和考验，选定舜做他的继承人，把帝位禅让于舜。

1. 尧舜时代的家庭道德

上古先民在生活和劳动的过程中，逐渐形成了群体行为习惯，萌生了原始道德观念。据《尚书·尧典》记载，唐尧“克明俊德，以亲九族。九族既睦，平章百姓。百姓昭明，协和万邦。”据《尚书·舜典》记载，虞舜“慎徽五典，五典克从”，舜真诚善意地教化百姓遵循父义、母慈、兄友、弟恭、子孝这五种伦理道德规范。说明尧舜时代已经有了以家庭伦理为基础的道德教育。

2. 虞舜时代的官德

据《尚书·舜典》记载，虞舜时代提出了“好生之德，洽于民心”以德治国的执政理念，“帝德广运”“罔失法度”德法兼备的治国之道，“德惟善政，政在养民”的民本思想，“任贤勿贰，去邪勿疑”任人唯贤的用人之道，“罚弗及嗣，赏延于世”宽严有度的赏罚制度，理顺“九功、六府、三事”的社会和谐理念。六府即“水、火、金、木、土、谷”，三事即“正德、利用、厚生”，六府与三事合称九功。据《尚书·皋陶谟》记载，皋陶提出了舜禹时代的九种官德：宽宏大量而又严肃恭谨，性情温和而又有主见，态度谦虚而又庄重严肃，具有才干而又办事认真，善于听取别人意见而又刚毅果断，行为正直而又态度温和，直率旷达而又能辨别是非，刚正不阿而又脚踏实地，坚强勇敢而又符合道义。具备这九种品德，便可以为官从政，建功立业。这是中华民族最早的治国理政思想，也是最早的官德。

3. 虞舜时代的“诗教”和“乐教”

虞舜时代就有了“诗教”和“乐教”的德育形式。据《尚书·舜典》记载，舜帝与掌管音乐的大臣讨论诗歌和音乐的作用时就指出：音乐可教人“直而温，宽而栗，刚而无虐，简而无傲”，又说：“诗言志，歌咏言，声依永，律和声。八音克谐，无相夺伦，神人以和。”这里提出德育的最高标准是和谐，和谐就是美，就是优雅，可以感天动地惊神鬼。和谐的诗歌和音乐可以陶冶人们的内在情操，培养性情高雅的君子。说明虞舜时代是诗教和乐教的历史源头。

三、夏商周三代的德育思想

1. 大禹治水和大禹精神

禹，姓姒，名文命，字(高)密。史称大禹、帝禹，为夏后氏首领、夏朝开国君王。禹是黄帝的玄孙、颛顼的孙子(但也有说法认为禹应为颛顼六世孙)。相传，禹治理黄河有功，受舜禅让而继承帝位。禹是禅让制度下产生的最后一个部落联盟首领。在诸侯的拥戴下，禹之子启以阳城为都城，国号夏。禹之子启是夏朝的第一位天子。

禹是中国古代传说时代与尧、舜齐名的贤圣帝王，他最卓著的功绩，就是历来被传颂的治理滔天洪水，又划定中国版图为九州。后人称他为大禹。禹死后安葬于会稽山上(今浙江绍兴市南)，仍存禹庙、禹陵、禹祠。从夏启开始历代帝王大都来禹陵祭祀他。

传说在帝尧时期，黄河流域经常发生洪水。为了制止洪水泛滥，保护农业生产，尧帝曾派鲧负责治水。鲧采用“围堵”的方法，治水九年而不得成功。舜帝继位以后，任用鲧的儿子禹治水。禹总结父亲治水的经验教训，改“围堵”为“疏导”，利用水自高向低流的自然趋势，顺地形把堵塞的河流疏通，从而平息了水患。大禹在治水的过程中，留下了许多感人的事迹。相传他借助自己发明的原始测量工具——准绳和规矩，用神斧劈开龙门，凿通积石山和青铜峡，使河水畅通无阻。他治水居外13年，三过家门而不入。他是中国历史上第一位成功地治理黄河水患的治水英雄。大禹的治水功绩和高尚品德赢得了世人的尊敬。

大禹治水名垂千古，大禹精神世代传承。大禹精神，就是中华民族传统文化和民族精神的化身，体现了中华民族自强不息、艰苦奋斗的拼搏精神，公而忘私、为民造福的奉献精神，尊重实践、求真务实的科学精神，因势利导、革故鼎新的创新精神，以人为本、心系民生的民本思想，严于律己、以身作则的优良作风。大禹精神，是中华民族精神力量的源泉。

2. 学在官府，政教合一

夏商周三代不但有了正规学校，而且有了学校德育。据《孟子·滕文公上》描述：“夏曰校，殷曰序，周曰庠，学则三代共之，皆所以明人伦也。”西周时学校有“国学”和“乡学”两种：国学是设在周王朝都城和诸侯国都城的学校，是王公贵族子弟的学校；乡学是设在都城之外的学校，是一般贵族子弟的学校。学校按知识程度，分为大学、小学两类。小学以“礼”为主要教育内容，大学的教育内容是礼、乐、射、御，同时诵读《诗》《书》。学在官府、政教合一，是这一时期学校德育的特征。

3. 周公的德治与德教思想

周公名姬旦，周文王之子，周武王之弟，德高望重，史称周公。周公参与了灭亡商朝的战争，武王驾崩时，继位的成王时年尚幼，周公摄政。《尚书·大传》记载，周公摄政七年，安居臣位，全力辅国安邦，公而忘私，身体力行，功成身退，竭力维护政治的稳定和社会的安宁，以他高尚的德行和他的德育思想赢得后人永久的尊敬。

周公在奉事文王、辅助武王灭商纣的实践中，认识到“皇天无亲，唯德是辅”，提出了“敬德保民”“以德配天”“明德慎罚”的德治与德教思想。周公认为：国家的长治久安不在“天命”，而在“敬德保民”，“敬德者天命存，失德者天命追”。周公坚信：得民心者，得天命；得民心的关键，是实行德治，劝告统治者要“以德配天”。周公在对商纣王残刑酷法教训的反思中，告诫治国者要“明德慎罚”，德主刑辅，以德治国，慎用刑罚。周公“制礼作乐”，是他实施德教的重要内容与形式。周公以国家长治久安的政治远见，认识到了德治与德教的极端重要性，对春秋时期孔子创立儒家思想产生了重要影响。陕西岐山周公庙的周公纪念碑记载：“尧舜无子而公其子，孔孟无师而公其师”，给予周公高度的评价。

4.“德”字的起源与演变

“德”字最早出现在殷墟甲骨文中，甲骨文的“德”字，左右两边写成四通大道，中间写成“目”字。表示目不斜视，大道直行。有的甲骨文将四通大道简化为“彳”。在商周时期青铜器上刻的文字叫钟鼎文，也叫金文。金文的“德”字承续甲骨文字形，并在“目”下加“心”字，表示心胸坦荡，心正、目正、直行才叫有德。周宣王时太史籀创立大篆，秦始皇时李斯创立小篆，汉代兴起隶书，篆书和隶书的德字承续金文字形，定型于东汉、魏、晋时期的楷书、行书、草书诸体的德字则一以贯之，传承至今。

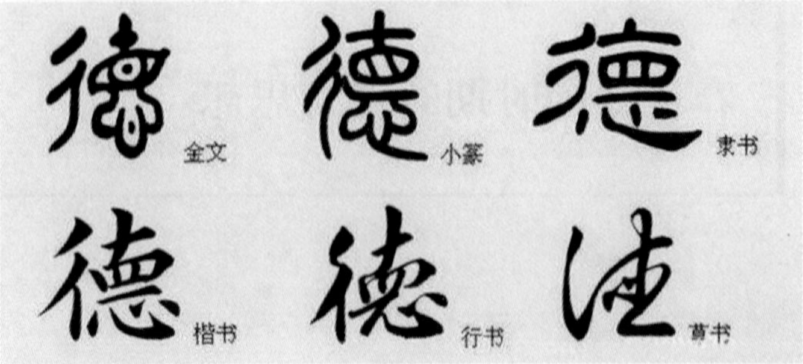

《说文解字》作者是东汉的文字学家许慎。成书于汉和帝永元十二年(公元100年)到安帝建光元年(公元121年)。许慎根据文字的形体，创立540个部首，将9353字分别归入540部。540部又据形系归并为14大类。许慎在《说文解字》中系统地阐述了汉字的造字规律。汉代许慎的《说文解字》对“德”字的解释是：“德，外得于人，内得于己也。”清代段玉裁的《说文解字注》说：“内得于己，身心自得也；外得于人，谓惠泽使人得之也。”《说文解字》对“育”的解释是：“育，养子使作善也”。就是教人学好，导人向善。

春秋战国时期的德育思想

一、春秋战国时期德育思想概述

春秋战国时期是我国古代德育思想形成的重要时期。在这个时期里，“天子失官，学在四夷”，私学林立，诸子百家争鸣。教育家们在教育实践中，相互否定，又相互吸收，从而形成各具特色的德育理论。以孔子、孟子为代表的儒家学派主张“道之以德”“齐之以礼”“仁者爱人”，把德育放在整个教育中的首位，成为中国古代德育的主流与核心。以老子、庄子为代表的道家学派主张“遵道贵德”“自然无为”。以墨子为代表的墨家学派主张“兼相爱，交相利”和“自强不息”。以管仲、商鞅、韩非为代表的法家学派主张革故鼎新、重法治、讲信用。总之，诸子百家的思想奠定了中国古代德育思想的基础，对中国近现代德育产生了深远的影响。

二、管子的德育思想

管子(约公元前 723 年或前 716 年—公元前 645 年)汉

族，齐国颍上(今安徽颍上)人。名夷吾，又名敬仲，字仲，谥号敬，史称管子。春秋时期齐国著名的政治家、军事家、改革家。为齐国上卿(即丞相)，被称为“春秋第一相”。主张变法以富国强兵，是著名的法家代表人物。同时也提倡道德教化，主张礼法并重。管子的著作，收入《国语·齐语》和《汉书·艺文志》。《管子》今存 76 篇，16 万言，内容极丰，其中蕴含了“以人为本”“礼义廉耻”等德育思想。

管子是中国古代第一个明确提出“以人为本”的政治家，他说：“夫霸王之所始也，以人为本。本理则国固，本乱则国危。”“齐国百姓，公之本也。”“政之所兴，在顺民心。”凸显了“民本”思想。管子提出“礼、义、廉、耻”乃国之“四维”，“四维不张，国乃灭亡”。管子还把物质利益和道德观念联系在一起，指出：“仓廪实，则知礼节；衣食足，则知荣辱。”管子提出“一年之计，莫如树谷；十年之计，莫如树木；终身之计，莫如树人”的观点，是“立德树人”教育思想的来源之一。

三、老子的德育思想

老子(约公元前 571 年—公元前 471 年?)，姓李名耳，字伯阳，谥号聃。楚国苦县(今河南鹿邑)人。是中国春秋时代伟大的哲学家和思想家之一，道家学派创始人，被道教尊为教主。《道德经》由战国时期道家学派整理而成，记录了春秋时期思想家老子的学说。《道德经》分为上下两册，共 81 章，前 37 章为上篇道经，第 38 章以下属下篇德经，全书的思想结构是：道是德的“体”，德是道的“用”。上下共 5000 字左右。

“尊道贵德”是老子德育思想的基本理念。老子说：“道生之，德畜之，物形之，势成之。是以万物莫不尊道而贵德。”道为德之体，德为道之用。老子讲的“道”，是宇宙的根本规律，是天地万物的本原。老子讲的“德”是“道”的体现，依“道”而行即是“德”，德是遵循宇宙客观规律，“人法地，地法天，天法道，道法自然”。老子的德育内容是慈爱万物、上善若水、崇俭抑奢、淡泊宁静、守柔居弱、待人真诚、信守诺言。老子的德育方法是自然无为，“行不言之教”，主张以一种沉潜隐逸的方式引导受教育者，逐步确立道德意识和养成道德行为，避免道德说教和灌输。

四、孔子的德育思想

孔子(前551年—前479年)名丘，字仲尼。鲁国陬邑(今山东曲阜)人。春秋末期思想家、政治家、教育家，儒家学派的创始人，被后世儒家尊称为圣人。孔子的德育思想对后世产生了深远的影响，被尊为至圣先师、万世师表。《论语》是儒家学派的经典著作，由孔子的弟子及其再传弟子编撰而成。它以语录体和对话文体为主，记录了孔子及其弟子言行，集中体现了孔子的政治主张、论理思想、道德观念及教育原则等。

孔子认为德育是育人之本，德育的培养目标与核心内容是“仁”，据《论语》记载：樊迟问仁，子曰：“爱人。”他还说：“克己复礼曰仁”，“孝悌”为仁之本，“忠恕”为仁之道，在“仁德”的统摄下，孔子还提出一系列道德规范，如忠、孝、仁、义、礼、诚、信、宽、敬、和、温、良、恭、俭、让、刚、毅、木、讷、勇等。孔子十分注重道德学习，要求做到“学而不厌”“诲人不倦”。他指出“不学礼，无以立”，主张用诗、礼、乐激发道德情感。他注重道德行为习惯的训练和养成，主张“听其言而观其行”。他倡导将心比心、推己及人的修养方法，主张“己欲立而立人，己欲达而达人”，“己所不欲勿施于人”。

孔子还总结出因材施教、学思并重、举一反三、启发诱导等德育原则。孔子不仅是儒家伦理思想的创始人，而且在教育实践中向弟子传授“礼、乐、射、御、书、数”六艺，是中国素质教育的鼻祖。

五、墨子的德育思想

墨子(约前468年—前376年)，姓墨，名翟，春秋末战国初期鲁国人，战国初年著名思想家、教育家、政治家、军事家，墨家学派创始人。墨家学派既是教育团体，又是军事团体，墨家学说在当时影响很大，与儒家并称“显学”。《墨子》一书是墨家学派集体智慧的结晶，现存53篇。《墨子》一书中的《尚贤》《尚同》《兼爱》《非攻》等篇，都是其弟子或再传弟子对他的思想言论的记录。《墨子》一书，语言朴实，主张十分鲜明，学说极具特色。

墨子的德育思想是“兼相爱，交相利”。“兼相爱”就是人与人要相爱，他说：“君臣相爱则忠惠，父子相爱则慈孝，兄弟相爱则和调，天下人相爱则不相贼。”“交相利”就是人与人要互利，主张“有力相营，有道相教，有财相分”。墨子的道德理想是“兴天下之利，除天下之害”，彰显救世为民的伟大志向。墨子在《墨子·非乐上》中指出：“赖其力者生”，强调劳动是人类生存和生活的基础。墨子的道德评价原则是“合其志功而观焉”，既看目标又看效果。墨子的德育方法十分重视道德环境的影响，认为“染于苍则苍，染于黄则黄”，主张“染不可不慎也”。

六、《尚书》的德育思想

《尚书》是中国古代最早的一部历史文献汇编，用散文写成，按朝代编排，分成《虞书》《夏书》《商书》和《周书》。约成书于3000年前的战国时期，最早时它称为《书》，到了汉代叫做《尚书》，意思是“上古之书”。汉代以后，《尚书》成为儒家的重要经典之一，所以又叫做《书经》。

《尚书·尧典》记载，唐尧“克明俊德，以亲九族。九族既睦，平章百姓。百姓昭明，协和万邦”。意思是说：首先要能修明自己的德性，然后再发扬“俊德”即大德、美德，使全家族都能亲睦融洽，进而使老百姓都能和谐相处，国内社会和谐了，进而协和万邦。说明了帝尧时代就有了克明峻德、家族和睦、百姓和善、社会和谐、邦国协和的道德理念。据《尚书·舜典》记载，虞舜“慎徽五典，五典克从”，舜真诚善意地教化百姓遵循“五典”即父义、母慈、兄友、弟恭、子孝这五种伦理道德规范。说明尧舜时代已经有了以家庭伦理为基础的道德教育。《尚书·皋陶谟》记载，虞舜时代提出了“德惟善政，政在养民”的民本思想，“好生之德，洽于民心”的以德治国理念，“帝德广运”“罔失法度”德法兼备的治国之道。可见，《尚书》是最早记载尧舜时代德育思想和治国之道的国学经典。

七、《易经》的德育思想

《易经》是一部中国古哲学书籍，亦称《周易》。《周易》包括两个部分：《易经》与《易传》。相传伏羲画卦，文王演卦，孔子述传。《易经》是西周时代的一本占卜书，内容包括有八卦(乾、坤、震、巽、坎、离、艮、兑)、六十四重卦、三百八十四爻，以及卦辞和爻辞。《易传》是儒家对《易经》的解释，包括《彖》上下、《象》上下、《系辞》上下、《文言》《序卦》《说卦》《杂卦》十篇，亦称“十翼”。

《易经》从天、地、人三者相通、相参、相合的哲学思想出发，探索宇宙人间的法则，认为天有天德，地有地德，人有人德，旨在引导人类修身明德。《易经》首卦《乾》曰“天行健，君子以自强不息”。意思是说君子应当像天体运行那样自强不息，奋发进取，成就功业，永不停歇。《坤》卦曰“地势坤，君子以厚德载物”。意思是说君子应当效仿大地，深厚辽阔，胸怀宽广，承载万物。《易经》的卦辞“元亨利贞”就包含鲜明的道德意义。“元者，善之长也。亨者，嘉之会也。利者，义之和也。贞者，事之干也。君子体仁足以长人，嘉会足以合礼，利物足以和义，贞固足以干事。君子行此四德者，故曰‘乾：元、亨、利、贞’。”《易传》中说：“履，德之基也；谦，德之柄也；复，德之本也；恒，德之固也；损，德之修也；益，德之裕也；困，德之辨也；井，德之地也；巽，德之制也。”《易传》还说“君子以振民育德”，“君子以果行育德”，“蒙以养正，圣功也”。《周易》被誉为“群经之首，大道之源”，是我国最古老最深邃的哲学经典。

八、《诗经》的德育思想

《诗经》是中国历史上最早的诗歌总集。它汇集了从西周初年到春秋中期500多年间的诗歌305篇，分为风、雅、颂三部分，因此又称《诗三百》。《诗经》运用赋、比、兴的写作手法，开创了我国传统诗歌现实主义之先河。从汉代起，儒家学者把它尊为“五经”之一，始称《诗经》。它原来的文学性质就变成了同政治、道德等密切相连的教化人的教科书，也称“诗教”。

《诗经》中蕴含着丰富的德育思想，其中对家庭伦理道德表达最多。有赞美母爱亲情的《凯风》，有歌颂兄弟手足之情的《扬之水》《常棣》，有表达孝子情怀的《蓼莪》，例如：“父兮生我，母兮鞠我。拊我蓄我，长我育我，顾我复我，出入腹我。欲报之德，昊天罔极。”深情地吟唱了父母的养育之恩和子女希望报答父母的孝道情怀。《诗经》大力提倡孝道，是孝道思想的源头。此外，《诗经》在描述人间喜怒哀乐、悲欢离合的情感中，也融入了当时社会的伦理精神和道德规范，其中有重视礼仪的《相鼠》，投桃报李的《木瓜》，寻求知音的《简兮》，不懈追求的《蒹葭》，忧国忧民的《小宛》，保家卫国的《无衣》《载驰》等。《诗经》把文学与道德密切相连，是我国最早的诗教文化经典。

九、《周礼》《仪礼》《礼记》的德育思想

《周礼》《仪礼》和《礼记》合称“三礼”。“三礼”是古代礼乐文化、礼乐文明的经典，对礼法、礼义作了最权威的记载和解释，具有丰富的德育思想，对历代礼制和礼教的影响最为深远。

《周礼》提出“三曰礼典，以和邦国，以统百官，以谐万民”。中华文化的重要理念是“和谐”，倡导天人和谐、人我和谐、群己和谐，和而不同，和而不流。《仪礼》记述有关冠、婚、丧、祭、乡、射、朝、聘等礼仪制度和礼仪形式，对我国礼仪文化的仪式感和敬畏感产生深远影响。《礼记·曲礼上》指出：“夫礼者，所以定亲疏，决嫌疑，别同异，明是非也……道德仁义，非礼不成；教训正俗，非礼不备；分辨争讼，非礼不决；君臣、上下、父子、兄弟，非礼不定；宦学事师，非礼不亲；班朝治军，莅官行法，非礼威严不行”。“是故圣人作，为礼以教人，使人以有礼，知自别于禽兽。”礼是区别人伦关系的准则，是明辨是非的标准，是仁义道德的表现形式，是教正民风的有效方法。礼教使中华民族成为礼仪之邦。

十、《春秋左传》的德育思想

《春秋左传》是儒家经典之一，与《公羊传》《谷梁传》合称“《春秋》三传”。《春秋左传》的作者相传是春秋末年鲁国的左丘明为《春秋》做

注解的一部史书，另一说是鲁国历代的史官，后来经过孔子编辑、修订。它的记事年代上起鲁隐公元年(公元前 722 年)，到鲁哀公二十七年(公元前 468 年)为止，共 242 年。后来，儒家学者把《春秋》尊为“经”，列入“五经”当中，称为《春秋经》。

《春秋左传》蕴含丰富的儒家德育思想——崇德重礼。《左传》指出：“德，国家之基也。”倡导惟德是依、惟德是辅、明德惟馨、惟德繄物。《左传·昭公二十五年》指出：“夫礼，天之经也，地之义也，民之行也。天地之经，而民实则之。”“礼，经国家，定社稷，序民人，利后嗣者也。”据此提出了“招携以礼，怀远以德，德礼不易，无人不怀”的治国理政思想；提出了“夫民，神之主也，是以圣王先成民而后致力于神”的以人为本思想；提出了“务其三时，修其五教，亲其九族”“绥之以德，加以训辞”和崇德、贵和、知义、知信、知礼的教化思想。在选拔人才上，主张以德为先，以义为重。在人生价值追求上提出“太上有立德，其次有立功，其次有立言。虽久不废，此之谓不朽”的“三不朽”思想，对后世产生了深远影响。

十一、曾子与《孝经》

曾子(公元前 505 年—公元前 435 年)，姓曾名参，字子舆，春秋时期鲁国南武城(今山东省嘉祥县)人，孔子的弟子，儒家主要代表人物之一。曾子提出“吾日三省吾身”的修养方法，相传他著有《孝经》并以孝行著称。后世儒家尊他为“宗圣”。《孝经》是儒家十三经之一，传说是孔子自作，也有传说是曾子所作。现在流行的版本是唐玄宗李隆基注，宋代邢昺疏。全书共分 18 章。《孝经》，以孝为中心，比较集中地阐述了儒家的伦理思想。

曾子继承了孔子“孝”的思想，所作《孝经》对“孝”进行了全面的发挥与概括。曾子认为孝是至高无上的美德，“夫孝，天之经也，地之义也，民之行也”，“德之本也”。《孝经》首次将孝与忠联系起来，认为“忠”是“孝”的发展和扩大。曾子认为“不孝”就是犯罪，并且是诸罪之首。“五刑之属三千，而罪莫大于不孝。”曾子把孝划分为“大孝”“中孝”和“小孝”三个层次，“君子之孝”“士之孝”“庶人之孝”三大类别。认为“孝”要“始于事亲，中于事君，终于立身”。指出践行“孝”应把握三大要点，即“忠”是“孝”的关键；尽“孝”贵在恒常；“孝”应充溢于所有正道与正气中。中国传统孝道文化内容丰富，涉及面广，既有道德理念，又有制度礼仪。孝德可以用十二个字来概括，即：敬亲、奉养、侍疾、立身、谏诤、善终。曾子把“孝”提升到修身、齐家、治国、平天下的高度，对后世产生了深远影响。

十二、孟子的德育思想

孟子(约公元前372年—公元前289年)，姓孟名轲，字子舆，战国中期邹国(今山东邹县东南)人，战国时期著名的思想家、政治家、教育家，孔子学说的继承者，儒家的重要代表人物，后世尊崇孟子为“亚圣”，把孔子与孟子的儒家伦理合称为“孔孟之道”，影响中国两千多年。

《孟子》一书七篇，是战国时期孟子的言论汇编，记录了孟子与其他诸家思想的争辩，对弟子的言传身教，游说诸侯等内容，由孟子及其弟子(万章等)共同编撰而成。

孟子的德育思想具有鲜明的特色：通过创立“人性善”的学说，建立了德育的理论基础。孟子认为恻隐之心、羞恶之心、辞让之心、是非之心，即人的善良本性是“人之异于禽兽”的本质特征。孟子把仁、义、礼、智“四德”作为德育的核心内容；把存心、养性、修身作为德育的重要方法；孟子继承发展了孔子的仁爱思想，他说："君子以仁存心，以礼存心。仁者爱人，有礼者敬人。爱人者，人恒爱之；敬人者，人恒敬之。"把"富贵不能淫，贫贱不能移，威武不能屈"的"大丈夫"理想人格，作为德育的目标。

十三、荀子的德育思想

荀子(公元前298年—公元前238年)，名况，字卿，战国末年赵国人。著名思想家、教育家、文学家、政治家。荀子是先秦儒家的最后一位大师，也是先秦众多思想的集大成者。他提出与孟子"人性善"相对立的"人性恶"的观点，不仅丰富了儒家的伦理思想，同时使他的学生韩非、李斯成了著名的法家，这是荀子对中国思想史的一大贡献。

《荀子》是荀况的学术思想以及总结当时学术界各派思想的著作集，现存32篇。既是先秦重要的朴素唯物主义哲学著作，也是重要的政治、经济、伦理和文学著作。全书基本上都是独立的专题散文，每篇都有题，作为各篇内容的概括。

荀子的德育思想构建在"人性恶"的基础之上。荀子认为，人性是与生俱来的原始质朴的自然属性，表现为"饥而欲饱，寒而欲暖，劳而欲休"等生理欲望。若放纵人的恶性，顺着人的情欲，必然发生争夺，破坏社会秩序。荀子的德育理念是"化性起伪"，主张用教育化解恶念、用道德调节情欲、用法律制裁丑行。荀子的德育原则是"义利两有""以义制利"，主张通过道义来调节人们的欲望，达到义与利的和谐。荀子提出的德育过程是：闻、见、知、行，认为"不闻不若闻之，闻之不若见之，见之不若知之，知之不若行之"。在德育方法上，荀子强调锲而不舍，他说："锲而不舍，金石可镂。"他还重视客观环境对一个人道德品质形成的作用，认为“蓬生麻中，不扶而直；白沙在涅，与之俱黑”。荀子还提出“尊师重教”的思想，他说：“国将兴，必贵师而重傅。”

十四、商鞅的德育思想

商鞅(约公元前395年—公元前338年)，战国时期政治家、改革家、思想家，法家代表人物。商鞅在秦国实行变法，废井田开阡陌，实行郡县制，奖励耕织和战斗，实行连坐之法。商鞅曾“立木为信”取信于民，又通过变法使秦国成为富裕强大的国家，史称“商鞅变法”。《商君书》也称《商子》，现存24篇，战国时商鞅及其后学的著作汇编，是法家学派的代表作之一。

商鞅的德育思想从其“治世不一道，便国不法古”的观点出发，强调变法改革，认为守法是德，“法令者，民之命也，治之本也”；认为法治是德治的基础，法令必须“明白易知”；主张“燔诗书而明法令”，抨击提倡以诗、书、礼、乐为教育内容的儒家；主张“贵耕战而贱儒生”，为富国强兵培养人才；倡导讲求信誉，以“立木为信”推行法令。商鞅变法是战国时期一次较为彻底的封建化变法改革运动，为以后秦统一中国奠定了基础，对中国历史的发展起到了重要的推动作用。

十五、韩非子的德育思想

韩非(约公元前280年—公元前233年)，战国末期韩国（今河南省新郑)人，是中国古代著名的哲学家、思想家、政论家和散文家，法家思想的集大成者。后世尊称韩非子或韩子。韩非著有《韩非子》一书，共五十五篇，十万余字。先秦法家的代表著作，积极倡导君主专制主义，为秦国富国强兵，实现统一大业，建立中央集权的封建王朝提供了重要思想武器。其中还有许多启迪智慧的寓言故事，如滥竽充数、一鸣惊人、有的放矢、唇亡齿寒等。

韩非子从“重法尚权”“崇尚功利”的思想出发，认为守法就是有德，主张“尽力守法、专心事主者为忠臣”；认为法治教育是第一要务，主张“以法为教，以吏为师”；认为人性都是趋利避害，主张严刑峻法，“厚赏重罚”；认为崇尚权力、追求功利是评价道德的标准，主张“霸王者，人主之大利也”，“富贵者，人臣之大利也”。韩非把守法意识升华为道德意识，把富国强兵的霸王之业作为最高理想，顺应了当时社会大一统的需要，富有积极意义。

秦汉魏晋时期的德育思想*

从秦代开始，道德教化成了国家政治统治的一部分。德育被有组织、有计划、大规模实施，并设立了管理机构。秦以法家思想为指导，通过变法走上富国强兵之路。秦始皇在李斯的建议下，把商鞅焚烧儒家的书籍愿望付诸行动，认为这样才能有利于形成共同的价值观，实现思想上的统一。秦朝以"三老"掌管地方教化。

一、秦代以法为教的德育思想

公元前221年，秦灭韩、赵、魏、楚、燕、齐等六国，建立了中国历史上第一个中央集权制的封建王朝。道德教化成了国家统治的一部分，强力推行革除旧道德活动。秦始皇接受李斯建议，把商鞅"焚书坑儒"的建议付诸行动。秦朝以法家思想为指导，采取"以法为教、以吏为师"的政策，政府机关附设"学室"，由官吏对弟子进行教训，内容限于法令，直接目的是使人成为知法守法、服从统治的顺

* 本文与郁树廷合作撰写。

民，同时以严刑酷法强力推行教化。

秦朝以“三老”掌管地方教化。“三老”是以官方任命的德高望重、颇具常识的地方上的掌管教化之人。

二、汉初“三老”德育制度

公元前206年，刘邦建立了汉朝，仿效秦朝的“三老”制度以维护其社会统治。汉高祖二年二月下诏，宣布县、乡“三老”制度成为官方正式承认的常制和定制。“举民年五十以上有修行，能帅众为善，置以为三老，乡一人”（《后汉书·百官五》）。县、乡三老的职责是“劝导乡里，助成风化”，三老还负有推举的责任，“凡有孝子顺孙，贞女义妇，让财救患，及学士为民法式者，皆扁表其门，以兴善行”（《汉书·高帝纪》）。

“三老”制度的推行，在秦汉两代的乡村社会中发挥了重要作用。

三、汉初黄老学派的德育理念

黄老学派本是先秦道家的一个派别。“黄”，指传说中的黄帝，“老”，指春秋末期的老聃。黄老学派尊黄帝、老聃为学派的创始者，以“黄老之言”为学派的指导思想，故名黄老学派。黄老之学产生于战国时代，但是，作为一种广为流传的社会思潮，则是在西汉时期，实际上是以道家为主，并且采纳了阴阳、儒、墨、法等学派的观点。黄老学说中黄帝的思想主要是《黄帝四经》，《黄帝四经》包含四部经典：《经法》《十大经》《称经》《道原经》。

西汉王朝初期总结秦朝骤亡的教训，主张以黄老学派的学说作为治国的指导思想，将它运用到政治和法治实践中，并取得显著的成效。黄老学派学说的核心是“无为而治”、与民休息。汉初黄老学派把道家德育思想在理论上加以升华，同时吸收了先秦各家的思想，使道家思想理论化、务实化、社会化。黄老学派认为儒家倡导“正信以仁，兹(慈)惠以爱人”的德治，正是道家的“无为而治”和“贵柔”精神的体现。

四、汉代的尊师传统

汉代的思想家、政治家继承了先秦的尊师理论，并极力加以倡导。他们十分推崇教师的主导作用和崇高地位。元帝诏书称“国之将兴，尊师重傅。”“虽有自然之性，必立师傅焉。……天子、太子、诸侯世子皆就师于外，尊师重先王之道也。”也就是说，自太子而下，都必须遵守有来学、无往教的制度而登门拜师求学，才能体现尊师重道的原则。

古代许多君王都对自己的师傅推崇备至，汉代这方面的记录颇多。例如，刘邦亲率大臣祭拜孔子；汉明帝以帝王之尊亲执弟子之礼，对自己的老师敬爱有加，进退不失恭敬。帝王将相们对教师的谦恭循礼，对民众起了一种表率作用，促进了尊师重教风尚的形成。

五、陆贾、贾谊的德育理论

陆贾是汉代第一位倡导教化的政治家，也是复兴儒学的先驱。他继承先秦儒学以民为本的教化思想，强调国家应当树立起道德至上的信念，使每个人行为处事都能贯彻仁义的精神，成为一个德行完善的贤者。治理国家也是这样，仁义道德是政治的根本，德治是国家长治久安的根本之法。陆贾强调人心都是向善的，认为学习儒家经典可使仁义道德深入人心，可使民心自然向善。

贾谊是汉初杰出思想家，文帝时代最具远见的儒家代表。他总结了秦朝灭亡的历史教训后，得出和陆贾同样的主张：“取守不同术”，以武力暴力得天下，必须以仁义德政治天下。他认为，礼仪与法令、德教与刑罚，两者必须互相配合，缺一不可。

六、董仲舒的罢黜百家独尊儒术

董仲舒(约公元前179年—公元前104年)，汉代思想家、哲学家、政治家、教育家。在景帝时担任博士官职，学术上有高深造诣。汉武帝即位后，他以贤良身份三次对策朝廷，受到皇帝赏识。在著名的《天人三策》的诏对中，建议汉武帝崇教化、抑豪门、选郡吏，主要宗旨则在“罢黜百家，独尊儒术”，以儒家德治代替秦王朝的法治，这些建议多被汉武帝采纳。

董仲舒将儒家道德规范进一步系统化，提出了“三纲五常”说，他认为，一个人的言行举止符合“三纲五常”才能成为善者。“三纲”是指“君为臣纲、父为子纲、夫为妻纲”的封建纲纪；“五常”是指“仁、义、礼、智、信”五种恒常的道德规范。

董仲舒最重要的贡献是整合各家学说，创造汉代新儒学——经学。《诗》《书》《礼》《易》《春秋》“五经”成为崇高的法定经典。在当时多元价值并存、法家强权盛行的局面下，既确立儒家的主导地位，又广泛吸收众家思想，形成包容、进取、重视德性、适合大一统国家伦理价值的需要，为造就汉朝盛世奠定了坚实的伦理基础。

七、汉代的学校德育

西汉以后，在中央设立最高学府太学，并明确规定郡设学，县设校，乡设庠，村设序，形成了一个从中央到地方的学校系统。汉代首创地方官学，承担着传授经学和实施教化的任务。汉代的私学也很发达，东汉时出现了固定的讲学场所，叫“精舍”或“精庐”。

太学是中国古代的大学，为传授儒家经典的最高学府。汉武帝(公元前156年—公元前87年)，西汉第七位皇帝，杰出的政治家、战略家、诗人。他采纳董仲舒的建议，于建元六年(公元前135年)在长安建立太学。兴建太学的目的是培养贤士，以此为教化天下的摇篮。

太学教学所用的教材是儒家经典《诗》《书》《礼》《易》《春秋》，内容包括天文地理、阴阳象数、仁德孝悌、礼仪风俗、朝政得失等方面的知识，其核心精神是求道立志、树立信仰、光明磊落、大公无私、敏行慎言、廉洁自律等，儒术教学自此确立，后延续两千多年，培养了大批适合统治需要的智勇忠信人才。

八、王充的德育思想

王充(公元27—96年)，字仲任，会稽上虞(今浙江上虞)人，东汉杰出的唯物主义思想家和教育家。

王充肯定人性可以变化，而变化的关键在于环境和教育。他说：“在于教，不独在性”，“在化不在性”(《论衡·率性》)，经过教育可以“反情治性，尽材成德”(《论衡·量知》)。他继承我国古代早已提出的切磋琢磨法的优良传统，也十分强调运用这一方法培养与锻炼人们的道德行为。他认为知识的力量和道德的力量同等重要，主张德智统一，发展才智以助道德的完善，完善道德又有助于才智的发展。他注重道德行为实践，认为只要不断切磋琢磨个人的道德认识和道德情感，修正不合适的道德行为，就一定能够养成高尚的道德行为。

九、两汉的孝德教育

自西汉武帝起，以董仲舒为代表的新儒学思想家提出了以天为孝、忠孝合一的孝治观念得到倡导。汉代在历史上首次提出“以孝治天下”的治国方略，大力宣传《孝经》，倡导孝行，倡导在全国都要以“孝”为本，“孝”作为德育主要内容得到广泛传播，形成了独具特色的孝德文化。东汉时期，孝走向神化，要求人们对君、父绝对服从。

两汉统治者非常重视孝治实践。汉代几乎每一个皇帝在孝行上都以身作则，垂范天下。在选官用人上，以孝悌为主要标准之一；提倡尊老，形成了相对完善的养老、敬老体系；在法律上，也制定了一系列的奖惩办法来保证孝治的实施。从中央到地方都非常重视“孝”的教育，《孝经》成为通行教材，并设立专门官吏对百姓进行孝道教育。

十、颜之推与《颜式家训》

颜之推（公元 531—595 年），字介，原籍琅琊（今山东省临沂），世居建康（今南京市）北齐文学家。出身于官僚世家，学有家传。《颜氏家训》是颜之推的传世之作，他结合自己的人生经历，在晚年写成此书。全书 20 篇，涉及的范围相当广泛，主要是以传统儒家思想教育子弟，讲如何修身、治家、处世、为学等。该书问世后颇受推崇，历代学者颇多赞誉，认为“古今家训之祖。”

《颜式家训》以说理为主旨，深入浅出，语言精练，意味深长。例如治家名言：“父母威严而有慈，则子女畏慎而生孝矣。”治学名言：“夫学者犹种树也，春华秋实。讲论文章，春华也，修身利行，秋实也。”交友名言：“与善人居，如入芝兰之室，久而自芳也；与恶人居，如入鲍鱼之肆，久而自臭也。”成为德育经典名句。

十一、《世说新语》中的德行轶事

《世说新语》是中国魏晋南北朝时期“笔记小说”的代表作，由南朝宋刘义庆召集门下食客共同编撰。

全书分上、中、下三卷，依据内容分有：“德行”“言语”“政事”“文学”“方正”“雅量”“识鉴”等等，共36类，其内容是记载东汉后期到晋宋间一些名士的言行与轶事。在36类之中，《德行》居——孔门四科赫然居上卷前四门。全书中诸如“仁”“德”“礼”“信”“贤”“良”“忠”“孝”“节”“义”等字眼俯拾皆是。《世说新语》许多名句世代流传，如：“百行以德为首”；“强者绥之以德，弱者抚之以仁”；“德以居全为称，仁以不害物为名”等。充分体现了编撰者对儒家正统精神的肯定。

十二、早期道教的德育内容

道教在东汉后期出现，一般以江西龙虎山人张陵创“五斗米道”和黄巾起义领袖张角创“太平道”作为道教诞生的标志，称之为早期道教。

早期道教思想刚形成时，就吸收了大量儒家思想，尊崇天、地、君、亲、师的伦理制度。《太平经》作为早期道教的经典，以“致太平”为旨归，提出了“更象天地以道德治”和“帝王多行道德，日月为之不蚀，星辰不乱”的思想，即对帝王提出了道德要求：“今上德之君，命系天地，当更象天地以道德治”（《太平经》卷四十三《妒道不传处士助化诀》）臣民应具备孝、忠、顺等道德品行，“夫人乃得生为(于)父母，得成道德于师，得荣尊于君”。(《太平经》卷四十七《上善臣子弟子为君父师得仙方诀》)君主、父母、老师对人的一生至关重要，“故人生之时，为子当孝，为臣当忠，为弟子当顺；孝忠顺不离其身”。(《太平经》卷九十六《六极六竟孝顺忠诀》)《太平经》还提出了“以至道要德力教化愚人”的主张，对普通民众进行道德教化。

十三、《史记》的德育思想

《史记》是西汉著名史学家司马迁撰写的一部纪传体史书，是中国历史上第一部纪传体通史，被列为“二十四史”之首，记载了上至上古传说中的黄帝时代，下至汉武帝元狩元年间共三千多年的历史。

司马迁(公元前145年—公元前90年)，字子长，夏阳(今陕西韩城南)人。西汉伟大的史学家、文学家、思想家。司马谈之子，任太史令，因替李陵败降之事辩解而受宫刑，后任中书令。发奋继续完成所著史籍，被后世尊称为太史公、历史之父。

《史记》体大精深，思想深刻。政治观上，司马迁受儒家思想最深，主张实行仁政，提倡任人唯贤和反对分裂，主张大一统的社会。在道德观上，司马迁《史记》继承了儒家的礼仪制度和道德准则。在内容上，《史记》大量记载和表彰了那些忠孝节义之士的事迹和美德，给予了他们高度的评价。司马迁在《报任安书》中写道：“盖西伯(文王)拘而演《周易》；仲尼厄而作《春秋》；屈原放逐，乃赋《离骚》；左丘失明，厥有《国语》；孙子膑脚，《兵法》修列；不韦迁蜀，世传《吕览》；韩非囚秦，《说难》《孤愤》；《诗》三百篇，大底圣贤发愤之所为作也。”正是他人格的真实写照。

隋唐时期的德育思想*

隋唐两朝是我国大一统时期，在思想文化上儒、释、道并存、交融和发展。统治者致力于恢复儒学传统，弘扬儒家价值观念，儒家人格精神有充分表现。隋文帝统一全国以后，为了巩固统治的需要，积极提倡儒家的礼乐教化。唐朝立国之初，为了统一经学，由朝廷组织编撰《五经正义》。《五经正义》是唐代颁布的一部官书。五经指五部儒家经典著作，即《诗》(《诗经》)、《书》(《尚书》《书经》)、《礼》(《礼记》)、《易》(《周易》)、《春秋》，早在汉武帝时，朝廷正式将这五部书宣布为经典，故称“五经”。唐朝中后期，佛教快速的传播与发展，所宣扬的众生平等、慈悲为怀对道德建设颇有裨益，出现了“贞观之治”的和谐社会局面。

一、隋朝的礼仪教化

公元 581 年，杨坚建立了隋朝，589 年，隋灭陈，结束了近三百年之久的分裂动荡局面，重新建立起统一的封建

* 本文与郁树廷合作撰写。

中央集权帝国。

隋朝统一后，面对动荡的政治秩序、混乱的伦理纲纪、凋敝的经济以及消沉的思想文化形势，为维护、巩固中央集权和统一大业，统治者重新强调并确立儒学的统治地位。隋文帝认为："儒学之道，训教生人，识父子君臣之义，知尊卑长幼之序，升之于朝，任之以职，故能赞理时务，弘益风范。"公元602年，他命杨素等人修订"五礼"。"五礼"是古代汉族礼仪总称。以祭祀之事为吉礼，丧葬之事为凶礼，军旅之事为军礼，宾客之事为宾礼，冠婚之事为嘉礼，合称五礼，以劝学行礼，统一思想和行动。全国从京师到州县，"劝学兴礼"蔚然成风，发展学校教育和教化民众，对于稳定社会发挥了重要作用。

隋文帝杨坚(公元541年—604年)，隋朝开国皇帝，今陕西省华阴市人，是一位有作为的皇帝，杨坚在位期间，军事上攻灭陈国，成功地统一了严重分裂数百年的中国，击破突厥，被尊为"圣人可汗"。内政方面，开创先进的选官制度，发展文化经济，使得中国成为盛世之国。开皇年间，隋朝疆域辽阔，人口达到700余万户，是中国农耕文明的辉煌时期。

二、隋朝首开科举制度

公元587年，隋高祖文皇帝正式设立分科考试制度，取代九品中正制，自此选官不问门第。科举制度初期设诸州岁贡，规定各州每年向中央选送三人，参加秀才与明经科的考试。公元606年，隋炀帝增设进士科，科举制度正式形成。

科举制度顺应了历代庶族地主在政治上得到应有的地位的要求，缓和了他们和朝廷的矛盾，使他们忠心拥戴中央，有利于选拔人才，增强政治效率，对中央集权的巩固和中华文化的传承起到了积极的作用。

【科举小知识】

童生：应考生员(秀才)之试者，习惯上称为童生。

院试：由省学政主持，童生参加，考中的称秀才。

乡试：每隔三年在省城举行，考中的叫举人。平人第一名是解元，二至十名是亚元。

会试：乡试后次年春天在京城礼部举行，举人参加，第一名称会元。

殿试：会试合格后即参加由皇帝亲自主持或钦命大臣代理主持的殿试。合格的统称进士，但第一名称状元，第二名称榜眼，第三名称为探花。

三、唐朝之初编纂《五经正义》

唐太宗(公元598年—649年)，祖籍陇西成纪，是唐高祖李渊的次子，唐朝第二位皇帝，杰出的政治家、战略家、军事家、诗人。唐朝立国之初，为了统一经学，他召大臣、经学家孔颖达编撰《五经正义》，希望通过经学的统一，恢复汉代经学传统，重新肯定儒学的价值。

所谓“正义”，即对“五经”传注作疏解。先用“正义曰”标目，以总括章节经文义旨，然后各随经文解释。《五经正义》经官方颁定后，便成为士子习经和科举考试的统一标准，成为唐至宋数百年的法定教科书，儒学得以广泛传播，唐朝也由此确立了王道德治的政策导向，对国家安定和社会和谐起到显著作用，造就了熠熠生辉的大唐盛世。

四、《贞观政要》的德育思想

《贞观政要》是对唐太宗一朝君臣言行的实录，总共十卷四十篇，强调的是君臣、文武百官要讲求伦理道德修养、戒骄戒奢、任贤纳谏、恭俭爱民、以史为鉴、慎终如始等方面的要旨与要求。

书中提出了“君依于国，国依于民”的重民思想，务实求治、与民休息、重视农业、发展生产的施政方针，“爱之如一”较为持平的民族政策，用人唯贤的主张，广开言路的开明措施，尊儒重教的文化政策，仁德先行、省刑慎罚的统治策略，以及俭约慎行、善始慎终的人格要求。它是中国开明封建统治的战略和策略、理论和实践的集大成。

【贞观之治】

“贞观之治”是指唐太宗在位期间(公元627年—649年)的清明政治。唐太宗即位后，因亲眼目睹隋朝的兴亡，所以常用隋炀帝作为反面教材，来警诫自己及下属。他把人民和君主的关系比作水与舟，认识到“水能载舟，亦能覆舟”。因此留心吏治，选贤任能，从谏如流。由于唐太宗能任人廉能，知人善用，重用魏徵等诤臣；并采取了一些以农为本，厉行节约，休养生息，文教复兴，完善科举制度等政策，使得社会出现了安定而繁荣昌盛的局面；当时大力平定外患，并尊重边族风俗，稳固边疆。当时年号为“贞观”，故史称“贞观之治”。

五、科举制度的德育功能

唐朝对科举制度不断完善，成为选拔人才的主流形式。科举制度开通了一条凡读书人都可以通过科举考试进入仕途的渠道，在当时体现着人才选拔的科学、客观、平等和公正，其基本原则是公开考试、公平竞争、择优录取。科举制使得下层一些贤达知识分子不断涌入上层社会，为朝廷选拔了一大批品德好、能力强、素质高的新生力量，有力地促进了政府机构正常、高效地运转。

科举考试以儒家经典作为考试主要内容和标准，使得儒学在全国各地迅速传播与发展。担当主流思想意识作为考试的内容、升迁的依据，并与个人的利益直接发生联系时，难免会功利化。

【科举制度的兴衰】

自从隋炀帝大业元年(公元 605 年)建立进士科，特别是唐代以后，科举制逐渐发展壮大，其后虽历经朝代更替，开科取士几乎成了雷打不动的社会大事。在各种选拔人才的方式之中，科举制是最适应古代中国社会的选才制度。

然而鸦片战争以后，特别是 19 世纪末 20 世纪初，在内忧外患的压力之下，中国人求变的要求日趋强烈，科举制也陷入空前的危机。1905 年 9 月 2 日，清政府正式下诏，宣布废止科举、兴办学堂。一纸诏书，宣告实行了 1300 年之久的科举制永远退出了中国历史舞台。

六、唐玄宗亲注《孝经》

开元十年(公元 722 年)，唐玄宗李隆基(公元 685 年—762 年)，亦称唐明皇。以帝王之尊，亲注《孝经》，书成颁行天下及国子学，“令天下家藏《孝经》一本，精勤教习；学校之中，倍加传授，州县官长申劝课焉”(《唐会要》卷三十五《经籍》。)

唐玄宗的《孝经注》丰富并发展了《孝经》的思想，多方位地阐发了“孝治”的要义，并将“孝治”思想付诸政治实践。唐玄宗对《孝经》的提倡，使得《孝经》自汉代以来由儿童的启蒙读物一变而跃升为儒家的九经之一。其影响不仅涉及朝廷科举考试，甚至还达于民间基层社会。

《孝经》和孝道文化，便成为弥漫唐朝社会的普遍思想风气。

七、柳宗元的德育思想

柳宗元(公元773年—819年)，字子厚，河东(现山西运城永济一带)人，唐宋八大家之一，唐代文学家、哲学家、散文家和思想家。

柳宗元秉承儒学传统，提出了“圣人之道”论。所谓“圣人之道”，就是能够像“伊尹”那样“以生人为己任”、像“管仲”那样能“济天下”，即要爱民、利民、益民、为民服务、替民办事、以德安民。柳宗元认为，君子的历史使命是“行道”“济世安民”。君子是人格高尚的人，内外兼修，内可以守其道，外可以行其道，为国家所用，出而为仕则施行治道，居家则修身养性以完善其身，这是对孟子讲的“穷则独善其身，达则兼济天下”思想的继承。

【柳宗元论“五经”】

本之《书》以求其质，本之《诗》以求其恒，本之《礼》以求其宜，本之《春秋》以求其断，本之《易》以求其动。此吾所以取道之原也。

[译文]学习写作以《尚书》为本原，以求文章质朴无华，以《诗经》为本原，以求文章具有永恒的情理，以“三礼”为本原，以求文章内容合理，以《春秋》为本原，以求是非明确、褒贬分明，以《易经》为本原，以求文章能够反映出事物的发展变化。这就是我吸取“道”的源泉的办法。

八、韩愈及其《师说》

韩愈(公元768—824年)，字退之，河南(今河南省孟州市)人。韩愈3岁而孤，由寡嫂鞠养成人；7岁读书，13岁能写文章，刻苦自励，遂通百家之学。

韩愈的《师说》是我国教育史上第一篇专门论述教师的文章。他指出："古之学者必有师。师者，所以传道受业解惑也。人非生而知之者，孰能无惑？惑而不从师，其为惑也，终不解矣。"强调了教师具有传道、受业、解惑的重要作用。

韩愈特别明确指出：自己所说的"道"，非老子之道，非佛家之道，而是儒家之道，即古之欲明天下者，先治其国；欲治其国者，先齐其家；欲齐其家者；先修其身；欲修其身者，先正其心；欲正其心者，先诚其意。他还引用孔子的话说："三人行，则必有我师。""是故弟子不必不如师，师不必贤于弟子，闻道有先后，术业有专攻，如是而已。"精辟地说出了治学要义和师生关系。

九、佛家理论的德育价值

佛教产生于公元前 6 世纪至公元前 5 世纪的印度，是世界三大宗教之一，由释迦牟尼创立。

释迦牟尼(公元前 565 年—公元前 486 年)，佛教创始人。原名乔达摩·悉达多。据佛经记载，释迦牟尼 19 岁时，有感于人世生、老、病、死等诸多苦恼，舍弃王族生活，出家修行。35 岁时在菩提树下大彻大悟，遂开启佛教，随即在印度北部，中部恒河流域一带传教。

佛教教义的基本内容，一是关于善恶因果与修行方面，二是关于生命和宇宙的真相方面。佛教反复强调的因缘，是谓万物变化乃因果链条，所谓善有善报，恶有恶报。对于人的吉凶祸福，佛教认为是因果报应，且不断轮回。通过修行超脱生死轮回，摆脱人生痛苦，获得心灵平静，进入极乐世界。

大约在两汉之际(约在公元纪元前后)佛教传入中国。在唐代，唐玄奘为探究佛教各派学说分歧，西行五万里，历经艰辛到达印度取得真经。佛教受我国本土文化的影响，形成了中国特色的佛教。禅宗是中国佛教的重要宗派。禅宗宣扬佛性俱备、人人一样的平等思想，倡导一切众生皆有佛性，只要顿悟，自然见得佛性，便可成佛。禅宗强调主体意识，认为人只要认识本心，就能获得智慧和解脱，就能成德成佛。

十、唐诗中的德育价值

唐诗是中华民族重要的精神财富，大唐气象是中国文化品质中一种不可取代的大气魄的美，唐诗中所体现出的德育思想是中国德育的重要组成部分。

唐诗中蕴含着强烈的爱国主义情怀。例如李白诗句："中夜四五叹，常为大国忧。"杜甫诗句："朱门酒肉臭，路有冻死骨"及"国破山河在，城春草木深。感时花溅泪，恨别鸟惊心"，都饱含着诗人对国家和人民的热爱。

唐诗中体现出建功立业的进取精神。例如杨炯在其《从军行》中写道："烽火照西京，心中自不平……宁为百夫长，胜作一书生。"王翰在《凉州词》中感慨："醉卧沙场君莫笑，古来征战几人回。"李白诗云："仰天大笑出门去，我辈岂是蓬蒿人。"李贺的名句："男儿何不带吴钩，收取关山五十州。"等均是他们建功立业精神的写照。

唐诗当中体现出馨烈香醇的人间情怀和爱憎分明的精神品格。王勃名句"海内存知己，天涯若比邻"写出了友谊的真情。王维"独在异乡为异客，每逢佳节倍思亲"表达了亲情之可贵。李白的"安能摧眉折腰事权贵"和"戏万乘若僚友，视俦列如草芥"等诗句则显示了诗人的独立人格的凛然风骨。

唐诗中高超的艺术技巧和独特的审美意识。王维在《鹿柴》中写出了“空山不见人，但闻人语响”的优美景色；孟浩然在《春晓》中写出了春色意蕴“春眠不觉晓，处处闻啼鸟。夜来风雨声，花落知多少”。在唐诗中此类诗句比比皆是，不胜枚举。

宋元时期的德育思想*

一、宋代德育概述

宋代教育体系完备，主要由官学教育和私学教育构成，官学包括中央官学和地方官学，私学包括书院和蒙学。宋代德育主要以理学为主导，理学是以儒家伦理思想为主体，吸取佛、道思想，将儒、道、释相融合的一种新儒学。宋代理学家继承了先秦儒家的德育传统，重视道德教育和道德修养，他们旗帜鲜明地倡导养德育德，大力培养官德民德，通过启发人们的理性自觉，将道德理念转化为道德行为，以形成理想人格。宋代理学的代表人物有周敦颐、邵雍、张载、程颢、程颐，史称"北宋五子"，南宋朱熹继二程把《礼记》中的《大学》《中庸》两篇，与《论语》《孟子》合称四书，并著《四书集注》，成为南宋钦定教科书和科举考试的标准，对儒学的传承发展产生了深刻影响。南宋陆九渊创立了心学，明代王守仁继承发展心学，后称"陆王学派"。

---

* 本文与张宏伟合作撰写。

二、理学奠基人：周敦颐

周敦颐(公元 1017 年—1073 年)又名周元皓，原名周敦实，号濂溪先生，北宋道州营道楼田堡(今湖南省道县)人。周敦颐是宋明理学的开创者，官做得不大，但学问却做得很深，对宇宙人生都有深刻地思考，主要著作有《太极图说》和《通书》。

周敦颐德育思想主要以儒家学说为基础，融合道学，间杂佛学，提出“无极而太极”的宇宙生成论。他把人性分为五品，即刚善、刚恶、柔善、柔恶和适中，认为适中的人性才是最完善的。在人性与道德问题上，强调“诚”，《通书》开篇就指出，“诚者，圣人之本。”周敦颐主张以“学为圣人”为宗旨，使人去恶归善，求得“仁义中正”。他认为学习的根本目的是“进德修善”，知识是为德育服务的工具。在德育方法上提出“主静无欲说”，为后世理学家在“存天理灭人欲”的主题中展开教育而首开其端。

周敦颐本人是道德楷模，身正清廉，他的散文《爱莲说》耳熟能详。“予独爱莲之出淤泥而不染，濯清涟而不妖，中通外直，不蔓不枝，香远益清，亭亭净植，可远观而不可亵玩焉。”作者借莲花形象来言君子之志，即处美境而不忘形，超然物外刚正不阿而不攀附权贵。这是莲的气质风度，更是作者一生人格的写照。总之，周敦颐的人格修养、德育理念和方法为现代德育提供了可资借鉴的丰富资源。

三、张载的德育思想

张载(公元 1020 年—1077 年)，字子厚，凤翔郿县(今陕西眉县)横渠镇人，北宋重要的思想家、教育家、理学创始人之一，世称横渠先生，尊称张子，创立了“关学”。其“横渠四句”，历代传颂不衰。

《张子正蒙》是张载的代表作。该书约成于熙宁九年(公元 1076 年)。《蒙》是《周易》的一个卦名，该卦彖辞中有“蒙以养正”之语。

张载德育思想的哲学基础是将人性区别为“天地之性”和“气质之性”。“为天地立心，为生民立命，为往圣继绝学，为万世开太平”是治学和德育的宗旨。张载第一次明确提出“天人合一”的道德修养境界，他的“民胞物与”观，是中华德育“群己合一”思想的重要体现。张载提出“尊德性，道学问”，首倡德智统一。在具体实施中他主张自我修养和道德教化，如克己从礼、立志笃信、幼而教之、循序渐进、爱严相济、身教示范、启发诱导等。张载还是一位道德楷模，他办事认真，政令严明，处理政事以“敦本善俗”为先，推行德政，重视德教。

张载的德育思想曾对中华民族优秀传统美德的形成发挥了积极作用。“学以变化气质”对当代持“读书无用论者”是一个抨击，同时告诉人们，读书不仅仅局限于书本知识，首先是立德，否则就会沦于物而与死无异。

四、程颢、程颐的德育思想

程颢(公元 1032—1082 年)，字伯淳，世称明道先生。程颐(公元 1033—1107 年)，字正叔，世称伊川先生。他们是洛阳人，创立了“洛学”。同为北宋理学的奠基者，“二程”的理学很受推崇，被视作孔孟儒学的正传。他们不仅对理学、中国儒学的发展作出了突出贡献，而且对中国文化产生了深远影响。

二程是高调的道德理想主义者，把“天理”作为万物的本原，通过“穷理尽性”追求道德的最高境界。二程高度重视德教，提出“民可教也，不可威也”。程颢认为宇宙本身具有大仁德，有仁德之人便能与天地万物为一体，主张德育内容“义、礼、智、信”都是“仁”的体现。二程认为“西北东南，人才不同，气之厚薄异也”，倡导德育原则要因人而异、因材施教。他们非常重视人在童蒙阶段的养成教育，主张“养正于蒙，学之至善”。在德育方法上二程有所区别，程颢注重内省，认为只要以“诚敬”之心待人接物就能达到“仁”的境界；程颐则注重外求，主张读书穷理，重视知识的累积和经验的获得。

二程的理学思想对后世有较大影响，“性即理”的命题将人性论上升到本体论的高度，从而丰富和发展了儒家的人性学说，为其伦理道德提供了新的哲学依据。当代德育倡导“以爱育爱”，与二程“爱之至谨，出于诚也，视民如父母之如赤子，何失之有?”不无关系。他们的童蒙教育、养成教育理念是现代教育的基础。

五、邵雍的德育思想

邵雍(公元1011年—1077年)，字尧夫，谥号康节，是北宋哲学家、易学家、理学家。邵雍祖籍范阳(今河北涿州市)，幼年随父迁共城(今河南辉县)。邵雍一生不求功名，隐居苏门山百泉山洞里，并将住处命名为“安乐窝”，一日一餐，冬不生火，夏不摇扇，艰苦治学著述。邵雍的主要著作有《观物篇》《先天图》《伊川击壤集》《皇极经世》等。

邵雍根据《易经》关于八卦形成的解释，掺杂道教思想，虚构一宇宙构造图式和学说体系，成为他的象数之学也叫先天学。邵雍对道德教育非常重视，强调：“人贵有德”“才不可恃，德不可无”。在德育内容上邵雍注重“自然科学”，强调“求真”。在德育方法上主张尊道、行诚、修善、积德、尚行、慎独和趋善就新等。邵雍还重视家庭教育，主张家庭德育应及早进行，“一生之事慎在少”。邵雍也关注教师教育，强调教师不仅要有渊博的知识，更应有较高的修养，做到“内外俱修”，方为人师。

邵雍生活在变革时代，各种思潮相互交融，所以邵雍的思想是一个复杂的混合体，不少地方甚至自相矛盾。论渊源，他接受以老庄为代表的道家思想最为明显，但并非源一，他虽然排斥佛教，却也吸取了里面的思想；他虽读“非圣”之书，但孔孟的哲学思想在他身上有着深深的烙印。

六、朱熹的德育思想

朱熹(公元 1130 年—1200 年)，字元晦，又字仲晦，号晦庵，晚称晦翁，谥文，世称朱文公。祖籍江南东路徽州府婺源县(今江西省婺源)，出生于南剑州尤溪(今属福建省尤溪县)。宋朝著名的理学家、思想家、哲学家、教育家、诗人，闽学派的代表人物，儒学集大成者。朱熹是唯一非孔子亲传弟子而享祀孔庙，位列大成殿十二哲者之中。

朱熹的德育思想建立在理学思想基础之上，他接受张载和“二程”的观点，把人性分为“天命之性”和“气质之性”，认为“天命之性”禀受“天理”而成，“天理”就是“仁义礼智信”；“气质之性”禀受“气”而成，气有清浊之差，所以“气质之性”有善恶之分，有理欲之别。德育的目的在于“变化气质”，弘扬善性，去除恶性，“存天理，灭人欲”。朱熹强调学校要把德育放在首位，“明人伦”为第一要义。朱熹主张德育要遵循学生的年龄特点，循序渐进，他把学校德育分为三个阶段：八岁以下为童蒙阶段，主要教之洒扫、应对、进退之礼节，养成良好生活习惯。八岁至十五岁为小学阶段，主要教之爱亲、敬长、尊师、亲友之道，学会待人接物的礼仪。十五岁以上为大学阶段，主要教以格物、致知、诚意、正心、修身、齐家、治国、平天下之道。在德育原则上，朱熹主张“博学之、审问之、慎思之、明辨之、笃行之”。朱熹的最大贡献是编著《四书章句集注》成为钦定的教科书和科举考试的标准。

朱熹作为新儒学的代表，其德育目标、内容、方法都值得借鉴，特别是对教育功利化愈演愈烈的今天。朱熹讲学的地方是白鹿洞书院，《白鹿洞书院学规》中说，“熹窃观古昔圣贤所以教人为学之意，莫非使之讲明义理，以修其身，然后推以及人，非徒欲其务记览，为词章，以钓声名，取利禄而已也”。意思是说，我私下里关注古代圣哲教人读书学习，无非是为了使人明白礼义道理，修养身心，然后推己及人，并不是为了记览词章，沽名钓誉，追求利禄。

七、陆九渊的“心学”德育

陆九渊(公元1139年—1193年)，字子静，号象山，书斋名“存”，世人称存斋先生，江西抚州市金溪县陆坊青田村人。陆九渊是南宋著名理学家、思想家和教育家，他曾被举荐在国子监讲授《春秋》，与朱熹的思想有很大分歧，晚年回江西故里讲学，形成了自己的心学体系，是宋明两代“心学”的开山之祖。陆九渊一生述而不作，著作很少。

陆九渊以“宇宙即吾心，吾心即宇宙”为理论出发点，构筑了他的心学德育体系。他认为德育的目的是教人存心、养心、求放心和明天理。在德育内容上，他把封建伦理纲常和一般知识技能，归纳为道、艺两大部分，主张以道为主，以艺为辅，认为只有通过对道的深入体会，才能在“心”上做功夫，发现人心中的良知良能，体认封建伦理纲常，达到做一个堂堂正正的人的目的。陆九渊的德育方法与程朱理学相比，简化了“穷理尽性”的烦琐过程，直指人心。他认为人心本来就是完美无缺的，要了解事物的真面目不需要外求，具体做法是：即闭目塞听，终日静坐，苦思冥想，排除杂念。陆九渊一生的辉煌在于创立学派，从事传道授业活动，受到他教育的学生多达数千人。

陆九渊在任何时候，都把道德的自我修养与完善放置于人生的首要地位。作为一个人，就应该按照社会的道德规范约束自身，洗心涤妄，习善寡欲，完善自身，而不是追逐功名利禄。立德树人是教育的根本任务，如何落实这一理念，陆九渊的德育方法和途径值得借鉴。

八、宋代书院的德育功能

理学大师为了培养各自的继承者和传播者，大都利用和创办书院来招收门徒。教育家们把以德育人作为书院教育的理念，将道德品质作为人才培养目标的核心要求。宋代书院的德育体制完备，在德育目标、德育课程设置、德育实施系统、师生关系等方面都有所体现。如白鹿洞书院的学规，明确了学生为学的方向和为人处世的行为准则。学生学习的目的不是为了科举，也不是图取功名富贵和跻身官场，是为了求真理，养品行，笃行践履，经世济民。

［四大书院］

唐哀宗天佑四年（公元 907 年）唐朝灭亡，中国历史进入“五代十国”分裂时期，官学遭受破坏、庠序失教，中国开始出现一批私人创办的书院。中国古人讲求诗礼传家，无论哪朝哪代，都把读书看作头等大事，于是在千百年的历史流转中，承载着文明和思想火花的“四大书院”也应运而生。

四大书院之首——应天书院

应天书院又称应天府书院、睢阳书院，位于河南省商丘市睢阳区商丘古城南湖畔。北宋立国初期，急需人才，实行开科取士。当时睢阳学舍的生徒参加科举考试，登第者达五六十人之多。于是天下文人求学者络绎不绝，出现了“远近学者皆归之”的盛况，其中就有那位吟出“先天下之忧而忧，后天下之乐而乐”的范仲淹。应天书院逐渐发展为北宋最具影响力的书院。1009 年，宋真宗正式赐额为“应天府书院”，是为州县兴学之始。1043 年，诏赐应天府书院升格为南京国子监。应天书院成为古代书院中唯一一个升级为国子监的书院。

岳麓书院——位于湖南省长沙市岳麓山脚。北宋开宝九年(公元 976 年)，潭州太守朱洞创立岳麓书院。公元 1015 年，宋真宗赐“岳麓书院”额，岳麓书院遂为全国四大书院之一。

乾道元年(公元 1165 年)湖南安抚使知潭州刘珙重建岳麓书院。他还延聘著名理学家张栻主教岳麓，更加强了岳麓书院在南宋教育和学术上的地位。乾道三年(公元 1167 年)，朱熹来访，与张栻论学，开书院会讲之先河，由此形成以“朱张之学”为正宗的学术传统。

白鹿洞书院——位于江西省九江市庐山五老峰南麓，距今已有一千余年历史，是中国首间完备的书院，享有“海内第一书院”之誉。南唐时建成“庐山国学”，为中国历史上唯一的由中央政府于京城之外设立的国学。后因宋代理学家朱熹在此讲学，制定了“博学之、审问之，慎思之，明辨之，笃行之”等五条教规，从而名声大振，成为宋末至清初数百年中国一个重要文化摇篮。

嵩阳书院——位于河南省登封市嵩山南麓，背靠峻极峰，面对双溪河，因坐落在嵩山之阳而得名嵩阳书院。创建于北魏孝文帝太和八年(公元 484 年)时，时称嵩阳寺。唐代改为嵩阳观。书院著名的唐代遗迹、重达 80 多吨重的“大唐碑”，为唐天宝三年(公元 744 年)刻立，素有“嵩山碑王”之称。北宋至道二年(公元 996 年)，改为“太室书院”，赐印本《九经》。宋景佑二年(公元1035年)，赐名嵩阳书院。先后在嵩阳书院讲学的有范仲淹、司马光、程颢、程颐等很多名儒。嵩阳书院成为宋代理学的发源地之一。司马光的巨著《资治通鉴》第九卷至二十一卷就是在嵩阳书院完成的。

九、《三字经》的德育价值

《三字经》，是中国的传统启蒙教材，与《百家姓》《千字文》并称为三大国学启蒙读物。《三字经》取材典范，包括中国传统文化的文学、历史、哲学、天文地理、人伦义理、忠孝节义等。《三字经》的德育思想主要涉及“仁、义、诚、敬、孝”等德目，分为六个部分，内容全面、方法具体。从“人之初，性本善”到“人不学，不知义”，讲述的是教育和学习对儿童成长的重要性；从“为人子，方少时”至“首孝悌，次见闻”强调儿童要懂礼仪、孝敬父母、尊敬兄长；从“知某数，识某文”到“此十义，人所同”介绍的是生活中的一些基本常识；从“凡训蒙，须讲究”到“文中子，及老庄”，介绍中国古代的重要典籍和儿童读书的程序；从“经子通，读诸史”到“通古今，若亲目”讲述的是从三皇至清代的朝代变革；从“口而诵，心而维”至“戒之哉，宜勉力”强调学习要勤奋刻苦、孜孜不倦。

十、《吕氏乡约》的德育价值

“乡约”是中国最早的成文乡里自治制度。“吕氏乡约”(原名蓝田公约)是北宋学者吕大钧、吕大临等几兄弟于北宋神宗熙宁九年(公元1076年)制定的。《吕氏乡约》用通俗的语言规定了处理乡党邻里之间关系的行为准则，规定了乡民修身、立业、齐家以及婚丧嫁娶的行为规范和礼仪俗规，包含四条大纲：德业相劝、过失相规、礼俗相交、患难相恤。《吕氏乡约》的主要精神是封建宗法思想和儒家的伦理纲常，目的是用儒家礼教“化民成俗”。《吕氏乡约》在当时对“广教化、厚民风”，创造和谐有序的乡村生活，起到了一定的积极作用，自从《吕氏乡约》在关中推行以后，当时“关中风俗为之一变”。

十一、宋词中的德育价值

宋词是中国古代文学阆苑里的一朵奇葩，它以奇崛的姿态、脱俗的神韵与唐诗争奇，代表了一代文学之胜，铸就了中国古代文学史的辉煌。中国历来有“文以载道”的传统，宋词中除了男女幽怨、伤情离别、怀古喻今的作品之外，更有热爱生命、珍重友谊、忠贞爱情、歌颂山河、报效祖国等具有德育价值的不朽之作。如：岳飞《满江红》“待从头，收拾旧山河，朝天阙!”表达了精忠报国的坚强意志；辛弃疾《美芹十论》抒发了洗雪国耻、收复失地的爱国情怀；文天祥《过零丁洋》“人生自古谁无死，留取丹心照汗青。”表现了坚贞不屈的民族气节；范仲淹《岳阳楼记》“先天下之忧而忧，后天下之乐而乐”表达了先忧后乐的济世情怀；苏轼《水调歌头》“但愿人长久，千里共婵娟”流露出洞察人生的洒脱情怀；这些词作或慷慨悲壮，或心胸豁达，或志趣豪迈，教人崇德，感人至深，具有多方面的德育价值。

十二、元代德育概述

元代是蒙古人建立的政权，元世祖主张学习汉族文化，倡导尊重儒学，册封孔子为“大成至圣文宣王”，并且推崇宋代理学为官学。因此，元代德育仍然以理学为主导，主要学习儒家经典。元代教育体系由中央官学、地方官学以及书院、私塾、义塾组成。中央官学分为国子学、蒙古国子学和回回国子学。地方官学按照路、府、州、县行政区划分，建立路学、府学、州学、县学以及小学、社学等学校系统。各类学校的学习次序先是《孝经》《小学》《论语》《孟子》《大学》《中庸》，次及《诗》《书》《礼》《易》《春秋》。在科举考试中，仍规定以朱熹的《四书章句集注》为标准，推动了中华传统文化的传承与发展。

十三、许衡的德育思想

许衡(公元 1209 年—1281 年)，字仲平，学者称之鲁斋先生，怀州河内人(今河南省焦作市沁阳)，是杰出的思想家、教育家和天文历法学家。许衡对于汉、蒙文化的融合和交流做出了卓越贡献。

许衡是元代初期的名臣，长期担任国子监祭酒，主持教育工作。他一再向元世祖建议要广兴学校，以“行汉法”作为“立国之本”。许衡的德育思想，源于宋代的程朱理学，而又有所发展。他把人性分为“本然之性”和“气禀之性”。提出“合虚与气，有性之名”，虚是本然之性，气是物禀之性。又曰：“仁、义、礼、智、信是明德，人皆有之，是本然之性，求之在我者也，理一是也。贫富、贵贱、死生、修短、祸福禀于气，是气禀之命，一定而不可易者也，分殊是也。”他认为本然之性是善的，气禀之性则可善可恶。许衡认为德育的目的是“明伦”，培养“志士仁人”。许衡对德育的过程、原则和方法进行了分析。德育的过程主要采取“四阶段模式”，即“三纲五常”“以理治欲”“不骄不怒”“絜矩之道”。德育的原则和方法包括“以身作则”“以善制恶”“正心修身”等方面。

许衡的教育思想广博，对当代教育很有启迪。譬如学习要“虚心”“恒心”“专心”，学习过程要按照“博学”“审问”“慎思”“明辨”“笃行”有序结合，学习的原则和方法要“循序渐进”“温故知新”“戒满戒怠”“辩说”“合智”等。

明清时期的德育思想*

一、明代德育概述

明代教育体制完备，中央官学叫国子监，地方官学为府州县学，民间开办社学，教学内容主要以儒家经典为主。作为开国皇帝的朱元璋重视国子监学生的德性培养，把德育放在学校教育的首位，培养忠君爱国、德才兼备的有用人才。明代编纂的《五经大全》《四书大全》《性理大全》是钦定的教本，国子监开设的大学、中庸、论语、孟子、诗、书、礼、乐、春秋等课程都是钦定的教材。国子监还把官方文件《大明律令》作为必读教材，说明明代德育既重视道德教育，同时也重视法律灌输。明代的德育途径是制定严厉学规，强调教官为人师表，强化儒家经典，推行科举考试。明代科举考试明确规定以朱熹的《四书章句集注》为标准答案，这个指挥棒强化了儒学的传承和影响。

---

* 本文与张宏伟合作撰写。

二、王守仁的德育思想

王守仁(公元1472年—1529年)，字伯安，别号阳明。明代著名的思想家、文学家、哲学家和军事家。浙江绍兴府余姚县人，因曾筑室于会稽山阳明洞，自号阳明子，学者称之为阳明先生，亦称王阳明。他精通儒家、道家、佛家，和孔子、孟子、朱熹并称为孔、孟、朱、王。著作有《王阳明全集》。

王守仁继承发展了孟子的“良知良能”说，提出了“致良知”的心学理论，成为他德育思想的理论支撑。在王阳明看来，“良知”是先天的道德本心。由于人在社会生活中受到各种物欲、私利的引诱，从而使与生俱来的“良知”受到蒙蔽而导致恶行。为了“去恶从善”，他提出了“致良知”，就是通过对人的“良知”的自我认识、体验和实践，从而培养道德上的自律。在德育原则上，王守仁强调道德认识和道德行为的统一，即“知行合一”。他认为，道德认知与道德实践是“互相为成”“并进而功”的关系。虽然行先知后，但行却不是盲目的，而是在知的指导下具有“知所得”“为何行”的自觉性。一个人只有对一定的社会道德理想或道德观念进行认识和理性审查，才能付诸相应的道德实践。在德育途径和方法上，他提倡环境教育、体验教育、自我教育。

总之，王守仁的心学德育在德育史上是一个创新，对当前教育存在的有教有“类”、教学功利化、学生个体发展不平衡、德育内容抽象、德育方法不恰当等德育问题提供了解决策略。

三、清代前期和中期的德育

清代沿用明代旧制，顺治元年修葺北京国子监，设率性、修道、诚心、正义、崇志、广业六堂为讲习之所 。康熙曾下诏：“朕以为孔孟之后，有裨斯文者，朱子之功，最为弘钜”，大力推崇朱熹，提倡理学，维护礼教，表彰忠孝，重申“三纲五常”的封建道德。乾隆年间，国子监分经义、治事二斋教学，力主经世致用，曾使国子监出现“师徒济济，研求实学”的可嘉景象。清朝初年，早期启蒙主义思想家异军突起，对程朱理学进行批判，反对封建伦理纲常，强调“理和欲”“义和利”的统一。主要代表人物有黄宗羲、顾炎武、王夫之等。在民间，涌现出大量通俗易懂的德育作品，如《朱子治家格言》和《弟子规》等。

四、黄宗羲的德育思想

黄宗羲(公元1610年—1695年)，浙江绍兴府余姚县人，明末清初经学家、史学家、思想家、地理学家、天文历算学家、教育家。他参加抗清运动，前后遭遇清军3次缉拿。在此情况之下，黄宗羲一生过着隐居生活，致力于学术研究、教育与著述。黄宗羲学问极博，一生著述多至50余种，300多卷，其中最为重要的有《明儒学案》《宋元学案》《明夷待访录》《孟子师说》等。

黄宗羲是明末清初伟大的启蒙主义思想家、教育家。黄宗羲反对君主专制，主张“天下为主，君为客”的民主思想，是中国启蒙思想的核心，也是他德育思想的核心。他提倡大力办学，以提升国民素质。他主张改革科举取士制度，提出了八种选拔人才的方法，即科举之法、荐举之法、太学之法、任子之法、郡县佐之法、辟召之法、绝学之法和上书之法。他认为德育目标是培养“立功建业”“纬天经地”的治国之才。他主张德育内容是经学，“学必原本于经术”“受业者必先穷经”，“以经术为渊源”。在德育原则和方法上主张“学贵适用”和“躬行实践，力学致知”。黄宗羲认为德育的学科渗透不但包含于经史之学，也包括天文、地理、数学、乐律等自然类学科。他的这些德育思想在一定程度上体现了当时先进的社会意识与超前的时代精神。

黄宗羲教育思想对当代教育有四点启示。一是主张“养士”“公其非是”，学校要把办学和培养国家人才结合起来，培养对国家有用能适应和促进社会发展的人。二是，黄宗羲认为，教师和教育行政干部都应该由民主推举产生，应该具有渊博学识和高尚品德，也就是现在意义上的尊师重教和师德师风建设问题。三是关于教学内容，黄宗羲重视自然科学，强调课本知识和社会实践的结合。四是关于教学方法方面，主张自学为主、讲解为辅、学贵有疑、因材施教等，与现代教育倡导的主动学习相一致。

五、顾炎武的德育思想

顾炎武(公元 1613 年—1682 年）明清之际思想家、教育家。初名绛，字宁在。顾炎武出身于官僚地主家庭，是我国明清之际热烈的民族爱国主义者。主要作品有《日知录》《天下郡国利病书》《金石文字记》《亭林诗文集》等。

顾炎武是清朝“开国儒师”“清学开山”始祖，终结了晚明理学的空疏学风，开启了一代朴实学风的先路。他提出“君子为学，以明道也，以救世也”，作为德育目标。他继承春秋管仲“礼义廉耻，国之四维”的思想，作为德育内容。他提倡“天下兴亡，匹夫有责”，作为德育主旨。他从“博学于文”“行己有耻”两方面提出了德育要求。他主张劝学奖廉，加强宗族制度，重视家族德育，发挥社会舆论，作为德育途径。总之，顾炎武的德育思想表现出鲜明的实学特色，在德育途径和方法等方面，具有可操作性，值得借鉴。

六、王夫之的德育思想

王夫之(公元1619年—1692年)湖广衡州府衡阳县(今湖南衡阳)人。晚年王夫之隐居于石船山，著书立传，学者遂称之为船山先生。他是我国明清之际伟大的唯物主义哲学家和坚贞的民族爱国主义者，他与顾炎武、黄宗羲并称明清之际三大思想家。

王夫之是中国古代哲学的总结者，唯物主义哲学理论是其德育思想的理论基础。他坚持“理依于气”，气是变化日新的物质实体，理是变化过程的必然性。他指出“仁义礼智”既与生俱来，又日生日成。他提出“习与性成、继善成性”，主张道德主体的修习，要靠主体努力。道德教育的过程首先是使受教育者“自知”而“无所迷”，即进行道德知识的学习，使其“知其可为”和“知其不可为”；其次是注意感情的激发和意志的锻炼，不能停留在理性认识上；再次是“躬行为起化之源”，导之以行，以身作则，身体力行。王夫之还十分重视童蒙教育，认为人习成于幼弱之时。王夫之主张人生天地间，贵而有志，其志在于“生以载义”。他一生追求国家大义，一身正气，两袖清风，坚守道德，感人至深。

王夫之运用他的朴素的唯物主义和辩证法去深入探讨教育问题，提出了许多精辟的见解，尤其是在教学论方面的论述，尤为丰富。他既有丰富的教学实践，又能从唯物主义认识论的高度，去揭示教学过程的一些规律，值得借鉴。

七、童蒙德育经典——《弟子规》

《弟子规》的前身为清朝康熙年间秀才李毓秀所作的《训蒙文》，顾名思义就是教育儿童的启蒙文。而后，清朝贾存仁先生对《训蒙文》从形式到内容都进行了修改和订正，把文体变成了诗体，并采用了《三字经》的格式，最终成就了流传至今的传统优秀文化《弟子规》，总共360句，1080个字。

《弟子规》以儒家伦理思想为主旨，以孝、悌、仁、爱、勤、谨、信、义为核心，列举出了做子女或学生居家、外出、求学、待人、接物应有的行为礼仪。其内容主要体现在三大方面：一是要求学生养成勤奋严谨优雅的生活习惯；二是要求学生诚信为本，谨言向善；三是提倡关爱他人的社会公德。《弟子规》涉及感恩教育、尊重教育、诚信教育、关心教育、理想教育等德目，《弟子规》内容具体而生动，便于传播，是童蒙德育的经典之作。

八、《朱子家训》中的德育

《朱子家训》又称《朱子治家格言》《朱柏庐治家格言》，作者是朱柏庐(公元1627年—1698年)，是明末清初著名理学家、教育家。《朱子家训》是以家庭道德为主的启蒙教材，全书仅634字，精辟地阐明了修身治家之道。

《朱子家训》以修身、齐家为宗旨，倡导勤俭、诚信、谦和、自省、顺应、向善等美好德性。主张的勤俭持家、不贪便宜、公平厚道、诚实待人、与人为善、力戒色欲和浮华，反对见利忘义、谄媚权贵等。譬如，“黎明即起，洒扫庭除，要内外整洁；既昏便息，关锁门户，必亲自检点。”“一粥一饭，当思来处不易；半丝半缕，恒念物力维艰”“宜未雨而绸缪，毋临渴而掘井。”“勿贪意外之财，勿饮过量之酒。”“祖宗虽远，祭祀不可不诚；子孙虽愚，经书不可不读。”“读书志在圣贤，非徒科第；为官心存君国，岂计身家。”《朱子家训》精辟地阐明了修身治家之道，内容具体，语言平实，朗朗上口，是一篇家教名著。

九、《四库全书》的德育价值

《四库全书》是在乾隆皇帝的主持下，由纪昀等 360 多位高官、学者编撰，3800 多人抄写，耗时十三年编成的丛书，分经、史、子、集四部，故名四库。共有 3500 多种书，7.9 万卷，3.6 万册，约 8 亿字，基本上囊括了中国古代所有图书，故称“全书”。

《四库全书》运用了传统的经、史、子、集四分法。“经”主要是儒家流传下来的经典著作；“史”包括各朝各代编写的史学著作；“子”是诸子百家的著作；“集”是文学著作。《四库全书》被誉为文化史上的“万里长城”，其德育价值主要体现在三方面。一是，收录标准与德育密不可分，乾隆皇帝下达的标准是有关阐明性学治法，关系到世道人心的首先收录。二是，儒家经典尽收之中，促进了儒家思想的广泛传播。三是，编纂中的严谨治学之风，展示出了中华传统文化的治学之道，使我国古代学术从此步入对传统学术进行全面总结和整理的阶段。《四库全书》不仅是清朝塑造社会所需要的道德人格的重要载体，也为当今建设东方文化精神家园提供了重要的德育资源。

中华传统美德研究

一、中华传统美德概述

中华传统美德源远流长，萌芽于炎黄二帝时代，发端于尧舜禹到夏商周时代，形成于西周春秋时期。中华传统美德的思想体系由儒家伦理思想创始人孔子创立并由后世儒家不断传承发展。孔子思想体系的核心是德治主义，他执着地倡导德化社会与德化人生。德化社会的最高标准是“礼”，德化人生的最高价值是“仁”。在“仁德”的统摄下，孔子还提出一系列道德范畴，如恭、宽、信、敏、惠、忠、恕、孝、悌、礼、智、仁、勇、勤、和、敬、俭等。孟子继承发展了孔子的伦理思想，概括为“四德”“五伦”。“四德”，即仁、义、礼、智；“五伦”，即父子有亲、君臣有义、夫妇有别、长幼有序、朋友有信五类人伦。汉代董仲舒提出“罢黜百家，独尊儒术”，把儒家伦理归纳为“仁、义、礼、智、信”五德，后世称为“五常”。唐代经学家孔颖达编撰《五经正义》，成为科举考试的统一标准和法定教科书，中华传统美德广泛传播。宋代理学家二程和朱熹吸收春秋时期孔子的"孝悌"思想和管仲的"国之四维"说，把传统美德概括为"孝、悌、忠、信、礼、义、廉、耻"八德。近代以来面对西风东渐的形势，孙中山、蔡元培等提出了"忠、孝、仁、爱、信、义、和、平"新八德。当代把立德树人作为教育的根本任务，我对中华传统美德进一步概括为"忠、孝、仁、义、礼、信、廉、耻、智、勇、勤、和"十二德。

二、忠

在中华传统美德中，"忠"是个人对国家、对事业、对他人的道德规范。"忠"有两层含义：一是忠于祖国，忠于人民，精忠报国；二是为人正直、诚恳厚道、尽心尽力。《左传·昭公元年》说"临患不忘国，忠也。"伟大的爱国诗人屈原在《离骚》中说"长太息以掩涕兮，哀民生之多艰。"表达了忧国忧民的高尚情怀。诸葛亮在《出师表》说"鞠躬尽瘁，死而后已。"唐代王昌龄《出塞》说"但使龙城飞将在，不教胡马度阴山。"《宋史·岳飞传》记载岳母在他的背上刺下"精忠报国"四个字，叫他竭尽全力报效国家。宋代陆游《病起书怀》"位卑未敢忘忧国"，文天祥《过零丁洋》"人生自古谁无死，留取丹心照汗青。"表现了坚贞不屈的民族气节。明朝著名抗倭将领戚继光，忧国忧民、赤胆忠心，被誉为"振古之名将，万里之长城"。清代林则徐虎门销烟禁鸦片，"苟利国家生死以，岂因祸福避趋之。"清代陈璧："一片丹心图报国，千秋青史胜封侯。"历代爱国志士精忠报国的传统美德彪炳史册。从小篆的造字可见"忠"是存心居中，正直不偏。《论语·学而》说："夫子之道，忠恕而已矣。"曾子"吾日三省吾身 " 其中之一就是"为人谋而不忠乎?"司马光《四言铭系述》"尽心于人曰忠"。为人处世，"忠"是立身之本，受人之托必忠人之事。"忠"与"恕"联系在一起成为做人的"忠恕之道”，有忠诚和互相体谅之意。用《论语》的话说就是“己欲立而立人，己欲达而达人”，“己所不欲勿施于人”。与人交往要推己及人，换位思考，将心比心。在中国历史上，流传着许多精忠报国和忠于职守、忠人之事的传统美德故事。

三、孝

在中华传统美德中，“孝”是家庭伦理中子女对待父母的道德规范。据《尚书·舜典》记载，虞舜“慎徽五典，五典克从”，五典即“父义、母慈、兄友、弟恭、子孝”这五种伦理道德。殷商甲骨卜辞之中就有“孝”字，《说文解字》解释“孝”字：“善事父母者。从老省，从子，子承老也。”《论语·学而》说：“弟子入则孝，出则悌，谨而信，泛爱众，而亲仁。”《孝经》开宗明义：子曰：“夫孝，德之本也”“夫孝，始于事亲，中于事君，终于立身”。《礼记》中说“孝有三：大孝尊亲，其次弗辱，其下能养”，又说“孝子之养也，乐其心，不违其志。”总之，孝道包含尊敬、顺从、愉悦、尚志、侍奉、赡养几个方面，孝的本质是“孝顺”和“孝敬”。在中国历史上，汉代推行“以孝治天下”，孝德教育被纳入治国方略之中。唐代玄宗亲注《孝经》，颁行天下，使孝道文化得到广泛传播与普及。元代郭居敬编录《二十四孝》，在民间广为流传。宋代的启蒙教材《三字经》、明代的家教经典《朱子家训》、清代的《弟子规》都把“孝”放在首位，清代的《劝孝歌》：“慈乌尚反哺，羔羊犹跪乳。人不孝其亲，不如草与木。”在中国历史上“百善孝为先”的观念根深蒂固，流传着许多中华传统美德“孝”的故事。

四、仁

在中华传统美德中，“仁”居于核心地位。“仁”最早出自《尚书》：

“克宽克仁，彰信兆民”。《论语·颜渊》记载：樊迟问仁，子曰：“爱人”。孔子在不同的场合对“仁”有多种解释，如“克己复礼曰仁”，“孝悌”为仁之本，“忠恕”为仁之道，“刚毅、木讷，近仁”。孔子还说“能行五者于天下为仁矣”，五者就是“恭、宽、信、敏、惠”。又说“仁远乎哉？我欲仁，斯仁至矣。”“志士仁人，无求生以害仁，有杀身以成仁。”孟子以性善论为基础，提出“仁、义、礼、智”四德，其核心也是“仁”。他把“仁”解释为“恻隐之心”，并认为是人与生俱来的。孟子还提出“仁政”说，要求统治者“施仁政于民”。《说文》解释仁字：“仁亲也。从人二。”综上可见“仁”的基本含义是“爱人”，对人要有爱心、同情心、恻隐之心，人与人要相亲相爱。展开来讲有三层含义：一是自我修养方面，要克制自己、朴实谨慎、恭敬宽容、诚实守信；二是待人接物方面，要与人为善、礼貌待人、推己及人、将心比心、同情他人、关爱他人、惠泽他人；三是家国情怀方面，要以天下为己任，大爱无疆，以致杀身成仁。在中国历史上，许多志士仁人和普通百姓传承着、实践着“仁”的美德，留下了千古传颂的传统美德故事。

五、义

在中华传统美德中，“义”是人间正道的准则。“义”的基本含义是指合乎正义或公证合理的道理或举动。《礼记·中庸》说：“义者，宜也。”韩愈《原道》说：“行而宜之谓之义”。宜，即相宜，适宜，合宜。这里引申为思想和行为符合一定的道德原则和规范的要求。例如：见义勇为、义不容辞、义无反顾、义重如山、仗义执言、义务、义举、义愤、义演、义卖等。从造字学上看，“义”的繁体字是“羊我”结构，古时以羊指代真善美，义字结构是指我向上呈献真善美之意。孔子说：“不义而富且贵，于我如浮云。”孟子说：“生，我所欲也；

义，亦我所欲也。二者不可得兼，舍生而取义者也。”荀子说：“水火有气而无生，草木有生而无知，禽兽有知而无义，人有气、有生、有知亦且有义，故最为天下贵也。”在中国思想史上，“义”往往与“利”相对而言，产生了义利之辨，形成了以儒家思想为核心的义利观。儒家主张“义重于利”，孔子说：“君子喻于义，小人喻于利”，强调要“见利思义”，“义以为质”“义然后取”“见小利则大事不成”。孟子见梁惠王说：“何必曰利？亦有仁义而已矣。”“上下交争利则国危矣。”荀子主张“先义后利者荣，先利后义者辱。”墨子主张“兼相爱，交相利”。汉代董仲舒把儒家思想极端化，提出：“正其谊不谋其利，明其道不计其功。”清代颜习斋认为“义中之利，君之所贵也。”提出：“正其谊以谋其利，明其道而计其功”的深刻思想。在中国历史上，许多忠义之士和普通百姓传承着、实践着“义”的美德，留下了千古传颂的传统美德故事。例如三国时期的关羽不忘“桃园三结义”，身在曹营，心在汉，“挂印封金”，千里走单骑，过五关斩六将，终于找到结义兄长刘备。被后人称为“忠义仁勇”之士。

六、礼

在中华传统美德中，“礼”是立身处世的道德规范。“礼”的基本含义是重礼仪、讲礼貌、礼尚往来、高尚文雅、彬彬有礼。最早记载中国古代礼制的著作有《周礼》《仪礼》《礼记》，统称为“三礼”。《周礼》是周代的官职制度，分为天官、地官、春官、夏官、秋官、冬官六篇。六官即六大行政机构，由六卿统领，各有职司，天官掌宫廷，地官掌民政，春官掌宗族，夏官掌军事，秋官掌刑罚，冬宫掌营造。据《周礼·春官·大宗伯》记载，西周时礼分为吉礼、凶礼、军礼、宾礼、嘉礼，称为“五礼”。《仪礼》记述有关冠、婚、丧、祭、乡、射、朝、聘等礼仪制度和礼仪形式。《礼记》指出："道德仁义，非礼不成；教训正俗，非礼不备；分辨争讼，非礼不决；君臣、上下、父子、兄弟，非礼不定；宦学事师，非礼不亲；班朝治军，莅官行法，非礼威严不行……使人以有礼，知自别于禽兽。"《左传》指出："夫礼，天之经也，地之义也，民之行也。""礼，经国家，定社稷，序民人，利后嗣者也。"《说文解字》说："礼，履行敬拜活动。""礼者，示人以曲也。"己弯腰则人高，对他人即为有礼。孔子一言以蔽之："不学礼，无以立"。总之，礼是区别人伦关系的准则，是家庭伦理乃至社会活动的礼仪标准，中国素以"礼仪之邦"而著称于世。中国古代有很多礼仪故事，如张良拜师、负荆请罪、孔融让梨、程门立雪等等，至今仍然熠熠生辉、深入人心。

七、信

在中华传统美德中，"信"是立身兴业的道德规范，基本含义是说话算数、诚实守信、身体力行。"信" 在商代金文"从人从口"，《说文解字》讲："信，诚也。从人言。"意思是"人言为信"，"言必信，行必果"。《尚书》说："信用昭明于天下。"《易传》说："君子进德修业，忠信所以进德也。"《诗经》讲："言笑晏晏，信誓旦旦。"讲的也是诚信。《礼记》讲："君子以诚为贵"，诚与信往往互训，"诚，信也；信，诚也。"诚实为信德之源，是取信于人的关键。《管子》说："先王贵诚信，诚信者，天下之结也。"《左传》说："忠，德之正也；信，德之固也；卑让，德之基也。"孔子把"信"列为对学生进行教育的"四大科目"(文、行、忠、信)和"五大规范"(恭、宽、信、敏、惠)之一，强调要"言而有信"，"信则人任焉"，"君子欲讷于言而敏于行"，说话要谨慎，一言既出驷马难追。孟子曰："是故诚者，天之道也。思诚者，人之道也。”并提出“五伦”：“父子有亲，君臣有义，夫妇有别，长幼有序，朋友有信。”汉代董仲舒把儒家伦理概括为“仁、义、礼、智、信”，后世称“五常”，意思是具有恒常、永恒的普世价值。这“五常”贯穿于中华伦理的发展中，成为中华传统美德的核心因素，历代传颂着诚信的美德故事。

八、廉

在中华传统美德中，“廉”是主要指从政为官的道德规范。在古代汉语中，“廉”的本意是“堂隅”，“堂”是正屋，方方正正；“隅”是侧边，棱角分明。引申为方正、棱利、高洁、清白、简约，进而解释为廉明、廉洁、廉正、廉政等义。西周初年，周公制《周礼》，最早确定了“廉”吏的“六廉”标准：“一曰廉善、二曰廉能、三曰廉敬、四曰廉正、五曰廉洁、六曰廉辨”。“廉善”指廉而善政，“廉能”指廉而能政，“廉敬”指廉而勤政，“廉正”指廉而公正，“廉洁”廉而高洁，“廉辨”指廉而明辨。《论语·尧曰》讲述了孔子关于从政为官的标准“尊五美”，即“惠而不费，劳而不怨，欲而不贪，泰而不骄，威而不猛”。《管子》指出：“礼义廉耻，国之思维”，“四维不张，国乃灭亡。”《墨子》说：“君子之道也，贫则见廉，富则见义，生则见爱，死则见哀。”《晏子春秋》说：“廉者，政之本也；让者，德之主也。”《礼记·礼运》言：“大臣法，小臣廉，官职相序，君臣相正，国之肥也。”《吕氏春秋》说：“临大利而易其义，可谓廉亦。”《史记·引丞相列传》：“为人廉直，门不受私谒”，意思是为人廉洁正直，从不受私情之托。中国古代有许多清官廉吏，他们的故事广为传颂。

九、耻

在中华传统美德中,“耻”是做人底线的道德规范。“耻”指“羞耻感”或“知耻心”,是文明与野蛮的分界。《说文解字》说:“耻,辱也。”“辱,耻也。”耻与辱互为训释。孔子从“礼”的道德规范的角度解释“耻”,他说:“恭近于礼,远耻辱也。”(《论语·学而》)意思是说人的行为符合礼仪规范,才不致遭受耻辱。又说:“行己有耻”(《论语·子路》)意思是说一个人出言行事应保持羞耻之心。孔子认为花言巧语、说了不算是可耻的,花言巧语、容色伪善是可耻的,国家富强,而自己却贫贱,也是一种耻辱。孔子还提出如何培育人的知耻心,“道之以政,齐之以刑,民免而无耻;道之以德,齐之以礼,有耻且格。”(《论语·为政》)管子从治国理政的角度把“廉耻”提到国家纲纪的高度,他说:“礼义廉耻,国之四维”“四维不张,国乃灭亡。”又说:“仓廪实,则知礼节;衣食足,则知荣辱。”孟子则从“性善论”的角度,把“耻”看作是人性的标志,他说:“无羞恶之心,非人也。”又说:“耻之于人大矣”,“人不可以无耻,无耻之耻,无耻矣。”自管子、孔子、孟子之后,中国历代哲人都很重视人的知耻心,同时流传着许多感人至深的知耻、雪耻的故事。如春秋时期越王勾践“卧薪尝胆”的故事“唐雎舌战秦王”的故事、“苏武牧羊”的故事等。

十、智

在中华传统美德中,“智”是与“仁”相关联的道德规范。智的基本含义是聪明智慧、机智谋略、知己知人、是非分明,善恶明辨、有良知良能。老子在《道德经》中说:“知人者智,自知者明。”孔子认为智就是“知人”(《论语·颜渊》)还说:“不患人之不知己,患不知人也。”

(《论语·学而》)孔子认为智与仁互为前提,往往二者并提,如:"知者乐水,仁者乐山"(《论语·雍也》),"知者不惑,仁者不忧"(《论语·宪问》)。孔子本人既是仁者,也是智者,他对自己学生的智力、能力、兴趣、志向、性格、品德等各方面了如指掌。孟子说:"是非之心,智也。"并把"智"作为"仁、义、礼、智"四德之一。孟子还认为人的"良知良能"是与生俱来的,人人皆有的。荀子认为"智"是后天获得的,不仅是一种道德修养,而且是辨别事物的聪明智慧。他说:"志意致修,德行致厚,智虑致明。"董仲舒把"智"列入"仁、义、礼、智、信""五常"之一,认为是恒常的道德。中华民族是有道德、有智慧的民族,中国历史上有许多既能明辨是非善恶,又有机智谋略的科学家、发明家、军事家、医学家等,他们既是道德楷模,又是智慧的化身。如指南针、造纸术、火药、印刷术"四大发明",中医理论经典《黄帝内经》《伤寒论》《金匮要略》《神农本草经》《本草纲目》等,都是道德和智慧的结晶。

十一、勇

在中华传统美德中,"勇"是与"仁、义、智"相关联的道德规范。《说文解字》说:"勇者,气也。""气之所至,力亦至焉。心之所至,气乃至焉。故勇从心。""勇"的基本含义是有勇气、有胆量、果断、勇敢、忠勇、英勇、奋勇、见义勇为。孔子把"勇"作为施"仁"的条件之一,他说:"仁者必有勇。"(《论语·宪问》)"仁"是"勇"的出发点和落脚点,同时也作为成人标准的必备因素。孔子把"勇"与"义"联系起来,他说:"率义之为勇。"(《左传·哀公十六年》)"君子有勇而无义为乱,小人有勇而无义为盗。"(《论语·阳货》)孔子还把"仁""智""勇"列为"三达德",他说:"知者不惑,仁者不忧,勇者不惧。"(《论语·子罕》)总之，“勇”必须符合“仁、义、礼、智”，而且不能“疾贫”，才能成其为勇。勇敢是中华民族的传统美德，也是伟大的民族精神。在中国历史上，忠勇之士、仁勇之士、义勇之士层出不穷，他们的故事广为流传。

十二、勤

在中华传统美德中，“勤”是关于学习、劳动、生活的道德规范。“勤”的含义是做事尽力，不偷懒，其中包括勤学、勤劳、勤俭、勤奋、勤业、勤政等。最早谈到“勤劳”的是《尚书·无逸》，它说：“厥父母勤劳稼穑。”“君子所，其无逸。先知稼穑之艰难。”《说文解字》说：“勤，劳也。”屈原说：“路曼曼其修远兮，吾将上下而求索。”表达了学无止境，勤勉治学的精神。《论语·为政》记录了孔子的人生经历：“吾十有五而志于学，三十而立，四十而不惑，五十而知天命，六十耳顺，七十而从心所欲，不逾矩。”“韦编三绝”典故讲的是孔子读《易经》的故事，表现了发愤忘忧、不知老之将至的勤奋学习精神。荀子说：“不闻不若闻之，闻之不若见之，见之不若知之，知之不若行之，学至于行而止矣。”又说：“学不可以已，青出于蓝，而胜于蓝。”张衡说：“人生在勤，不索何获”。韩愈说：“业精于勤，荒于嬉；行成于思，毁于随。”中国古代学人总结出“书山有路勤为径，学海无涯苦作舟”的经典名言，勤学、勤劳、勤俭的历史人物更是层出不穷。

十三、和

在中华传统美德中，“和”是关于人与人、人与社会、人与自然之间关系的道德规范。“和”是一个含意极为丰富、深邃的范畴，其中包括“天人合一、天人和谐”“以和邦国、以谐万民”“人我和谐、群己和谐”“和而不同、和而不流”“和必中节、仇必和解”等。按照《说文解字》的解释：“和，相应也。”“谐”是“配合得当”。“和谐”就是“相应”并且“配合得当”。《易传》提出：“损益盈虚，与时偕行”，意在遵循自然规律，人与自然保持和谐。《周礼》提出“以和邦国，以统百官，以谐万民”，强调国家和谐、社会和谐、家庭和谐、民众和谐。《论语》提出“礼之用，和为贵”，指出礼的价值在使人际关系和谐。又说“君子和而不同”，意思是与人和谐相处又不盲目附和。西周末的史伯提出“和实生物，同则不继。”春秋时晏婴用喻体论述：“五味”协调，才能成为美羹；音符抑扬顿挫，才能成为美妙的音乐。《中庸》提出“喜怒哀乐之未发，谓之中；发而皆中节，谓之和。”“中也者，天下之大本也；和也者，天下之达道也。”“致中和，天地位焉，万物育焉。”在中国历史上，无数志士仁人追求国家统一、民族团结、社会和谐，形成了我们的民族精神和传统美德，流传着许多讲团结、求和谐的美德故事。

中华德育文化二十箴言

一、立德树人，此谓不朽

【出处】《左传·襄公二十四年》《管子·权修》

【原文】“太上有立德，其次有立功，其次有立言。虽久不废，此之谓不朽。”“一年之计，莫如树谷；十年之计，莫如树木；终身之计，莫如树人。”

【释义】人生最高的目标是树立德行，其次是建立功业，再次是著书立说。“立德”是指做人，“立功”是指做事，“立言”是做学问，也就是说，做人最为重要，然后才是做事做学问。树立德行，建功立业，留下言论，做到这三点，人虽死了，也永远不会磨灭，这就叫不朽。这两句古圣箴言，后世引申为“十年树木，百年树人”的成语。党的十八大提出“立德树人是教育的根本任务”，十九大再次强调：“落实立德树人根本任务”，立德树人是不朽的事业。

二、为政以德，譬如北辰

【出处】《论语·为政》

【原文】子曰："为政以德，譬如北辰，居其所而众星拱之。"

【释义】孔子说："用道德来治理国政，自己便会像北极星一般，在一定的位置上，别的星辰都环绕着他，拱卫着他。"对于教师而言，可以引申为：治学以德、教书以德、育人以德，恰似启明，循其道则日月伴之。（詹万生语）

三、大学之道，在明明德

【出处】《礼记·大学》

【原文】大学之道，在明明德，在新民，在止于至善……古之欲明明德于天下者，先治其国；欲治其国者，先齐其家；欲齐其家者，先修其身；欲修其身者，先正其心；欲正其心者，先诚其意；欲诚其意者，先致其知，致知在格物。物格而后知至，知至而后意诚，意诚而后心正，心正而后身修，身修而后家齐，家齐而后国治，国治而后天下平。自天子以至于庶人，一是皆以修身为本。

【释义】大学：相对小学而言，古时 8 岁入小学，学习做人世事的礼节常识，15 岁入大学，学习修身、齐家、治国、平天下的学问。道：是指教育的方针、宗旨和内容，即"三纲领""八条目"。明明德：前一个"明"是动词，即彰明，显明。明德，就是美德，光明的德性。新民：原为亲民，新民，使人去恶从善，弃旧图新之意。"明明德""新民""止于至善"是《大学》之道的"三纲领"。止于至善：要达到最完美的德性境界。

"修身、齐家、治国、平天下"，是儒家的社会理想和政治抱负。格物、致知、诚意、正心，是"明明德"的内容和过程。与修身、齐家、治国、平天下合称《大学》之道的"八条目"。

四、自强不息，厚德载物

【出处】《周易·乾卦》《周易·坤卦》

【原文】“天行健，君子以自强不息。”“地势坤，君子以厚德载物。”

【释义】所谓“天行健，君子以自强不息。”意思是天地万物在刚健稳定且永不停息地运转，要想做个有作为的人就得效仿天体的运行，拥有奋发图强、积极向上的阳刚禀赋。“地势坤，君子以厚德载物。”意即大地的厚实承载着万物，要想做个有作为的人也得效仿大地的宽厚，使自己拥有胸怀宽广、品德高尚的阴柔品质。“一阴一阳谓之道”，这样阴阳共济、刚柔并存，才是道德高尚的人应有的品格。

五、崇德象贤，佑贤辅德

【出处】《尚书·微子之命》

【原文】(节选)王若曰：“猷！殷王元子。惟稽古，崇德象贤。统承先王，修其礼物，作宾于王家，与国成休，永世无穷。”

【释义】崇：尊崇。象：效法，仿效。西周初期，人们不仅仅重视道德的政治价值，而且开始认识到道德的人格意义，明确提出了“崇德象贤”的理念，促使人们加强道德修养。崇德象贤、佑贤辅德的价值观念，是后世儒家学者崇尚道德人格、赞扬君子圣贤的思想源头。

六、静以修身，俭以养德

【出处】三国·诸葛亮《诫子书》

【原文】“夫君子之行，静以修身，俭以养德。非淡泊无以明志，非宁静无以致远。夫学须静也，才须学也。非学无以广才，非志无以成学。淫慢则不能励精，险躁则不能治性。年与时驰，意与日去，遂成枯落，多不接世，悲守穷庐，将复何及！”

【释义】“静”指内心十分安定的精神境界，“俭”是清心寡欲的生活。以清心寡欲方式修身养性，用俭朴生活习惯培养良好美德，静俭结合是造就博学人才的必要条件。

七、谨言慎行，志坚德崇

【出处】宋·胡宏《胡子知言·文王》

【原文】（节选）有源之水，寒洌不冻；有德之人，厄穷不塞。以反求诸己为要法，以言人不善为至戒。行谨则能坚其志，言谨则能崇其德。

【释义】崇：高，使高大。说话谨慎，则德行更加崇高，做事谨慎，则志向更加坚定。

八、不矜细行，终累大德

【出处】《尚书·旅獒（áo）》

【原文】“不矜细行，终累大德。为山九仞，功亏一篑”

【释义】矜：慎重。细行：生活小节。累：连累，使受害。大德：高尚完美的德性。仞：八尺。亏：欠，差。篑（kuì）：盛土的筐。不注重细行，终究会损害大德。犹如造九仞高的山，差一筐土也无法成功。崇德尚志是中华民族的优良传统。

九、种树培根，种德养心

【出处】明·王守仁《传习录·卷上·门人薛侃录》

【原文】（节选）种树者必培其根，种德者必养其心。欲树之长，必于始生时删其繁枝。欲德之盛，必于始学时去夫外好。

【释义】栽种树木一定要培固其根本，树立良好的道德品质，必须端正自身的思想和言行。这是对《大学》中所说“以修身为本”的继承与发展，强调立德必须谨言慎行，正心养性。

十、谦乃美德，过谦多诈

【出处】明·徐学谟《归有园麈谈》

【原文】(节选)谦，美德也；过谦者，多怀诈。默，懿行也；过默者，或藏奸。

【释义】麈(zhǔ，指鹿一类的动物)，麈谈：执麈尾而清谈。谦虚是一种美德；如果一味过于谦虚，就可能怀有欺骗之心。强调待人接物要谦逊有度，不卑不亢，不可故弄玄虚，更不能弄虚作假，重要的是要以诚相待。

十一、功崇惟志，恭俭惟德

【出处】《尚书·周官》

【原文】(节选)王曰：“呜呼！凡我有官君子，钦乃攸司，慎乃出令，令出惟行，弗惟反。以公灭私，民其允怀。学古入官。议事以制，政乃不迷。其尔典常作之师，无以利口乱厥官。蓄疑败谋，怠忽荒政，不学墙面，莅事惟烦。戒尔卿士，功崇惟志，业广惟勤，惟克果断，乃罔后艰。位不期骄，禄不期侈。恭俭惟德，无载尔伪。作德，心逸日休；作伪，心劳日拙。居宠思危，罔不惟畏，弗畏入畏。推贤让能，庶官乃和，不和政庞。举能其官，惟尔之能。称匪其人，惟尔不任。”

【释义】崇：高。惟：惟有，只有。广：大。要想取得大的成就，关键是有大的志向，和辛勤不懈地努力。自古以来，志士贤人十分重视立志向学，强调勤学立志对于增智成才的意义，并视为修身、治学、求知、建业、立国的根本。

十二、巧言乱德，君子三戒

【出处】《论语·卫灵公》

【原文】子曰："巧言乱德，小不忍则乱大谋。"

【释义】乱：扰乱，败坏。谋：谋略。孔子认为要善于辨认他人说话的出发点和用意，不要被虚伪说辞所迷惑，提醒人们：在小事小节上如果不能忍让和包容，就会贻误大事。

【出处】《论语·季氏》

【原文】孔子曰："君子有三戒：少之时，血气未定，戒之在色；及其壮也，血气方刚，戒之在斗；及其老也，血气既衰，戒之在得。"

【释义】血气：血液和气息，指生命、精力、血性。戒：戒除。得：贪得，指贪求名誉、地位、财货等。孔子根据人生的三个历程，对人们提出忠告：年轻时，血气未定，要戒除迷恋女色；壮年时，血气方刚，要警戒逞强好斗；年老时，血气衰弱，要戒除贪欲膨胀，欲壑难填。《淮南子·诠言训》有"凡人之性，少则猖狂，壮则强暴，老则好利"之说，亦提醒世人戒之。

十三、忠信谨慎，德义之基

【出处】汉·王符《潜夫论·务本》

【原文】（节选）夫用天之道，分地之利，六畜生于时，百物聚于野，此富国之本也。游业末事，以收民利，此贫邦之原也。忠信谨慎，此德义之基也。虚无谲诡，此乱道之根也。故力田所以富国也。

【释义】对人忠实，讲求诚信，说话恭敬，行为端庄，是品德和道义修行的根本。忠信植根于人性的本真之处，故而是德义的基础。如人无忠信可言，则德义之基不复存在。

十四、至诚为道，至仁为德

【出处】宋·苏轼《上初即位论治道二首·道德》

【原文】(节选)人君以至诚为道，以至仁为德。守此二言，终身不易。尧舜之主也。至诚之外，更行他道，皆为非道。至仁之外，更作他德，皆为非德。

【释义】至：极，最。诚信和仁爱是中华传统道德中的基本道德观念之一，体现了传统的伦理道德观念。提示人们"诚信"和"仁爱"是立身处世的规范，是修身养性的信条，是相互交往的准则，是维护社会秩序的纲纪。在当今社会仍具有较强的指导意义。

十五、夫孝，德之本也

【出处】《孝经·开宗明义章》

【原文】(节选)子曰："夫孝，德之本也，教之所由生也。复坐，吾语汝。身体发肤，受之父母，不敢毁伤，孝之始也；立身行道，扬名于后世，以显父母，孝之终也。夫孝，始于事亲，中于事君，终于立身。……"

【释义】本：根本。这句话是孔子对曾参说的。意思是，孝道是所有德行的根本，教化都是在孝道的基础上形成的。

十六、俭以助廉，恕以成德

【出处】《宋史·范纯仁列传》

【原文】《宋史·范纯仁列传》："亲族有请教者，纯仁曰：'惟俭可以助廉，惟恕可以成德。’”

【释义】俭：节省，俭约；廉：廉洁；恕：宽容。这句话的意思是只有节俭可以使人廉洁奉公，只有宽容可以使人养成好的品德。

十七、积善成德，神明自得

【出处】《荀子·劝学》

【原文】积土成山，风雨兴焉；积水成渊，蛟龙生焉；积善成德，而神明自得，圣心备焉。

【释义】圣心：指一种至高的道德境界。备：具有、具备。积善成德，就可以达到“通于神明，参与天地”的道德境界。这句话揭示道德修养重在积累，强调了道德实践的重要性。

十八、立德之本，尚乎正心

【出处】晋·傅玄《傅子·正心》

【原文】(节选)立德之本，莫尚乎正心。心正而后身正，身正而后左右正，左右正而后朝廷正，朝廷正而后国家正，国家正而后天下正。故天下不正，修之国家，国家不正，修之朝廷，朝廷不正，修之左右，左右不正，修之身；身不正，修之心。所修弥近，而所济弥远。心者，神明之主，万物之统也。动而不失正，天地可感，而况于人乎？况于万物乎？

【释义】尚：崇尚。莫：代词，表示没有什么或没有谁。成就道德，其根本在于保持正直善良之心；心正，然后人品行为才能端正。古人说“修身在于正其心”(《大学》)，说明培养和保持正直之心，对立身处世有重要意义。

十九、士有百行，以德为首

【出处】晋·陈寿《三国志·魏书·夏侯玄传》

【原文】(节选)(裴松之注引《魏氏春秋》)允妻阮氏贤明而丑，允始见愕然，交礼毕，无复入意。妻遣婢觇之，云“有客姓桓”，妻曰：“是必桓范，将劝使入也。”既而范果劝之。允入，须臾便起，妻捉裾留之。允顾谓妇曰：“妇有四德，卿有其几?”妇曰：“新妇所乏唯容。士有百行，君有其几?”许曰：“皆备。”妇曰：“士有百行，以德为首，君好色不好德，何谓皆备?”允有惭色，知其非凡，遂雅相亲重。

【释义】士：成年男子；古代介于大夫和庶民之间的阶层；这里是泛指。行：品行。人的品行有多种，德行应是第一位的。此语警示人们：立身处世，以德为先。

二十、才者德之资，德者才之帅

【出处】宋·司马光《资治通鉴·周纪一》

【原文】臣光曰：智伯之亡也，才胜德也。夫才与德异，而世俗莫之能辨，通谓之贤，此其所以失人也。夫聪察强毅之谓才，正直中和之谓德。才者，德之资也；德者，才之帅也。

【释义】资：凭借。帅：统帅，主导。此句为司马光关于德与才二者相生相辅、辩证统一关系的著名论述，即才是德的基础，德是才的灵魂。其后，他还进一步阐述了“才德全尽谓之‘圣人’，才德兼亡谓之‘愚人’，德胜才谓之‘君子’，才胜德谓之‘小人’”的“德才”观，与今天我们提倡的德才兼备的人才观有着异曲同工之处。

中国长城文化的德育功能*

尊敬的各位老师、亲爱的同学们：你们好！

今天，和你们一起谈谈长城文化及其德育功能的话题，我感到非常自豪，非常亲切！自豪的是我是在长城上长大的，是长城文化浸润我、滋养我、激励我。作为长城儿女，我感到无比自豪！亲切的是我的小学时代是在八达岭小学度过的，我是你们的老校友，是八达岭小学培养我、教育我、栽培我。今天我回到母校，感到非常亲切！

万里长城是中华民族的脊梁，长城文化是伟大的中华民族文化的重要组成部分，内容十分丰富。围绕长城文化的话题，我想讲以下八个专题：

一、我与长城文化

二、长城文化概述

---

* 万里长城八达岭是作者的故乡，八达岭小学是作者的母校。作者曾为包括八达岭小学中学在内的延庆区8所中小学设立了“三立三成奖”。2015年9月作者回到母校为获奖学生颁奖，并作《谈谈长城文化及其德育功能》演讲。本文是作者在八达岭中小学的演讲稿。

三、长城的军事文化

四、长城的建筑文化

五、长城的民族文化

六、长城的国际文化

七、长城的民间文化

八、长城的诗歌文化

一、我与长城文化

(一)我的童年时代与长城文化

我的小学五六年级是在八达岭中心小学学习，那时的校址在岔道城，距离八达岭长城很近，中午课间休息的时候，经常到长城上玩耍。登上长城，极目四望，群山环抱，蓝天白云，你会感到世界之大、自然之美，有一种天人合一的感觉。再看看来自祖国各地和世界各国的游人，那些大鼻子、蓝眼睛、黄头发的老外，会让你产生无限的遐想，向往来到首都北京，期望走向五湖四海，梦想周游世界各国。

——是八达岭小学给我插上理想的翅膀，是万里长城把我的梦想放飞！

回想自己走过的人生之路，我的体会是：人在少年时代要敢于有梦，勇于追梦，勤于圆梦，只有这样才能梦想成真。

(二)我的少年时代与长城文化

我的中学时代是在康庄中学度过的，那时刚刚度过“三年困难时期”，仍然物资匮乏，生活贫穷，因此学校实行“勤工俭学”，这又给了我登上八达岭长城的机会。利用暑假，我们几个同学到八达岭打工，可以说八达岭长城上的每一块砖，我都摸过一到两遍。第一遍是把不文明游客刻在城砖上的“某某到此一游”用灰膏抹平；第二遍是涂上青灰使颜色与原来的城砖接近。

这次再登长城是劳动，与往常登上长城游玩不一样，因此对长城的理解与感受也不一样。第一次感受到修筑长城是多么的不容易，体会到古代先民勤劳、智慧和勇敢。同时也感受到当代游人破坏文物古迹的不文明行为，意识到保护长城文物、弘扬长城文化的重要性。

最近，我在电视上看到一则报道：一个英国人威廉成立了国际志愿者协会，号召人们把登长城的垃圾带走，保护长城文物古迹不受垃圾污染。我想，为什么我们中国人，我们长城人，我们在长城上长大的人不能担当其保护长城的责任呢？同学们你们说能不能？（听课的同学们大声喊：“能”!）

——我的体会是：少年时代要参加社会公益劳动，要尽可能多接触社会、了解社会，增强社会责任感。

(三)我的青年时代与长城文化

我的青年时代，在长城脚下我的家乡东曹营务农劳动。春种、夏锄、秋收、冬藏，样样农活儿都干过。同时也少不了上山割柴、割蒿、割草，走遍了八达岭山区的一道道梁、一面面坡、一条条沟。我还学过泥瓦匠，参加过八达岭长城南四楼到南五楼的修缮工作。修缮用的城砖是从南五楼以外的残长城上用人力背过来的，水和水泥是从长城下用人力挑上去或扛上去的。再一次切身感受到修筑长城是多么的不容易，深刻体会到古代先民勤劳、智慧和勇敢。与上次不同的是，开始思考长城儿女这样经年累月的艰苦劳作，怎样才能改变命运？长城文化能给我什么启发？后来我找到了答案，这就是长城文化除了“勤劳勇敢”，还有“自强不息”；除了“积极防御”，还有“改革开放”。

——我们应当坚持“自强不息、改革开放”的长城文化，走出大山看看外面的精彩世界。

这就是我的童年、少年、青年时代与长城文化的关系。

后来，我曾经多次陪同国内朋友和国际友人登上长城，随着年龄和学识阅历的增长，或许对长城文化的理解更加丰富、更加深刻、更加成熟，但童年、少年、青年时代对长城文化的感受永远忘不了，因为它已深深扎根在我的心中，融化在我的血液中。

我想把我在2007年登上长城作的一首诗献给大家，作为第一部分的结束。

龙腾春秋历秦汉，跨越峻岭穿草原，

挺起脊梁走天下，登上长城乃好汉。

二、长城文化概述

(一)万里长城是我国古代伟大的建筑工程之一

万里长城始建于春秋战国(公元前770～476)时期，历史达两千多年，现今存在的长城为明代所修建。万里长城西起甘肃嘉峪关，东到辽宁丹东鸭绿江畔的虎山口，横亘甘肃、宁夏、陕西、山西、内蒙古、河北、北京、辽宁等八个省市自治区。沿线险要或交通要冲都设有关口，如山海关、嘉峪关、居庸关、平型关、娘子关等。万里长城历史两千多年，纵横十万余里，长城修筑时间之长，工程量之大，施工之艰巨，历史文化内涵之丰富，堪称世界之最。

(二)八达岭长城被列为世界文化遗产

作为万里长城的一部分，八达岭长城1987年被列为世界文化遗产，2007年通过网络投票评选，在葡萄牙首都里斯本揭晓，中国万里长城以得票最多名列“世界新七大奇迹”之首。万里长城是享誉世界的文物古迹，万里长城是“中华民族的文化瑰宝”，万里长城是“中华民族的脊梁”，万里长城是“中华民族的灵魂”，万里长城是中华民族的骄傲，万里长城是人类历史的奇迹。它象征着以爱国主义为核心的团结统一、爱好和平、勤劳勇敢、自强不息的伟大中华民族精神。

(三)八达岭长城每年接待中外游人最多

八达岭长城平均每年接待中外游人约560万人次，目前已累计接待中外游人达1.6亿人次。它还成功接待近500位外国元首。古今中外，凡到过长城的人无不惊叹它的磅礴气势、宏伟规模和艰巨工程。中国近代伟大的民主革命先驱孙中山评论长城时说：“中国最有名之工程者，万里长城也。……工程之大，古无其匹，为世界独一之奇观。”1972年美国前总统尼克松在参观了长城后说：“只有一个伟大的民族，才能造得出这样一座伟大的长城。”2009年11月18日，美国总统奥巴马登上长城后说：“长城太雄伟了，在这里，我们要对中华文明表示极大的崇敬。”

(四)罗哲文先生作《长城赞》长联

已故中国古建筑专家罗哲文先生作《长城赞》龙门对，是对长城文化的高度评价和赞誉。

上联是“起春秋，历秦汉，及辽金，迄元明，上下两千多年。有多少将帅元戎、戍卒吏丞、百工黔首，费尽移山心力，修筑此伟大工程。坚强毅力、聪明智慧、血汗辛勤，为中华留下丰碑国宝。”

下联是“跨峻岭、穿草原、横瀚海、经绝壁，纵横十万余里。望不断长龙雉堞、雄关隘口、亭障烽堠，有如玉带明珠，点缀成江山秀锦。起伏奔腾、飞舞盘旋、月宫遥见，给世界增添壮丽奇观。”

三、长城的军事文化

(一)长城的本质是军事防御工程

长城的本质是军事防御工程。长城文化首先是抵抗侵略、积极防御、众志成城的军事文化。长城文化体现了中华民族爱好和平、自强不息的伟大民族精神。

万里长城始建于公元前5世纪春秋战国时代，各国诸侯为了防御别国入侵，修筑烽火台，并用城墙连接起来，形成了最早的长城。公元前3世纪秦始皇统一中国，派遣蒙恬大将率领30万大军北逐匈奴后，把原来分段修筑的长城连接起来，用以抵御匈奴再来侵犯。其后历代不断维修扩建，到公元17世纪中叶，明朝从洪武至万历年间，经过20次大规模的修建，筑成的一条西起甘肃嘉峪关，东至辽东虎山的万里长城。这也是现在所见到的大部分长城。

万里长城是综合性军事防御工程。长城的建筑结构十分复杂，是由城墙、敌台、关城、烽火台、城障和军用道路等共同组成的。城墙为前沿阵地和防御主体；敌台为前沿战斗据点；关城为区域防线的门户和通道，是防御重点和兵家必争之地；烽火台是传递军情的报警设施；城障是官兵驻守戍边的城堡；军用道路是调集兵马，保障后勤供应的交通动脉。各个设施相互配合，构成强大的综合性防御功能。

(二)“爱好和平、积极防御”是长城文化的核心

当今时代，军事科学迅猛发展，早已从“冷兵器、热兵器”时代，发展到“电子战、信息战”时代。为了应对美国的东亚再平衡战略，面对美日韩澳的军事同盟，我国现在的军事防御已从陆地转移到海上，从西北转移到东南。例如设立东海航空基线、钓鱼岛巡航、设立南海西沙市等。长城作为军事防御工程早已失去了它的军事意义。然而，

长城文化特别是“爱好和平、积极防御”的长城文化却仍然具有重要的现实意义。

在当今世界，中国选择了走和平崛起的道路。如何更好地向世界传达中国人热爱和平、不爱霸权的文明根基？两千多年前强盛一时的中国选择了修筑长城而不是进攻敌国的这一民族战略。如今，我们倡导“新型大国关系”，对周边邻国发展“睦邻友好关系”，除了联合国委派的维和行动，我国没有向国外派遣一兵一卒，没有在国外建立一个军事基地。中国人从古至今都是以防御为主的军事战略。那些因为中国和平崛起而制造的“中国威胁论”，是毫无根据的。

四、长城的建筑文化

（一）长城是人类建筑史的奇迹

长城是人类建筑史的奇迹。长城文化是雄伟壮观、气势磅礴、风格独特的建筑文化。长城的建筑文化体现了中华民族勤劳勇敢、坚不可摧的伟大民族精神。

万里长城是世界建筑史上的奇迹。上下两千年，纵横十万里。从春秋战国到明代，前后共两千多年时间，而历代长城相加在一起，总长度在5万公里以上，其砖石土方用来修建一道高5米、厚1米的大墙，可以环绕地球十几圈。

万里长城最早是春秋战国时期的燕国、赵国等诸侯国为了防御其他诸侯国的侵犯，而修筑的城墙。秦始皇统一中国后，为了预防北方匈奴人的侵犯，下令把各诸侯国的城墙连接起来，并不断修缮加固。据记载，秦始皇使用了近百万劳动力修筑长城，占全国总人口的二十分之一。当时没有任何机械，全部劳动都由人力完成，工作环境又是崇山峻岭、峭壁深壑，十分艰难。

明朝在“外边”长城之外，还修筑了“内边”长城和“内三关”长城。“内边”长城以北齐所筑为基础，起自内蒙古与山西交界处的偏关以西，东行经雁门关、平型关入河北，然后向东北，经涞源、房山、昌平诸县，直达居庸关，以紫荆关为中心，大致成南北走向，然后又由北向东，至山海关、与“外边”长城相接。“内三关”长城在很多地方和“内边”长城并行，有些地方两城相隔仅数十里。除此以外，还修筑了大量的“重城”。雁门关一带的“重城”就有24道之多。

(二)万里长城独特的建筑风格

万里长城独特的建筑风格、复杂的建筑结构和浩大的建筑规模，令世人为之警叹。

历史修建的长城面对各地不同地形和自然条件，勤劳智慧的中国人民巧妙地选择了就地取材、因地制宜、用险制塞的选材与构筑原则，如利用山岭，凭借黄河天险等屏障，这种做法有利于节约人力、物力和财力。从而使长城和当地的自然环境和谐地融为一体，取得了协调一致的效果。各段长城连缀，绵延不绝，横贯中国北方大地，形成了一种朴实憨厚、粗犷奔放、雄伟壮观、气势磅礴、风格独特的建筑文化，具有强大的、震撼的美学魅力。

(三)“北门锁钥”与“居庸叠翠”

万里长城八达岭位于延庆县，是明代长城保存得较完整的一段，其关城建于1505年(明弘治十八年)，东窄西宽，呈梯形，有东西二门，东名居庸外镇，西名北门锁钥，都是砖石结构，券洞上为平台，南北两面各开一豁口，接连关城城墙，台上四周有砖砌垛口。这一段的城墙，依山势修筑，墙身高大坚固，下部为条石台基，上部采用大型城砖砌筑，内填泥土和石块。顶部地面铺墁方砖，嵌缝密实。内侧为宇墙，外侧为垛墙，垛墙上方有垛口，下方有射洞。山势陡峭处，砌成梯道，山脊高地、城墙转角或险要处，则筑有堡垒式城台、敌台或墙台。城墙高低宽窄不一，平均高七公尺余，有些地段高达十四公尺。墙基平均宽六公尺半，顶宽五公尺余，可容五马并驰或十人并进。

万里长城居庸关位于昌平区，是长城的一个主要关隘。城墙依山耸立，翠嶂重叠，中有长达二十公里的深沟溪流，俗称关沟。这里地势险要，素有“一夫当关，万夫莫开”的气势，为历代兵家必争之地。居庸关的名字，是取“徙居庸徒”的意思。相传秦始皇修筑长城时，把强征来的民夫士卒徙居于此。汉代称“居庸关”，三国时代更名西关，唐代有居庸关、蓟门关、军都关等名称，此后各代仍称居庸关。这里山峦起伏，花木郁茂葱茏，仿如碧波翠浪，故有“居庸叠翠”之称，为“燕京八景”之一。

五、长城的民族文化

(一)长城是民族交流的纽带

长城是民族交流的纽带。长城文化是农耕与游牧民族经济交流、文化发展、民族融合的文化，体现了中华民族热爱祖国、团结统一、和谐共生的伟大民族精神。

中国是一个多民族组成的国家，正如歌中唱道：“五十六个民族，五十六枝花，五十六个民族是一家。”在漫长的历史发展中，我国北方生活的民族先后有东胡、匈奴、突厥、鲜卑、契丹、蒙古、满等少数民族。他们“逐水草迁徙”，被称为游牧民族。黄河流域和长江流域是我国农业的发祥地，长期居住和生活着“以农耕为主业”的汉族，史称农耕民族。游牧民族和农耕民族两种生产方式和生活方式是对立统一的，既有相互依赖的同一性，又有相互排斥的斗争性。同一性表现在农耕民族需要从游牧民族地区取得牲畜和畜产品，游牧民族需要从农耕民族地区取得农产品和手工业品，必然形成两类民族经济的联系、交流和互补。

在正常的经济交流得不到满足时，就往往诉诸骚扰、掠夺、侵犯甚至战争。在汉唐时代，农耕民族经济文化比较发达，在战场上也处于优势或强势并最终取得胜利。南宋时期和明朝末年，由于封建统治阶级的腐败无能，曾经出现蒙古族入主中原建立的元朝和满族入关建立的清朝。然而，不论是蒙古族建立的元朝，还是满族建立的清朝，最终都要被农耕文明的汉文化所同化、所融合。这一方面取决于农耕文明在当时那个年代的先进性和进步性，另一方面也是更重要的原因，就是中华传统文化的和谐思想、大一统思想的凝聚力。

(二)长城文化的和谐思想

在这里，我想该要讲一下中华传统文化的和谐思想。《周礼》提出经国治民的思想是“以和邦国，以统百官，以谐万民。”《尚书》提出“克明俊德，以亲九族。九族既睦，平章百姓。百姓昭明，协和万邦。”孔子讲“和为贵”。中华文化的重要理念是“和谐”，倡导天人和谐、邦国和谐、人我和谐、群己和谐，和而不同，和而不流。引申开来有“家和万事兴”“和气生财”“合和至美”等。

长城是沟通农耕与游牧民族经济文化交流的纽带。我曾查阅过《延庆县志》，其中有记载：“战乱，大饥。徙民于关内。”还有记载战后从山西洪洞县大槐树下移民垦荒戍边。长城以外很多村庄的名字就能说明问题，如屯军营、马营、大曹营、火烧营等。战争时期，有效地保护了长城以内中原地区农耕民族的农业生产和人民的生命财产。和平时期，长城内外农耕民族与游牧民族经济文化交流十分频繁，传播了内地先进文化和生产方式，推动了长城沿线的开发建设，促进了长城沿线经济与文化的发展。

从八达岭到张家口一线，成为游牧民族与农耕民族经济文化交流的交通要道。贩运牛羊、骆驼、马匹的商人，倒卖粮食、烟酒、布匹、农具的车队，在这一带络绎不绝。因此这一带沿线形成了不少集市、商贸中心和物资集散地，同时也就建起了一些中小城镇和客栈。例如：岔道城、榆林城、永宁城、怀来城、宣化府等。可见和平时期各民族的经济文化交流是十分繁荣的。

(三)詹天佑建京张铁路的伟大功绩

近代以来，洋务运动产生了中国第一代留学生。其中与八达岭有关的重要人物就是我国杰出的铁路工程师——詹天佑。1905 年，我国开始自建北京到张家口的京张铁路，詹天佑担任总工程师。在施工中，他设计了“人”字形线路，减小了坡度，减少了路程，缩短了隧道长度，并采用“竖井施工法”，缩短了工期，京张铁路从八达岭穿山而过。1909 年 9 月，仅用 4 年就将铁路顺利建成，比原计划提前 2 年，节约白银 28 万余两。京张铁路成为京城与西北地区经济文化交流的大动脉，极大地推动了长城内外经济文化的繁荣发展。为了纪念詹天佑的伟大功绩，八达岭建有詹天佑纪念馆。

六、长城的国际文化

(一)长城是贯通中西交流的桥梁

长城是贯通中西交流的桥梁。长城文化是连接丝绸之路、沟通中亚西亚、中西融合的文化。长城体现了中华民族爱好和平、改革开放、开拓进取的伟大民族精神。

丝绸之路是我国古代文明向西方传播的重要渠道，是沟通中西方经济文化交流的桥梁。人们通常所说的丝绸之路是指西汉“张骞通西域”开辟的东起长安、西到罗马的大陆通道。而丝绸之路正是从万里长城嘉峪关向西的延伸。

丝绸之路有南北两条支线，南道由敦煌出阳关西行，沿昆仑山麓过葱岭，西达大月氏(今新疆和阿富汗东北一带)、安息（今伊朗)、条氏(今阿拉伯半岛)，最后到达罗马帝国。北路由敦煌出玉门关西行，沿天山南麓过葱岭，经大宛、康居(均在今苏联中亚境内)，再向西南行与南道汇合。

这两条线路通称“陆上丝绸之路”。另外，还有两条丝绸之路却是鲜为人知。一条是“西南丝绸之路”。它由四川经云南过伊洛瓦底江，至缅甸北部的勐拱，再渡亲敦江到达印度东北的莫帕尔，然后，沿恒河流域转入印度西北，至伊朗高原。还有一条丝绸之路，是从广州乘船经满剌加（今马六甲)海峡，到锡兰（今斯里兰卡)、印度、东非。这条通道人称“海上丝绸之路”。据东非索马里等地出土文物证实，这条“海上丝绸之路”大约形成于我国宋朝。“海上丝绸之路”将中国同世界主要文明古国和文化发源地连接起来，推动了这些地区的经济文化交流，被称为“东西方对话之路”，又名陶瓷之路，随着阿拉伯半岛及东南亚香料的输入，这条航线又被称为“香料之路”。据史料记载，当年马可·波罗就是经“海上丝绸之路”来中国的。回国时，也是经此路由福建泉州上船回到家乡威尼斯的。

(二)中国新的发展倡议：“一带一路”

当今中国对外经济交流与合作的“一带一路”发展倡议。2013 年 9 月 7 日，习近平主席在哈萨克斯坦发表重要演讲，首次提出了加强政策沟通、道路联通、贸易畅通、货币流通、民心相通，共同建设“丝绸之路经济带”的倡议；2013 年 10 月 3 日，习近平主席在印度尼西亚国会发表重要演讲时明确提出，中国致力于加强同东盟国家的互联互通建设，愿同东盟国家发展好海洋合作伙伴关系，共同建设“21世纪海上丝绸之路”。

“一带一路”是“丝绸之路经济带”和“21世纪海上丝绸之路”的简称。

“一带一路”是依靠中国与有关国家既有的双多边机制，借助既有的、行之有效的区域合作平台，旨在借用古代“丝绸之路”的历史符号，高举和平发展的旗帜，主动地发展与沿线国家的经济合作伙伴关系，共同打造政治互信、经济融合、文化包容的利益共同体、命运共同体和责任共同体。“一带一路”的建设不仅不会与上海合作组织、欧亚经济联盟、中国—东盟(10＋1)等合作机制产生重叠或竞争，还会为这些机制注入新的内涵和活力。

七、长城的民间文化

长城是沿线民间文化的摇篮

长城是沿线民间文化的摇篮。它孕育了长城儿女千姿百态的民俗风情和异彩纷呈的文化现象，体现了长城儿女朴实憨厚、幽默风趣的民族性格。

八达岭长城传说是“原生态”的文学样式，它植根于民间，方言特点突出，把浪漫主义和现实主义巧妙结合起来，具有浓郁的神话色彩和传奇色彩，是中国长城文化的重要组成部分 。

八达岭长城传说的内容极为丰富，以至八达岭长城周边的山水、石洞、村寨、寺庙、河泉、花草、树木以及与八达岭长城有关的历史名人、历史事件都留下了脍炙人口的传说。目前已收集整理的八达岭长城传说故事约160余篇，有70余篇入选了北京燕山出版社出版的《中国长城故事集》。有些作品刊发在《延庆民间故事传说》《妫川民间故事传说》《长城脚下的传说》《长城脚下的故事》《八达岭史话》等书籍内，作品具有鲜明的思想性、艺术性和地方特色。

传说一："金镢金锅百草药"的故事

传说："十口金镢露着袢，十口金锅露着沿，百样草药到处见。"这是流传在八达岭上的歌谣。怎么回事呢？有一段故事传说。秦始皇修长城时候，征集了全国各地的民工和能工巧匠。北方人还好说，特别是南方人来到北方，水土不服，再加上吃不饱，劳动又重，死的人就多了。玉皇大帝听说后，让太白金星下到凡界去做调查。太白金星变化成一个老头，来到长城上一了解，确是死人太多，冬季一日上千，夏季一日上万。死的原因，主要是两个：一是吃不饱，二是活儿太重。太白金星回天禀告了玉皇大帝，玉帝为了拯救民工，加速长城的工程速度，就派老君爷和药王爷下凡。老君爷造了十口金锅、十把金镢，这两样可是宝贝。那十口金锅煮上饭，不管有多少人吃，也吃不完。民工们再也不饿着肚子干活了。那十把金镢更是厉害，不管多大的石头，用金镢一比画，一块四棱见线的大石条就出来了，民工们再也不用费力开凿石条了。药王爷为了治民工们的病，就在长城内外撒下了许多药籽，长出了许多草药，什么柴胡啦、知母啦、苍术啦，不下几十种，民工们有了病，一吃就好。有了这几样宝贝，工程速度果然很快，不久，就把万里长城修好了。那十口金锅、十把金镢，老君爷没收回去，一直就在八达岭埋着，光听说露着沿，露着袢，就是谁也找不到。药材可是到处都有。

传说二："孟姜女哭长城"的故事

孟姜女哭长城，是我国古代著名的民间传说。它以戏剧、歌谣、诗文、说唱等形式，广泛流传，可谓家喻户晓。相传秦始皇时，劳役繁重，青年男女范喜良、孟姜女新婚三天，新郎就被迫出发修筑长城，不久因饥寒劳累而死，尸骨被埋在长城墙下。孟姜女身披寒衣，历尽艰辛，万里寻夫来到长城边，得到的却是丈夫的噩耗。她痛哭在城下，三日三夜不止，感动上苍，城墙为之崩裂，露出范喜良尸骸，孟姜女于绝望之中投海而死。山海关长城至今保存着孟姜女庙。

传说三："关沟72景"的故事

八达岭长城地区的风物传说主要包括关沟72景传说以及关隘、城堡、烽火台和村寨的传说等。如世代相传的："望京石""六郎影""金牛洞""石佛寺""穆桂英点将台""弹琴峡"等传说至今脍炙人口。沿八达岭长城一线建有八大山寨，因寨寨屯兵，以至每村、寨、城、关，甚至石、泉等都有传说。

"八达岭"这个名称的由来，在民间也有多种不同的传说版本。"八达岭"名称由来的传说主要包括《元仁宗诞生于延庆》《李自成进京》《把鞑岭》等。此外，《八达岭长城传说》还记载了八达岭长城沿线群众的生产生活、岁时节令、风俗习惯和历史人物的传说。

八、长城的诗歌文化

长城的诗歌名篇佳作灿若群星

中国是一个诗的国度。在诗歌文化的百花园里，关于长城的诗歌名篇佳作灿若群星。有的赞美长城的雄伟壮丽，有的歌颂修筑长城的伟大功绩，有的咏叹劳动人民作出的巨大牺牲，有的歌咏戍守长城将士的英雄气概，有的歌颂长城内外各族人民的友好交往，有的揭露封建统治者的昏暗和腐朽。这些关于长城的诗歌是一份珍贵的文化遗产。

秦代《长城民歌》中的"生男慎勿举，生女哺用脯。不见长城下，尸骸相支柱。"开历代吟咏长城之先河。此后两汉魏晋南北朝、隋唐五代、宋元明清，历朝历代都有许多名篇佳作。其中唐代的边塞诗歌最为著名。这里仅举几例共同欣赏研习。

“明月出天山，苍茫云海间，长风几万里，吹度玉门关。”(《关山月》唐·李白)。“秦时明月汉时关，万里长征人未还。但使龙城飞将在，不教胡马度阴山。”(《出塞》唐·王昌龄)。“黯黯长城外，日没更烟尘。胡骑虽凭陵，汉兵不顾身。古树满空塞，黄云愁杀人。”(《蓟门行》唐·高适)。“汉家今上郡，秦塞古长城，有日云长惨，无风沙自惊。当今圣天子，不战四夷平。”(《登长城》唐·李益)。“上将得良策，恩威作长城。如今并州北，不见有胡兵。晋野雨初足，汾河波亦清。所从古无比，意气送君行。”(《送邢郎中赴太原》唐·姚合)。

在当代的新诗歌中，也有不少歌颂长城的好诗。例如：夏天的《长城之歌》(节选)：

两千年的日出，两千年的日落，
两千年的云消，两千年的云散，
两千年的记忆，两千年的追索，
两千年的故事，两千年的诗篇，
长城，你是我心中最嘹亮的歌！
你，从历史中走来，犹如一面不倒的旗，
飘扬着中华儿女的志气；
你，从历史中走来，犹如一面震天的鼓，
震撼着中华大地的魂；
你，从历史中走来，犹如一本珍藏的书，
满载着中华民族的尊严；
你，从历史中走来，犹如一幅沧桑的画，
牵引着华夏儿女的视线。

两千年的云在飘，
两千年的雾在飞，
两千年的云雾，
是你梦中不老的传说；
两千年的日在升，
两千年的月在落，
两千年的日月
是你眼中永恒的追索！
两千年的风已过，
两千年的雨已停，
两千年的风雨是你胸中奔腾不息的河！
两千年的诗在吟，
两千年的歌在唱，
两千年的诗歌依然是你心中熊熊燃烧的火！

再如：徐小凤的《长城》：

屹立东方，阔步跨于版图上。
光辉文化宝库，战绩似比岁月长。
大漠风沙，塑造千秋的英雄形象。
不登长城非好汉，勇者不惜血与汗。
锦绣山河，长城内外也是故乡。
古国巨龙，风沙里闲话宋唐。
莫问沧桑，看今朝充满期望。
沟通文化东西方，正喜今天变桥梁。

又如：《万里长城》(节选)

巨龙一样的威容俯卧万里路长崇山峻岭，

雄狮一样的尊严卧横在雄关万里的岭峰；
猛虎一样的雄风傲视着千山万水的风景，
威武雄壮的长城群山林立俯首气壮如牛。
日出喷薄之时呈现蜿蜒起伏高昂的身影，
冲天巨龙领略五岳的庄严鸟瞰大地峥嵘；
看雄关万道峭峰屹立烟波浩瀚威风凛凛，
这是中国人五千年的文化铸就伟大工程。
这是地球上中国人满腔热血的光辉历程。

当然，在长城诗词中最令人难忘的是毛主席的《清平乐·六盘山》，他以非凡的气魄、豪迈的感情吟咏道："天高云淡，望断南飞雁。不到长城非好汉，屈指行程二万。六盘山上高峰，红旗漫卷西风。今日长缨在手，何时缚住苍龙？"

老师们、同学们：

万里长城是一座文化宝库，是一座文化殿堂，其蕴含的文化内涵丰富多彩。今天我讲了八个专题：一、我与长城文化；二、长城文化概述；三、长城的军事文化；四、长城的建筑文化；五、长城的民族文化；六、长城的国际文化；七、长城的民间文化；八、长城的诗歌文化。此外还有政治文化、抗战文化、交通文化、通讯文化、旅游文化等等。

我们作为长城人、长城儿女，不但要了解长城文化，而且应熟知长城文化；不但要学习长城文化，而且应宣传长城文化；不但要继承长城文化，而且应弘扬长城文化。长城文化这八个专题乃至十多个专题，每一个专题都可以设计和制作一块校园文化展板，都可以设计和实施一堂主题班会课。我相信在老师和同学们的共同努力下，是完全可以实现的。等同学们长大了，成人了，成才了，我相信你们当中有人能把长城文化的每一个专题写成一本书，使长城文化之光照亮中国，辉映世界！

最后我送大家一副对联：

上联是：立德立功立言古圣箴言勤勉励

下联是：成长成人成才少年立志勇追梦

横批是：梦想成真

附　　录

附录一：詹万生接受媒体采访报道

一、1994—1999年媒体采访报道

构建大中小学德育体系

——访中央教科所德育研究中心主任詹万生

中国教育报记者　鲍东明　1994年12月14日

《中共中央关于进一步加强和改进学校德育工作的若干意见》中提出："整体规划学校的德育体系"。如何理解、落实这一指导方针，记者为此走访了中央教科所德育研究中心主任詹万生。

记者：应怎样理解"整体规划学校的德育体系"的基本含义？

詹万生："整体规划学校的德育体系"就是要以马列主义、毛泽东思想，特别是邓小平同志建设有中国特色的社会主义理论和党在社会主义现代化建设时期的基本路线为指导，坚持唯物辩证

法的系统论原则，遵循儿童和青少年学生思想品德形成、发展的规律及社会发展的要求，把各级学校德育作为一个系统加以整体规划，构建大中小学德育体系。从长远目标说，也就是要建立起科学化、系统化、规范化的有中国特色的社会主义德育体系。“整体规划学校的德育体系”对克服学校德育工作中存在的“铁路警察，各管一段”、运动式、形式化、片面追求德育短期效应等弊端，无疑有着重要的作用。它有利于提高德育总体水平，增强德育整体效果。

记者：构建德育体系与文化知识方面的教育体系有什么不同？

詹万生：文化知识教育体系的直线式上升的特点特别突出，而一个人思想品德的形成除具有长期性特点外，还具有反复性的特点，因此，构建德育体系要特别突出螺旋式上升的特点。小学、中学、大学德育构成了一个整体的动态过程，学生健康的心理素质、坚定正确的政治方向等，是通过各个阶段的教育逐步形成的。学校德育的总体目标要一以贯之，以保证在整体德育过程中品德结构的完整性和连续性。政治教育、思想教育、道德教育和心理教育等德育基本内容贯穿于各个教育阶段。各阶段的具体德育目标的高低，各项德育内容的深浅和侧重点，德育途径和方法的选择，德育管理方式的运用，都要针对学生不同年龄阶段的身心特点和理解、接受能力有所不同。必须做到由浅入深、由低到高、由感性到理性，由认识到实践、再由实践到认识，逐步提高，螺旋式上升，以保证各个阶段德育工作的层次性和渐进性，不能脱节，更不能随意拔高。

记者：小学、初中、高中的毕业班和初中、高中、大学的新生班，这个结合部是德育工作最薄弱的环节。在构建大中小学德育体系中，应怎样加强这个薄弱环节呢？

詹万生：我们德育研究中心曾对205所大、中、小学校的德育工作现状进行过一次调查，在许多学校里，毕业班的德育时间被挤占，德育内容被减少甚至取消，造成关键阶段出现德育空白点。另一方面，由于升学的压力，各校在毕业班都配备了较强的业务教师和班主任。虽然正常的德育工作受到很大冲击，但在教学和管理上还是比较严的，但到了初一、高一特别是大一，任课教师和班主任一般年龄较轻，教学经验和管理能力较弱，与原来毕业班相比出现明显落差，很多学生感到不适应。解决这个问题，需要从加强德育管理工作入手。建立和完善学校德育评价的指标体系，加强对毕业班的德育督导工作；建立和完善对学生思想品德测评的指标体系，加强对毕业生思想品德鉴定的检查工作。同时，对新生班，要配备业务能力和管理能力较强的教师、班主任。

记者：您认为要落实"整体规划学校的德育体系"这一指导方针，现在最需要着手做的工作是什么？

詹万生：应着手制定规范大中小学德育工作的总体纲要。虽然各教育阶段都有相应的德育大纲，对规范该阶段的德育工作也起到了明显作用，但它们之间缺乏整体研究和设计。没有把它们作为一个系统工程来统筹规划，在认识上、提法上、操作上缺乏系统性、连续性、稳定性。因此在教育实践中不可避免地出现盲目性和随意性。在这里，我可以向你透露一个信息：我们正在着手《学校德育总体纲要》的制定工作，这是国家教委委托给德育研究中心的一项重要工作，现在初稿已经出来，正在征求各方面意见。

德育学：迎接它的诞生

——访中央教科所德育研究中心主任詹万生

中国教育学会秘书 晓 纪 1995年7月26日

早就听说中央教科所德育研究中心主任詹万生带领他的同事们正在从事德育学学科建设工作。最近，笔者怀着对德育研究工作、特别是对德育学学科发展的浓厚兴趣，走访了詹万生。

詹万生介绍说，把德育作为一个专门的学科来研究已经起步，并且有了一定的规模。1991年12月经国家教委批准，在中央教科所成立德育研究中心，这是将德育研究纳入科学轨道的一个重要标志。到目前为止，全国已有三分之一的省教科所先后建立了德育研究室；中国教育学会成立了中、小学德育研究会；全国有80%的省、市也成立了德育研究会。

但是，这同形势发展的需要仍有相当的差距。詹万生接着指出，大家都说德育重要，需要加强，但真正把德育当做一门科学来看待、研究，并实实在在把德育纳入科学轨道的为数不多。形势要求我们必须花大气力尽快建设起科学化、系统化、规范化的有中国特色的社会主义德育理论体系，用我们自己的德育理论来指导德育实践。

那么，德育学到底是一门什么样的学科呢？詹万生解释道：德育学是教育学的一门分支学科，是以教育学基本理论为基础的应用学科。同时它还吸收和借鉴其他相关学科的理论，如心理学、伦理学、美学、社会学等，从而构建自身的理论体系，指导德育实践。

从学科体系上划分，德育学属于教育学的一个分支，是教育学理所当然的一个重要组成部分。众所周知，我国教育方针确立了德育的重要地位，成为各“育”中的一育，并且对其他诸育起着方向、动力和保证作用。从教育史上看，任何时代、任何民族和国家，对于受教育者，不仅传授知识和技能，更要传授社会生活经验和规范。从一定意义上说，教育的普遍规律，也是德育规律。当然，德育还有其自身的特殊规律，这主要是因为德育研究的对象是活生生的正在发育成长中的儿童、少年和青年的思想品德。

詹万生认为，构成德育学的要素主要有下述诸项：德育学的研究对象、任务和方法；德育的概念、本质和功能；德育的过程和规律；德育的目标、内容和品德规范；德育的途径、原则和方法；德育的管理、督导与评价；德育的科学化、系统化和规范化，等等。

在谈到研究和建设德育学的现实意义时，詹万生将其归纳为如下四个方面：一是为教育行政部门在制定德育上作的方针、政策时，提供决策依据；二是为学校、教师在德育工作中遇到有关问题时，提供理论上的帮助；三是为有关部门检查一个地区或一所学校德育工作（如德育方面的经费投入、德育教师的配备，课程设置等）时，提供相应的指标体系、科学根据、量化标准等；四是传播德育先进经验，普及德育理论，使德育工作水平得到不断提高。

德育，如何面对新世纪

——中央教科所德育研究中心主任、“九五”国家级重点课题“整体构建学校德育体系的研究与实验”课题组组长詹方生研究员访谈录

《德育报》记者　赵国柱　周海平　1998年10月5日

编者按：全国第二届民办学校德育研讨会议期间，本报专访了中央教科所德育研究中心主任、“九五”国家级重点课题“整体构建学校德育体系的研究与实验”课题组组长詹万生研究员。

记者：“九五”规划国家级重点课题“整体构建学校德育体系的研究与实验”包括哪几部分？

詹：这个体系主要包括三部分：(一)德育目标和内容体系；(二)德育途径和方法体系；(三)德育管理和评价体系。也可以把它看作六部分，即：目标、内容、途径、方法、管理、评价。

记者：请您介绍一下各部分的内容要点。

詹：我国各级各类学校德育的总目标是：把全体学生培养成热爱祖国、具有社会公德、文明行为习惯、遵纪守法的好公民。在这个基础上，引导他们逐步树立科学的世界观、人生观、价值观，不断提高社会主义思想觉悟，成为有理想、有道德、有文化、有纪律的社会主义现代化事业的建设者和接班人，并使他们中的优秀者成长为具有共产主义觉悟的先进分子。在我们的课题中，把总目标分解到大、中、小学的各个学段，细化到每个年级。

德育内容以五大要素(即政治教育、思想教育、道德教育、法纪教育、心理教育)为纬，以大、中、小学各个年级为经，按照整体性、有序性、动态性的原则，把它们有机地组合起来。依据学生不同年龄

阶段的身心特点和知识水平，由浅入深，由低到高，由具体到抽象，由感性到理性，螺旋式上升，构建从小学一年级到大学毕业每个年级的德育内容。

德育途径有学科渗透、班主任工作、团队活动、校园文化建设、环境熏陶、社会学校家庭三结合的社会实践、德育基地建设等。问题是各种途径如何形成教育合力。

德育方法需要引进现代化的德育手段，如计算机联网等，还要注意教育方法和教育观念相联系，如老师如何把爱心融于具体方法之中。

在德育管理方面，学校德育规程只是一个原则，具体到学校德育管理中还要具体化。

德育评价体系包括三个方面：(一)教育行政部门对学校、校长德育工作的评价；(二)校长对班主任、德育工作者的评价；(三)班主任对学生思想品德的评价。

记者：这个课题现在有哪些阶段性成果？

詹：经过一年多的工作，第一阶段的研究已经有初步成果，一套包括小学、中学(含中等职业学校)、大学的系列读本《德育》共19册，已经由人民出版社出版。从今年9月份开始将在全国十几个实验区百所实验学校进行实验。其中，小学、中学和中等职业学校的《德育》读本，主要是供其利用班会、团队会或活动课进行实验。目的是让班主任、团队工作者从经验型转向理论型。

记者：请谈谈这套《德育》读本的内容，是如何体现科学性、规范性和分层次性的。

詹：以爱国主义教育为例，爱国主义教育的内容十分丰富，《爱国主义教育实施纲要》中就指出了八方面的教育内容，这八方面的教育内容从指向实体来划分大体可以分为祖国的自然实体；祖国的人文实体；国家的经济与政治实体。这三大实体中每一个实体又可分别作为小学、中学、大学的教育内容。

从祖国的自然实体来看。第一层次是个体的出生地、居住地。人的童年时代直接接触到和感受到的是生我养我的这块土地，是家乡的山水和物产，自然对乡土有一种依赖和眷恋之情。因此，对小学生的爱国主义教育要从热爱家乡的教育做起。第二层次是祖国广阔的自然环境和国土资源。中学已经开设了中国地理课，结合地理课进行热爱祖国大好河山的教育应是中学爱国主义教育的主要内容之一。第三层次是个人与祖国自然实体的关系。这一层次的特点是对祖国自然实体的理性认识，其中包括对自然状况优劣的分析、物质资源与人民生存发展的关系，以及保护、开发、利用资源的责任等，这主要在大学进行。

从祖国的人文实体来看。第一层次是人际关系。小学生直接接触的人际关系主要是亲子关系和师生关系，小学应进行爱父母、爱老师、爱同学的教育，以此作为爱祖国、爱人民教育的基础和出发点。第二层次是祖国的传统文化。中学生已学过了历史课，对祖国的历史传统、文化艺术等有了一定了解，中学的爱国主义教育要通过中国历史、特别是近代史和现代史教育来进行。第三层次是祖国发展中的现代文明。要教育学生正确认识传统文化与现代文明、现代文明与西方文明的关系，既反对食古不化的国粹主义，又反对历史虚无主义和“全盘西化”。

从国家经济和政治实体来看。第一层次是国家标志物，主要是国旗、国歌、国徽等，这一层次的教育应在小学里进行。第二层次是国家的经济制度和人民的经济生活，这一层次的教育应在中学里进行。

第三层次是国家的政治制度和政治生活。要教育学生正确认识和理解我国的国体、政体、民主、自由、人权；正确认识社会主义民主、自由、人权与资本主义民主、自由、人权的本质区别等。这一层次的教育内容应在高中和大学里进行。

记者：您对我国现行德育状况有什么看法？

詹：第一，成绩与问题并存，困难与希望同在。新中国成立几十年来，经过广大德育工作者几代人的积极探索和不懈努力，学校德育工作取得了许多成绩。但是，在改革开放和建立社会主义市场经济体制的过程中，学校德育面临着许多新情况和新问题。在市场经济条件下，由于多元经济形式的存在，国外各种思潮的冲击，都需要德育工作者做大量的工作。

第二，德育的内容和要求难以落实。在社会主义现代化建设新的历史时期，由于形势发展的需要，我们不断提出或强调一些新的德育内容和要求，如何在方式上使学生喜闻乐见，还需要努力探索。

第三，德育一手软的问题尚未得到根本改变。尽管把有些德育内容放在学校的党团队工作、班主任工作、“三育人”、课外活动、社会实践中来实施，但是这些德育实施途径毕竟不像课程那样有科学的教学大纲和教材，有固定的教室和课时，有专门的教师，有一套完备的检查评价手段，因此在时间、空间、人力、物力上得不到保证，而使德育成为“软”任务，容易落空或流于形式。

记者：请展望一下下个世纪我国学校德育工作的前景。

詹：下个世纪，我国学校德育工作必将形成科学化、系统化、规范化、相对稳定的体系。这是因为：(一)党的基本路线100年不动摇，党和国家政治大局稳定、改革开放的政策深入人心、经济持续稳定快速发展，这为德育工作提供了良好的外部环境；(二)我国自80

年代以来，在德育上已经探索出一条比较符合国情的教育路子，从中央到地方的各级教育部门的领导、德育科研人员、广大德育工作者解放思想、实事求是，已经形成了非常明晰的德育思路；(三)各级党和政府都十分重视德育工作，各地都涌现出了不少好经验和好模式，这为学校德育新体系的出现奠定了坚实的基础。随着素质教育的实施，德育必将以崭新面貌出现在世人面前。

二、2000—2002年媒体采访报道

“龙头”舞起来

——中央教科所德育研究中心主任詹万生教授谈全国中小学德育工作会议与德育科研

《德育报》记者　周海平　2000年9月4日

全国中小学德育工作会议提出要重视德育科研工作。如何开展德育科研工作？本报记者专访了中央教科所德育研究中心主任、全国教育科学“九五”规划国家级重点课题“整体构建学校德育体系的研究与实验”总负责人詹万生教授。

记者：作为一名德育科研工作者，您认为该如何贯彻落实全国中小学德育工作会议精神？

詹：应该认真学习贯彻江泽民总书记《关于教育问题的谈话》和第三次全国教育工作会议精神，结合德育工作实际，看看存在什么问题，从问题出发，寻找解决问题的途径和方法，为教育行政决策服务，为教育改革实践服务。

本次会议上提到“切实加强和改进德育工作”。要加强，就是因为

还有薄弱的地方；说改进，就是因为还有不适应的地方。德育工作取得的成绩要肯定，但作为德育科研工作者，更应善于发现问题，这是我们开展工作的着眼点。

记者：当前，德育工作存在哪些问题？

詹：根据实际情况，可以概括为“三重三轻”“三个不适应”和“四个不能”。“三重三轻”，即重智育轻德育；重知识轻能力；重课堂教学轻社会实践。“三个不适应”，即不适应学生身心发展特点，有成人化倾向；不适应国内外形势发展的需要，缺少针对性；不适应素质教育的需要，缺少创新性和实践性。“四个不能”，即不能依据学生的认知规律开展工作；不能根据国内外新形势，有针对性地工作；不能很好地将课堂教学、校内教育与社会实践、校外教育紧密结合；不能很好地将知识传授与行为养成紧密结合。德育科研工作者应研究这些问题，寻找解决这些问题的理论基础和实践操作模式。

记者：能否介绍一下您对上述问题的研究情况？

詹：我目前正在主持的全国教育科学“九五”规划国家级重点课题“整体构建学校德育体系的研究与实验”就是对上述问题进行全面而深入的研究，并力图找到一种解决上述问题的对策。整个课题分为小学、初中、高中、中职、大学等六个课题组，各自从德育目标、内容、途径、方法、管理、评价六个方向进行研究和实验。这项研究若能圆满完成各项任务，将会对我国学校德育工作产生重大影响，真正发挥出科研带动整体工作水平上台阶的先导作用。

记者：这项研究的切入点是什么？

詹：是从德育的概念切入的。德育概念的确定很重要。“文革”期间，由于“突出政治”代替一切，道德教育被忽视乃至被取消，造成了一代人道德水准下降以至影响到整个社会风气。80 年代后期，由于

“淡化政治”，政治思想教育薄弱，致使自由化思潮乘虚而入，泛滥成灾。这两方面的教训是极其深刻的，必须永远记取。我们把德育概念的内涵定为五大要素：道德教育、法纪教育、心理教育、思想教育和政治教育。

记者：为什么对五大要素这样排序？

詹：从重要性上看，“思想政治素质是最重要的素质”，应放在首位。但从中小学教育的入手点看，应先是道德教育，如文明礼貌行为规范养成教育，然后依次是遵纪守法教育，适应环境、调节心态的心理教育，确立世界观、价值观、人生观的思想教育，最高层次才是政治教育。学校德育中，道德教育是核心，法纪教育是保证，心理教育是基础，思想教育是导向，政治教育是根本。

记者：课题目前有何成果？

詹：第一，我们依据社会主义初级阶段和市场经济的基本国情，坚持“三个面向”，根据党和国家对青少年儿童在“德”方面的要求，以及少年儿童品德成长的需要，确立了学校德育总体目标是：教育学生学会做人，做一个文明礼貌、人际关系和谐的人；知法懂法、守法用法的人；不怕挫折、心理健康的人；辩证唯物、进取创新的人；热爱祖国，政治合格的人。

第二，确定了不同年级段的德育内容体系。依据学生的认知水平、身心发展规律和由低到高、由浅入深、螺旋式上升的原则，把德育的五大要素具体化为德目，并依据针对性、实效性原则，编写了一套供小学到大学开展德育活动课使用的《德育》读本，共 19 本。目前，这套丛书在经过两轮实验、修订后，已开始了第三轮实验，在全国部分地区的实验校中已收到明显效果，受到广大师生的普遍好评。

第三，深入进行了德育途径的研究。在总结研究传统的家庭、学校、社会德育途径的基础上，我们打破旧有的“三中心”(教师、教材、课堂)，构建了新的“三中心”(学生、情境、活动)，形成了师生共同设计和参与、相互教育、共同进步的新模式。

第四，德育评价实验首先推出了学生综合素质评价手册——《成长册》。《成长册》与以往《成绩册》虽是一字之改，却有本质之变。它使家长对孩子成长过程有了全面的了解和主动参与的机会，同时记录学生成长过程中的经验、教训和闪光之处。这对于形成新的评价内容与方法，引导教师和家长都来关心学生以思想道德素质为核心内容的整体素质的提高，推动素质教育的全面实施具有重要意义。《成长册》的编写和实验贯彻了导向性和激励性原则，科学性和系统性原则，形成性和阶梯性原则，主体性和个体性原则，操作性和趣味性原则，突出了学生的主体地位，引导和激励学生自析成长环境，自定成长目标，自寻成长动力，自评成长效果。内容有身体心理、科学文化、思想道德、审美艺术、劳动技能、个性特长、创新精神、自育能力等多个方面。既是学生自我激励的好伙伴，又是珍藏个人成长历程、值得永远相伴的“纪念册”。

记者：课题的下一步工作是什么？何时结题？

詹：目前，我们正在总结、提炼、升华各地的实验成果，以此为基础，编写整体构建学校德育体系总论，以及各学段德育体系分论。最后的成果形式是10本书，约200万字，另外还有《德育》读本、《成长册》等附件。本课题预计年底结题。届时，大家将会看到一套理论新颖、见解独到的实验报告，还有一套操作性较强的从小学到大学的德育体系。这些凝集了几百所实验校、上万名实验人员以及近百名专家的智慧和汗水，历时五年完成的科研成果，将成为带动德育工作上台阶的“龙头”。

让德育活起来

——《德育》系列读本总主编詹万生访谈

《中国教育报》记者　晓　余　2000年12月5日

记者: 据我所知,由您主编的《德育》系列读本,是"九五"规划国家级重点课题——"整体构建学校德育体系的研究与实验"的重要成果。整体构建学校德育体系,指的是构建包括小学、中学和大学的德育目标和内容体系、德育途径和方法体系、德育管理和评价体系。德育在素质教育中居于首要的地位,对素质教育发挥着导向、动力和保证的作用,德育体系的构建推动了素质教育的实施。那么,《德育》读本作为这个课题的重要成果,它与当前学校思想品德课和思想政治课是什么关系?

詹:《德育》读本是对思想品德课和思想政治课的有益补充。根据"整体构建德育体系"的理念,我们应当完整、准确、全面地理解德育的内涵,德育内容应当包括政治教育、思想教育、道德教育、法纪教育、心理教育"五大要素"。思想政治课作为一门学科课程,它不可能涵盖德育的全部内容。《德育》作为活动课使用的读本,它主要遵循学生思想品德形成发展规律和德育工作的规律,可以不受学科体系的局限,充分体现德育内容的综合性和实践性,进一步增强德育工作的针对性和实效性。

记者: 是不是可以说,思想品德课和思想政治课是一门学科课程,以课堂教学为主。而《德育》读本则是以班会、团队活动的形式为主?

詹: 是的,这套读本是供德育活动课使用的,在小学、中学、中等职业学校主要是利用班会、团队活动进行实验。大家知道，德育活动比课堂教学轻松活泼，贴近青少年，容易做到寓教于乐。德育活动不同于学科教学，不仅要解决学生知不知、会不会的问题，还应当解决信不信与行不行的问题，即不但要授之以知、晓之以理，而且更要动之以情、导之以行。在德育活动课中，我们主张"新三中心论"，即以学生为中心、以情境为中心、以活动为中心。比如小学一年级教学生学会礼貌用语"您好、谢谢、再见、对不起"时，如课堂教授这些内容，就要先学会读写，再由老师讲解；而活动课则由老师创设情境，让学生在情境中演练，达到掌握运用。再比如在新疆等少数民族地区，讲到民族大团结时，也不是由老师在课堂上讲，而是由各族学生穿上各自的民族服装，在班会、团队活动中，表演各民族的歌舞，讲各民族风情习俗，使学生在生动活泼的活动中接受教育和进行自我教育。读本的每一课在编写体例上确立了设题、激发动机、创设情境、设计活动和导入评价等五层结构，并设置若干小栏目，小学有"说一说""议一议""做一做""想一想"等，中学有"自我测试""名言警句""各抒己见""说干就干"等，让学生设身处地，主动参与。

记者：整体构建学校德育体系课题使德育科学化、系统化、规范化，具有相对的稳定性，包括了从小学、中学(含中等职业学校)到大学各个阶段，而《德育》读本也涵盖了从小学到大学各个阶段，其中是不是也体现了课题中的这些性质呢？

詹：根据青少年的心理、生理发展规律，他们的心理素质、行为习惯、道德品质、法律意识、世界观、人生观、价值观以及理想信念，是通过小学、中学、大学各个学段的教育逐步形成的，这套书既考虑了目标的一贯性和完整性，又注意了内容的渐进性和层次性。《德育》系列读本编写的总体思路是：依据系统科学的理论，把德育内容的要素结构和层次结构划分出来，以“五大要素”为纬，以各项要素的不同层次为经，按照整体性、有序性、动态性的原则，把它们有机组合起来，依据不同年龄阶段学生的身心特点和知识水平，由浅入深，由低到高，由感性到理性，由具体到抽象，分层递进，螺旋上升。比如说“孝敬父母”这个德目，从小学一年级到四年级内容是这样安排的：我爱爸爸妈妈、做点儿家务事、为父母过生日、今天我当家。再比如“热爱祖国”，从小学一年级到六年级的题目分别是：国旗国旗我爱你，我是中国人，我爱祖国山和水，祖国是个大家庭，我是中国小公民。这种安排体现了“近、小、实、亲”的原则，避免了“高、大、空、远”；体现了“循序渐进，螺旋上升”的原则，避免了“一刀切”“成人化”。德育内容的各种要素经过系统的编排后，到大学毕业时，从整体看，就显示了它的系统性和完整性，克服了目前德育从经验出发和随意性、盲目性、零散性的弊端，使德育工作走上了科学化、系统化、规范化的轨道。

记者：以上您介绍了《德育》读本的编写原则和主要特色。那么，目前的实验规模和实验效果如何？

詹：原计划在全国部分地区建立10个实验区100所实验校。经过一年的实验之后，受到老师、学生和家长的普遍欢迎，也得到了许多地方教育行政领导的大力支持，许多地方纷纷要求参加实验。三年来经过滚动发展，目前已有几十个实验区，千所实验校，万名实验教师加入了课题研究和读本实验。关于实验效果，可以说是良好的。凡是参加实验的地区和学校普遍反映增强了德育工作的可操作性、针对性和实效性，培养锻炼了一批科研型的优秀德育教师队伍，提高了德育工作的整体水平。2000年10月22—25日，我们将在重庆市召开年会暨第四届学术研讨会，会上将展示实验教师的研究成果，表彰一批先进实验区和先进实验校，这是对实验效果的有力证明。

记者：您认为《德育》读本还存在什么问题，课题实验今后有什么打算？

詹：我们要以江泽民总书记关于教育问题的重要谈话精神和第三次全国教育工作会议精神为指导，贯彻落实全国高校党建工作会议和全国中小学德育工作会议的要求，继续深化课题研究，更好地为决策服务、为实践服务。我们在广泛征求实验教师意见的基础上，对《德育》读本进行了修订，增加了预防吸毒、网上德育、人际关系、竞争意识和创新精神等内容，补充了情境设计、活动方案、自我评价等形式，在保持原版特色的同时，力求实现自我超越。明年将在实验校中使用修订版的《德育》读本。为了贯彻中央关于西部大开发的战略决策，明年的研究与实验将向西部发展，推动西部的德育工作，提高水平与东部共同发展。为建立21世纪科学化、系统化、规范化、现代化的德育理论体系和实践模式做出我们的贡献。

德育，要站在时代的前沿

——访詹万生教授

《师范教育》杂志记者　余国均　2000年第12期

初秋的北京，阳光和煦，微风习习。记者在中央教育科学研究所四楼一间简朴、整洁的办公室里，就全国中等师范学校在调整、改革、发展的进程中，如何贯彻江泽民总书记“三个代表”重要思想，特别是中等师范学校在新时期如何更好地开展德育工作，培养适应时代需要的高素质的小学教师，采访了德育研究中心主任詹万生教授。

记者：江总书记关于“三个代表”的思想，内涵丰富，含义深刻。

请詹教授谈谈全国中等师范学校在调整、改革、发展的进程中，如何贯彻“三个代表”的重要思想。

詹万生：江总书记关于中国共产党始终代表中国先进社会生产力的发展要求、始终代表中国先进文化的前进方向、始终代表中国最广大人民的根本利益的重要论述，具有极为重大的现实意义和长远的指导意义。我们要深入学习江总书记的重要讲话，牢牢把握“三个代表”的精神实质，在党的各项事业中体现和贯彻“三个代表”的要求，坚持把“三个代表”的要求落实到坚定地执行党的方针政策中去，落实到各项工作中去。

中等师范学校肩负着培养小学教师的重任，为基础教育的发展做出了不可磨灭的贡献。随着时代的发展，社会的进步，中等师范学校正处于大调整、大变革的时期。在调整、改革、发展的进程中，师范学校认真地贯彻江总书记“三个代表”的思想。科学技术是第一生产力，各级各类人才是生产力中最活跃、最基本的因素，而教育是培养人才的，是为发展生产力服务的。广大的中小学教师担负着培养数以亿计的合格人才的重担。师范学校的发展体现了先进生产力的发展要求，先进文化的发展方向，是在马克思主义、毛泽东思想、邓小平理论的指导下，同时继承、弘扬优秀的传统文化，大胆吸收、借鉴其他民族的优秀文化。我们的教育实践就是在继承的基础上发展创新，培养学生成为有理想、有道德、有文化、有纪律的一代新人。师范学校肩负着为基础教育培养师资的重任，毫无疑问，它的建设发展一定要符合先进文化的发展方向。全国中等师范学校分布范围很广。我们国家人口众多、地域辽阔，各地区经济的发展水平并不平衡。在沿海的经济发达地区，小学教师的培养，可以达到大专甚至本科水平，但在内地经济欠发达地区，特别在一些中小学师资紧缺的地区，还很需要相当一部分的中师毕业生。现在，中央提出了西部开发的战略，西部地区经济的发展，需要教育强有力的支撑，还需要中等师范培养大批合格的小学教师，支撑西部基础教育的发展。从这个意义上说，全国中等师范学校的调整、改革、发展，应该从全国各地区经济、文化发展的实际出发，有步骤、分阶段地实现三级师范向二级师范、二级师范向一级师范的过渡，充分考虑各地区经济发展、人民群众对基础教育的要求，从广大人民最根本的利益出发，做好中等师范学校的布局调整工作。

记者：2000 年 7 月 5 日至 7 日，全国中小学德育工作会议在北京召开，1999 年 11 月，教育部师范教育司在山东淄博召开了全国中师德育经验交流会。从中央到地方特别重视加强和改进德育工作，请詹教授谈谈师范学校在新的历史时期，如何认识加强和改进德育工作的时代意义。

詹万生：江总书记一直重视青少年的成长，今年 2 月发表了《关于教育问题的谈话》。这个谈话强调我们全党全社会都要关心青少年的健康成长，进一步加强和改进对学生的思想政治、品德、法制、纪律教育。为了贯彻江总书记的谈话精神，2000 年 7 月 5 日至 7 日，教育部召开了全国中小学德育工作会议。这次会议有一个主题、两大任务。一个主题是认真学习和深刻领会江总书记《关于教育问题的谈话》精神；两大任务，一是切实加强和改进各级各类学校的德育工作，二是大力加强教师职业道德教育。我认为这是一个问题的两个方面，一方面强调对学生加强和改进德育工作，另一方面强调加强和改进教师的职业道德建设，因为只有教师的职业道德建设搞好了，教师的整体素质提高了，才能使学生的德育工作真正得到加强和落实。

新的历史时期，德育工作，尤其是中等师范学校的德育工作，要站在时代的前沿，一要继承，二要创新。我们多年来积累的丰富而宝贵的德育经验，为培育“四有”新人发挥了重要的作用，要继承和发扬已经形成的优良传统，一些行之有效的做法，让其继续发挥作用。时代在发展，形势在变化，德育工作要适应新情况，解决新问题，要在继承的基础上勇于创新。中等师范学校的教育工作者，要不断研究新时期德育对象、德育工作的特点和规律，确立新思路，努力在德育的内容、形式、方法、手段和机制等方面进行创新和改进，增强德育工作的时代感，加强德育工作的针对性、实效性和主动性，勇于探索，创造性地开展工作，为培养素质全面、基本功扎实、适应性强的小学师资奠定坚实的基础。

在社会急剧变化的形势下，我们既要看到广大青少年思想积极进步，学习勤奋刻苦，生活丰富多彩的精神风貌，更要看到他们成长的外部环境发生了较大的变化。国际环境错综复杂，西方国家对我“西化”“分化”的图谋没有改变，正同我们争夺青少年一代。国内的一些腐败现象，通过各种渠道袭击到校园中来，引起部分学生认知失调、心理失衡和行为失范。这就把学校的德育工作推向一个更重要的位置。因此，各级各类学校，特别是中等师范学校，唱响德育的主旋律，加强和改进学校的德育工作，不仅是新形势发展的要求，也是培养跨世纪“四有”新人的重要举措。

记者：德育最终是对人的培养。小学教师首先是一个健康的、完善的人，其次才是具有教育教学能力的教师。请詹教授谈谈中等师范学校培养高素质小学师资的重要性。

詹万生：我们德育的培养目标分为三个层次：培养一个好公民，培养社会主义事业的建设者，培养共产主义的先进分子。我们的教育是为培养目标奠定基础的。德育要培养健康的人格，包括五个方面：

要有文明礼貌，好的行为规范，良好的人际关系；要有遵纪守法的观念，知法懂法，会用法律保护自己的合法权益；要有健康的心理，能承受挫折；初步确立辩证唯物主义思想，有进取、创新的精神；政治上合格、热爱祖国，热爱社会主义。这样才能形成完善的、健康的人格，为当好一名合格的小学教师奠定良好的基础。

谈到小学教师培养的重要性，我有切身的体会。一个素质全面的小学教师，对初入学堂的少年儿童来说，是一位全方位的启蒙教师。师范学校培养出大批的高素质的小学教师，对我国青少年的健康成长，对国家民族的未来都有着举足轻重的意义。记得我的小学启蒙教师季秀美先生，就是一位素质全面的教师，可以说是素质教育的典范。季老师音乐、美术、体育样样精通，在他的教育下，我们学会了做人、学会了求知、学会了健体、学会了审美，德、智、体、美诸方面得到全面的发展。季老师去世后，我写过一篇文章《素质教育的典范》。我非常怀念小学时代的生活，希望师范学校培养出的学生都是全面发展的。我也读过中师，在中师工作过五年，中师有大量的时间培养学生德、智、体、美、劳全面发展。我也去过部分中师，山东的淄博师范、河北的唐山师范、北京的昌平师范、吉林的白山师范，他们非常重视德育工作，给我留下了深刻的印象。可以说全国中等师范学校的德育工作开展得普遍较好，中师范学校以德育人、以情感人、以美怡人，培养素质全面的小学师资是功在千秋的大业。

记者：21 世纪进入了信息化的社会，网络的兴起对各行各业提出了新的挑战，当然，教育也不例外。请您谈谈德育工作如何面对信息化社会的挑战？

詹万生：现在我们已进入了信息化社会，知识经济初见端倪，科学技术迅猛发展，国际社会的竞争日趋激烈。在这样的形势下，中师的德育工作要研究网络德育的新课题，重视和运用网络技术等现代化手段，拓展德育工作的空间和渠道，扩大覆盖面，增强影响力，面对新形势的要求，特别要注重教育观念的现代化，包括德育观念的现代化。我们过去强调的是规范性的德育，对学生政治思想、道德言行，都有规范性要求，当然这些都是必要的，没有规矩不成方圆。但仅仅是规范性的要求，对于学生个性的发展、创新精神、实践能力的培养是不够的。我们要研究怎样吸收西方的人本位的思想和社会本位的思想，并结合起来，树立“为了一切学生，一切为了学生，为了学生的一切”的思想。建立民主的、平等的新型师生关系，尊重学生的主体地位，关心、爱护学生，让学生全面发展，这是教育思想的转变，教育观念的现代化。再一个就是教育方式、方法、手段的现代化。多媒体技术的应用，网络的出现，德育也要建立信息网，也可以建立一个网站，最新的信息、典型的经验在网上都能看到。网络技术的出现，也加快了教育的发展进程。

记者：您当过小学教师，在师范学校工作过，请您以一个老师范教育工作者的身份，对师范生提几点希望。让师范生从您走过的人生之路中得到一些有益的启示。

詹万生：我觉得中师这一段太宝贵了，是人生的黄金时期。十六七岁的师范生是人生观、世界观形成的重要时期，希望师范生站在国家兴旺、民族进步的高度，铸造师魂，陶冶师德，锤炼师能。我们有一亿六千万的小学生，他们是国家民族未来的希望，师范生要有强烈的使命感和责任感，要珍惜在中师学习的时间，不断加强师德修养，全面提高自身的素质。我们要站在时代的高度，知识的前沿，不断地进取、创新，要树立终身学习的观念。在校学习的师范生要为将来当好一名小学教师做好方方面面的准备。教师总是面对天真烂漫、朝气蓬勃的学生，全身心地投入工作，会心情愉快，永远年轻。当教师，物质有可能是清苦的，但精神是富有的。当你教出一批又一批学生，桃李满天下的时候，这是对教师最大的回报。那时，你回首往事，会意识到上了师范、当了教师不后悔，没有虚度自己的青春年华，没有碌碌无为，你会自豪地说：我为人民的教育事业，为培养一代新人做出了自己的贡献！

以德治国与少先队德育工作

——中央教育科学研究所德育研究中心主任詹万生教授谈“体验教育”

《人民日报》、共青团中央、全国少工委　2001年5月19日

道德是调节人与自然、人与人、人与社会、第一自我与第二自我的基本关系的规范，以此为结构，构建少年儿童思想道德体系，有助于由浅入深、由近及远、由表及里、由形象到抽象地进行道德教育，有助于既分阶段又比较完整地使少年儿童逐步了解最基本的道德概念和感受道德形成成果，对道德影响人类生活和社会发展有初步的认识，提高他们对参与道德实践的浓厚兴趣，培养他们积极、严谨、求实、活泼的生活态度和良好的行为习惯。

体验教育体现了现代教育思想。体验教育有几个特点：在教育理念上体现了现代教育的学生主体教育观，它充分尊重少先队员的主体地位，充分发挥少先队员的主体作用和主观能动性，强化学生主体在实践活动中的体验环节，改变了以教师为中心、以教材为中心、以课堂为中心的“旧三中心论”，树立了以学生为中心、以活动为中心、以体验为中心的“新三中心论”，有助于激励少年儿童成为全面发展的主人。在总体设计上体现了教育是一个系统工程的思想，它包括在家庭

生活中体验、在学校生活中体验、在社会生活中体验、在大自然中体验四方面，把少先队员纳入一个立体化的结构中，符合系统科学的整体性、层次性、动态性原则。在活动内容上体现了素质教育的要求，通过开展符合少年儿童身心发展规律的具有少年儿童情趣和时代气息的实践活动，帮助少年儿童从家庭、学校、社会和自然等方面，寻找一个“岗位”，扮演一个角色，获得一种感受，明白一个道理，养成一种品质，学会一种本领，从而培养了创新精神和实践能力，提高了他们的全面素质。在活动方式上适合了少年儿童身心发展特点，按照由低到高、由易到难的原则，为不同年级的少年儿童设计了不同类型的体验活动项目，建立灵活多样、丰富多彩、可为少年儿童自主选择的项目体系，引导少年儿童发挥主动性、创造性，自愿选择岗位，主动扮演角色，自觉进行体验。

顺时代之潮流　扬德育之新风

——访中央教育科学研究所德育研究中心主任詹万生教授

《香港文汇报》记者　刘继峰　2002年2月4日

科教兴国的首要含义在于提高国民素质，而在素质教育里德育居首要位置。青少年是祖国的未来，他们的素质如何将会直接关系到国家未来的发展。近几年，中国经济在世界范围内逆风而扬、一枝独秀，而德育研究工作又是否跟得上时代的发展、满足社会发展的需求呢？日前，记者采访了中央教科所德育研究中心主任詹万生研究员。

(一)与时俱进　在期待中诞生

德育研究中心成立于1991年12月26日，当时面对科学技术迅猛发展、国际竞争日趋激烈的大背景，如何教育青少年立志成才、健康发展？面对经济体制转轨和扩大对外开放，如何振奋民族精神，树立民族自信心和自豪感？面对中考、高考越来越大的升学压力，如何教育学生全面提高自身素质？中央政府与地方各级教育部门决定从加强改进德育工作入手，这样在整个社会都非常关注的宏观背景下，中央教科所德育研究中心应运而生了。

采访中，主任詹万生研究员表示：十年来，中心始终坚持以邓小平理论为指导，坚持为德育决策服务，为德育实践服务，为繁荣德育学科服务，为社会主义现代化建设服务的宗旨，坚持理论联系实际的原则，坚持走科研工作者与行政领导、一线教师相结合的道路，在进行德育基础理论研究的基础上，以应用性研究为主，形成了德育科研、德育著述、德育杂志、德育网站、德育培训、德育基地六位一体的工作格局。

(二)硕果累累　勇攀科研高峰

十年来，德育研究中心不负众望，多次完成了上级交给的任务。在“八五”规划期间，中心承担了教育部的重点课题——我国各级各类学校德育现状的调查研究。这是我国首次开展的全国性、系统性、全方位的大型德育调查研究项目，中心在调查研究后的报告中，提出了“整体构建学校德育体系”的建议，得到了李岚清副总理的认可与批示。“九五”规划期间，承担了国家级重点课题——“整体构建学校德育体系的研究与实验”。该课题是一项为决策服务，为实际服务的应用型综合研究项目，旨在为建立21世纪科学化、系统化、规范化、现代化的有中国特色的社会主义德育体系提供理论参照和实践模式。该课题的最终成果《整体构建德育体系总论》等4部著作得到了评审鉴定专家组的充分肯定。其系列研究成果也引起了新闻媒体的广泛关注，中央电视台、中国教育电视台、《人民日报》、《光明日报》等都高度评价了该课题研究对推动各级各类学校德育工作所做的贡献。此外，1992年承担了教育部关于德育工作地位和作用的研究任务；1994年参与了教育部起草《中共中央关于进一步加强和改进学校德育工作的若干意见》的工作等，为中央和教育行政部门的决策发挥了参谋咨询作用。

该中心非常重视为实践服务。如“九五”规划国家重点课题“整体构建学校德育体系的研究与实验”在全国20多个省(直辖市、自治区)建立了近百个实验区、千所实验校，有万名教师，百万名学生参与了课题研究与试验。中心还创办了《中国德育》杂志(原名《德育信息》)，已发刊66期，编辑600万字；出版著作30多部(套)，发表论文100多篇，累计1400万字；主办和参加国际国内学术研讨会40多次；举办德育培训班50多期；创建了首家中国德育网站。

詹万生研究员表示：我们工作的开展采取了理论与实践相结合的发展之路。以德育人，重在实践。智育以传授知识，培养能力为要务，解决知不知、会不会的问题，而德育到此并没有完结，它还要解决信不信、行不行的问题。德育不但要授之以知、晓之以理，而且还要动之以情、导之以行。只有知识传授，没有情感陶冶、意志磨炼和行为引导，不是完整的德育。

(三)同心同德　为中华民族振兴而努力

面对21世纪德育研究中心的发展，詹万生研究员表示：新世纪德育科研工作任重而道远。为贯彻落实江泽民同志提出的“三个代表”的重要思想和“以德治国”的重大方略，德育中心下一步工作是积极筹备“十五”课题的研究与试验。德育研究中心工作的开展离不开海内外德育专家的支持与合作。德育中心将广泛联络和团结海内外德育专家，为振兴中华民族，为促进国际文化交流贡献自己的力量。

心理健康教育与德育

——访中央教育科学研究所德育研究中心主任詹万生教授

《中小学心理健康教育》杂志记者　心　策　2002年第5期

编者按：詹万生教授长期从事德育研究与实践工作，在德育领域做出了突出成绩。詹教授承担了全国教育科学"九五"规划国家级重点课题"整体构建学校德育体系的研究与实验"，把心理健康教育纳入到课题研究之中，并提出了自己的观点。为了搞清楚心理健康教育与德育的关系，我们走访了詹万生教授。

问：詹教授，您好。您是德育专家，在德育理论和德育实践方面都取得了令人瞩目的成绩，您能否谈一谈心理健康与德育的关系？

答：德育是指教育者按照社会的要求，有目的、有计划、有组织的对受教育者进行系统影响，把一定社会的政治原则、思想观点、道德规范、法纪规范和心理需求转化为受教育者个体的政治素质、思想素质、道德素质、法纪素质和心理素质的教育。我把德育内容概括为"五大要素"，即政治教育、思想教育、道德教育、法纪教育和心理教育。当然，这只是一家之言。在我国教育理论界对心理健康教育是否可以纳入德育范畴是有争议的。有的学者不同意把心理健康教育纳入德育之中，理由是智育、体育也包括心理健康教育内容。虽然政治教育、思想教育，道德教育、法纪教育和心理教育有区别，但又互相联系，互相制约，互为条件，构成了德育统一体。其中思想教育和政治教育是灵魂，道德教育是核心，法纪教育是保障，心理教育是基础。

问：您认为心理健康教育是德育的组成部分，那么如何理解心理教育是德育的基础。

答：心理健康是整个教育的心理基础，心理健康教育也就成为整个教育的基础。教育心理划分为德育心理、智育心理、美育心理等，各育中都有心理和心理健康教育。我之所以主张把心理健康教育纳入德育范畴，是因为随着改革开放和市场经济的发展，青少年学生在升学、就业和人际关系等方面出现了一些新的困惑和新的问题，诸如孤独、恐惧、猜疑、报复、嫉妒、忧郁、自卑等不良心理状态，造成心理脆弱、精神分裂，甚至出现杀人、自杀等恶性事件。实践证明，这些心理问题不是智育、体育、美育所能解决的，也不是政治教育、思想教育、法纪教育、道德教育可以完全奏效的，因此需要在德育工作中增加和充实心理教育，这是新时期德育内容的新拓展。把心理健康教育纳入德育范畴的思想，是把心理健康教育作为培养创新人格的基础。心理健康教育在非智力因素、个性优化、自我意识、学习心理、交往心理、恋爱心理、择业心理等方面系统阐述心理健康对创新人格的意义，这不仅拓宽了德育内容，丰富了心理健康教育的内涵，而且为人的全面发展提供了心理基础。所以，我认为心理健康教育不仅是德育的内容和基础，而且是整个教育的内容和基础。

问：德育历来是您研究的主攻方向，您把心理健康教育看得如此重要，那么，您是如何把心理健康教育融入到德育之中的呢？

答：我认为学校德育是一个系统。从整体性原则来看，学校德育是由德育目标、德育内容、德育途径、德育方法、德育管理、德育评价等要素系统构成的。从有序性原则来看，学校德育是由小学德育、中学德育、大学德育等层次系统组成的一个统一的整体。我主张构建学校德育体系，就是以要素系统为纬，以层次系统为经，进行有机组合。从动态的原则来看，学生健康的心理素质，文明的行为习惯，良好的道德品质，正确的民主、法制、纪律观念，科学的世界观、人生观、价值观，崇高的理想信念，坚定正确的政治方向等是通过小学、中学、大学等各个阶段的教育逐步形成的。各阶段德育目标的高低，德育内容的深浅和侧重点，德育途径和方法的选择，德育管理和评价方式等，都要针对学生不同年龄阶段的身心特点理解、接受能力的不同，由浅入深，由低到高，由感性到理性，由具体到抽象，循序渐进逐步提高。

总之，整体构建学校德育体系，就是要使德育目标、德育内容、德育途径、德育方法、德育管理、德育评价等，环环相扣，形成合力，以保证在整个德育过程中要素结构的完整性和连续性。同时，使小学德育、中学德育、大学德育等体现出层次性和渐进性。在系统思想的指导下，我把心理健康教育放在德育的要素系统和层次系统之中，即在学校德育体系中，融入和贯穿心理健康教育。

问：我理解把心理健康教育融入到学校德育体系之中，是一种指导思想，那么，在德育过程中该如何具体实施心理健康教育呢？

答：德育和心理健康教育有许多共同点，实践的观点是德育的基本观点，也是心理健康教育的基本观点。它们不同于智育，不是简单地传授知识，不是只解决知不知、会不会的问题，而是要解决信不信、行不行的问题。即不仅要授之以知、晓之以理，而且还要动之以情、导之以行。开展活动应当是德育和心理健康教育的主要形式，如主题班会、主题团队会、社会实践、心理训练等。我认为，在德育过程中应当改变传统的"以教师为中心，以教材为中心，以课堂为中心"的"旧三中心论"，构建"以学生为中心，以情境为中心，以活动为中心"的"新三中心论"。这一点对于发展学生的主体意识极为重要，是学生自主性、能动性的集中表现。在学生广泛参与的活动中，引导和培养学生自定成长目标，自析成长环境，自寻成长动力，自开成长渠道，自研成长方法和自评成长效果，使他们成为自身全面发展的主人。

问： 我知道，您主张用《成长册》代替原来的《成绩册》，这是否意味着《成长册》是心理健康教育的载体呢？

答： 是的。《成长册》既是德育的一个载体，也是心理健康教育的一个载体。《成长册》在指导思想上以整体推进素质教育为依据进行实验研究及编制，以全面提高学生整体素质和创新能力为目标，坚持导向性和激励性的原则。横坐标包括思想道德、科学文化、身体心理、审美艺术、劳动技能、个性特征、创新能力、自主能力八个方面；纵坐标体现“发展和创新”，依据不同年龄阶段学生的身心特点知识水平设计出学生全面发展的阶梯。《成长册》在评价指标体系的设计上，坚持科学性和系统性原则，是既相互关联又体现层次性和相对独立性的一系列指标的总和；《成长册》在评价主体上坚持学生主体性和个体性原则，充分发挥学生在整体素质评价中的主体性，自赏性和主观能动性，同时辅之以学群体互评、家长互评、教师审评。把整体素质评价作为学生、教师、家长三者之间联络感情、交流思想、传递友谊的桥梁和纽带，形成推动学生整体素质全面发展的合力。《成长册》根据不同年龄阶段学生的身心特点和知识水平进行编制，图文并茂，生动活泼、富于时代气息，新颖、实用，有很强的可读性、可观性和可操作性，所以学生们都喜欢使用。实践证明，这个载体对于促进学生心理的健康发展很有帮助。

问： 我注意到，您总是交替使用心理健康教育和心理教育这两个概念，您认为这两个概念是相同的吗？

答： 常见的提法有心理教育、心理品质教育、心理素质教育、心理健康教育、心育、心理辅导、心理卫生、心理咨询等。究竟以什么提法为好，理论界众说纷纭。心理健康教育是从小的健康标准角度提出的，只是心理教育两大主体部分中的一部分，另一部分是心理发展教育。心理辅导、心理咨询、心理治疗等则是心理教育中的技术手段和方法。我比较赞同使用心理教育这个概念。

心理教育是指遵循青少年儿童心理发展规律，以培育、训练良好的心理素质，开发心理潜能，预防不良心理，矫正心理障碍，有促进人的社会化，塑造健全人格的教育。可以用公式来表示。心理教育＝心理发展教育＋心理健康教育。这个定义虽然不能说是尽善尽美，但它不失为一家之言。它突破了习以为常的“心理健康教育”所造成的偏狭之处，使心理教育的内涵更加全面、完整和丰富。这样的界定才是作为德育五要素之一的心理教育的本质内涵。因为德育不仅是规范性的、导向性的、矫正性的，而且更是开放性的、发展性的、导向性的。德育在本质上是一种促进人的社会化，塑造健全人格的教育。心理教育以行为习惯养成，生存适应训练，情绪、情感调控，人际交往指导，健全人格塑造为主要内容，采取学生喜欢的、丰富多彩的形式，通过系统的、有序的、渐进的教育和训练，全面提高学生的心理素质。活动课是心理教育的有效形式，而设立心理咨询室、心理咨询信箱、心理咨询热线等对学生进行心理咨询，只是心理教育的辅助形式。心理教育更容易使人关注学生的心理发展，更注重学生心理素质的提高和心理品质的塑造，而心理健康教育则容易使人看到学生不健康的心理，更重视心理咨询和心理治疗。所以，我认为使用心理教育这个概念更好一些。当然，可以把心理教育和心理健康教育看作是同义语。

问：我们知道，您顺利完成了“八五”教育部重点课题和全国教育科学“九五”规划国家级重点课题，又拿到了“十五”规划国家级重点科研课题，在心理教育方面您有什么新的想法？

答： 我主持了“八五”教育部重点课题“我国各级各类学校德育现状调查研究”，在调查研究的基础上提出了“整体构建学校德育体系”的建议。李岚清副总理看到这个建议后，做了明确的批示。把建议内容纳入了《中共中央关于进一步加强和改进学校德育工作的若干意见》中。此后，我主持了全国教育科学“九五”规划国家级重点课题“整体构建学校德育体系的研究与实验”，取得了一批重要的科研成果。今年4月下旬在湖南省株洲市召开了“九五”结题暨第五届学术研讨会，对优秀实验研究成果及先进实验区、先进实验学校和先进个人进行了表彰。

我主持的全国教育科学“十五”规划国家级重点课题“整体构建学校德育体系的深化研究与推广实验”已经启动。“十五”课题坚持德育和心理教育“五要素”的观点；坚持“贯通古今、融会中西、继承借鉴、发展创新”的观点；坚持“横向贯通、环环相扣、以活动为中心”的观点。我准备在“十五”期间加大心理教育的研究力度，把心理教育作为一项重要的研究内容，设立“中小学心理健康教育模式及实施策略研究”子课题，并决定由你们杂志社的特邀副主编王希永教授做这个课题的负责人。他在中小学心理健康教育方面已经做了大量理论研究和实践工作，取得了显著的成果，我非常愿意与他合作，也非常愿意与你们《中小学心理健康教育》杂志合作。我相信，我们不仅会合作愉快，而且肯定会取得圆满成功。当然，我也希望有更多的地区、学校加入到心理教育的课题研究中来。祝《中小学心理健康教育》越办越好。

记者： 谢谢您的信任和大力支持！

《成长册》为成长带路

——中央教育科学研究所德育研究中心主任詹万生教授访谈

《中国教育报》记者 王 璐 2002年10月17日

苏霍姆林斯基认为，“只有能够激发学生去进行自我教育的教育，才是真正的教育。”《成长册》的根本创新点，就在于将教育者的外在的片面教育转变为受教育者内在的全面的自主教育，在于联通了学生的发展需要和发展动力。《成长册》(小学、初中、高中、中职每个年级一册，共15册)是全国教育科学“九五”规划国家重点课题“整体构建学校德育体系的研究与实验”的阶段成果。《成长册》的设计体现“全面、发展、创新”精神，其横坐标包括思想道德、科学文化、身体心理、审美艺术、劳动技能、个性特征、创新能力、自育能力八个方面，纵坐标依据不同年龄阶段学生的身心特点和知识水平，循序渐进、螺旋上升，设计出学生全面发展的阶梯。

附：学生观点(北京市财经学校吴珊珊)

我想每个人都有一本自己的相册，它记载了我们成长过程中的精彩画面，而我们手中的这本《成长册》就好像相册一样记载了我们成长过程中的一些思想火花。

其实用相册来比喻《成长册》还不够，相册的作用只是记录回忆，而填写《成长册》的过程中我们还得到了启迪。它引导我们正确的思想，教给我们一些生活常识，它还会监督我们定下计划并按时完成它们，它就像一位指导我们成长的导师。

记得一年级的《成长册》最后一页有一棵“成长格言树”，正是这棵树让我记起那一点一滴的感悟……

开始填写《成长册》时，细细地回味了一下曾经的自己，原来以前的我是那么平庸无为，在没有这样的深思前，我总认为那是“默默无闻”，可现在，我知道了，那是庸俗和懒惰，所以我不会再像以前那样浪费时间了。于是在“格言树”上我挂上了这样一颗“果实”：“把握每一天，不再让它荒废。”看着这颗果实，我又定下了新的目标。可正是这新目标，我有些犹豫了：我做得到吗？别人会信任吗？他们会不会认为我太自大了呢？我的自信心何时变得这样不堪一击？于是我鼓励自己：“我能做到，一定能！”就在这时，我发现我做得很好，正在向新目标一步步地迈进！我感悟到：要别人相信自己，首先要自信。我把这句话也“挂”在了“成长格言树”上。这一点一滴的感悟就是我思想中的那些火花吧。

《成长册》中还有我们的一张张照片，那是我们成长中的每一个表情，有成功的微笑，也有失败的忧伤。

一次参加运动会，由于我的一些失误，没夺得名次，不知是谁拍下了我那欲哭无泪的表情。那以后我发誓：我不要再有那种表情！于是我努力地练习，当我再一次参加运动会时，我取得了小小的成绩，于是我让同学将我胜利的微笑拍下来，我将两张照片一起贴在了我的《成长册》上。成长中，我们不怕失败，因为我们把它记录下来，作为我们成功的一块块基石；成长中，我们争取胜利，因为我们把它记录下来，作为我们成长的一次次辉煌。

道德篇中，我们记载了思想的每一点动态，如果偏离了正轨，其中的警句便会给我们敲响警报，提醒我们。在自育篇中，我们得到了许多关于自我保护的知识，它告诉我们遇到紧急情况时该如何，怎样对付坏人等等。学习篇里，我们又写下了自己的学习计划，每当看到它，它就好像在提醒我们要完成自己的学业大计，督促我们好好学习呢……

《成长册》，它记载着我们成长过程中的每一次选择和每一次选择后的结果。所以我们才可以从幼稚走向成熟，从泥泞走向坦途，从失败走向成功。

三、2003—2005年媒体采访报道

中俄教育科研交流与合作的新起点

——中央教育科学研究所代表团访问俄罗斯教科院纪实

《中国德育》记者 2003年10月

中国中央教育科学研究所所长朱小蔓教授、学校教育研究部主任詹万生教授等一行四人于2003年10月5日赴莫斯科和圣彼得堡对俄罗斯教育科学院进行访问和学术交流。

(一)参加俄罗斯教育科学院60周年庆典

俄罗斯教育科学院十分重视中国中央教育科学研究所代表团来访。在60周年院庆即将开幕的繁忙时刻，尼康德洛夫院长在他的办公室接见中国中央教科所代表团。中国代表团是所有来访的外国代表团中第一个受到尼康德洛夫院长接见的代表团。

10月6日下午2点，俄罗斯教育科学院60周年庆典隆重开幕。

尼康德洛夫院长首先致辞，他介绍了俄罗斯教科院的发展历程、当前的工作和今后的任务。俄罗斯十分重视、支持和鼓励教育科研事业，国家杜马总统办公厅的代表、教育部长、科学院、农业科学院、医学科学院院长，部分独联体国家乌克兰、白俄罗斯、乌兹别克斯坦、哈萨克斯坦等教科院的代表以及中国中央教科所朱小蔓所长分别

讲话祝贺。大会期间，还观看了俄罗斯教科院为60周年院庆录制的录像片。

俄罗斯教科院非常重视、尊重、支持和鼓励科研人员的劳动和贡献。尼康德洛夫院长逐一为资深院士和有突出贡献的科研人员颁发荣誉奖章和证书，向第一线优秀教育研究人员和教师颁发乌申斯基奖章。

前任院长尼康达诺夫(曾任教育部副部长)发表了深情的演说。他回顾了俄教科院的发展历程，并结合自己的经历讲述马克思列宁主义对俄教育科研的指导。他对俄教科院的历史贡献给予充分的肯定，对科研人员的贡献给予高度的评价。

俄罗斯教科院实验学校的师生演出了精彩的文艺节目，表达对60周年院庆的美好祝福。

院庆从下午2点持续到晚上8点，在庄严、热烈、欢乐的气氛中胜利闭幕。

(二)签字仪式和学术交流

为了落实《中央教育科学研究所2003—2007年事业发展规划》提出的“把我们建成国内高水平，国际有影响的国家教育科研机构”的奋斗目标，所领导班子十分重视国际交流与合作。此次访问俄罗斯教科院的一个重要目的就是与俄罗斯教科院签订合作与交流协议。尼康德洛夫主持签协议仪式。朱小蔓所长与尼康德洛夫院长在协议文本上签字。中俄两个教育大国的国家级教育科研机构签订教育科研交流与合作协议，是中俄两国教育科研发展史上的大事。出席签字仪式的两国代表一致认为，这是中俄两国教育科研交流与合作的新起点，具有里程碑的意义。

签字仪式结束后，中俄两国与会学者、专家进行了学术交流。学术交流的主题是德育中的爱国主义教育。

学术交流由俄罗斯教科院副院长巴利钦科夫院士主持。他指出：物质决定精神，精神反作用于物质，这是我们一贯坚持的基本理论。在建立市场经济的新的历史时期，教育科研不仅要关注经济建设对教育的需求，更要重视道德教育特别是爱国主义教育。

中央教科所所长朱小蔓教授指出：中国政府和学术界一贯重视爱国主义教育，在社会主义精神文明建设中提出的"五爱"，第一条就是爱祖国。2001 年中国颁布了《公民道德建设实施纲要》，在 20 字基本道德规范中首先提出的也是爱国。党的十六大提出弘扬和培育民族精神同样是以爱国主义为核心。

中央教科所学校教育研究部主任詹万生研究员结合中国学校德育工作的实际和访问俄罗斯的观感，提出了爱国主义教育的三个观点：一是爱国主义是学校教育的永恒主题，中俄两国在改革开放、建立市场经济的新形势下更要改进和加强爱国主义教育；二是爱国主义不是狭隘的民族主义，爱国主义与国际主义是统一的，中国人民不会忘记中俄的友谊，在爱国主义教育中还应不断发展中俄人民的友谊；三是爱国主义教育要分层次进行，依据不同年龄阶段学生的身心特点和知识水平分层递进、螺旋上升，增强爱国主义教育的实效性。

俄罗斯教科院的几位资深专家也发表了自己的学术观点，概括起来一是在新的历史时期应赋予爱国主义教育新的内涵，概念要重新界定；二是爱国主义教育是一个复杂的问题，要进行深入研究；三是要通过各门学科进行爱国主义教育，不仅人文学科要进行，自然科学学科也要进行；四是爱国主义教育要与政治民主和个性自由相结合；五是爱国主义教育要与反对恐怖主义相结合。

俄罗斯有着十分丰富的爱国主义教育资源。作为学术交流的重要组成部分，中国中央教科所代表团在俄罗斯教科院国际交流处的陪同下参观考察了俄罗斯爱国主义教育基地。

(三)参观莫斯科红场和卫国战争纪念馆

莫斯科红场和克里姆林宫是俄罗斯的政治中心，也是最重要的爱国主义教育基地。克里姆林宫墙外的红场一侧有列宁墓，克里姆林宫墙外有无名烈士纪念碑、朱可夫元帅骑着战马踏破纳粹德国法西斯旗帜的巨幅雕像。这里有成百上千的俄国公民冒着深秋的冷风，自发地排着长队，庄严、肃穆地等待一个多小时前来拜谒列宁墓，我们的代表团夹在长长的队列之中。

胜利广场和卫国战争纪念馆，是又一处重要的爱国主义教育基地。我们代表团顶着寒风、冒着秋雨来到这里参观考察。出了地铁站，迎面看到凯旋门，转而步入胜利广场。广场中央的卫国战争胜利纪念碑犹如一把长剑高耸入云。碑座由一群浮雕组成，正中是一名卫国英雄骑着战马，手持长矛，刺断象征法西斯的怪兽。碑体上雕刻着卫国战争时期1941—1945年历次重大战役，碑的顶端一对和平天使展翅欲飞。我们的团员被这雄伟壮观、寓意深刻的纪念碑所感动，詹万生遂赋诗一首：

长剑高耸入云端，卫国战争展画卷。

战马奋蹄踏鬼怪，胜利女神飞上天！

告别胜利广场，我们跨进卫国战争纪念馆。一楼大厅陈列着卫国战争纪念品，大厅两侧矗立着20尊英雄的雕像，他们是斯大林、朱可夫和其他著名的将军。

突然，雄壮、嘹亮、激越的军乐响起，我们立即跑上二楼，只见铜管军乐队在合奏。一群士兵列队整齐，在军官的率领下向烈士群雕宣誓。一楼和二楼侧厅陈列着卫国战争时期的实物、照片和油画，把我们带进了那艰苦卓绝、可歌可泣、英勇战斗、走向胜利的英雄年代。

(四)祭奠俄罗斯名人公墓

位于莫斯科南郊的新圣女公墓是俄罗斯名人公墓。这里是俄罗斯近现代著名人士的巨大雕塑园，其中有民族英雄、革命志士、科技精英、文化名人。

我们一行四人在俄教科院国际交流处工作人员的陪同下，祭奠了五六十年代鼓舞青少年成长的《钢铁是怎样炼成的》长篇小说的作者奥斯特洛夫斯基、《卓娅和舒拉的故事》中的两位主人公、伟大的教育家马卡连柯等一批英雄人物，并在他们的塑像前合影留念。

莫斯科市中心仍然矗立着马克思的巨幅雕像。雕像的底座右侧刻着恩格斯的语录："他的英名与他的思想永存。"左侧刻着列宁的语录："马克思的思想之所以永恒，因为它是真理。"

今天，马克思列宁主义虽然不再是俄罗斯意识形态的指导思想，但他们的形象和思想仍然产生着不可估量的影响。俄罗斯人民正在反思和调整，对苏联时期持尊重态度已成为时尚。

(五)考察莫斯科学校

在俄罗斯，我们先后参观考察了莫斯科职业中学、俄罗斯教科院实验学校315中学、莫斯科大学和圣彼得堡传统文化学校。

在职业中学，我们参观了美容美发专业学生的技能训练、工艺美术专业学生的技能训练、美术专业学生绘画训练……在俄教科院实验学校315中学，我们了解了这所11年级一贯制的普通重点学校。1—6年级为小学阶段，上午半天上课，12点放学，下午学生自由活动，他们称为行为锻炼。7—9年级为初中阶段。10—11年级为高中阶段，根据学生特长、兴趣、爱好分为生化医类、经济类、数理类、人文类进行分科教学。由于教师队伍素质高并得到教科院的指导，高中毕业生100%升入大学。

11日下午，我们参观考察了俄罗斯最高学府——莫斯科大学。我们访问了莫大哲学系伦理学教研室，受到系主任阿里桑德拉辛教授、俄教科院院士资深教授古谢诺夫等热情接待。他们介绍了伦理学专业的教材和公共伦理学教材。他们既重视伦理学基本理论研究，又关注社会实际问题。

(六)游览圣彼得堡

10月12日上午，我们抵达圣彼得堡，传统文化学校副校长玛拉霍芙斯卡娅到火车站热情迎接。

校长戈塔利斯基热烈欢迎并向我们介绍了学校的基本情况。玛拉霍芙斯卡娅副校长带领我们参观学校教室和展览馆。这里陈列着学生的作品，各种艺术精湛的艺术品琳琅满目。俄罗斯传统文化得到了继承和发展。

圣彼得堡是一座历史文化名城。它始建于彼得大帝当政的公元1708年。今年5月举行了盛大的300周年庆典。这里有着深厚的历史文化积淀，有着300年的光荣与梦想。

青铜骑士雕像是圣彼得堡的标志性建筑。它始建于1766年。这一艺术佳作，被雕塑在一块巨石上，彼得大帝骑在腾空的骏马上，目视前方，充满信心、威严和自豪。

圣彼得堡市内尼瓦河纵贯其中，大小河流纵横交错，400多座桥梁把全市连成一个整体，所以素有“北方的威尼斯”之称。

伊萨基耶夫斯基大教堂为世界四大教堂之一，建于1818年至1858年，历时40年。它雄伟壮观、富丽堂皇。教堂内从四壁到穹顶金碧辉煌，刻满了耶稣基督的圣像和他的12个弟子的雕像，布满了

《圣经》中的故事绘画。这里是东正教最著名的大教堂。

登临大教堂穹顶可环顾四周，圣彼得堡城市尽收眼底，令人心旷神怡。

夏宫，又称彼得宫，被誉为“俄罗斯的凡尔赛”，始建于1714年，位于圣彼得堡郊外芬兰湾南岸，这里风光秀丽，景色宜人，建筑雄伟，豪华壮丽。宫殿内外装饰极其华丽，两翼有镀金穹顶，大宫殿前有镀金雕像喷泉群，圆形水池中央，耸立着大力士詹孙和狮子搏斗的雕像，从狮子大口中喷出的水柱高达22米。宫殿与芬兰湾之间的长方形水池为中轴，两翼是大片森林。深秋的森林草地被落叶装点得五彩斑斓，像一幅迷人的油画。我们流连忘返，感慨万千，詹万生遂赋诗云：

芬兰湾岸彼得宫，豪华壮丽傲苍穹。
碧水蓝天金雕像，青松白桦黄叶枫。
虽为盛夏避暑地，却助深秋游兴浓。
彼得大帝今安在？黄肤黑发入画中。

叶卡捷琳娜宫是为纪念叶卡捷琳娜女皇二世而兴建的。叶卡捷琳娜原是德国公主，嫁给俄国彼得二世，后为女皇。宫殿外景雄伟壮观、富丽堂皇。宫殿内陈列着上万件的古代家具、瓷器、金银制品、宝石象牙工艺品和油画作品。宫殿外公园遍布森林、草地、花坛、喷泉，景色美丽，引来众多外国游客观光游览。

在俄罗斯历史上，许多著名人物都与圣彼得堡的名字有着密切的联系。例如伟大诗人普希金，这里有他读书的学校，学校的公园里有他的塑像。柴可夫斯基、格林卡等音乐家在这里度过了他们生命中最重要的时光，大文豪陀思妥耶夫斯基的名著《罪与罚》也是在这里完成的。

冬宫是彼得大帝的政治中心，十月革命后，于1922年正式建立了艾尔米塔日博物馆。博物馆分为8个部分，共有珍藏精品270余万件，其中有1.5万幅绘画，1.2万件雕塑，2.2万件古代家具、金银制品、瓷器宝石工艺品等。绘画馆分为意大利、法国、俄国绘画展厅，传统与现代相承接，经典与时尚相辉映，令人目不暇接。如果走遍全部展厅，一个月的时间恐怕都不够。我们只能走马观花、挂一漏万地局部浏览，以饱眼福。

(七)站在马克思、恩格斯、列宁的塑像前沉思

列宁领导的十月社会主义革命就发生在这里。1924—1991年，圣彼得堡称为列宁格勒，苏联解体后恢复原名。

平静的尼瓦河上，至今仍然停泊着“阿芙乐尔”号巡洋舰，1917年11月7日，这艘军舰向代表沙皇政权的冬宫打响了第一炮。

斯摩尔尼宫是列宁当年领导十月革命的指挥中心。今天，列宁的雕像仍然矗立在这里，宫外广场左侧是马克思的塑像，右侧是恩格斯的塑像，在深秋的雨天里显得那么庄严和凝重。

圣彼得堡是一座英雄的城市。在卫国战争期间，它被德国法西斯军队包围了整整900个日日夜夜。为纪念这段艰苦卓绝、英勇抗战的日子，这里建立了900纪念碑和纪念馆。纪念馆长900米、由900块大理石砌成，900盏永不熄灭的火炬，昭示人们永远不要忘记历史。

我们站在马克思、恩格斯、列宁的塑像前沉思：俄罗斯民族具有悠久的历史、灿烂的文化和光荣的革命传统。我们和俄罗斯人民应当一道反思历史，尊重历史，放眼未来，开辟未来。

10月16日，我们在离开俄罗斯的飞机上看到《消息报》上刊登着列宁的巨幅塑像，大标题上写着：比所有活着的人更具有生命力。

我们应该怎样做家长？

——访《当代家长》丛书总主编、中央教科所德育研究中心主任詹万生教授

《中国教育报》记者　杨咏梅　2003年11月6日

21世纪的家长大概是最难当的。日益激烈的竞争迫使他们不仅要开发孩子的智力，想让孩子的学习成绩优秀，更要培养孩子的创造性思维、自学能力和学习兴趣等综合素质，让孩子健康成长、全面发展。为了多元化、全方位地对孩子的成长进行培养，家长们使出浑身解数，恨不得把自己"锻造"成为教育、心理、艺术、启发思维、开发智力等方面的专家。但实际上，相当数量的家长中又普遍存在着"重教而不会教"的现象，解决家庭教育实践中的问题和矛盾已经刻不容缓。在全国妇联、教育部颁布《全国家庭教育工作"十五"计划》一周年之际，中央教育科学研究所德育研究中心推出一套《当代家长》丛书，记者专程采访了该丛书总主编、中央教育科学研究所德育研究中心主任詹万生教授。

记者： 国务院2001年颁布的2001—2010年《中国儿童发展纲要》提出了新世纪家庭教育的目标和具体行动是"发挥学校、家庭、社会各自的教育优势，充分利用社会资源形成教育合力，促进学校教育、家庭教育、社会教育的一体化。重视和改进家庭教育。加强家庭教育知识的宣传和理论研究。办好各类家长学校，帮助家长树立正确的保育、教育观念，掌握科学的教育知识与方法"。听说您主编《当代家长》丛书前进行了一次很有价值的调查，对当前家长最关心、最忽略、最困惑的问题进行了深入调查。这次调查反映出当前家庭教育的哪些

现状和特点呢?

詹: 丛书编写前，我们在北京、天津、河北、辽宁、吉林、黑龙江、河南、山东、湖北、广西、四川等十几个省(直辖市、自治区)的17个实验区进行了调查。共发放问卷2000份，回收1945份，统计结果表明：在孩子成长的做人、求知、健体、健心、审美、实践、创新、生活八大素质中，家长最关心的前三位是求知(85.95%)、做人(83.67%)、健体(41.35%)；最忽视的前三位是实践(40.86%)、创新(39.24%)、审美(36.80%)；最困惑的是“孩子的逆反心理”“与孩子心灵的沟通”“面对孩子，感到束手无策”。

家长们普遍忽视实践、创新、审美教育，说明当前家庭教育中存在着很多误区。

一是思想上的误区。家长都希望孩子考个好大学，找份好工作，社会地位相对高点，经济收入相对多点，千方百计想让子女出人头地，而不想让其成为一名普通劳动者、建设者。家长的心理当然无可厚非，但如果人人都只想索取，不想奉献，而且不能以平常心对待人生，那这种思想就潜在着严重的危机了。

二是认识上的误区。应试教育的观念还深深地影响着家长们，素质教育的思想还没有深深触动家长们的心灵。他们还停留在让孩子学条条、背条条、考条条的应试教育桎梏中，把考名中学、名大学作为唯一的教育目标，尚未真正认识到每个人都是一个综合的、能动的主体，人的各种素质是相互关联、相互影响的，而实践才是教育和学习的最终目标，创新才是孩子以及社会发展进步的灵魂，审美才是社会文明和谐、人生幸福快乐的关键。

三是行动上的误区。目前，家长们普遍舍得智力投资，重视子女学习，这是好事。但是，他们一味地追求高分数，如每天晚上请家教辅导，星期六、日补课，寒暑假上各种培训班、强化班等，把孩子禁锢在课本知识的学习中，忽视了孩子生活的全面性、丰富性、能动性，不仅不利孩子多方面地获取知识，锻炼思维，不利于孩子全面、健康的发展，而且就学习课本知识本身而言也是低效的，因为这种疲劳战术很容易使孩子身心疲惫不堪，始终处于被动应付状态，甚至会产生逆反、恐惧心理。所以家长们应该少一份强制，多一份引导激励，少一份限制，多一份宽松自由，给孩子一个主动成长、自我教育的空间。

记者：家长们最困惑的是“逆反心理”“心灵沟通”“束手无策”，这表明家庭教育中亟待解决哪些问题？

詹：这表明家庭教育中必须解决好四对矛盾：一是高期望与低实现的矛盾。家长们望子成龙望女成凤的心情是可以理解的，但必须充分了解孩子，为其制定的目标要切合实际，要本着循序渐进的原则，有梯度，可望而且可及，正如俗话说的“跳起来摘果子”。如果目标偏大、偏远，就会使孩子望而却步。加之家长的跟踪检查、唠叨，更会使孩子产生逆反心理。这样便形成了孩子觉得家长给自己出难题，家长觉得孩子不努力，辜负自己苦心的恶性循环。所以，早在“九五”期间，我们就提出避免“高、大、空、远”，力求“近、小、实、亲”的主张。

二是情感关怀与行为苛求的矛盾。随着社会物质生活条件的改善和计划生育政策的深入人心，家长们对自己唯一的孩子在物质上的投入越来越大，情感上的关怀越来越多。但同时，由于家长对孩子的期望过高，任务过重，要求过严，很多情况下超出了孩子的承受限度，使孩子感受不到这种关爱的温暖和快乐，品尝到的只是苛求和压力的苦涩。所以，家长不仅要拥有爱孩子的感情，而且还要讲究爱孩子的方法，变疼爱、溺爱为关爱、巧爱。我们始终主张把孩子看作教育的主体，让孩子自我体验、自我感悟、自我教育，就是要让孩子变被动为主动，变“要孩子做”为“孩子要做”。

三是纵向比较与横向比较的矛盾。家长习惯于做纵向比较，往往用自己青少年时期的生活经历教育子女，不厌其烦地陈述自己年轻时如何好学上进，吃苦耐劳，条件如何艰苦，自己如何懂事，进而责备孩子们“好逸恶劳”“不思进取”“不体贴父母”等等。而孩子们则习惯于用自己身边的人和事做横向比较，如追名牌、高消费、高享受等等，部分孩子甚至会埋怨自己的父母没本事、少能耐……鉴于此，家长在教育子女时应以现实生活为基础，择其善者而引导激励，尽量少用时过境迁的道理和事例。

四是家长知识观念陈旧滞后与孩子知识观念超前的矛盾。由于现代社会信息化进程的加速和程度的提高，孩子获取知识和信息的渠道大为拓宽。而家长们则由于工作负担、家庭生活压力、固有模式惯性等因素而远远落后于孩子们。这种情况下，家长如果还认为孩子永远长不大，老想教导、教诲他们，把自己的思想观念灌输给孩子，把自己的知识方法传授给孩子，孩子就会认为父母过于保守、落后、陈腐，束缚自己的发展，老想摆脱父母约束，自由地生活与发展。这种情况往往会令家长束手无策。为了维护自己的自尊与“面子”，又不得不采取高压政策，从而更加激化了亲子矛盾。所以，父母必须学会“蹲下来”与孩子交流，虚心学习孩子的优点，与孩子互帮互学，共同进步。

记者：曾经听不少老师用“5＋2＝0”的说法抱怨家庭教育、社区教育比学校教育相对滞后，甚至有较大反差的现象，这种滞后和反差体现在哪些方面？

詹： 这种滞后和反差主要体现在思想观念方面。由于我国尚处于社会主义初级阶段，市场经济还很不完善，所以，社会上还有些有悖于法律和道德规范的行为，并可以因此而获得现实利益。在这种行为面前，严守道德规范的人有时就会吃亏。有些家长往往夸大这一点，把社会上一些不健康的思想行为灌输给子女，其目的是生怕子女吃亏。学生的思想普遍是单纯的，他们接受的系统、规范的教育一般是合乎道德规范的，因此在见利忘义的非道德行为面前，便显得缺乏防范自卫能力，往往容易吃亏。此时，若不及时引导，往往会使学生误认为学校教育过于理想化，与现实生活脱节。在家庭、社会的双重影响下，学校给予学生的科学、规范的教育影响往往会大打折扣。所以，要教育好学生，必须先教育好家长，使家长能着眼于孩子一生的发展，着眼于社会发展的前景和趋势，密切配合学校教育，共同培养“四有”人才。

记者： 与其他家庭教育类图书相比，《当代家长》丛书的优长在于“整体构建家教体系”。丛书以八大内容为纬线，以六个学段为经线，每一内容突出 10 个问题，设置 7 个栏目，充分显示了课题组的科研强势，这种“整体构建”的立体性、全面性、连续性是不言而喻的。但是，操作性怎么样呢？

詹：《当代家长》丛书的最大特点就是贴近实际、贴近生活，便于操作。我们针对不同年龄阶段学生的身心特点、知识水平和成长中遇到的问题，由低到高，由浅入深，分层递进，螺旋上升，整体构建家庭教育体系，为婴幼儿、小学生、初中生、高中生、中职生、大学生六个成长阶段孩子的家长分别编写了《指导孩子学会做人》《指导孩子学会求知》《指导孩子学会健体》《指导孩子学会健心》《指导孩子学会审美》《指导孩子学会实践》《指导孩子学会创新》《指导孩子学会生活》8

本书，每本书又根据本年龄段孩子在各方面发展中所面临的问题、家长的困惑、家教的重点内容和社会发展需要提炼出8—10个课题。每个课题又包括7个栏目。①典型案例：给家长提供成功家教的启示和失败家教的警示，让家长在鲜活真切的事例中借鉴、思索、选择；②交流研讨：给家长不同家教观点的交流与碰撞，让家长在深刻的辨析中深化认识，把握实质；③专家点评：给家长介绍当代家庭教育的科学理念，帮助家长们走出误区，掌握科学的目标、内容、方法；④家教名言：给家长提供富有深刻哲理的家教警句、格言、谚语，为家长提供家庭教育的“座右铭”；⑤答疑解难：归纳概括家教实践中遇到的各种疑难问题，为家长提供行之有效的解决方案；⑥家庭自测：为家长提高家教水平提供测评标准；⑦供您参考：为家长提供各种家教资料。这样，不管是哪个学段学生的家长，不管遇到哪个方面的具体问题，都可以从这套丛书中受到启发，找到相应的解决思路和办法。

记者：除了《当代家长》丛书，《德育》读本和《成长册》也是你们的科研成果。从实践的角度看，您认为应该如何将三者有效融合呢？

詹：《德育》读本和《成长册》是我们“九五”研究的重要成果，已在全国100多个实验区、2000余所实验校、200余万名学生中进行了5轮成功的实验，为思想品德教材的改革提供了参考依据。

《德育》读本以学生为中心，以活动为中心，以情境为中心，从内容上将政治教育、思想教育、道德教育、法纪教育、心理教育五大素质融为一体，从过程上将知、情、意、行融为一体，从体系上将德育的目标、内容、途径、方法、管理、评价融为一体，是一个现实的可操作的德育活动载体。

《成长册》是供学生使用的个人整体素质综合评价手册，它全面记录和评价学生的思想道德素质、科学文化素质、身体心理素质、审美艺术素质、劳动技能素质和创新精神及实践能力，充分发挥对学生整体素质评价的导向作用和激励功能，着眼过程，注重发展，鼓励创新，引导和培养学生自订成长目标，自析成长环境，自寻成长动力，自开成长渠道，自研成长方法和自评成长效果，使学生成为自己整体素质协调发展的主人。

《当代家长》是"整体构建学校德育体系"理论和实践模式向家庭的延伸，与《德育》读本、《成长册》的价值取向一致，教育理念趋同，教育过程同步，教育途径互补。为了使三者有效融合，现有的实验区、实验校在继续实验《德育》读本、《成长册》的同时，我们号召家长积极学习《当代家长》丛书；对于非实验区、校，我们也欢迎积极组织家长实验这套丛书。现行思想品德课程标准的理念及教材风格，与"整体构建学校德育体系"的理念及《德育》读本的风格基本一致，也就是说，即使非实验区、校，把《当代家长》作为家长学校教材也完全可以实现家庭教育与学校教育的对接。所以，我们推广实验的途径基本有四种：一是在实验区、实验校实验；二是依托基层教育行政、科研部门，在全国各地建立《当代家长》函授站、教学站实验；三是与关工委、妇联等有关部门、组织联合进行推广实验；四是直接为基层家长学校服务，为其提供教材和师资。

记者：目前书市上家教类图书种类繁多且呈层出不穷态势。既有经典的《爱的教育》，也有家长现身说法的《赏识你的孩子》；有的宣称《每个父母都是教育家》，有的呼吁《千万别管孩子》，也有人主张《孩子不能不管》；不管是上哈佛的女孩刘亦婷，还是读剑桥的男孩张弛，似乎都传达了天下父母《让孩子快乐成长》的心声。面对林林总总的经验和范本，为人父母者应该抱着怎样的心态？

詹：俗话说："鞋子是否合适，只有脚知道。""管"与"不管"，关心呵护与严格要求，都是为了促进孩子健康成长。首先，家长必须充分地了解自己的孩子，根据孩子的兴趣爱好、性格特点、知识水平等特点，因材施教，客观对待，适度要求，既不可放任，也不可苛求，尤其是不能与别的孩子盲目攀比。其次，要掌握科学的教育方法，该管就管，该放就放；管时会管，放时会放；最后，要立足于孩子的实际，以孩子的成长为着眼点，把别人的经验，书本的知识作为参考借鉴，千万不可套用别人的教子经验生硬地教育自己的孩子。

记者：提高家庭教育质量必须以更新家庭教育观念为先导，您能简要介绍一下指导整套丛书的家庭教育新理念吗？

詹：为了帮助和引导广大家长接受家庭教育的新理念，掌握家庭教育的科学方法，并将这些观念和方法转化为教育子女的具体行为实践，让孩子们真正受益，《当代家长》丛书中的《当代家庭教育新理念》(上下册)提出了72个家教新理念，重点是让家长们认识到家庭教育中要树立新的儿童观、人才观、亲子观、评价观、教子观等新观念，应该平等地对待儿童，尊重儿童，根据儿童身心发展规律科学地教育他们。这些新理念都很具体，如孩子是家庭教育的主体；多“塑造”，少“改造”；要民主也要权威；言教、身教、境教结合；要竞争不要攀比；听话是优点，太听话是缺点；要分数，更要分数里的含金量；学历产能力；培养“立体型”人才等。丛书总的着眼点是孩子全面素质的提高和孩子一生的发展，而不是着眼于一时一事，所以，立足点较高，着眼点较远，利于家长指导孩子全面、和谐、充分、健康地发展。

德育怎样做才有效

——中央教育科学研究所德育研究中心主任詹万生教授访谈

《光明日报》记者　练玉春　2004年1月8日

"以德治国"是我国既定的大政方针之一。如何在学校教育中卓有成效地落实道德教育，如何进一步改进学校德育，已成为当前教育界乃至全社会一项重大的课题。为此，本报教育部日前邀请了部分德育专家、科研学者、基层教师，就这些问题进行了探讨。关于"整体构建学校德育体系"的话题采访了中央教育科学研究所德育研究中心主任詹万生教授。

主持人： 面对德育本身存在的问题，最直接的问题就是：我们的德育应如何做才能有成效？

詹万生： 对这个问题的回答，在学校教育层面上，我们目前的应对策略是"整体构建学校德育体系"。早在"八五"期间，中央教科所德育研究中心在一项"德育现状调查研究"中认为：当时学校教育存在"重智育轻德育、重课堂教学轻社会实践、重知识传授轻创新能力培养"的现象。调查的结论就是必须整体构建学校德育体系，这一建议被纳入了《中共中央关于进一步加强和改进德育工作的若干意见》的文件中。此后，"整体构建学校德育体系的研究与实验"连续被列入"九五""十五"教育科研国家级重点课题。

主持人： 这里所谓的"整体构建"是什么意思呢？

詹万生： "整体构建"，就是根据学生不同年龄阶段的身心特点和性格、品德形成规律，把德育中的道德、法律、心理、思想、政治五要素的具体内容由低到高、由感性到理性地分布到小学、初中、高中、中职、高职、大学的各个年级，以此构建系统性、规范化的德育内容体系、教学活动体系和评价体系。同时，将家庭教育和社会实践纳入到德育的范围，将德育落实到学生的日常行为和意识之中。6年来，全国28个省、直辖市、自治区建立了近百个实验区、近千所实验学校，有万名教师和近百万学生参与了课题实验，促使这些实验学校的德育工作普遍走上了科学化、系统化、现代化的轨道。应该说，该课题对我国德育改革具有重要意义。

"整体构建"还意味着：德育是整个社会的事业，单纯依赖学校德育来解决当前的问题是不切实际的。只有发动全社会各个环节的力量，才能真正构建起一个高效的德育体系，有助于形成一个健康的社会。整体构建德育体系，目标是明确的，但道路还很漫长。

提高素质刻不容缓

——访教育专家詹万生教授

《中华小记者》杂志记者　张卓立　吴　蔚　2004年2月16日

北京的早春，还带着缕缕寒意。2月16日早晨，在三环路中央教科所的大楼里，我们访问了詹万生教授。

詹教授是学校教育研究部主任，长期从事德育和综合素质的研究工作，对提高青少年的素质教育，进行了艰苦的探索，付出了大量的心血。近年来他先后到达28个省市的300多个单位讲学，行程50多万公里。在报刊上发表文章160多篇，著作30余部。他的学术论文，引起中外学术界的关注和重视。

话题是从我国注重提高素质教育谈起。詹教授说，自从中共中央国务院作出了《关于深化教育改革全面推进素质教育的决定》之后，素质教育在中小学越来越受到重视，在同学的学习生活和社会实践中得到证实。大家认识到，在未来社会的生存和发展中，必须具备优良的整体素质。面对这个新情况和新问题，提高中学生的素质刻不容缓。有的同学问：优良的整体素质包括哪些内容呢？我认为主要有：学生的思想道德素质、科学文化素质、身体心理素质、审美艺术素质、劳动技能素质和创新精神及实践能力。为使同学们达到这些要求，必须要加强素质教育。

他说，素质教育的目的，是全面提高国民素质，核心是加强和改进德育工作，重点是培养创新精神和实践能力，基础是健康教育，其中包括身体健康和心理健康。他认为，当前提高学生心理健康素质非常重要。随着改革开放和市场经济的发展，人们的心理压力越来越重，心理问题凸显出来。经济发展的不平衡造成人们收入差距的拉大，离婚率的上升造成单亲家庭子女的增多，升学择业的竞争造成了心理负担过重，使得青少年出现了一系列心理问题，诸如自卑、孤独、紧张、恐惧、猜疑、忧郁、嫉妒、报复等不良心理状态，造成神经衰弱、精神分裂，甚至出现离家出走、自杀等恶性事件。实践证明，解决这些问题不是政治教育、思想教育、法纪教育、道德教育可以完全奏效的，因此需要增强和充实心理教育内容。心理教育不是开设心理课程，而是要针对学生的心理特点和心理问题进行教育。同学们要积极主动地接受这项教育，增强心理适应能力、心理承受能力和心理调节能力，以一种健康的心理、良好的心境、积极的心态面对学习和生活。

话题转到提高中学生素质教育的具体办法。詹教授说，为了全面推进素质教育，我们编写了以品德为核心的综合素质评价手册——《成长册》，正在一些学校实验。长期以来，我国中小学普遍把《成绩册》作为对学生评价的基本形式。《成长册》与《成绩册》只一字之改，却发生了质的变化。詹教授边说边从桌上找出几份材料给我们看：

《成长册》与《成绩册》之比较

	《成绩册》	《成长册》
评价主体	教师	学生自评为主
评价内容	学习成绩	综合素质
评价分类	终结性评价	形成性评价

成长册的内容结构：

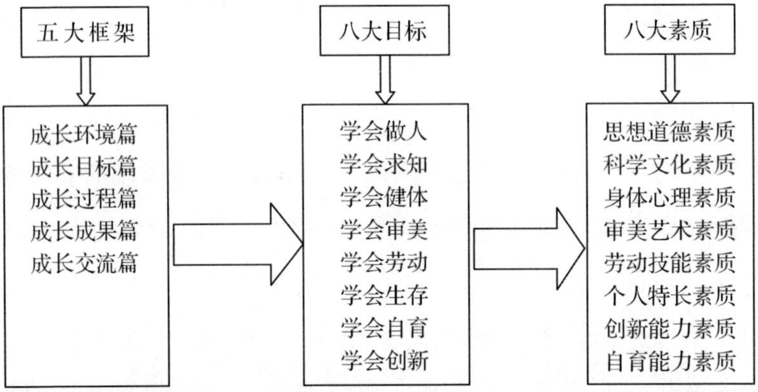

他说，《成长册》如果使用得好，那它将是同学们：经历成长的一行足迹；启迪智慧的一把钥匙；培养美德的一条渠道；铺垫人生的一块基石。访问结束时，詹教授语重心长地说：“我希望中学生在新学期有一个新面貌，全面提高整体素质和创新能力，只要同学们努力，就一定会有好的收获。”

培养具有民族精神血脉的现代中国人格

——中央教育科学研究所学校教育研究部主任詹万生教授谈“发展创新21世纪德育体系”

《中国青年报》记者　李　昂　冯桂英　2004年5月17日，2004年5月20日

在新的世纪，我国的德育体系应该发展创新，使其适应时代发展的需要。

(一)继承弘扬中华民族优秀传统文化，使德育体系具有鲜明的中国特色

伦理型文化——把握中国传统文化的核心特点。中国原始儒家、原始道家、中国佛学和宋明理学这四大思想传统的一个共同点是，“它们的智慧都是人生的智慧。”

民族思维方式——把握中国传统文化的主要内容。文化学、文化人类学研究证明，一个民族在其历史演进文化行为中积淀形成的长久地稳定地普遍地起作用的思维方法、思维习惯，对待事物的审视趋向和众所公认的观点，就是这个民族的思维方式。思维方式是人类文化现象的深层本质，是对人类文化行为起支配作用的稳定因素。通观中国传统道德文化，我们可以总结归纳出最为典型的五个方面：1. 致思于整体精神，强调为社会、为民族、为国家的爱国主义思想；2. 推崇仁爱原则，强调“厚德载物”及人际和谐；3. 提倡人伦价值，强调每个人在人伦关系中的权利和义务；4. 追求精神境界，向往理想人格；5. 重视修养践履，强调道德主体的能动作用。这五个方面是可以作为中华民族传统思想方式来加以认识的。从社会心理结构的发生形态看，这五个方面既是我们民族的思维方式，也是民族的情感方

式和价值观念。这种伦理型思维方式对中国传统文化的发展方向和主体特征产生了巨大的影响和作用。

民族精神——把握中国传统文化的精髓。一个民族的思维方式、情感体验和价值取向凝聚为民族的性格和民族精神。民族精神是一个民族生存发展的精神支柱和力量源泉，是民族思想道德素质的集中体现。关于中华民族的民族精神，著名哲学家、北京大学教授张岱年先生曾作过深刻的论述。他认为，“每一伟大民族都有其民族文化；每一民族文化都有其基本精神，亦可称为民族精神。这民族文化和民族精神构成一个民族的生命之一部分。”

这个基本精神就是我们民族延续发展的思想基础和精神动力。中华民族精神文明的“基本的主导思想意识”可以称为“中华精神”。张岱年先生认为，“中华精神”集中表现于《周易》中的两个命题：“天行健，君子以自强不息”；“地势坤，君子以厚德载物。”“自强不息”和“厚德载物”一个是奋斗精神，一个是兼容精神，在铸造中华民族的民族精神上起了决定性的作用。

吸收借鉴国外优秀文明成果，使德育体系具有鲜明的时代特点。个性精神、科学精神、民主精神、法治精神、功利精神，这五种精神，凝聚着西方文化的精华。我们根据时代的需要，将西方文化的五种精神吸纳到中华精神中来。西方的个性精神、科学精神可以融入自强不息精神，同样，西方的民主精神、法治精神、功利精神可以和谐地融入厚德载物精神。经过文化的整合与融会，使民族精神现代化而又归根于民族文化，民族精神就更富有凝聚力和先进性。

(二)在“三个面向”的思想指导下，贯通古今，融会中西，继承借鉴，发展创新

我认为，当代中国教育改革和发展的指导思想是：面向现代化、面向世界、面向未来。道德教育，作为整个教育的重要组成部分，同样要以“三个面向”为指针。贯通古今，融会东西，继承借鉴，发展创新，这是 21 世纪中国道德教育的大趋势。

回顾本世纪的发展，正是跨世纪的一代人对本世纪的思想、道德以至政治、社会发展起了极大的影响。影响着中国本世纪发展的几大思潮，包括新儒家思潮、全盘西化思潮以及马克思主义思潮，都形成于本世纪初期，而这几大思潮的第一批倡导者和代表人物，正是一批生于上世纪末、跨世纪的人物。

历史，尤其是近百年的历史已经证明：固守旧有传统，不吸收和借鉴外来的先进文化与文明成果，即使是最优秀的文化传统也难以继承和发扬光大；同样，吸收外来文化，如果不与中华民族传统文化相融合，即使是最先进的文化思想，也难以被国人所接受。因此，我们在文化建设和道德教育中，要在“三个面向”的思想指导下，贯通古今，融会中西，继承借鉴，发展创新。

我们应从当今世界道德复兴与互补中得到启示。和平与发展是当今世界局势的主流，发展经济渐渐变成国际关系的主要内容，各国经济之间存在的互补性，必然带来跨国界、跨洲界以至跨文化的世界经济关系网络。道德现象是经济关系的集中反映。各国之间经济利益互相补偿的需要，必然呼吁有一些被世界公认的符合时代特征的共同道德规范的产生。20 世纪末，国家间在政治、经济、文化、教育上的交流日益频繁。在国际交流与合作中，道德教育出现了世界性复兴和国家间互补的现象。

随着中国改革开放的深入发展，在中国的北京和曲阜等地已经多次举办过“孔子学术研讨会”。中国传统道德核心——儒家伦理，已经跨越国界成为世界文化宝库中一颗璀璨的明珠。作为一种文化现象，它已经成为全人类的共同财富。特别是现代以来，日本、韩国、新加坡等一些国家和我国的香港、澳门和台湾等地区为代表的“亚洲伦理工业区”的发展，为儒家伦理与西方先进的科技和管理相结合提了成功的经验。在新加坡，中学三四年级开设“儒家伦理”课(现在名称虽改为“好公民”，但其中儒家伦理精神并未改变)。现代新儒学第四代代表人物之一的杜维明教授认为：“把儒学思想引入学校课程，可以为学生提供一个机会，让他们理解他们和他们父母所遵循的适当的生活方式的内在逻辑”，并且可以“把他们自己培养成有道德的人，在复杂的现代世界处理很难的价值问题。”他把儒家伦理的教育过程与个人成长过程结合起来，设计出一个“同心圆”式的教育模式，并解释说：“自我扩展到家庭、邻里、社区、国家、世界和宇宙。这个扩充过程是作为一个开放体系的自我充分开发其内在资源，把自己培养成为一个关心他人、有责任感、目光远大的人的过程。”杜先生所设计的儒家伦理教育体系把“修身、齐家、治国、平天下”这一儒家伦理精髓通俗化、具体化、现代化了，是对传统儒家“内圣”“外王”理论的现代诠释和发展创新。同时，这一教育体系也符合现代社会学关于人的社会化过程的一般理论，因此它是中西文化融合的典型之例。

中国学者在继承和弘扬中华民族优良道德传统的同时，十分关注东南亚和西方道德教育的发展，注重借鉴和吸收人类所创造的一切优秀文明成果和道德教育的先进经验。

四、2006—2009 年媒体采访报道

整体构建中国特色德育体系

——访中央教育科学研究所詹万生研究员

《光明日报》记者周讯 http：//www.sina.com.cn

2006 年 2 月 15 日 01：15 光明网—光明日报

采访者：本报记者周讯

受访者：中央教育科学研究所研究员，原德育研究中心主任，《中国德育》杂志原主编，中国伦理学会德育研究会会长，全国教育科学“十五”国家重点课题“整体构建学校德育体系深化研究与推广实验”总课题组组长。

记者：得知您正在主持“十五”国家重点课题并取得了丰硕成果，在全国产生了广泛的影响。您能谈谈课题的来历吗？

詹：说来话长。1991 年，中央教科所德育研究中心成立，我从首都师范大学调入任该中心主任。为了选准德育科研的切入点和突破口，我主持了教育部重点课题“我国各级各类学校德育现状调查研究”。调查结果发现大、中、小学德育存在着倒挂、脱节、简单重复、过频变动和脱离实际的问题。有人说：“小学讲共产主义，中学讲爱国主义，大学讲文明礼貌。”这虽然有些夸张，但也不无根据。有一次，一位妈妈带着刚上小学的女儿乘单位的班车下班，车上的同事与这位小学生聊天儿，叔叔问：“你今天上什么课了？”小学生答：“语文、数学，还有少先队活动。”又问：“少先队活动，老师教什么？”小学生很自豪地答：“时刻准备着，为共产主义而奋斗！”车上的人都笑

了。那个叔叔追问:“你说说什么是共产主义?”小学生红着脸说不上来了。有人启发说:“你举个例子，说说谁是共产党员?”妈妈鼓励她:“大胆说，没关系。”小学生不好意思地说:“我不知道。”这个故事引起我的沉思:我们的德育怎样才能贴近学生、贴近生活、贴近实际呢?于是，我在调查报告中提出了整体构建学校德育体系的建议。这个建议得到了时任中共中央政治局常委的李岚清同志的肯定，并被《中共中央关于进一步加强和改进学校德育工作的若干意见》所采纳。后来，全国教育科学规划领导小组把这个建议列入了“九五”国家重点课题，经过专家评审，批准由我主持这项课题的研究工作。

记者:看来这项课题确实很重要。那么该课题的研究思路和基本理念是什么?

詹:整体构建学校德育体系是按照系统科学的整体性、层次性、有序性原理，把学校德育整体划分为纵向系统和横向系统，形成一个坐标系。纵坐标为幼儿园、小学、初中、高中(含中职)、高职、大学等六个层次;横坐标为德育目标、内容、途径、方法、管理、评价六个要素。总的思路是十六个字:纵向衔接，横向贯通，分层递进，螺旋上升。具体做法是:遵循学生的年龄特点和品德形成发展规律，由浅入深，由近及远，从感性到理性，从具体到抽象，编写一套《德育》系列实验教材，从小学到大学每个年级一册，共22册;编写一套《成长册》即综合素质评价手册，从小学到高中(中职)共18册。基本理念是:尊重学生的主体地位和成长规律，不要“高、大、空、远”，要“近、小、实、亲”;既要授之以知，晓之以理，更要动之以情，导之以行;以学生为中心，以活动为中心，以体验为中心，使学生在活动中体验生活，感悟道德，养成良好的行为习惯。

记者:按照您的研究思路和德育理念编写的实验教材，它的实验效果如何？

詹：我们坚持为决策服务、为实践服务的科研宗旨，走出了一条科研人员与行政领导和一线教师相结合的科研道路。经过十年的努力，我们在28个省(直辖市、自治区)建立了百个实验区、千所实验学校，有万名教师、百万学生参与了课题研究与试验。课题组成员经常深入到实验学校参观考察、交流研讨、指导试验，亲身感受到我们的研究成果和德育理念，受到了广大师生的普遍欢迎。实验学校的校长大都树立了以人为本、德育为首、科研兴校的办学理念；我们提出的新德育理念已经深入人心，实验教师普遍提高了德育工作水平。一位老教师说："我当了三十年班主任，过去的工作多半是盲目的、随意的、零散的。参加课题实验后，才知道什么是真正的德育。工作增强了科学性、针对性、实效性。我觉得自己年轻了，学生也喜欢上我的课了。"一名学生来信说："这学期，我手头多了一本《德育》和《成长册》，起初怕增加负担而惴惴不安，后来发现它在和我们真诚对话，渐渐的我喜欢上它了，觉得《德育》和《成长册》是我的好朋友。"

记者：现在课题进展情况如何，今后有什么打算？

詹：在《德育》和《成长册》进行实验的过程中，我们继续进行深化研究。"九五"期间编写了《整体构建学校德育体系引论》《导论》《论文集》和《报告集》。"十五"期间在编写幼儿园实验教材《好孩子好习惯》和家庭教育教材《当代家长》的基础上，已经完成了《整体构建学校德育体系导论》和小学、初中、高中、中职、高职、大学等六个学段的《德育体系实践导引》的编写任务。目前，课题组的中心任务是贯彻落实《中共中央国务院关于进一步加强和改进未成年人思想道德建设的若干意见》和《教育部关于整体规划大中小学德育体系的意见》，指导实验学校研究编写《校本德育体系》。今后的打算是：在画好大、中、小、幼纵向衔接这一竖的基础上，继续画好学校、家庭、社会互相结合的一横，整体构建中国特色和谐德育体系，为建立与市场经济相适应、与法律规范相协调、与传统美德相衔接的社会主义思想道德体系，进而实现和谐社会做出贡献。

十年磨一剑　追问和谐德育与生命价值

——全国教育科学规划德育学科组专家、中央教科所詹万生教授访谈录

中国青年报记者　冯桂英　2006 年 4 月 20 日

恩格斯在《反杜林论》中有一段独具意旨的论述："当我们深思熟虑地考察自然界或人类历史或我们自己的精神活动的时候，首先呈现在我们眼前的，是一幅由种种联系和相互作用无穷无尽地交织起来的画面，其中没有任何东西是不动的和不变的，而是一切都在运动、变化、生成和消逝。"

这段话在揭示着深刻的哲学理性的意蕴中留给我们自由而广阔的联想空间——由恩格斯所说的"一切都在运动、变化、生成和消逝"，我们联想到了本渊源于中国思想史的具有内在联系的三个短语：逝者如斯——实事求是——与时俱进。时空在延展，社会在演进。人向何处去？人类社会向何处去？思想界、德育界更坚定地将认识的焦点集中在人自身——人的德性和人的素质上。站在世纪起点上，一个共同的意念呼之欲出了：21 世纪中国德育改革与创新！

随着经济全球化的到来，中国的经济正在经历着转型期的各种要素的重新组合。中国正在融入世界。经济的竞争，说到底是人才的竞争，作为培养人才的教育正在成为先导性、全局性、基础性重要领域。在这一重要的历史时期，全国教育科学规划德育学科组专家、中

央教育科学研究所研究员詹万生教授“八五”期间，承担了国家教委重点课题“我国各级各类学校德育现状调查研究”。研究侧重点包括大、中、小学校德育工作现状和大、中、小学生思想道德素质现状的调查研究。调查的样本涉及23个省(直辖市、自治区)，225所学校，12500名学生。本次调查的内容范围和组织规模在新中国教育史上是前无先例的。课题组在大面积问卷调查基础上，召开各种类型座谈会进行典型调查，把定量分析和定性分析结合起来，撰写出45份分门别类的调查报告。在此基础上撰写了总体研究报告。这项研究报告首次提出了整体构建大、中、小学和谐德育体系的建议。

之后，他又领衔“九五”“十五”国家重点课题，围绕着整体构建和谐德育体系进行了历时十年的深化研究与推广经验。他提出了双主体说、三中心说、四环节说、四原则说、五要素说等德育新理念；同时重视德育实践环节，强调学生八个学会（即学会做人、求知、健体、健心、审美、劳动、创新、自护)，建立了德育活动课和以思想品德为核心的综合素质评价体系。他带领课题组同志走遍全国28个省、100个实验区、1000所实验学校。每到一处，都被实验区、学校邀请作报告、考察、听课、与教师座谈，指导研究实验。被广大实验教师亲切地称为“良师益友”。

他在画好了大、中、小学德育体系纵向衔接的“一竖”的基础上，进一步强调要画好学校、家庭、社会相结合的“一横”，整体构建了“和谐德育论”的理论体系。为建立与社会主义市场经济相适应的，与社会主义法律规范相协调的，与中华民族传统美德相承接的社会主义思想道德体系提供了理论基石和实践模式。为教育部颁布《整体规划大中小学德育体系的意见》作出了贡献。

经过十年的执着追求和不懈努力，课题研究结出了丰硕成果，形成了从《整体构建德育体系总论》到各学段《德育体系实践导引》再到具体化、特色化、可操作的《校本德育体系》等一系列研究成果。詹教授还带领他的课题组依据学生不同年龄段的身心特点、知识水平、品德形成发展规律，研究编写了从幼儿园到大学七个学段的《德育》系列实验读本(18册)、成长册(18册)、《当代家长》(34册)、《好孩子・好习惯》(8册)、《职业道德与职业指导》(中职教材3册)、《思想道德修养》(高职教材4册)、《大学生心理健康导论》(高校教材4册)等系列研究成果，为中央和教育部的科学决策提供了依据。

在中国经济飞速发展的重要历史时期，社会上出现了一些过度追求财富、忽视道德和精神的现象。而中央教科所的学者、专家，特别是詹教授领导的总课题组坚持以马克思主义哲学思想为指导，以整体构建和谐德育体系为目标，以为决策服务、为实践服务为宗旨，以创新德育理论、探索德育实践为己任，十年如一日，执着追求，开拓创新，咬定青山不放松，才取得了如此厚重的研究成果。他们的研究价值在于理论上的原创性和实践上的可操作性。正是这些新理论、新思想，为实验研究、行动研究插上了翅膀。他们带领和指导一大批实验区、实验校培养了一支庞大的基层研究队伍，出了成果，出了经验，出了人才。

读着课题组几十册厚厚的论著和教材，翻阅他们的工作记录，目睹他们为召开学术研讨会议而彻夜不眠的艰辛。作为记者，我深深地被感动了。他们这支学术团队与中国经济变革时代共同谱写着激情澎湃的乐章。在全国百名德育科研专家、名师、名校长云集首都，展示交流“十五”课题成果、研讨“十一五”课题申报之际，笔者采访了课题总负责人詹万生教授。

记者：您是和谐德育的提出者、创造者，请您谈谈和谐德育提出的背景。

詹：“和谐德育”的提出是从“八五”规划的调查研究入手的。当时，中央教科所德育研究中心刚刚成立，需要了解中国德育的现状和学生思想道德素质的现状，选准德育科研的切入点。在调查过程当中，我们发现大、中、小学德育存在着倒挂、脱节、简单重复、过频变动和脱离实际的问题。所以，我们提出整体构建和谐德育体系，旨在解决大、中、小学德育纵向衔接的问题，使德育工作能够遵循学生的年龄特点和品德形成发展规律，由浅入深，由低及高，从感性到理性，从具体到抽象，分层递进，螺旋上升。这样，德育才能贴近生活、贴近实际、贴近学生，体现时代性，把握规律性，增强实效性。

记者：请您谈谈和谐德育的内涵。

詹：所谓和谐德育，指的是德育以满足社会发展需要和受教育者个体发展需要的统一为出发点，在遵循受教育者身心发展规律的基础上，调控构成德育体系诸要素之间的关系，使之发生和谐共振效应，从而促进学生思想品德全面而和谐发展的一种德育模式。和谐德育是对全面发展教育理论的继承与创新，它的内涵主要包括如下几个方面。

1. 师生关系的“双主体”和谐

我们提出“师生双主体互动”的观点，认为教师和学生都是德育的主体，不能把学生当成被动接受的客体看待。师生关系是学校教育中最基本的人际关系。和谐融洽的师生关系不仅是有效进行教育活动、完成教育任务的重要条件，而且本身也是一种重要的教育力量，能够对学生思想品德的发展产生极大的教育效应。学生的思想品德是在良好、健康的人际环境中耳濡目染，逐渐养成的。在德育活动中，教师与学生如果能够平等相处，诚恳相待，学生人格就会得到尊重，个性潜能就能得以展示。教师自己的高尚道德情操，优良的个性品质就能够潜移默化地影响和感染学生。

2．德育过程的“四环节”和谐

和谐有序的德育过程是对受教育者传授道德知识、陶冶道德情感、培养道德意志、引导道德行为的过程。简言之，就是“知情意行”的过程。学校德育工作要取得实效，取决于四个环节的和谐统一的程度。和谐德育将“知、情、意、行”和谐地整合在一起，以传授道德知识作基础，涵养道德情感为关键，培养道德意志作保证，以养成良好的道德行为习惯为归结。我主张知、情、意、行四个环节的和谐。应该将德育知识内化为自己的思想情感，外化为自身的行为，做到“知行统一”，取得真正意义上的德育实效。

3．德育内容的“五要素”和谐

过去的德育内涵不明确，总在变动之中。“文革”时大搞突出政治，政治可以冲击一切、取代一切；拨乱反正后，又曾一度出现淡化思想政治教育的问题。为了解决德育内容的不稳定问题，我提出了大德育观的“五要素”说，主张德育包括思想教育(世界观、人生观、价值观等)、政治教育(国体、政体、方针政策等)、道德教育、法制教育、心理健康教育。这五个要素的关系也需要和谐，它们在每一个学段的内容并不是平均分配的，要根据学生年龄特点和思想品德形成发展规律，循序渐进，螺旋上升，不要“齐步走”“一刀切”“大呼隆”。小学阶段，应以文明礼貌、行为习惯养成教育为主，辅助一些心理健康的内容；初中阶段，应以思想道德教育和心理健康教育为主，辅以法制纪律教育；高中阶段，应在初中的基础上增加思想政治教育内容；大学阶段，应以思想政治教育为主，辅以道德、法制、心理教育。

4. 德育途径的互补性和谐

学校德育的途径主要有班主任工作、党团队工作、学科德育、校园文化、德育基地、网络德育等六条途径。和谐德育要求各条途径相互补充、齐抓共管、形成合力。不要“一人一把号，各吹各的调”，甚至出现不和谐的音符。德育是素质教育的核心。我们希望每个任课教师既做经师，又做人师，既要教文化知识，又要教做人。学校教育的基本组织形式是课堂教学，而课堂教学的主要任务是智育。在应试教育还有相当影响的情况下，要深入研究各科教学内容的育德点，抓好任课教师的教书育人工作。要积极推进班主任专业化建设，推广学生成长导师制的新鲜经验。要制定具体化、特色化、可操作的校本德育体系，抓好各条德育途径的协调工作，建立全员育人、全程育人、全面育人的运行机制。

5. 德智体美劳“五育”和谐

人的全面发展是人的劳动能力、社会生活能力、精神生活能力与个性自由发展辩证统一的过程。就本质而言，人是一切“社会关系的总和”。这就是说，人在社会生活中，必然要受到政治、经济、文化等领域社会关系的制约。人的基本道德能力就是要正确处理各种社会关系，这正是德育的本质所在。我们提倡的和谐德育，其实质在于从人的全面发展出发，全面实施素质教育。和谐德育就是要正确处理“五育”之间的关系。一方面，强调德育首要地位，充分发挥德育对智育、体育、美育、劳动教育的导向、动力和保证作用；另一方面，使德育寓于智育、体育、美育、劳动教育之中，充分发挥智育、体育、美育、劳动教育对德育的传输、内化和巩固功能。“五育”相互交织、相互渗透、相互融合。

6. 横向系统“六要素”与纵向系统“六学段”和谐

现代系统科学认为，任何事物都是作为系统而存在的。所谓“整体构建和谐德育体系”，就是把学校德育工作的各个要素视为一个相互联系、辩证统一的整体。这个整体主要由德育目标、内容、途径、方法、管理、评价“六要素”构成的横向系统与幼儿园、小学、初中、高中(中职)、高职、大学“六学段”构成的纵向系统构成。就学校德育体系的横向系统而言，德育目标是学校德育工作的价值导向系统，是其他要素发挥作用的出发点和归宿；德育内容是德育工作的媒介系统，它是其他德育要素发挥作用的凭借与依托；德育途径与方法是德育工作的时空领域与实施系统，决定了德育工作的效率与合力；德育管理与评价则是德育工作的机制保障系统。“六要素”只有构成一个统一的整体，才会在相互关联、相互制约、相互作用的关系中获得最佳德育效果。横向“六要素”和谐，其工作形态是全员德育、全面德育，是教育的合力；纵向“六学段”和谐，其工作形态是有机衔接，分层递进，螺旋上升，是体现德育过程完整性和连续性的全程德育。

7. 学校、家庭、社会“三教”和谐

学校德育与社会环境、家庭环境以及校园环境之间始终是相互联系、相互渗透、相互作用、相互影响的。学校、家庭、社会在教育主体、内容、方式、方法上各有优势，只有在学校、家庭、社会三方面教育力量和谐一致的时候，学生的品德发展才是健康的积极的。要充分发挥学校、家庭和社会三个方面教育力量各自的优势，使之相互协调、相互配合、相互补充、形成合力，推动学校、家庭、社会德育目标一致，德育理念趋同，德育过程同步，德育方法互补，德育资源共享。从而产生多渠道、多方位的和谐德育效应，有利于把学校德育工作置身于社会大环境中来运作，为建立和谐家庭、和谐社区、和谐学校做出贡献；同时，有利于建立广泛的社会联系，发挥学校、家庭、社会各方面德育功能，使学生成为学校的好学生、家庭的好孩子、社会的好公民。

记者：您怎么看和谐德育与教育本质之间的关系。

詹：教育的本质是育人，育人实质是提升人的生命价值，使人得到全面的发展。教育在于传承人类文明，弘扬民族精神。传承人类文明包括科学知识方面，也包括思想道德方面。现在，我们的教育存在着"重智育，轻德育；重书本知识传授，轻创新能力培养；重课堂教学，轻社会实践"的问题。

在21世纪转型期，我们需要加强德育。和谐德育还有一个重要思想，就是我曾经提出的："贯通古今，融汇中西，继承借鉴、发展创新"十六字方针。通过反思中国100多年的教育，得出的结论是：要继承和弘扬中华民族的优秀传统文化，同时要吸纳西方有益的优秀文化成果，在继承借鉴中发展创新。中西文化有一种互补性。中国文化强调和谐统一、辩证融通；西方文化注重个体生命价值、张扬个性。我们要站在国际大视野下关注德育，要把传统文化和西方现代文明很好地结合起来。

记者：和谐德育对培养21世纪创新型人才的价值何在？

詹：教育是培养人才的事业，和谐德育是以人为本、提升生命价值的教育。德育的功能包括相互联系的三个方面：一是巩固上层建筑的功能，在多元文化的背景下，德育必须坚持主流意识形态；二是维护生产关系的功能，德育要用政治、法律、道德来规范学生，使学生能成为适应社会发展需要的人；三是发展生产力的功能，生产力中具有能动性、最活跃的是人。德育最本质的是要培养具有创新精神、创新能力的人。创新型人才需要有创新的思想、意识和创新能力，不能墨守成规、循规蹈矩、因循守旧。因此，德育不仅是规范性德育，而且更应是发展性、创新型德育。比如：小学要求有求新、求变、求异的启蒙教育；中学要有培养创新精神、创新能力的教育；大学要实施创新型人才培养工程。有些学校担心加强德育会影响到智育，其实德育的发展对智育的发展是起着导向、动力、保障作用的。

记者： 21世纪是互联网时代，请您谈谈和谐德育如何渗透网络德育中。

詹： 网络是一把双刃剑。一方面，互联网等信息媒体的快速发展，给青少年学习和获得信息开辟了新的渠道，为他们的交往提供了方便、快捷、高效的工具。网络内容增加了学生的信息量，扩宽了学生的视野，加快了他们吸收知识的速度。另一方面，由于网上的虚拟世界存在着虚假的、不健康的成分，以及网络立法的滞后性、网络技术的欠完善性，给“黄、赌、毒、邪”等腐朽落后文化和有害信息的网络传播以可乘之机，致使少数青少年精神空虚、行为失范，有的甚至走上违法犯罪的歧途。这些对青少年的成长是有害无利的。

和谐德育要坚持趋利避害的原则，一方面要加强网络道德建设和立法建设，对传播不健康内容的网站采取必要措施。另一方面要加强网络资源建设，正确引导青少年，为他们提供健康的网络精神食粮。充分发挥“德育网”“校园网”的正面教育功能，开发、研制优质德育软件，使网络德育具有可操作的运行载体。我们还准备筹划建立“中国长城好汉馆”，将科技界、文化界、企业界的一些堪称好汉的知名人物的正面经历制作成网络光盘，通过这些引导青少年的发展，让全社会都来关注青少年的健康成长。

记者： 请您谈谈和谐德育对增强人的生存发展能力的作用。

詹： 随着高考制度、教育制度的不断改革，加之高等教育大众时代的到来，学生的升学压力将逐步得到缓解。今后，大家面临的就业压力比升学压力更大，人们更关注的将是个人的职业素质提高。

职业素质包括职业理想素质、职业心理素质、职业道德素质、职业技能素质、专业素质，像创业敬业精神、勤业乐业精神、团队合作精神、开拓进取精神对一个求职者至关重要。我认为，在未来社会的发展中，一个人的职业素质远远大于其文凭、分数的价值。

我访问丹麦哥本哈根大学时，曾问过他们升学率的问题。结果发现他们根本没有追求升学率的问题。一位先生告诉我，上学是为了个人的生存和发展，丹麦人在初中或高中毕业后都有一年的职业培训，如果找到了适合自己的工作，就不再上大学了，只有那些一时没找到工作的人才上大学呢。他们用人不是看学历，而是看能力。我们的教育理念、人才观念、就业观念与西方有很大不同。这些都有赖于我们经济社会的发展和传统观念的转变。

弱势群体的受教育和就业问题也值得我们去关注。我们不仅要关注弱势群体，还要援助弱势群体。除了经济、资金、人才方面的援助，更重要的是德育方面的援助。和谐德育还包括发达地区和欠发达地区的德育和谐问题。我们不能只重视大城市、中心地区的德育问题，还要关注欠发达地区的德育问题。我们一直非常关注农村学生的德育状态。从 1999 年起，课题组就把视野转入了农村，1999 年我们的年会在河南省开封县召开。2000 年，为了配合西部大开发战略，课题组又转入西部地区，那次年会在重庆召开。2005 年的年会在新疆伊宁召开。西部经济欠发达，经济要想上去，教育必须先行。西部发展起来的标准并不是简单的凭借考取了多少大学生来判断，更重要的是为西部发展留住人才。人才的培养在于教育。教育的关键在于素质教育，德育是素质教育的核心，我们主张大力发展中等职业教育和高等专科层次的职业教育，为当地的发展留住人才。

记者：请您具体谈谈上述课题的研究成果。

詹：我们的课题研究涉及七个教育学段，即：幼儿教育阶段、小学教育阶段、初中教育阶段、高中教育阶段、中等职业教育阶段、高等职业教育阶段、大学教育阶段。

经过十年的努力，我们在28个省(直辖市、自治区)建立了百个实验区、千所实验学校，有万名教师、百万学生参与了课题研究与试验。实验校大都树立了科研兴校、德育为首、育人为先的办学理念，德育工作也由盲目性、随意性上升到科学性、规范性，从而提高了德育的实效性。

从研究成果上来讲，我们研究编写了从幼儿园到大学七个学段的《德育》系列实验读本(18册)、成长册(18册)、《当代家长》(34册)、《好孩子·好习惯》(8册)、《职业道德与职业指导》(中职教材3册)、《思想道德修养》(高职教材4册)、《大学生心理健康导论》(高校教材4册)等系列研究成果，为中央和教育部的科学决策提供了依据。“九五”结题成果是出版了《整体构建德育体系引论》《总论》《论文集》《报告集》四本书，“十五”成果出版了《整体构建德育体系导论》《小学实践导引》《初中实践导引》《高中实践导引》《中职实践导引》《师范实践导引》《高职实践导引》《大学实践导引》等八册。在此基础上，我们指导试验校构建校本德育体系。实现了从总论、分论、校本三个层次德育体系的整体构建。10年来，我们培养了100位德育科研名校，100位德育专家，100位德育科研名师，以及100个优秀家长和学生。

记者：在经济转型的关键时刻，你们的研究为什么抓住生产力要素中最关键的要素——人的发展。

詹：通过十年的研究，我们才能畅想21世纪的未来，才能够把和谐德育的思想建筑在经济发展、构建和谐社会的大背景下。德育工作，一方面关系着学生的品德发展，另一方面也直接关系着学生的学习积极主动性和学习成绩，直接关系着学生的综合素质的提高。我们要为经济发展培养人才，而不是培养高分低能的人。通过对前几年马加爵等事件进行总结、反思，我们认识到，必须加强德育。有句话说得好：智育不好，是次品；体育不好，是残品；德育不好，是危险品。

记者：请您介绍一下课题研究方式。

詹：德育是实践性、应用性很强的学科。我们课题研究的突出特点是注重一切从实际出发，坚持理论与实践相结合的原则，坚持为决策服务、为实践服务的宗旨，坚持走科研工作者与行政领导和一线教师相结合的道路。我们的研究方法是：以德性论、德育论、系统论为理论基础，把理论研究、实验研究、行动研究统一起来。具体做法是课题组成员走向活生生的教育实践，走到学校生活当中，走到广大师生之中。“九五”计划以来，我每年平均出差 40 多趟，足迹遍布全国 28 个省。我们的目标是走向 30 个省，300 个市，近 3000 个县。每到一个实验地点，我们都要做报告、考察、听课、开座谈会，与广大师生结下了深厚的友谊。

倡导和研究和谐德育，首先需要课题组内部和谐，更需要课题组与实验区、实验校相互关系的和谐。十年来，我们已经形成了一支和谐的德育科研团队，中国伦理学会德育研究会的成立为我们搭建了更加广阔、持久的平台。在“十五”即将结题、“十一五”即将开题的时候，我们有信心为整体构建学校、家庭、社会和谐德育体系再立新功。

（注：本文原载中国青年报青年时讯　2006 年 4 月 20 日，新浪网

转载 http：//www.sina.com.cn 2006 年 4 月 20 日 14：26 青年时讯)

附：来自实验区实验校的报告

▲ “整体构建义务教育学校德育途径方法体系的研究”是天津市河西区承担的子课题。通过全体实验人员的通力协作，包含着 31 所实验校、649 个实验班、833 名实验教师辛勤劳动的《整体构建义务教育学段德育途径方法体系的研究》以专辑的形式向第四届年会献上新的成果。

本成果主要表现在以下三个方面。一是，探索归纳出德育途径初中 3 类 17 条，小学 3 类 20 条。德育方法初中 5 类 27 种，小学 5 类 30 种。在此基础上，构建了义务教育学段以德目为基准点的途径方法体系。二是，取得了教育实效。各实验学校分别按德目所作的对比统计和所举实例，充分表明学生思想品德状况都发生了显著变化。三是，提高了学校干部、教师的素质水平。据不完全统计，学校获国家级荣誉称号 57 项次，市级荣誉称号 124 项次，区级荣誉称号 188 项次，教师中有 26 人次获国家级荣誉称号，91 人次获市级荣誉称号，327 人次获区级荣誉称号。

(选自《整体构建德育体系实验报告集》作者：天津市河西区教育局局长　刘国胜)

▲ 哈尔滨市南岗区是参加《德育》读本实验最早、参加人数最多的实验区之一。首轮实验，全区班主任教师，各校领导 3500 余人，参与小学至高中的实验。通过每周一节的班会课、团队活动课、组织全校性实验，同时有重点地在 38 所中小学建立 158 个样板班。通过读本“示范课”“研究课”“优秀课”“观摩课”“基本功汇报课”等大赛活动，

促进全区各校的实验研究。实验班成立了音乐、舞蹈等24个课外活动小组，种了40棵“成功树”，组织学生到艰苦磨炼营中体味劳动的艰辛，实行干部轮流“值日班长制度”，举办“一次成功体会的交流会”活动，人人参与读本活动设计操作等，为人人创设成功机会，让人人体验成功的喜悦。一年多来，实验班与对照班比较，各方面效果明显。读本内容符合中小学生德育大纲的要求，体现了素质教育的特色，重视了知、情、意、行的统一，增强了德育的科学性、针对性和实效性。

实验教师说：高中生是未来的主宰，是时代的主人，是正确的人生观、价值观形成的关键时期，《德育》读本对培养学生道德和良好的心理品德有重要的导向作用。德育特级教师说：读本的指导思想明确，内容着眼于提高学生的素质，而不是单纯的说教，引导学生在动手、动脑的实验操作中得到教育，掌握一些基本技能，适应了跨世纪的需要。家长评价说：自从学校开设《德育》读本实验后，孩子对读本内容很感兴趣。我也仔细阅读了读本，觉得教育针对性很强，有些内容符合孩子的实际情况。自从班级使用读本上班会课后，孩子变化很大，能够主动帮助家长做事情了，知道关心父母，也知道节约了。我们家长感到欣慰，希望学校今后能够坚持使用读本。学生说：让我们感到头痛或是迷惑的抽象道理，在读本中变得明了易懂了。班会课让我们在轻松愉快的氛围中受到教育，我们喜欢读本。

从各校的总结来看，教师、学生、家长，普遍认为读本形式活泼、内容丰富、脉络清晰、明理导行、便教利学。

（选自《整体构建德育体系实验报告集》作者：哈尔滨市南岗区课题实验指导小组　李娟）

▲ 重庆市南岸实验区1999年开始《成长册》的使用研究。通过《成长册》评价与班队会、日常行为活动表现、思品评价等相结合，开展了丰富有效的评价活动。引导家长、教师、学生理解指标内容，懂得评价方法，在此基础上引导学生对照行为表现，自我矫正，争达目标。学校评价、家长评价、自我评价相结合，榜样示范、以点带面、点面结合的方法，收到了明显效果。

实验结果：一是，通过实验，落实了学生主体地位，矫正了学生行为，提高了学生自我控制能力。从上、下两期对照数据来看，能和同学友好相处的人由19人增至24人，增长了14.7个百分点；和同学们打架、乱给同学们起绰号、欺负人的学生由5人降至1人，降低11.8个百分点，学生行为转变明显。在“孝敬父母”一栏，《成长册》一共列出了五条要求，统计结果，下期比上期进步的有25人，占73.5%。其中最突出的是第5条“我能尽力做好自己的事，少给父母添麻烦”，下期有30人达到要求，比上期多了13人，增加了38.2个百分点。二是，《成长册》的使用，促进了良好班风的形成，提高了班级教育质量。实验期间，实验班中有三个班被评为“十佳班队”，有51名学生被评为“五好学生”“优秀少先队员”，占学校同类表彰的42%。三是，《成长册》的使用，沟通了教师、家长、学生的情感，拉近了师生、亲子之间的距离。通过家长参与评价，增进了家长对孩子的了解。在家长座谈会上，90%以上的家长对《成长册》持欢迎的态度。家长们指出：《成长册》让他们了解素质教育的具体内容，使他们懂得如何引导孩子提高素质。《成长册》成为家庭教育的指路灯，学校教育的导航标。

（选自《整体构建德育体系实验报告集》作者：重庆市南岸实验区光彩小学 王永强 李秀红 聂维娜）

詹万生：中国德育教育第一人

人民日报记者　王继红　2006年12月1日

http：//www. sina. com. cn 2006年12月01日 00：18 人民网—市场报

10月底，全国教育科学"十五"规划国家重点课题"整体构建学校德育体系深化研究与推广实验"第九届年会、中国伦理学会德育专业委员会第二届学术研讨会，在北京人民大会堂召开。全国30个省市150多个实验区的教育局长、6000余所实验校的校长和教师参会。笔者采访了中央教育科学研究所研究员、中国伦理学会德育研究会会长、全国教育科学"十五"国家重点课题整体构建学校德育体系深化研究与推广实验总课题组组长詹万生。

问：您正在主持"十五"国家重点课题并取得了丰硕成果，在全国产生了广泛影响。请谈谈课题的来历。

詹：1991年，中央教科所德育研究中心成立，我从首都师范大学调入任该中心主任。为了选准德育科研的切入点和突破口，我主持了教育部重点课题"我国各级各类学校德育现状调查研究"。调查结果发现，大、中、小学德育教育存在着倒挂、脱节、简单重复、过频变动和脱离实际的问题。于是，我在调查报告中提出了整体构建学校德育体系的建议。这个建议得到了时任中共中央政治局常委李岚清同志的肯定，并被《中共中央关于进一步加强和改进学校德育工作的若干意见》所采纳。后来，全国教育科学规划领导小组把这个建议列入了"九五"国家重点课题，经过专家评审，批准由我主持这项课题的研究工作。

问：那么该课题的研究思路和基本理念是什么？

詹：整体构建学校德育体系是按照系统科学的整体性、层次性、有序性原理，把学校德育整体划分为纵向系统和横向系统，形成一个坐标系。纵坐标为幼儿园、小学、初中、高中(含中职)、高职、大学6个层次；横坐标为德育目标、内容、途径、方法、管理、评价6个要素。总的思路是16个字：纵向衔接，横向贯通，分层递进，螺旋上升。具体做法是：遵循学生的年龄特点和品德形成发展规律，由浅入深，由近及远，从感性到理性，从具体到抽象编写一套《德育》系列实验教材，从小学到大学每个年级一册，共22册；编写一套《成长册》即综合素质评价手册，从小学到高中(中职)共18册。基本理念是：尊重学生的主体地位和成长规律，不要"高、大、空、远"，要"近、小、实、亲"；既要授之以知，晓之以理，更要动之以情，导之以行；以学生为中心，以活动为中心，以体验为中心，使学生在活动中体验生活，感悟道德，养成良好的行为习惯。

问：按照您的研究思路和德育理念编写的实验教材，效果如何？

詹：我们坚持为决策服务、为实践服务的科研宗旨，走出了一条科研人员与行政领导和一线教师相结合的科研道路。经过10年努力，我们在28个省(直辖市、自治区)建立了百个实验区、千所实验学校，有万名教师、百万学生参与了课题研究与试验。课题组成员经常深入到实验学校参观考察、交流研讨、指导试验，亲身感受到我们的研究成果和德育理念受到了广大师生的普遍欢迎。实验学校的校长大都树立了以人为本、德育为首、科研兴校的办学理念；我们提出的新德育理念已经深入人心，实验教师普遍提高了德育工作水平。

问：今后有什么打算？

詹：在画好大、中、小、幼纵向衔接这一"竖"的基础上，继续画好学校、家庭、社会互相结合的一"横"，整体构建中国特色和谐德育体系，为建立与市场经济相适应、与法律规范相协调、与传统美德相衔接的社会主义思想道德体系进而实现和谐社会作出贡献。

中国德育第一人

——记中央教科所原德育研究中心主任、

中国论理学会德育研究会会长詹万生

延庆报记者　曹欢欢　2008 年 1 月 7 日第五版“妫川骄子”

他志存高远，勤劳奋发，走出了曾经阻隔自己梦想的大山；他敏锐深邃，执着追求，堪称中国德育第一人；他一腔热血，心存感恩，是一个饱含赤子情怀的妫川骄子。他，就是中央教育科学研究所研究员、原德育研究中心主任、中国伦理学会德育研究会会长、硕士研究生导师詹万生教授。

千锤百炼出深山

在风光秀美的官厅湖畔，曾经有一个叫大曹家营的村庄，那里是詹万生出生的地方。他 6 岁那年，因为修建官厅水库，这个村子的村民集体搬迁。詹万生随父母迁移到八达岭长城脚下，新建的东曹营村。

1966 年，“文化大革命”爆发，大中小学生变成了“红卫兵”，成千上万学子的大学梦被埋在了深山里。詹万生也不例外，中学毕业的他不得不回乡务农。春种夏锄，秋收冬藏，全套农活儿他样样都行。他还学会了木匠、瓦匠，他甚至干过装卸工，后来又做代课教师，教过小学、初中。

1971 年，在中学班主任赵育民老师的推荐下，詹万生被教育局保送到延庆师范学校读书。从此，他改变了命运，几年以后走出了阻隔他梦想的大山。

师范毕业后，詹万生留校任教。他教地理、教政治，还当文科班、体育班的班主任。他兴趣广泛、多才多艺，在学校运动会上拿过团体总分第一，他曾带领学校文艺宣传队演遍了全县的农村、工厂、军营，他亲手画的中国地图历经风吹雨打仍然还在教室的山墙上。他教过的学生在三十多年后回忆起来仍然记忆犹新。他们感慨地说：“那时才是真正的素质教育，詹万生是我们最敬佩的老师和学习的榜样。”

当时的延庆师范学校名师云集，江平、宁致远、赵振东、孔祥松、邢启光、尹吉亮，他们的厚德与博学深深地影响了詹万生，也孕育了他的大学梦。在师范学校教书五年，他从没放弃过努力，边教边学，边学边教，他刻苦自学不断充实自己。

命运，归因于必然，也归因于偶然；归因于客观，也归因于主观。1977 年，高考制度恢复，詹万生在恩师们、同事们的支持和鼓励下，考入北京师范学院(现在的首都师范大学)。第二年 3 月，他告别父母妻儿，背着行囊，踏上了开往京城的长途汽车。

上了大学固然可喜可贺，但大学生活对于詹万生来说，并不是件轻松的事。家庭重负，30 岁的年龄，使他的记忆力减退，学习效率下降。但是，他没有被困难吓倒。他坚信天道酬勤。早晨，天刚蒙蒙亮，他就跑到小山上、树林里、大树下，苦读苦背。晚上，宿舍熄灯后，他在被窝里打着手电筒看书，有时在教室里读书写作竟通宵达旦。

詹万生心中只有一个信念：不能辜负老师们的信任，不辜负亲人的期望，不能给山里人丢脸。

咬定青山不放松

生活也是知识，磨难就是财富。特殊年代给了詹万生特殊的经历、特殊的财富，他暗下决心，要干出一番事业，给家人和社会一个特殊的回报。

1982年1月，詹万生大学毕业留校任教，分到刚刚成立的德育教研室工作。从此，詹万生与德育研究结下了不解之缘。师范学院的德育教研室是当时全国高校第一个德育教研室，他也因此成了中国高校第一位德育教师。也许是为了这个“第一个”，詹万生很快就迷上这份工作，一教就是十年。十年里，他有过多次“跳槽”机会：一次是受邀到深圳工作，加入“孔雀东南飞”的行列；一次是去教育部思想政治工作司从事行政工作；还有一次，是北京市教育工委要调他去某大学“当官儿”。面对种种诱惑，他毅然选择了德育事业。

1991年，教育部成立中央教科所德育研究中心，要选一个具有大、中、小学执教经验、从事德育研究并有副教授以上职称的人，做中央教科所德育研究中心主任。丰富的经历，对德育的执着，使他成为这一职位的最佳人选。当年12月，詹万生走马上任，从首都师范大学党委宣传部副部长、德育教研室副主任的位子上，转任中央教科所德育研究中心主任。

漫漫人生路，上下而求索。在改革大潮涌动的年代，外边的世界很精彩，到处充满诱惑，人们都在不断地选择、调整自己的人生道路。“自从我选择了这个岗位，锁定了这个目标，就从来没有动摇过。”詹万生说，“人只有把自己的生命，融入适合自己发展的某项事业之中，才能真正实现他的人生价值。”

那些年，曾经有这样一个故事，让詹万生对德育研究有了更深的思考。一位妈妈带着刚上小学的女儿乘单位的班车下班，车上的同事与这位小学生聊天儿，叔叔问："你今天上什么课啦?"小学生回答："语文、数学，还有少先队活动。"那位叔叔又问："少先队活动，老师教什么?"小学生很自豪地说："时刻准备着，为共产主义而奋斗!"车上的人都笑了。那个叔叔追问："你说说什么是共产主义?"小学生说不知道。有人启发道："你举个例子，谁是共产党员?"妈妈也鼓励她："大胆说，没关系。"小学生脸红了，不好意思地说："我不知道。"

这件事对詹万生触动很大：我们的德育工作，怎样才能贴近学生、贴近生活、贴近实际？于是，他在调查报告中提出了整体构建学校德育体系的建议。这个建议很快得到了时任中共中央政治局常委、国务院副总理的李岚清的肯定，并被《中共中央关于进一步加强和改进学校德育工作的若干意见》采纳。后来，全国教育科学规划领导小组把该建议列入了"九五"国家重点课题，并经过专家评审、批准，由詹万生主持这项课题的研究工作。

多年来，詹万生带领他的同事们，始终坚持以科研为中心，走研、产、学相结合的路子，坚持科研工作者与行政领导、一线教师相结合，形成了德育科研、德育著述、德育杂志、德育网站、德育培训、德育基地六位一体的工作格局。在完成"八五""九五""十五"国家重点课题研究任务的同时，创办了《中国德育》杂志、中国德育网；出版著作(含学生实验用书)100 多部(套)，发表论文 100 多篇，累计 2000 多万字；主办和参加国内外学术研讨会 60 多次；举办培训班 100 多期，培训干部教师 30000 多人次；在全国 30 个省、自治区、直辖市建立了 150 个实验区、6000 多所实验学校；深入实验区、实验校考察指导课题研究与实验工作 1000 多次，作学术报告 1000 多场，行程约 100 万公里，足迹遍布祖国大地。

目前，詹万生正在主持"十一五"课题"整体构建学校、家庭、社会和谐德育体系的研究与实验”。他计划在退休前率领他的学术团队完成《和谐德育》实验教材15册与《和谐德育论》专著的研究编写工作。毕生追求，无怨无悔，詹万生在德育研究领域硕果累累，新闻媒体因此称他为“中国德育第一人”。

饱含深情忆师恩

“我永远不会忘记家乡对我的恩情，我会不遗余力，怀着报恩的心情回报家乡，回报生我养我的这片土地。”在北京北三环中路中央教科所一间简陋的办公室内，詹万生深情地对记者说。通过镜片后面那双澄澈的眼睛，记者立刻感受到了他对家乡的眷恋。

詹万生不仅怀念家乡的青山绿水，更想念曾经帮助过他、支持过他、鼓励过他的恩师。“小学老师季秀美是全才，拉二胡、吹笛子、编快板、堆泥塑、画画，季老师样样精通，对我后来综合素质的培养大有裨益。”年近花甲的詹万生在追思近半个世纪前的小学老师时，仍然记忆犹新，饱含感情。“我曾经写过一篇文章，《回忆我的恩师季秀美先生》。那是因为季老师去世的时候，我不知道，后来我就……写了……”口才流利的詹万生说到这里，表达不再那么顺畅。他仰起头，沉思了两秒钟，尔后看了眼记者，摘下眼镜，用双手按住了眼睛。那一刻，记者立刻想起了艾青那首著名的诗句：为什么我的眼里常含着泪水，因为我对这土地爱得深沉。

小学班主任季秀美、蓝瑞卿老师，中学班主任赵育民老师，师范学校赵振东老师，詹万生都念念不忘。詹万生坦陈，自己的文学功底起源于赵育民老师的影响，上大学和留校得益于赵振东老师，对学术的执着追求源于宁致远、江平老师深厚学养的滋润。当过学生，也做过老师，詹万生更能体会师生间的那份特殊的感情。1995年，詹万生组织中学毕业30年同学聚会，当时，在詹万生的带领下，同学们分别地、深深地给赵育民老师鞠了一躬。

詹万生心系家乡建设，他力倡延庆建立科技开发区，曾经帮助引进百余协会到延庆发展，并发起成立“延庆经济促进会”。詹万生老师还有一个梦想，他想建一座中国德育馆，建在雄伟的八达岭长城脚下，他希望自己钟爱一生的事业能够在家乡生根开花。

不愧“十年磨一剑”

光明日报 魏英敏 2009 年 6 月 24 日

詹万生等著《和谐德育论》，不愧“十年磨一剑”。

作者和他的团队深入大中小学校调查研究，调查样本涉及 23 个省市的 225 所学校，12500 名学生。他们运用整体和谐的思想方法，分析学校德育工作和学生思想道德素质现状，先后撰写并发表了《我国各级各类学校德育现状调查研究总报告》及 45 份分门别类的调查报告。在这个基础上，詹万生提出并主持了“整体构建学校德育体系研究与实验”课题，纳入国家“九五”和“十五”两个五年教育科研规划中的重点项目，前后历时十年之久，创立了和谐德育的理论体系和实践模式。

“和谐德育”的提出，不但纠正了以往德育理论认识上的片面性，而且深化了德育概念的内容，这就是“五要素”说，即政治教育、思想教育、道德教育、法纪教育、心理教育，使德育成为真正的德育，把德育本质的和谐特性，完整无缺的揭示出来。把德育理论与实践推向一个更高的水平线上，为各级各类学校的德育工作从盲目性走向科学性，从零散性走向系统性，从随意性走向规范性，提供了理论指导与实践模式。

《和谐德育论》全书分上中下三篇，上篇和谐德育理论构建，中篇和谐德育体系构建，下篇和谐德育实践探索。全书共计十章。上篇三章讲和谐德育思想渊源、基本理论、时代价值，中篇三章讲和谐德育的目标内容、途径方法、管理评价的体系构建；下篇四章讲学校、家庭、城市社区和农村社区和谐德育的实践探索。

作者们从中西文化典籍中寻找和谐德育的思想渊源，为此开辟专章专节不吝心血，耙梳、整理、筛选，最终归结为人与自然、人与社会、人与自身和谐的三位一体的马克思主义的和谐观。以此作为构建和谐德育基本理论的指导思想。和谐德育理论框架与结构，运用多学科知识加以构建。诸如哲学、伦理学、文化学、社会学、心理学等，令人感到底蕴深厚，视野开阔。接下来，作者给和谐德育作了一个解释性的界定，并多视角、全方位地论述了和谐德育诸方面，同时提出和谐德育的实践原则：以人为本的原则、整体和谐原则、继承创新原则、服务实践原则。和谐德育四原则毫无疑问是一种新见地，见前人之未见，发前人之未发。至于和谐德育体系的构建和德育实践探索，作者们用系统和谐理论和辩证思维方法，把小学、中学、大学德育目标、内容、途径和方法纵向衔接起来，把家庭、学校、社会(社区)横向贯通起来，大有"立体交叉"、和谐衔接之感。

（魏英敏，北京大学教授、博士生导师、中国伦理学会原副会长、中国社会科学院应用伦理研究中心研究员、中国伦理学会德育专业委员会顾问。）

大国总理的教育忧思

——访问中央教科所詹万生教授

搜狐网、宣讲家网《第一时评》节目主持人

2009 年 10 月 22 日

主持人： 网络在线的观众朋友们大家好，您现在收看的是由宣讲家网、搜狐网、世界社会主义研究中心共同主办的《第一时评》节目。中华民族有着五千年的灿烂文化，谈到教育，可以追溯到孔子的春秋时代，孔子以教育为己任，他曾经有学子三千，其中成绩优异的也有七十二人，像以品德好而闻名的颜渊、以政治见长的子路；还有子夏、子游等等——从孔子春秋时代的聚徒讲学，到今天中国规模数量空前大发展的同时，仍然存在令人不满意的缺失，引发了国家总理和每一位中国人对当前教育的深刻反省。著名科学家钱学森在病榻中曾五次叩问温总理："为什么现在我们的学校总是培养不出杰出人才。"这是一句令很多中国人感到震撼和深刻思考的重要问题。针对当前中国教育和改革的现状，今天我们请来了中央教育科学研究所德育研究中心詹万生主任，围绕温家宝总理最近在北京三十五中针对教育改革等问题的重要讲话与广大网友展开深入探讨。詹主任您好！

詹万生： 你好！

主持人： 温家宝总理在北京三十五中与同学连续上了五堂课，而且这五节课听得非常的认真，并且还作了重要讲话。首先我想请问您对此有什么感受与评价？

詹万生： 我认为一个大国总理，日理万机，这种情况下还可以挤出时间到一个中学去连续听五节课，非常令人感动。当时我也看了这个新闻报道，看了以后我们觉得真应该向温总理学习，我们的教育部长、教育厅长、教育局长、学校校长，包括从事教育科研的工作者都应该学习温总理对待教育工作有高度的责任感和使命感，真抓实干，深入基层、深入第一线、深入学校、深入课堂，对当前我国教育事业的大发展具有重要推动作用。只有脚踏实地调查研究，才能了解到教育的真实情况，才能指导教育的改革和发展。所以我认为这具有重要的意义。

其重要的意义，体现在三个方面：

第一，这表明了党和国家对教育的高度重视。温总理，那么忙，他处理国家重要事务，日理万机，还要到北京第三十五中去听课，这说明了温总理对一线教育的高度重视。因为经济要发展，教育必须先行，教育是我国经济社会发展的重要基础。教育要发展，教师是关键。因此温总理非常关心学校、关心教师，可见国家对教育改革和发展的高度重视。

第二，彰显教育的重要地位。教育自从新中国成立60年来，特别是改革开放以来的30年，教育事业取得了令人瞩目的巨大成就。前不久教育部袁贵仁副部长主编了一本很厚的书，叫作《教育大国的崛起》。总结了改革开放30年来中国教育的发展、巨大的成就。教育的地位也随之不断的攀升。先是从国民教育，教育是整个社会发展的基础。又是社会主义现代化建设的战略重点的地位。然后又提出了科教兴国和人才强国的战略。这些都表明教育的价值和地位，不管是在关键层面上还是在实际层面上都在不断升值。温总理这次到三十五中去，也表明了他对教育战略重要地位的高度重视。

第三，说明温总理非常关心教师。因为他在听课以后，与三十五中教师一起座谈，感觉非常的亲切。他对教师的工作给予了充分的肯定和赞扬。但温总理也指出了教育存在的一些不足之处，包括教材中存在的一些问题。他都点得非常的准确，好像他就是一个教育家，就是一个教育局长，就是一个校长在那里和老师们座谈，娓娓道来，他每一堂课都认真地做笔记。温总理不仅关心教师业务的成长，还关心教师的思想进步和教师生活问题，教师的待遇问题，工资问题，住房问题等等。

主持人：您认为温总理对课堂的点评很到位吧？

詹万生：对。他就像一个校长和教育局长似的能够做到明白细致的讲评，我们不能想象一个大国总理能够这样细致入微、深入浅出的、入情入理的给老师们讲述，我当时看了电视新闻报道以后，非常的敬佩和信服总理的精力和学识，以及对教育的关注。因此我认为总理到三十五中听课、考察座谈这一系列活动具有重要的意义。现在我们正在制订中国教育改革发展中长期规划的纲要，他也是为这个纲要做一个调研。我觉得这必将对中国的教育改革发展产生重要的推动作用。

主持人：温家宝总理在三十五中的讲话中特别强调了爱国教育、乡土教育等等。您觉得温总理在当前做这样的讲话有什么样的意义？

詹万生：他在三十五中的讲话中突出的一点就是提到爱国教育和乡土教育。我觉得这个思想和我们党历来的精神是一致的。比如说党的十七大报告中就明确指出“育人为本、德育为先”八个字。总理强调的爱国教育正是德育为先的一个重要体现。因为爱国主义教育是德育的一个永恒的主题。在中国上下五千年的文明发展史中，形成了以爱国主义为核心的团结统一、爱好和平、勤劳勇敢、自强不息的伟大民族精神。文件甚至指出，要把爱国主义和民族精神的教育纳入国民教育的全过程，纳入精神文明教育的全过程。从小孩一直到大学，甚至研究生都应当进行爱国主义教育，纳入教育的全过程。我觉得这一点温总理是说到德育工作的最重要的一部分。说到民族文化和民族精神，可以说是源远流长的。如果追溯，可以追溯到《尚书》和《易经》。《易经》曰“天行健，君子以自强不息”；“地势坤，君子以厚德载物”。我认为这应该是中华民族精神的历史源头。现在我们党总结中华民族以爱国主义为核心的民族精神，也离不开历史的渊源。

什么是自强不息？自强不息就是自力更生、艰苦奋斗、发奋图强、开拓进取、不断创新的精神，也是我们的时代精神。什么是厚德载物呢？就像大地一样的宽广胸怀，能够承载万物、承载一切。是一种敦厚的品格，一种宽厚的品德。一个国家、一个民族需要这个精神，一个人也需要这个精神。一个人要走向成功，没有自强不息的精神和厚德载物的品质是不可能的。一个国家要强盛、要富强、要发展、要振兴，一定要有自强不息和厚德载物的精神。这是我们学校德育中一个常抓不懈的永恒主题。

说到这里我们自然联想到我们刚刚度过了新中国六十华诞的庆典。新中国成立六十年以来，取得了举世瞩目的辉煌成就。我已经两次参观了新中国成就展览，国庆节前去看了一次，18 日又看了一次，我们中国伦理学会德育专业会长会议，全体同志都去参观了，我还非常激动地写了一首诗。我说这个展览以后撤展了以后，这个资料应该保存，每个人还赠送一个光盘，这对青少年教育，将来是一个非常宝贵的资料，一定要好好珍藏，以后用于我们的教育实践中去。

这里面我们展示的辉煌成就，国家经济实力和综合实力的增强，我国人民生活的显著改善，社会文明程度的大幅提升，国际地位的空前提高，应该使我们每一个中国人都扬眉吐气。波澜壮阔的历史变迁，翻天覆地的变化，激励着每一个中华儿女，我们为祖国的强盛和欣欣向荣倍感自豪。同时，要教育我们的下一代，教育我们的青少年学生爱国。国庆盛典的光盘、辉煌六十周年的展览、百部爱国主义影视片、百个爱国主义歌曲、百个爱国主义基地我都参加过评审，这些都是为各级各类学校，从小学到大学进行爱国主义教育的生动教材。温总理在三十五中特别讲到爱国教育，是值得我们高度重视的。

他同时还讲到乡土教材。爱国应该从爱家乡做起。温总理讲的乡土教材就是揭示了德育的真理和德育的规律。因为谁都眷恋自己的家乡，因为家乡是生我养我的一方热土，她的风光、人文景观、当地的英模人物、经济发展建设的成就，形成了当地的地域文化。这个地域文化，你回到家乡以后，我们确实倍感亲切，不管你在哪里工作。你节假日回家看望父母，观看家乡的巨大变化，你内心热爱家乡的感情都会油然而生。当然，我们中国之大，960 万平方公里，31 个省市自治区，再加上港澳台，我们 300 个市，2700 多个县，每一个地方都有地方特色，所以乡土一定要有地方文化的特色。比如说既有像井冈山、遵义、延安、西柏坡这样的革命圣地孕育的红色文化，又有像深圳、珠海、青岛、大连等最早开放的 14 个沿海城市所形成的改革开放文化。这些地方的人们自然会感受到改革开放带来的巨大变化，也会深受鼓舞，这也是当地的乡土。也有一些边远地区，如新疆、西藏、内蒙古、贵州、云南等少数民族聚集的地方，这里面有丰富多样的少数民族文化。汉族离不开少数民族，少数民族离不开汉族，民族团结，共建我们自己美好的家园，以此为主题的乡土的教材也是很好的。

这些年由于工作的需要，我在全国 30 个省市自治区有 150 个实验区，有 6000 所实验学校，所以我经常要到全国各地去，每年至少出差 50 趟，差不多每周一次，我们就能够看到当地的教育、德育、特别是各个地方特色的教材。因为现在有国家教材、地方教材，还有校本教材，我们也支持地方编写地方的乡土教材，也支持学校编写自己本校特色的教材。比如说我前不久去广东省的中山市，中山市是我们民主革命伟大的先行者孙中山先生的故里。他们那里的德育特色就是爱国主义教育。很多孩子因为这个教育，使他们进步了、成才了、发展了。所以，爱国的教育要把热爱祖国和热爱家乡很好地结合起来。我们应该按照总理的要求去搞好我们的爱国主义教育。

主持人：温总理提到他在河南南阳，在黑板上写出三句话，爱父母、爱老师、爱南阳。不仅如此，他还认为这就是思想教育。思想教育与爱的教育相提并论，这与过去意识形态的灌输相比，这是否是一种突破？

詹万生：是的，我认为总理讲得非常好。刚才我们说到爱祖国，爱祖国要从爱家乡做起，爱人民就要从爱父母、爱老师做起。总理不仅关心爱祖国、爱家乡，还要关心爱父母、爱老师，这就是德育最重要的地方。德育的内容是十分的丰富。我们再不能讲过去的“高、大、空、远”的东西，应该是主张“近、小、实、亲”。近，就是贴近生活、贴近实际、贴近学生；小，就是从小处着眼，从小处着手，从小事做起；实，就是实事求是、讲求实效；亲，就是要亲切感人、可亲可信、亲身践行。总理讲的这个确实是体现了新时期的德育的理念。对过去简单的意识形态的灌输和“高大空远”的东西是一种改革，是一种突破。我同意你这个观点，这涉及当前思想道德教育的改革问题。

刚才说到爱祖国、爱家乡，现在又讲到爱父母、爱老师，其实德育的内容是十分丰富的。这包括道德品质教育、思想政治教育，遵纪守法教育，也就是法制纪律教育，再一个是心理健康教育，这样几个方面。仅就道德品质教育而言，它包括社会公德、职业道德、家庭美德和个人品德，我们称为“四德”，思想政治教育就是世界观、人生观、价值观、荣辱观这方面的教育。遵纪守法，就是要求知法懂法，增强遵纪守法的意识。做人要从爱父母、爱老师、爱同学、爱身边的人做起。不可想象一个连父母都不爱的人能够爱他人、爱人民？连家乡都不热爱的人，你就说我爱祖国、爱人类，恐怕也是没有人会相信的。所以我们在中华民族的传统教育中，历来都是非常重视中华民族传统美德教育。刚才我们谈到了孔夫子，他是春秋战国时期的大思想家、大教育家，是儒家伦理的创始人。孔子的思想是以仁为核心。“仁者爱人”是最核心的解释。孝悌为人之本、忠恕为人之道。以仁爱思想为核心，孔子总结了十二个德目，过去的文言文都是一个字一个字的，叫作恭、宽、信、敏、惠、刚、毅、木、讷、勇、敬、俭。恭就是恭敬，宽是宽容，信是信誉，敏是敏捷，惠是恩惠，刚就是刚强，毅是坚毅，木讷，是说行动要敏捷，语言要迟缓一点。不要做语言的巨人，行动的矮子，不要夸夸其谈，不要言行不一致。俭是勤俭，俭以养德。这些思想都是值得继承弘扬的优秀传统道德。

中华民族的传统美德源远流长、博大精深。历代哲人不断总结概括，不断发展。刚才讲了孔子的思想，孟子后来又发展了，概括为四德，仁义礼智。恻隐之心人皆有之，恭敬之心人皆有之，羞恶之心人皆有之，是非之心人皆有之。恻隐之心就是仁，羞恶之心就是义，恭敬之心就是礼，是非之心就是智。人要有仁义礼智四德。汉代的时候董仲舒又加了一个字——信。就是诚信。其实孔子早就提出过信，再往前推，西周的思想家周公，也提了信。再后来的思想家再总结，就是忠孝仁爱、礼义廉耻这种传统道德，是非常之丰富的，我们专门讲这个也讲不完。概括地说，传统文化中有丰富的教育内涵，为我们当代的德育积淀了厚厚的文化底蕴或者文化基础。我们不仅要很好的继承，同时还要赋予时代的内涵，给予其时代的特点。我们不管是对传统文化还是对马克思主义都应当是与时俱进的，要中国化、时代化、大众化。这些都是我们德育的主要原则。

刚才我们是从温总理爱父母、爱老师讲起了这一番话，再回到这个话题上来，温总理说爱父母，在我们目前德育的教材中也都有这方面的内容。不像过去高大空远，已经贴近生活、贴近实际了，在教材上也看到了这些。我曾经主编了一套实验教材，统称《德育》，从小学一年级到大学毕业，每个年级一册。例如孝敬父母的教育，在小学六个年级，每个年级有一课。小学一年级："记住爸爸妈妈的生日"。我们现在都给孩子过生日，有几个孩子能记住爸爸妈妈的生日呢？所以我们给孩子过生日的同时，也让孩子想到爸爸妈妈的生日。小学二年级："自己的事情自己做"。现在的孩子收拾书包都是让爸爸妈妈代劳。有的孩子今天上美术课，回来以后跟爸爸妈妈生气，说你们为什么不给我带水彩，让我上美术课很尴尬。这是你自己的事，你自己不准备怎么让爸爸妈妈准备。包括穿衣服、穿鞋、女生梳小辫。小学三年级："当爸爸妈妈不在家的时候"。来了客人怎么办？来了陌生人怎么办？小学四年级："我当一天家长"。礼拜日的一天，你说我今天当家长，跟爸爸妈妈说你们都休息，早上起床我收拾房间，我去买菜，回来我来做饭。小学五年级："单独走一次亲戚"。现在的独生子女都有"四二一综合溺爱症"，不太懂得关心别人，亲情关系淡漠。要让他们自己走亲戚，更多地感受这些亲情。小学六年级："我和爸爸同上一天班"。这个主题被中央电视台十二频道的教育台发现了，在演播室做了一台节目，场面十分感人。通过这个活动，孩子们能感受到父母在工作岗位上的辛苦，增强了孝敬父母的思想感情。孝敬是做人的根本，是一切道德的基础。古往今来人人都是父母所生、父母所养，父母对儿女的慈爱是人性的自然流露，儿女对父母的孝敬是天经地义的，是人性的根本，是亲情的回报，是人文关系的传承。所以我国的孝文化是源远流长的，上溯到三皇五帝，“二十四孝图”里面第一孝就是文王。历代的思想家都有过总结和概括，有子曰：“……孝弟也者，其为仁之本与!”(《论语·学而》)意思是说：孝悌是为仁的根本啊！儒家认为孝是众德之首，百善之先。传统文化的经典里面都有这些内容。我们现在要有时代感，剔除封建时代的糟粕，在现代社会中仍然可以继承和发扬传统文化中孝敬的观念和其他的内容。所以，温总理谈到要爱父母，这一点很重要，是我们一切道德教育的基础。总理说到点上了，我们按照总理的要求继续把我们的工作做好。

主持人：詹主任讲得非常好，听了您的讲解让我们受益匪浅，温总理指出学校要坚持以人为本的办学理念，以“依靠人、为了人、服务人”为基本出发点，尊重学生、关爱学生、服务学生，发现和培养学生的兴趣和特长，您认为怎样才能做到这一理想教育？

詹万生：关于以人为本的提出，专家学者们早在80年代到90年代就有不少的论文和学术研讨。但是真正写入中央文件的是21世纪之初的2002年的《公民道德建设实施纲要》首次提出，后来胡锦涛总书记提出了以人为本，全面协调和可持续发展的科学发展观。从此以人为本就高扬在我们党的旗帜上。我们在教育上更要始终坚持以人为本。因为教育本身就是培养人的事业。培养我们国家一代又一代的合格建设者和可靠接班人，这就更要坚持以人为本，推动我国教育事业的全面发展。

以人为本是我们中国教育改革和发展的一个最根本的指导思想。我们提出要一切为了学生，为了一切学生，为了学生的一切。要为了学生，就必须爱学生，爱是教育的本质，没有爱就没有教育。不可想象一个教师冷酷、对孩子没有爱心却能成为一个好的老师。所以作为教师一定要有爱心，这是教师职业的灵魂。教师要充满爱心，要关爱每一个学生的生命健康，关爱每一个学生的成长进步。对学生首先是关注生命健康。四川汶川地震中遇难的那个老师的形象，挖出来以后还抱着学生，把学生抱在自己身边，保护学生，这就是教师的天性，教师的伟大人格就在于此。我们过去也曾经有过一些误区，那里着山火了，老师带着一帮孩子去救山火，这是不可以的。你首先要保护好孩子的安全和健康。因为救火那是成人的事，未成年人不应该去负这个责任，所以老师就是要爱学生的生命健康，使他们安全、使他们身心健康。在校园里面避免校园暴力，这都是很重要的。因为孩子的父母托付给学校了，你就是在学校的父母一样，像爸爸妈妈那样关心每一个学生，同时关爱学生的成长进步。我认为成长进步是指他的全面发展的成长进步，而不仅仅是指他学习成绩的进步。我们的老师更要特别关注学生的全面发展。

首先，要尊重学生的人格，不讽刺、不挖苦，不搞心理暴力。现在体罚的现象已经很少见，个别的地方也有。但是心理暴力有时候在抬头。有时候老师觉得恨铁不成钢，要给学生一点压力。可能一开始是出于好心，但是有时候做过分了，那性质就变了。前不久我在一个网上和刊物上看到一个学生跳楼自杀了。什么原因呢？这个学生小学刚升入初一，这个中学是一个重点中学。很多尖子学生都考到这里来了，按说小学升初中是不允许考试的，但是他用各种手段办法把优秀的学生集中到这里。其中有一个女生在小学本来也是很优秀的学生，上了中学以后，只因为她长得不那么漂亮，同学老拿她开玩笑，给她起了一个绰号叫“校花”。久而久之，孩子的心理压力很大，老师不但不批评大家对她的讽刺，反而让她写检查，一个学期连写了六次检查，而且每次检查必须超过一千字。这也太难为学生了，检查为什么非得要一千字？一个学期写六次检查，学生要承受多大的压力？最后学生跳楼了。所以我们首先要尊重学生人格，杜绝心理暴力。

其次，要有“五镜意识”：第一，望远镜的意识。要着眼于学生的发展，展望学生的未来，规划好学生的未来。我们用双手托起明天的太阳，你看着孩子都是很可爱的，觉得他未来要成什么材、什么器，当老师的多高兴？所以要给学生规划好的未来，让学生看到长远的发展。第二，放大镜的意识。要善于观察学生的优点、长处，他的进步和变化，哪怕有一点点的进步都要放大，觉得这个很棒，一定要给予学生鼓励、给予支持。要善于发现学生的闪光点，要激励学生。第三，显微镜意识。善于仔细地观察学生存在的毛病、缺点，使他防微杜渐。我们有一个优秀的老师跟我交谈，一个孩子有一次进教室，他违反了课堂纪律，老师就批评了他，他还不服，就顶嘴，后来任课教师给他的班主任说了。班主任找他谈话，要求他向老师承认错误。这个同学勉强说行，我承认错误。班主任说：那好，你怎么承认错误，给我演习一遍。这个学生轻描淡写地承认了错误。班主任说：你这个不行，通不过。我告诉你，鞠躬一定要 90 度，你做的这叫点头，不叫鞠躬。又说我给你做一个示范，深深地鞠了一个 90 度的躬。学生经过班主任的指点，他跑去找任课老师，学着班主任的样子深深鞠躬，说老师我错了，请您原谅我。这个老师觉得这个孩子态度这么好，认错这么诚恳，所以老师以后对他更加的爱。我们看看这位班主任言传身教，细致入微。第四，三棱镜意识。我们要从不同的侧面来观察学生，三棱镜反射学生的各个方面我们都要看到。第五，平面镜意识。要客观公正的面向全体学生，不要对学生有偏爱或者是有不公平的地方。温总理讲的爱，一切以人为本，要爱一切学生，要充满爱心。我觉得要细致讲起来，这个爱心是有很多可以去理解的、去学习的地方。

最后，要善于激励学生。要发现学生的闪光点，因为每一个人都有优点。这就用到孟子的一句话，教育恰如“泉之始达、火之始燃”。泉水本来是沿着岩石的缝隙流到低洼的地势积存起来。你看到了，开发了，它就奔涌出来。人本来就有“仁义礼智”的潜能，如果你发现了，你去开发他、引导他，他就像泉水一样奔流，像火一样点燃。所以我们要鼓励和激励学生“我能行”。

主持人：詹主任刚才说得非常对，没有爱就没有教育，这是温总理在三十五中的讲话。温总理也十分关心学生们的健康成长，他提出了塑造和谐的心灵。请问当前的教育都有哪些不和谐的因素？怎样才能培养一个学生健康和谐的心灵？

詹万生：这是一个十分重要的问题，也是温总理对教育忧心忡忡的关键性问题。因为我们素质教育讲了二十多年。作为党中央和国务院的行为来推动素质教育也已经是十年了，然而应试教育还是愈演愈烈。重智育、轻德育，重知识传授、轻能力培养，重课堂教学，轻社会实践。我们叫“三重三轻”，这三重三轻仍然在一些地方的学校中还存在着。这就是一个不和谐的问题。学生的健康应该是全面发展的。有时候死记硬背知识，能力不够，即便上了大学，走上工作岗位也不行。你的考分挺高，但你的品德不怎么样，不合群，不能跟同事共事，没有团队精神，没有艰苦创业精神，更没有远大的理想和抱负，你怎么能够成就事业呢？这种不和谐应该要解决。如何要解决？我的观点是：“要两手抓，两手都要硬”——借用邓小平同志的话。一手要抓高考改革；一手抓加强和改进德育工作。高考改革我后面再说。关于加强改进德育工作，党和政府其实已经三令五申，出台了一系列文件，而这些文件我在中央教科所工作十八年，我都经历了，很多文件我都是参与起草和制订的。所以，对这个问题，好像是我们的责任，我们是教育工作者，特别是教育科研工作者，要研究这些问题，我们自身也有一种责任感，怎么能够使教育和谐起来，使学生的身心和谐起来，德才和谐起来。所以我自八五规划以来一直致力于整体构建学校德育体系的研究与实验。从“八五”“九五”“十五”到“十一五”，已经是将近四个五年规划了。在这个过程中，我们形成了和谐德育的理论体系和实践模式。现在“十一五”规划我承担着全国教育科学的课题，叫作和谐德育的研究与实验，已经出版了《和谐德育论》的理论专著，也编了《和谐成长》的实验教材，从小学一年级到高中、到中职，一共十五册。在全国建立了一百多个实验区，几千所学校，有万名教师和百万学生参与了这项研究与实验。

和谐德育，是和谐文化的重要组成部分，是为构建和谐社会奠定思想道德基础的。主要内容包括以下六个方面：第一，和谐发展的素质教育观，什么叫素质？什么叫素质教育？我就不展开了。第二，学生身心健康和谐。已故不久的国学大师季羡林先生在病床上提到和谐还要包括学生的身心和谐。第三，教师学生双主体和谐。第四，学校、家庭、社会三教和谐。第五，知、情、意、行四环节和谐。德育既要晓之以知、授之以理，更要动之以情、导之以行，这就是我们德育的理念。第六，德智体美劳五育和谐。第七，德育体系横向系统六要素和谐，纵向系统六学段和谐。横向六要素指德育目标、德育内容、德育途径、德育方法、德育管理、德育评价，六要素要和谐。纵向系统是从幼儿园、小学、初中、高中(含中职)、高等学校(含高等职业院校)，还有研究生阶段。这六个阶段要纵向和谐衔接。整体构件德育体系，生成了和谐德育的理论体系。我们贯彻总理的和谐教育的思想，我们正在努力实践着。

主持人：感谢詹主任刚才给我们讲了六项大的和谐。我们对和谐又有了一个新的了解。温总理关注到我们中国现在在教育领域没有出现大家、大师级的人物，而且总理还特别提到了，中国没有获得诺贝尔奖这样突出的人才。究竟是教育制度体制有问题还是其他什么原因？您觉得问题出在哪里？

詹万生：这个问题我们同温总理的想法一样，也是深感忧虑、责任重大。实施科教兴国、人才强国战略关键在人才，人才的培养关键在教育，我们没有培养出大家大师级的人物，更没有诺贝尔奖的获得者。最近经济学家美国两个，其中有一个女的，有一个教授和中国的学者有很多的交流，他常到中国来。但是我们国内的学者却没有获此殊荣。究其原因也是很复杂的。在我看来有这么几点：这跟我们教育的制度和体制是有关。但是不能简单化的说是我们的制度和体制出了什么问题。还要具体分析，从不同的教育阶段来说，第一，中学的阶段，高中以高考为指挥棒，考什么教什么，不考的就不教了。学生学习的知识是不全面的。比如挖井，你要挖多深，你的口就要有多大。就好像普及和提高似的，你没有一定的普及，你就不可能有提高。你没有大量的优秀人才，你不可能出现出类拔萃的。宝塔尖，底座越来越大，最后出现几个拔尖的人物，所以基础教育打不牢是不行的。如果基础教育只是追求升学的教育，千军万马过独木桥，压抑了学生的学习兴趣。死记硬背、负担过重，压抑了学生的个性和创造性的思维。都是一个标准答案，不允许你求新求异，把大家的思想都禁锢了。这是一个很重要的原因。这涉及到应试教育的问题。第二，高等教育统得过死。因为我离开高校十八年了，我以前也在首都师大工作过。我也对这个情况有一些了解，现在时过境迁，发生了很大的变化，虽然我在搞科研，也接触了很多高等院校的情况。校长没有办学自主权，学校的呼声还是很高的。包括招生、包括学科设置，博士、硕士的学位设置等。这几年是高校发展的机遇期，招生规模空前扩大，实现了大众化。但是盲目扩大规模就忽视了内涵发展，降低了大学的质量。这不是怪哪个人，不是批评谁，但是总体来说，中国的大学目前质量有一点降低。再一个，高校成了一个小社会。小而全大而全。学校的领导难以把主要的精力用于抓教学科研。他要考虑到我哪要扩建了，要建大楼了，我哪要拉钱去了，要贷款去了。很多都是这种状况。再有，高校也是官本位，是官员办学，不是教育家办学，或者少有教育家办学。教育部的直属高校都是教育部任命，很多都是教育部司局长下来的，他没有教学第一线的经历，自己也不是某一科领域的专家。我们没有教育学的院士，这对中国教育发展十分不利。现在主要研究项目都是领导把持的，但是领导不一定都是这个领域里面拔尖的、可以具有院士条件的人物，所以缺乏学术民主和学术自由之风。评教授、博导也是急功近利，高校也出现一些腐败或者是学术腐败问题。这些都不利于我们拔尖人才的培养。所以需要亟待改革。

主持人：詹主任，温总理表示，我们正在研究制订《国家中长期教育改革和发展规划纲要》，在上面第一个问题您也提到过。您觉得这对中国教育的发展有什么作用？而且您是德育教育研究的专家，请问您本人会对此纲要的制订有什么样的意见和建议呢？

詹万生：关于中国中长期教育改革发展纲要，我也参与了一部分工作。我们中央教科所所长率领一批专家都投入了这方面的工作。我觉得它对于我们实施科教兴国和人才强国战略具有重要的意义。因为经济要发展，教育要先行，教育是在国民经济中趋于战略地位和基础地位发挥着重要的作用。因为发展需要人才，没有人才怎么行？人才就需要靠教育培养。我们到 2021 年建党一百年的时候，或者到 2049 年新中国成立一百年的时候，我们有一个很高的社会经济发展的期望值。我们要步入中等发达国家水平，或者是世界强国的水平。当然我们现在已经有了很好的基础。但是再过二十年是一个什么状况，那是我们都可以去预测、去展望、去宏观的思考。这一切都需要人。再过二十年，现在的大学生再过二十年，就是这个社会的中坚和骨干力量。所以十年和二十年的发展纲要对一个国家的教育发展是至关重要的，是具有前瞻性和纲领性的文件，所以十分重要。

至于我有什么想法和建议，在制订纲要中多次讨论，我也提过了几点。我认为重要的是要有两点：第一，要处理好教育公平与拔尖人才培养的关系。要做到学有所教，只要想上学，就有学上，要普及九年义务教育，北京上海大城市还要普及十二年高中教育。这叫做普及，或者是教育的公平，还包括老少边穷地区、弱势群体的教育问题，进城务工子女的教育问题。要考虑到社会的和谐和稳定。在此基础上要重视拔尖人才的培养。拔尖人才是在普及的基础上成长发展起来的。不要平均使用力量，一方面要学有所教，另一方面更要教有所长、学有所长。这样才能出现拔尖人才。要鼓励和支持各级各类的拔尖人才脱颖而出。

第二，要处理好应试教育和素质教育的关系。高考是选拔人才不可缺少的办法，现在我们找不到更好的办法，就要实行高考。但是必须改革。改变一次高考定终生的制度。要实行德智体美综合素质全面考核录取的制度。这当然是很难的，因为德育、美育不太好量化。但必须找到适当的办法来解决这个问题，已经是迫在眉睫了。只有这样才能培养出合格加特长的优秀人才。你首先要合格，合格再加一个特长，一招鲜，走遍天。你必须要有自己特殊的地方，别人不能取代的地方，你在这个领域就是专家，你就是拔尖。

另外还有一个建议，我们要多鼓励我们的教师。教师队伍是我们全国三百六十行当中素质相对较高的人群。应该多鼓励，有人说教师是太阳底下最光辉的职业，要让他们感到自豪，能够感受到职业幸福和快乐。我们打一个比方，比如说文艺界，经常是各种各样的比赛、各种各样的荣誉奖，国家有金鸡奖、百花奖等，电视台、不同的新闻媒体、文化团体还自己设计了种类繁多的奖项激励这些人才的成长。而我们教育则相对于文化艺术界差得太远。我们每年都过教师节。我们表彰了几个教师？全国最多十个，十佳什么。我们一千多万教师，优秀人才多得是。教师这个团队绝对是在各个行业里面整体素质最优秀、最好的，可是对他们的激励、表扬太少。培养拔尖人才的人也需要鼓励，也需要给他创造氛围、创造环境，拔尖人才才能够成长发展起来。

主持人：感谢您的讲解，也非常感谢您做客《第一时评》。本期《第一时评》就到这里，感谢您的收看，再见！

附录二：詹万生的文章和著作目录索引

一、詹万生的文章目录索引(1980—2010年)

1.《生产力发展是推动历史前进的根本动力》，载《首都师范大学学报(社会科学版)》，1980(2)

2.《也谈人的本质——与朱居舟同志商榷》，载《首都师范大学学报(社会科学版)》，1982(3)

3.《树立正确的荣辱观》(合写)，载《道德与文明》，1983(3)

4.《试论两种人的价值观的根本区别》，载《首都师范大学学报(社会科学版)》，1984(3)

5.《道德宣传和研究要为经济改革服务》(合写)，载《道德与文明》，1985(1)

6.《教师道德研究的可喜成果》，载《道德与文明》，1987(1)

7.《十年来对大学生进行人生观教育的反思》，载《中国高教研究》，1990(4)

8.《试论"把德育放在首位"的理论与实践》，载《首都师范大学学报(社会科学版)》，1991(2)

9.《试论中国人生哲学的历史地位和现实意义》，载《首都师范大学学报(社会科学版)》，1992(1)

10.《浅谈人生观教育与政治观教育的相互关系》，载《中国青年政治学院学报》，1992(3)

11.《笔谈：学习党的十四大文件精神(合写)》，载《首都师范大学学报(社会科学版)》，1993(1)

12.《学习西方先进文化与弘扬中华传统文化》，载《中国青年政治学院学报》，1993(2)

13.《记中华民族传统美德教育工作座谈会暨第三届研讨会》，载《道德与文明》，1993(6)

14.《论毛泽东对传统道德的批判继承思想》，载《中国青年政治学院学报》，1995(1)

15.《中国古代思想史上的义利之辩与当代青少年学生的义利观教育》，载《吉林教育科学》，1995(2)

16.《试论中华民族传统美德教育》，载《首都师范大学学报(社会科学版)》，1995(2)

17.《爱国主义教育应注意层次性》，载《中国高等教育》，1995(2)

18.《应当重视对青少年的环境道德教育》，载《自然辩证法研究》，1995(3)

19.《高举爱国主义旗帜——学习〈爱国主义教育实施纲要〉座谈》(合写)，载《教育研究》，1995(4)

20.《德育的目标和内容》，载《高校理论战线》，1995(9)

21.《市场经济的双重效应及其对大学生价值观的影响》，载《中国青年政治学院学报》，1996(2)

22.《建设有中国特色的社会主义德育体系的指导思想——学习〈邓小平文选〉第三卷的体会》，见《德育新论》，首都师范大学出版

社，1996

23.《解放思想更新观念　正确认识德育的五大关系》，见《德育新论》，首都师范大学出版社，1996

24.《现代化建设　素质教育与德育工作的几点思考》，见《德育新论》，首都师范大学出版社，1996

25.《加强和改进学校德育工作的对策性建议》，见《德育新论》，首都师范大学出版社，1996

26.《有中国特色的社会主义德育体系的初步构想》，见《德育新论》，首都师范大学出版社，1996

27.《中华民族传统美德教育的兴起与展望》，见《德育新论》，首都师范大学出版社，1996

28.《深入开展中华民族传统美德教育的几点思考》，见《德育新论》，首都师范大学出版社，1996

29.《中国传统人生哲学与当代青年人生观教育》，见《德育新论》，首都师范大学出版社，1996

30.《中国古代思想史上的义利之辩》，见《德育新论》，首都师范大学出版社，1996

31.《价值论研究的兴起与发展》，见《德育新论》，首都师范大学出版社，1996

32.《关于价值概念的定义》，见《德育新论》，首都师范大学出版社，1996

33.《价值论研究的几个理论问题》，见《德育新论》，首都师范大学出版社，1996

34.《价值观的涵义及其分类》，见《德育新论》，首都师范大学出版社，1996

35.《80年代大学生价值观研究的回顾与反思》，见《德育新论》，首都师范大学出版社，1996

36.《社会主义市场经济与大学生价值观教育的关系》，见《德育新论》，首都师范大学出版社，1996

37.《经济形式的多元存在与价值观教育的一元导向》，见《德育新论》，首都师范大学出版社，1996

38.《21世纪的文化战略与价值观教育的借鉴承扬》，见《德育新论》，首都师范大学出版社，1996

39.《现代教育的大德育观与价值观教育的系统工程》，见《德育新论》，首都师范大学出版社，1996

40.《正确认识个人与社会的关系》，见《德育新论》，首都师范大学出版社，1996

41.《培养良好的道德品质》，见《德育新论》，首都师范大学出版社，1996

42.《青少年犯罪与道德教育》，见《德育新论》，首都师范大学出版社，1996

43.《教师是教育方针的执行者》，见《德育新论》，首都师范大学出版社，1996

44.《关心集体、团结协作是教师职业道德的重要内容》，见《德育新论》，首都师范大学出版社，1996

45.《中华民族传统美德教育对教师素质的要求》，见《德育新论》，首都师范大学出版社，1996

46.《构建价值观教育的系统工程》，载《教育研究》，1996(11)

47.《试论有中国特色的社会主义价值观》，载《中国青年政治学院学报》，1997(2)

48.《贯通古今　融会中西　继承借鉴　发展创新——21世纪中国道德教育的大趋势》，载《教育研究》，1997(12)

49.《有中国特色社会主义德育建设的伟大纲领——学习党的十五大报告的体会》，载《高校理论战线》，1998(1)

50.《建设有中国特色的社会主义德育体系》，载《中国青年政治学院学报》，1998(2)

51.《全面实施素质教育　加强改进德育工作》，载《湖南教育》，1998(15)

52.《试论青少年思想政治教育》，载《中国青年政治学院学报》，2000(4)

53.《21世纪中国德育课程体系之建构》，载《教育研究》，2000(12)

54.《整体构建学校德育体系研究报告》，载《教育研究》，2001(10)

55.《应建立德育活动课》，载《光明日报》，2001.2.22

56.《为决策服务　为实践服务　整体构建学校德育体系——全国教育科学"九五"规划国家级重点课题"整体构建学校德育体系的研究与实验"1997年开题会暨首届学术研讨会开题报告》，见《整体构建德育体系引论》，教育科学出版社，2001

57.《认真总结　坚定信心　深入研究　不断前进——全国教育科学"九五"规划国家级重点课题"整体构建学校德育体系的研究与实验"1998年会暨第二届学术研讨会主题报告》，见《整体构建德育体系引论》，教育科学出版社，2001

58.《认真贯彻落实全教会精神　继续深化课题研究　全面推进素质教育——全国教育科学"九五"规划国家级重点课题"整体构建学

校德育体系的研究与实验”1999 年会暨第三届学术研讨会主题报告》，见《整体构建德育体系引论》，教育科学出版社，2001

59.《认真贯彻两会精神　继续深化课题研究　为圆满结题而努力奋斗——全国教育科学“九五”规划国家级重点课题“整体构建学校德育体系的研究与实验”2000 年会暨第四届学术研讨会主题报告》，见《整体构建德育体系引论》，教育科学出版社，2001

60.《聚会改革开放前沿　共商德育科研大计——全国教育科学“九五”规划国家级重点课题“整体构建学校德育体系的研究与实验”1998 年会暨第二届学术研讨会开幕词》，见《整体构建德育体系引论》，教育科学出版社，2001

61.《中原大地菊花飘香　德育科研硕果累累——全国教育科学“九五”规划国家级重点课题“整体构建学校德育体系的研究与实验”1999 年会暨第三届学术研讨会开幕词》，见《整体构建德育体系引论》，教育科学出版社，2001

62.《长江嘉陵滚滚东流　德育科研盛况空前——全国教育科学“九五”规划国家级重点课题“整体构建学校德育体系的研究与实验”2000 年会暨第四届学术研讨会开幕词》，见《整体构建德育体系引论》，教育科学出版社，2001

63.《不断深化课题研究　推动中职德育工作——全国教育科学“九五”规划国家级重点课题“整体构建学校德育体系的研究与实验”中等职业学校学术研讨会开幕词》，见《整体构建德育体系引论》，教育科学出版社，2001

64.《为了共同的目标——全国首届民办学校德育研讨会开幕词》，见《整体构建德育体系引论》，教育科学出版社，2001

65.《良好开端　任重道远——全国教育科学“九五”规划国家级

重点课题“整体构建学校德育体系的研究与实验”1997年开题会暨首届学术研讨会总结讲话》，见《整体构建德育体系引论》，教育科学出版社，2001

66.《面向广大农村学校　不断推进课题研究——全国教育科学“九五”规划国家级重点课题“整体构建学校德育体系的研究与实验”1999年会暨第三届学术研讨会总结讲话》，见《整体构建德育体系引论》，教育科学出版社，2001

67.《条块结合 纵向贯通　为圆满结题而努力——全国教育科学“九五”规划国家级重点课题“整体构建学校德育体系的研究与实验”2000年会暨第四届学术研讨会总结讲话》，见《整体构建德育体系引论》，教育科学出版社，2001

68.《“整体构建学校德育体系的研究与实验”第一阶段成果——〈德育〉系列实验读本的研究与编写意见》，见《整体构建德育体系引论》，教育科学出版社，2001

69.《〈德育〉系列实验读本修订意见》，见《整体构建德育体系引论》，教育科学出版社，2001

70.《运用活动课对〈德育〉系列读本进行实验的几个问题》，见《整体构建德育体系引论》，教育科学出版社，2001

71.《“整体构建学校德育体系的研究与实验”第二阶段成果——〈成长册〉的研究与编写意见》，见《整体构建德育体系引论》，教育科学出版社，2001

72.《学生品德评价的理论与方法》，见《整体构建德育体系引论》，教育科学出版社，2001

73.《〈整体构建德育体系总论〉的研究与编写意见》，见《整体构建德育体系引论》，教育科学出版社，2001

74.《中等职业学校德育课程教学大纲编写意见》，见《整体构建德育体系引论》，教育科学出版社，2001

75.《深化研究 转移重心 为最终结题而不懈努力——在总课题组和实验区负责人工作会议上的讲话》，见《整体构建德育体系引论》，教育科学出版社，2001

76.《〈构建跨世纪小学德育体系〉序》，见《整体构建德育体系引论》，教育科学出版社，2001

77.《〈中小学德育体系的整体构建〉序》，见《整体构建德育体系引论》，教育科学出版社，2001

78.《〈主题班会理论与实践〉序》，见《整体构建德育体系引论》，教育科学出版社，2001

79.《〈学校德育体系整体构建的研究与应用〉序》，见《整体构建德育体系引论》，教育科学出版社，2001

80.《〈区域性整体优化中小学德育的研究与实践〉序》，见《整体构建德育体系引论》，教育科学出版社，2001

81.《〈中小学德育评价的理论与实践〉序》，见《整体构建德育体系引论》，教育科学出版社，2001

82.《〈双主体合作德育论〉序》，见《整体构建德育体系引论》，教育科学出版社，2001

83.《〈中师班主任工作手册〉序》，见《整体构建德育体系引论》，教育科学出版社，2001

84.《〈健康心理与创新人格〉序》，见《整体构建德育体系引论》，教育科学出版社，2001

85.《〈高校德育体系的整体构建与实践〉序》，见《整体构建德育体系引论》，教育科学出版社，2001

86.《〈构建德育体系　推进素质教育〉序》，见《整体构建德育体系引论》，教育科学出版社，2001

87.《〈小学德育途径和方法〉序》，见《整体构建德育体系引论》，教育科学出版社，2001

88.《〈新时期德育途径与方法研究〉序》，见《整体构建德育体系引论》，教育科学出版社，2001

89.《〈德育〉活动课教材序》，见《整体构建德育体系引论》，教育科学出版社，2001

90.《〈教师修身十讲〉序》，见《整体构建德育体系引论》，教育科学出版社，2001

91.《建设有中国特色的社会主义德育体系》，见《整体构建德育体系引论》，教育科学出版社，2001

92.《坚持"三个面向"开创人才培养和知识创新的新局面》，见《整体构建德育体系引论》，教育科学出版社，2001

93.《解放思想　实事求是　改进和加强德育工作》，见《整体构建德育体系引论》，教育科学出版社，2001

94.《21世纪的文化战略与价值观教育》，见《整体构建德育体系引论》，教育科学出版社，2001

95.《市场经济的双重效应及其对价值观教育的影响》，见《整体构建德育体系引论》，教育科学出版社，2001

96.《雷锋精神永存》，见《整体构建德育体系引论》，教育科学出版社，2001

97.《努力加强社会主义道德建设》，见《整体构建德育体系引论》，教育科学出版社，2001

98.《师德建设的时代特色》，载《中国教育报》，2002(1)

99.《贯彻落实〈公民道德建设实施纲要〉加强和改进学校德育工作的几点思考》，载《中小学校长》，2002(5)

100.《何为健康科学的儿童消费》，载《现代教育报》，2002(5)

101.《心理健康教育与德育》，载《中小学心理健康教育》，2002(5)

102.《论以德治国与以德育人》，载《大教育导刊》，2002(5)

103.《社会转型时期学校德育的反思与构建》，载《教育研究》，2002(9)

104.《入世对学校德育的双重效应与对策思考》，载《思想理论教育》，2002(12)

105.《与时俱进　开拓创新　深化研究　填补空白》，载《中国德育》，2002(6)

106.《深化课题研究　推进德育创新》，载《中国德育》，2002(11)

107.《弘扬与培育民族精神的思考与建议》，载《科研与决策》，2002(16)

108.《21世纪中学道德教育课程发展趋势》，载《中国德育》，2002(10)

109.《社会转型时期学校德育的反思与构建》，载《人大报刊资料·教育学》，2003(3)

110.《中华民族精神的传承发展及对世界文化的影响》，载《中小学校长》，2003(3)

111.《弘扬与培育民族精神的现状与建设》，载《河北教育报》，2003(3)

112.《中小学德育课程改革与创新》，载《教育研究》，2003(1)

113.《中小学德育课程改革与创新》，载《人大报刊资料·中小学教育》，2003(3)

114.《弘扬与培育民族精神的思考》，载《教育科学研究》，2003(3)

115.《体认和培育民族精神》，载《中国德育》，2003(1)

116.《牢牢把握先进文化前进方向》，载《中国德育》，2003(2)

117.《依法治国与以德治国相辅相成》，载《中国德育》，2003(3)

118.《中小学弘扬与培育民族精神的主要内容与基本途径》，载《科研与决策》，2003(3)

119.《努力推进德育体系创新》，载《中国德育》，2003(4)

120.《深化课题研究　推进德育创新》，载《中国德育》，2003(5)

121.《心理健康教育的三个观点》，载《中国德育》，2003(6)

122.《推动未成年人思想道德建设创新》，载《中国教育报》，2004(6)

123.《试论青少年思想政治教育》，载《中国青年政治学院学报》，2004(4)

124.《为主渠道作用正名》，载《人民日报》，2004(6)

125.《整体构建德育途径体系　全面提高德育工作实效》，载《中小学管理》，2004(2)

126.《推动未成年人思想道德建设创新》，载《教学月刊(中学版)》，2004(9)

127.《未成年人思想道德建设的思考与建议》，载《科研与决策》，2004(6)

128.《中小学弘扬和培育民族精神的实施途径》，载《科研与决策》，2004(6)

129.《高校〈思想道德修养〉课存在的问题与对策建议》，载《科研与决策》，2004(6)

130.《青少年思想道德建设的行动纲领》，载《中国德育》，2004(5)

131.《以科学的实践观念做好未成年人思想道德建设工作》，载《中国德育》，2004(6)

132.《理思路　抓重点　促深化　出成果　出经验　出人才》，载《中国德育》，2004(6)

133.《学校德育要跟进社会网络化趋势》，载《中国德育》，2004(6)

134.《弘扬与培育民族精神　加强和改进德育工作》，载《中国德育》，2004(6)

135.《将弘扬和培育民族精神纳入国民教育全过程》，载《中国教育报》，2004(1)

136.《中小学弘扬和培育民族精神的建议》，载《中国信息报》(北京)，2004(1)

137.《推动未成年人思想道德建设创新》，载《中国教育报》，2004(6)

138.《整体建构学校德育体系与中小学德育课程改革》，载《教育科学研究》，2005(5)

139.《贯通古今　融会中西　继承借鉴　发展创新——全国教育科学"九五"规划国家重点课题"整体构建学校德育体系研究与实验"总结报告》，见《整体构建学校德育体系导论》，光明日报出版社，2005年

140.《与时俱进　开拓创新　深化研究　推广实验——全国教育

科学"十五"规划国家重点课题"整体构建学校德育体系深化研究与推广实验"2002年开题会暨第五届学术研讨会开题报告》，载《整体构建学校德育体系导论》，光明日报出版社，2005

141.《求真务实　开拓创新　深化研究　推广实验——全国教育科学"十五"规划国家重点课题"整体构建学校德育体系深化研究与推广实验"2003年会暨第六届学术研讨会主题报告》，载《整体构建学校德育体系导论》，光明日报出版社，2005

142.《抓住机遇　开拓创新　深化研究　推广实验——全国教育科学"十五"规划国家重点课题"整体构建学校德育体系深化研究与推广实验"2004年会暨第七届学术研讨会主题报告》，载《整体构建学校德育体系导论》，光明日报出版社，2005

143.《服务决策　指导实践　深化研究　推广实验——全国教育科学"十五"规划国家重点课题"整体构建学校德育体系深化研究与推广实验"2005年第八届学术研讨会暨中国伦理学会德育专业委员会成立大会主题报告》，载《整体构建学校德育体系导论》，光明日报出版社，2005

144.《为德育决策服务　为德育实践服务——在庆祝中央教育科学研究所德育研究中心成立十周年学术研讨会上的工作汇报》，载《整体构建学校德育体系导论》，光明日报出版社，2005

145.《深化课题研究　推进德育创新——全国教育科学"十五"规划国家重点课题"整体构建学校德育体系深化研究与推广实验"2002年实验区工作会议讲话》，载《整体构建学校德育体系导论》，光明日报出版社，2005

146.《深化研究　完善"一竖"　画好"一横"——全国教育科学"十五"规划国家重点课题"整体构建学校德育体系深化研究与推广实

验”2003年实验区工作会议讲话》，载《整体构建学校德育体系导论》，光明日报出版社，2005

147.《深化研究　推广实验　为结题奠定坚实基础——全国教育科学“十五”规划国家重点课题“整体构建学校德育体系深化研究与推广实验”2005年实验区工作会议讲话》，载《整体构建学校德育体系导论》，光明日报出版社，2005

148.《与时俱进　开拓创新　深化研究　填补空白——全国教育科学“十五”规划国家点课题“整体构建学校德育体系深化研究与推广实验”高职学段子课题2002年开题会暨学术研讨会讲话》，载《整体构建学校德育体系导论》，光明日报出版社，2005

149.《一切为了孩子　为了一切孩子　为了孩子一切——全国教育科学“十五”规划国家重点课题“整体构建学校德育体系深化研究与推广实验”幼儿学段〈好孩子　好习惯〉研究与实验2003年开题会实验开题报告》，载《整体构建学校德育体系导论》，光明日报出版社，2005

150.《在学校德育跟进社会网络化趋势论坛上的讲话》，载《整体构建学校德育体系导论》，光明日报出版社，2005

151.《贯彻落实〈公民道德建设实施纲要〉　加强和改进学校德育工作的几点思考》，载《整体构建学校德育体系导论》，光明日报出版社，2005

152.《何为科学健康的儿童消费》，载《整体构建学校德育体系导论》，光明日报出版社，2005

153.《社会转型时期学校德育的反思与构建》，载《整体构建学校德育体系导论》，光明日报出版社，2005

154.《入世对学校德育的双重效应与对策思考》，载《整体构建学

校德育体系导论》，光明日报出版社，2005

155.《中小学道德教育课程改革与创新》，载《整体构建学校德育体系导论》，光明日报出版社，2005

156.《中华民族精神的传承发展及对世界文化的影响》，载《整体构建学校德育体系导论》，光明日报出版社，2005

157.《贯彻落实十六大精神　推进德育体系创新》，载《整体构建学校德育体系导论》，光明日报出版社，2005

158.《德育课教学应遵循的几个原则》，载《整体构建学校德育体系导论》，光明日报出版社，2005

159.《整体构建德育途径体系　全面提高德育工作实效》，载《整体构建学校德育体系导论》，光明日报出版社，2005

160.《为主渠道作用正名》，载《整体构建学校德育体系导论》，光明日报出版社，2005

161.《德育过程中的师生双主体论》，载《整体构建学校德育体系导论》，光明日报出版社，2005

162.《初中道德教育课程改革述要》，载《整体构建学校德育体系导论》，光明日报出版社，2005

163.《青少年思想道德建设的行动纲领》，载《整体构建学校德育体系导论》，光明日报出版社，2005

164.《弘扬和培育民族精神是应对全球化的必然选择》，载《整体构建学校德育体系导论》，光明日报出版社，2005

165.《德育应植根于民族文化的沃土上》，载《整体构建学校德育体系导论》，光明日报出版社，2005

166.《浅谈邓小平德育思想——纪念邓小平同志诞辰100周年》，载《整体构建学校德育体系导论》，光明日报出版社，2005

167.《整体构建学校德育体系与中小学德育课程改革》，载《整体构建学校德育体系导论》，光明日报出版，2005

168.《关于整体规划大中小学德育工作的建议》，载《整体构建学校德育体系导论》，光明日报出版社，2005

169.《切合时宜　深入浅出　情理交融——评〈素质教育下的教师道德〉》，载《整体构建学校德育体系导论》，光明日报出版社，2005

170.《科学化　系统化　规范化　现代化——〈高校德育体系的整体构建与实践〉述评》，载《整体构建学校德育体系导论》，光明日报出版社，2005

171.《一个鲜为人知的育德世界——河南公安高等专科学校德育实践的探索》，载《整体构建学校德育体系导论》，光明日报出版社，2005

172.《催人奋进　导人向善——〈青年学生自塑手册〉序》，载《整体构建学校德育体系导论》，光明日报出版社，2005

173.《将弘扬和培育民族精神纳入国民教育全过程——天津市河西区民族精神教育工作点评》，载《整体构建学校德育体系导论》，光明日报出版社，2005

174.《提高德育工作实效性的有效途径——评四平市"经历教育"行动研究》，载《整体构建学校德育体系导论》，光明日报出版社，2005

175.《〈高职和民办高校班主任工作实务〉序》，载《整体构建学校德育体系导论》，光明日报出版社，2005

176.《〈走进经历教育〉序》，载《整体构建学校德育体系导论》，光明日报出版社，2005

177.《〈"论语"创新理解 100 句〉序》，载《整体构建学校德育体系

导论》，光明日报出版社，2005

178.《用智慧孕育灵动生命——〈让生命灵动〉序》，载《整体构建学校德育体系导论》，光明日报出版社，2005

179.《道德教育的整体性、主体性和实践性——贵阳实验区〈整体构建学校德育体系的深化研究与推广实验〉序》，载《整体构建学校德育体系导论》，光明日报出版社，2005

180.《努力开创环翠德育工作新局面——〈山东省威海市环翠区课题研究成果集〉序》，载《整体构建学校德育体系导论》，光明日报出版社，2005

181.《"不怕晚"的成功人生——〈瞧，我不怕晚〉序》，载《整体构建学校德育体系导论》，光明日报出版社，2005

182.《论和谐德育》，载《中国德育》，2005(12)

183.《和谐德育论》，载《光明日报》，2006(3)

184.《和谐德育的基本内涵》，载《青年时讯》，2006(4)

185.《中国传统文化中的荣辱观》，载《河南师大学报》，2006(4)

186.《青少年荣辱观教育要从中国传统文化中汲取营养》，载《中国青年政治学院学报》，2006(5)

187.《学校德育新探》序，海风出版社，2006

188.《整体构建具体化、特色化、可操作的校本德育》，载《中国教育学刊》，2007(4)

189.《试论德育科研成果的基本类型和内容》(与张宇合著)，载《科学教育研究》2007(1)

190.《和谐德育研究的理论基础》(与宁武杰合著)，载《教育研究》，2007(7)

191.《构建校本和谐德育体系》，载《光明日报》，2008(11)

192.《素质教育呼唤和谐德育》，载《中国教育报》，2009(1)

193.《和谐德育是构建和谐社会与和谐文化的基础工程》，载《和谐德育研究》，光明日报出版社，2009

194.《社会主义核心价值体系是和谐德育的根本》，载《和谐德育研究》，光明日报出版社，2009

195.《和谐德育要在时代性、规律性、实效性上下功夫》，载《和谐德育研究》，光明日报出版社，2009

196.《深化和谐德育研究　推进高校“三风”建设》，载《和谐德育研究》，光明日报出版社，2009

197.《校本和谐德育体系的基本特征》，载《和谐德育研究》，光明日报出版社，2009

198.《构建学校与社区和谐德育体系》(与韩传信合著)，载《和谐德育研究》，光明日报出版社，2009

199.《宏观层次校本和谐德育体系的实践模式》，载《和谐德育研究》，光明日报出版社，2009

200.《微观层次校本和谐德育体系的实践模式》，载《和谐德育研究》，光明日报出版社，2009

201.《让感恩滋润生命成长》，载《〈感恩教育实践与研究〉序》，光明日报出版社，2009

二、詹万生的著(译)作目录索引

1.《人生观教育讲义》(编著)，北京师范学院德育教研室印制，1982

2.《人生观教育参考资料》(编著)，北京师范学院德育教研室印制，1982

3.《节日纪念日与中学德育》(与苏明立等合著)，北京师范学院

出版社，1983

4.《给大学生的信》(与王希永合著)，湖北人民出版社，1984

5.《人生哲学》(与吴灿华合主编)，北京师范学院出版社，1987

6.《马克思主义青年观》(与邢启光等合著)，河北人民出版社，1988

7.《人生哲理》(与吴灿华合主编)，北京教育出版社，1988

8.《待人处世的艺术》(主编)，北京师范学院出版社，1989

9.《高等学校学生班集体建设简论》(与宋长生合主编)，宁夏人民出版社，1989

10.《公共关系的艺术》(与赵连志等合主编)，北京师范学院出版社，1991

11.《人生哲理教学参考》，北京师范学院出版社，1991

12.《中华民族传统美德教育概论》(与栾传大合主编)，吉林文史出版社，1994

13.《中国德育全书》，黑龙江人民出版社，1996

14.《爱国主义教育活动指南》，首都师范大学出版社，1995

15.《德育在改革大潮中》，首都师范大学出版社，1995

16.《世界人生名言大辞典》(与王正平合作)，华夏出版社，1995

17.《中国传统人生哲学》，中国工人出版社，1996

18.《德育新论》，首都师范大学出版社，1996

19.《学会过美好生活：人的价值世界》，(加)克里夫·贝克(Clive Beck)著，中央编译出版社，1997

20.《时代的脉搏：当代大学生价值观》(与刘庆龙合著)，河南人民出版社，1997

21.《德育实用全书》，中国民主法制出版社，1997

22.《素质教育全书》(联合主编)，中国民主法制出版社，1997

23.《德育》读本(小学学段6册)，人民出版社，1997

24.《德育》读本(初中学段3册)，人民出版社，1997

25.《德育》读本(高中学段3册)，人民出版社，1997

26.《德育》读本(中职学段3册)，人民出版社，1997

27.《德育》读本(中师学段3册)，人民出版社，1997

28.《德育》读本(中职学段3册)，人民出版社，1997

29.《学校德育文库》，中国民主法制出版社，1998

30.《班级德育》，学校德育文库(第1～6册)，中国民主法制出版社，1998

31.《团队德育》，学校德育文库(第7～10册)，中国民主法制出版社，1998

32.《学科德育》，学校德育文库(第11～13册)，中国民主法制出版社，1998

33.《环境德育》，学校德育文库(第14～15册)，中国民主法制出版社，1998

34.《家庭德育》，学校德育文库(第16～20册)，中国民主法制出版社，1998

35.《学校、家庭、社会德育网络》，学校德育文库(第21册)，中国民主法制出版社，1998

36.《爱国主义教育》，学校德育文库(第22～24册)，中国民主法制出版社，1998

37.《人生观价值观教育》，学校德育文库(第25～26册)，中国民主法制出版社，1998

38.《行为规范养成教育》，学校德育文库(第27～30册)，中国

民主法制出版社，1998

39.《传统美德教育》，学校德育文库(第31～35册)，中国民主法制出版社，1998

40.《心理健康教育》，学校德育文库(第36～38册)，中国民主法制出版社，1998

41.《外国德育》，学校德育文库(第39～40册)，中国民主法制出版社，1998

42.《构建学校德育体系：全国首届民办学校德育研讨会优秀论文集》(与刘显国合主编)，四川教育出版社，1998

43.《成长册》小学学段6册，科学出版社，1999

44.《成长册》初中学段3册，科学出版社，1999

45.《成长册》高中学段3册，科学出版社，1999

46.《成长册》中职学段3册，科学出版社，1999

47.《成长册》师范学段3册，科学出版社，1999

48.《大学生素质能力导论》，人民出版社，1999

49.《大学生心理健康导论》，人民出版社，1999

50.《大学生人生哲理导论》，人民出版社，1999

51.《大学生学习生活百例》，人民出版社，1999

52.《大学德育体系整体构建》，人民出版社 1999

53.《思想道德修养》，北京邮电大学出版社，2001

54.《思想道德修养教学参考书》，北京邮电大学出版社，2001

55.《法律基础》，北京邮电大学出版社，2001

56.《就业指导》，北京邮电大学出版社，2001

57.《整体构建德育体系引论》，教育科学出版社，2001

58.《整体构建德育体系总论》，教育科学出版社，2001

59.《整体构建德育体系研究论文集》，教育科学出版社，2001

60.《整体构建德育体系实验报告集》，教育科学出版社，2001

61.《职业道德与职业指导》，教育科学出版社，2001

62.《职业的智慧》(与李书华合主编)，教育科学出版社，2001

63.《〈职业道德与职业指导〉教学参考书》，教育科学出版社，2001

64.《小学生道德修养》，九州出版社，2001年

65.《中学生道德修养》，九州出版社，2001年

66.《大学生道德修养》，九州出版社，2001年

67.《二十一世纪中国德育改革与创新：中央教科所德育研究中心成立十周年学术研讨会论文集》，学苑出版社，2002

68.《图说小学生道德修养》，晨光出版社，2002

69.《当代家庭教育新理念》(上、下册)，光明日报出版社，2003

70.《当代家长》小学学段8册，光明日报出版社，2003

71.《当代家长》初中学段8册，光明日报出版社，2003

72.《当代家长》高中学段8册，光明日报出版社，2003

73.《当代家长》中职学段8册，光明日报出版社，2003

74.《思想品德》(初中三册)，河南人民出版社，2003

75.《〈职业道德与职业指导〉训练》(与李书华合主编)，教育科学出版社，2004

76.《民族精神代代传》(小学版)，光明日报出版社，2004

77.《民族精神代代传》(中学版)，光明日报出版社，2004

78.《中小学生日常行为规范解读》，光明日报出版社，2004

79.《好孩子　好习惯》托班(上、下册)，光明日报出版社，2004

80.《好孩子　好习惯》小班(上、下册)，光明日报出版社，2004

81.《好孩子　好习惯》中班(上、下册)，光明日报出版社，2004

82.《好孩子　好习惯》大班(上、下册)，光明日报出版社，2004

83.《整体构建学校德育体系导论》，光明日报出版社，2005

84.《整体构建学校德育体系小学实践导引》，光明日报出版社，2005

85.《整体构建学校德育体系初中实践导引》，光明日报出版社，2005

86.《整体构建学校德育体系高中实践导引》，光明日报出版社，2005

87.《整体构建学校德育体系中职实践导引》，光明日报出版社，2005

88.《整体构建学校德育体系师范实践导引》，光明日报出版社，2005

89.《整体构建学校德育体系高职实践导引》，光明日报出版社，2005

90.《整体构建学校德育体系大学实践导引》，光明日报出版社，2005

91.《文明礼仪》(小学版)，首都师范大学出版社，2005

92.《文明礼仪》(中学版)，首都师范大学出版社，2005

93.《怎样做父母》(幼儿家长读本)，中国妇女出版社，2005

94.《怎样做父母》(小学生家长读本)，中国妇女出版社，2005

95.《怎样做父母》(中学生家长读本)，中国妇女出版社，2005

96.《一切为了孩子》，中国传媒大学出版社，2005

97.《安全教育》，人民出版社(样书未出版)

98.《法制教育》(小学 4 册)，长安出版社(样书未出版)

99.《法制教育》(初中3册)，长安出版社(样书未出版)

100.《法制教育》(高中1册)，长安出版社(样书未出版)

101.《和谐成长》(小学低年级3册)，广东人民出版社，2007

102.《和谐成长》(小学高年级3册)，广东人民出版社，2007

103.《和谐成长》(初中学段3册)，广东人民出版社，2007

104.《和谐成长》(高中学段3册)，广东人民出版社，2007

105.《和谐成长》(中职学段3册)，广东人民出版社，2007

106.《和谐德育论》，教育科学出版社，2008

107.《和谐德育研究》，光明日报出版社，2009

108.《文明礼仪》，光明日报出版社，2009

109.《心理健康》，光明日报出版社，2009

110.《就业指导》，光明日报出版社，2009

111.《和谐班集体建设——班主任治班方略》，光明日报出版社，2009

112.《中国德育求索——和谐德育研究之路》，首都师范大学出版社，2011